NEIL YOUNG – ROLLING STONE FAKTEN

NEIL YOUNG

ROLLING STONE

FAKTEN • ARTIKEL • INTERVIEWS

aus dem Amerikanischen übersetzt
von Tom Appleton

hannibal

Herausgeber: Wolfgang Smejkal

Titel der Originalausgabe: Neil Young: The Rolling Stone Files
Copyright © 1995 Rolling Stone Press
Published by Hyperion, N.Y.

Copyright © 1995 der deutschen Ausgabe
Robert Azderball, Hannibal Verlag, A-3423 St. Andrä-Wördern

Lektorat, Satz und Layout: Wolfgang Smejkal
Titelillustration: George Burns
Umschlaggestaltung: Traunbauer & Vogel, A-5020 Salzburg
Druck: Ebner Graphische Betriebe, D-89075 Ulm

ISBN 3-85445-114-8

INHALT

Vorwort	9
Holly George-Warren: Einleitung	11
Buffalo Springfield Again	37
Clapton und Springfield-Mitglieder verknackt	39
Buffalo Springfield ziehen ab in die ewigen Jagdgründe	40
Barry Gifford: *Last Time Around*	41
Gary von Tersch: *Neil Young*	43
Crosby, Stills and Nash – plus Young	45
Bruce Miroff: *Everybody Knows This Is Nowhere*	47
Crosby, Stills etc. ein Ausverkauf etc..	49
Ben Fong-Torres: Crosby, Stills, Nash, Young, Taylor und Reeves	51
John Morthlan: „Oh, Lonesome Me"	61
Elliot Blinder: Neil Young – Fragen & Antworten	62
John Morthland: Stellungnahme eines Solo-Künstlers	74
Landon Winner: *Deja Vu*	76
Sie wollen einfach keinen Beschiß	78
Zinnsoldaten und Nixon kommt	81
Die Top 100 Singles: Nr. 76 „Ohio"	83
„Sugar Mountain" – Single-Kritik von Ed Ward	84
Langdon Winner: *After the Goldrush*	85
Die Top 100 Alben: Nr. 71 *After the Gold Rush*	87
Reichliche Mengen C und S und N und Y	89
CSNY's auf und ab vor der Tour	91
George Kimball: *4 Way Street*	93
Tim Cahill: Crosby, Nash – Stills? Young?	96
John Mendelssohn: *Harvest*	100

Jon Landau: Carnegie Hall – New York 104
Jim Miller: *Journey Through The Past* 106
Janelle Ellis: Neil Youngs erster Film wird vorgestellt 109
Judith Sims: Neil Young eröffnet das Roxy Theater 113
Bud Scopa: *Time Fades Away* 115
Ben Fong-Torres: CSNY'S Wiedervereinigung 118
Ben Fong-Torres: „Das Ego trifft die Taube".................. 123
Stephen Holden: *On the Beach* 145
Cameron Crowe: „So schwer, Arrangements für
 sich selbst zu treffen" 148
Dave Marsh: *Tonight's the Night* 164
Die Top 100 Alben: *Tonight's the Night* 168
Bud Scopa: *Zuma* 170
Marshall Kilduff: Eine Show in meiner Wohngegend? 174
Cameron Crowe: CSNY: mal an, mal aus 177
Dave Marsh: Stills und Young 179
Stills und Young-Tour stolpert über rauhe Kehle 181
Cameron Crowe: Schnelles Ende eines langen Rennens 182
Ken Tucker: *Long May You Run* 189
Paul Nelson: *American Stars'n Bars* 191
Youngs *Give To The Wind* wird angekündigt 196
Peggylee Bellas: Neil Youngs Human Highway 197
Paul Nelson: Neil Young 198
Cameron Crowe: Wie man in Neil Youngs bizarre
 Nummer einsteigt 201
John Rockwell: Neil Young und Crazy Horse 204
David Fricke: Die 20 größten Konzerte 206
Greil Marcus: *Comes a Time* 209
Salley Rayl: Malibu-Feuer frißt Rockstar-Villen 213
Cameron Crowe: Neil Young: Der letzte amerikanische Held 214
Paul Nelson: *Rust Never Sleeps*
 – Neil Young erfüllt alle Versprechen 240
Tom Carson: *Live Rust* 248
Music Awards 1979 252
John Piccarella: *Hawks & Doves* 254
John Piccarella: *Re-ac-tor* 259
Parke Puterbaugh: *Trans* 262

David Fricke: *Everybody's Rockin'* 268
Steve Pond: Neil Young in L.A. 270
Parke Puterbaugh: *Old Ways* 272
Jim Faber: *Landing on Water* 274
David Fricke: Neil Young im Garagenland 276
Michael Goldberg: Young tut sich wieder mit CSN zusammen 278
Michael Goldberg: CSNY-Wiedervereinigungs-Album abgewürgt .. 283
Steve Hochman: *Life* 284
Michael Goldberg: Neil Young verbeugt sich vor dem Blues 286
David Browne: *This Note's for You* 289
James Henke: Neil Young Interview 293
Fred Goodman: MTV macht Neil Youngs Video
„This Notes for You" nieder 309
Michael Goldberg: CSNY bringen *American Dream*
auf den Markt 311
Anthony DeCurtis: *American Dream* 313
David Fricke: Tribute Album für Neil Young 315
Sheila Rogers: Neil Young findet *Freedom* 317
David Fricke: Neil Young läßt die Freiheit erklingen 319
Die Top 100 Alben: *Freedom* 323
Jimmy Guterman: Neil Young zieht den Stecker aus
der Jeans-Werbung 325
Jeffrey Ressner: CSNY ehren ihren früheren Drummer 327
Kurt Loder: *Ragged Glory* 329
James Henke: Wieder im Sattel 332
Michael Corcoran: Neil Young 336
Don McLeese: *Weld* 339
Alan Light: Neil Young 341
Greg Kot: *Harvest Moon* 343
Alan Light: Forever Young 345
James Hunter: *Lucky Thirteen* 356
Burl Gilyard: *Unplugged* 358
David Fricke: *Sleeps With Angels* 360
J. D. Considine: *Mirror Ball* 364
Diskographie 367
Autorenverzeichnis 374

VORWORT

WENN MAN IN ALTEN, zurückliegenden Ausgaben des *Rolling Stone*-Magazins nachblättert, um sich ein Bild von Neil Young zu verschaffen, entpuppt sich das Archiv des *Rolling Stone* als eine Mini-Lektion über die Geschichte dieser Zeitschrift. Berichte über Neil Youngs Werdegang sind beinahe von Anfang an zu finden – erstmals in der *Rolling Stone*-Ausgabe Nr. 3 vom 14. Dezember 1967. Fast zwangsläufig bekommt man so beim Aufforschen von Nachrichten über Neil Young und seine sich ständig wandelnden Aktivitäten auch einen Eindruck von der redaktionellen Entwicklung dieser Musikzeitschrift.

In seiner Frühzeit befaßte sich *Rolling Stone* noch sehr persönlich mit Young (und seinen Musikerkollegen von Buffalo Springfield und Crosby, Stills, Nash and Young), zum Beispiel berichtete das Magazin noch sehr dezidiert darüber, daß CSNY-Mitglieder von Los Angeles wieder in die Gegend um San Francisco übergesiedelt seien – der damaligen *Rolling Stone*-Heimatstadt.

Zur damaligen Zeit war Young noch notorisch menschenscheu und versuchte, sich nach Möglichkeit aus dem Rampenlicht der Öffentlichkeit herauszuhalten. Regelmäßig beschwerte er sich über das Getöne der Presse, insbesondere, wenn es dabei um seine Hoch- und Tiefpunkte mit der Gruppe CSNY ging. „Diese Musikpresse schreibt da bisweilen echt den größten Quark über uns", äußerte er sich einmal dem *Rolling Stone*-Redakteur Cameron Crowe gegenüber. „Allein, was ich im *Rolling Stone* schon alles an Gewäsch gelesen habe...da würde selbst Ann Landers erblassen".

Als aber 1975 das bahnbrecherische Album *Tonight's the Night* herauskam, erwählte sich Young den *Rolling Stone* als Vehikel für sein erstes allumfassendes Interview. Nachdem er anfänglich jahrelang alle Ansinnen von Frage- und Antwortspielen abgewiesen hatte (mit dem Hinweis, er hätte nichts mitzuteilen), verbrachte Young gleich mehrere Wochen mit

Cameron Crowe, zunächst im Jahr 1975 und dann noch einmal 1979. Die zwei wegweisenden Titelstories, die aus diesen vertieften Gesprächen entstanden („So schwer, Arrangements für sich selbst zu treffen" und „Neil Young: Der letzte amerikanische Held"), sind auch heute noch bei den alt-eingeschworenen Youngleristen in aller Munde (und in diesem Band in voller Länge wiedergegeben). Außerdem gab Young noch in den Jahren 1988 bzw. 1993 zwei ausgedehnte Interviews an die *Rolling Stone* - Mitarbeiter James Henke und Alan Light.

Noch schnell ein Wort zum Aufbau des vorliegenden Buches. Im großen und ganzen ist der Band chronologisch gehalten, d. h. jeder Text findet sich in der Reihenfolge wieder, nach der er in der Zeitschrift erschienen ist. Es gibt aber auch ein paar Ausnahmen. In den Jahren 1987 und 1992, zum 20. und zum 25. Jubiläum des Magazins, würdigten Sonderausgaben bestimmte Meilensteine des Rock'n'Roll: Die besten Alben, die bedeutendsten Singles; Livekonzerte, die den Durchbruch brachten, undsoweiterundsofort. Wie nicht weiter verwunderlich, fand Neil Youngs Schaffen dabei auch in jeder Reportage Erwähnung. In dieser Veröffentlichung haben wir die Pressestimmen an die zeitlichen Stellen gesetzt, wie die Titel ursprünglich herauskamen. Auf diese Weise hat der Leser die Möglichkeit, den Vergleich zwischen den Kritiken beim Erscheinen der Stücke und der Beurteilung im Nachhinein zu vollziehen (Bisweilen klafft da die Schere ziemlich weit auseinander).

Wir entbieten unseren lautstarken Applaus allen Autoren – es sind gut und gerne fünfzig an der Zahl –, die im *Rolling Stone* über Neil Young geschrieben haben. Zu ihnen gesellen sich noch unzählige Randnotizen-Reporter und namentlich nicht erwähnte Berichterstatter aus fünfundzwanzig Jahren.

Selbstverständlich richtet sich unser größter Dank an Neil Young selbst, dessen Musik eine echte Inspiration für jeden ist, der darum ringt, die ganze Geschichte zu Papier zu bringen.

H.G-W
Rolling Stone Press
1995

HOLLY GEORGE-WARREN

EINLEITUNG

DAS ERSTE MAL, daß Neil Young mich wirklich überraschte, war im Herbst 1978. Ich fuhr gerade die fünfundzwanzig Meilen nach Hause, nachdem ich eine der wenigen Punk-Bands gesehen hatte, die zu jener Zeit in North Carolina auftraten. Besessen von den Klängen der Clash, Ramones, Pistols, Vibrators, Television und Richard Hell, hatte ich mir, mit einundzwanzig Jahren, noch immer eine Schwäche für Neil Young bewahrt. Schließlich war ich seiner Musik schon verfallen gewesen als ich erst zwölf oder dreizehn Jahre alt war. Eine der ersten Singles, die ich mir in dem Plattengeschäft meiner kleinen Heimatstadt gekauft hatte, war „Only Love Can Break Your Heart" von *After the Gold Rush* im Jahr 1970. Aber schon vorher hatte ich die wenigen seiner Songs geliebt, die im Radio gespielt wurden – „Mr. Soul" mit Buffalo Springfield, „Helpless" und „Ohio" aus seinen Crosby, Stills, Nash and Young-Tagen, „Cinnamon Girl" mit Crazy Horse. Aber es war jene Platte mit dem gebrochenen Herzen, die mich dazu inspirierte, das Geld, das ich beim Babysitting verdiente, für alle drei Neil Young-Alben aufzusparen.

Bis zum Ende der Siebziger hatte ich mir weiterhin jede neue Neil Young-Platte gekauft und irgendwie, durch all die Veränderungen hindurch – seine, meine, und der Musik – hatte ich sie immer irgendwie richtig gefunden. Young, als einziger unter allen meinen alten Helden machte immer noch die Art von Musik, die ich mir anhören wollte. Und glauben Sie mir, in den Jahren 1977-78 war Punker-werden gleichbedeutend mit dem Verdrängen aller äußerlichen Anzeichen von Hippie-Flippigkeit.

Dann verbreitete sich selbst im Süden die Nachricht, daß Young sich den Punk-Rock genauso stark zu eigen gemacht hätte wie ich. Bei Konzerten hätte er eine Art Würdigung für Johnny Rotten gespielt, unter dem Titel „Rust Never Sleeps", mit all den rauhen Kanten und verzweifelt klingenden Vocals – „it's better to burn out than it is to rust" – meiner neuen Lieblingsgruppen.

Zu meinem Entsetzen – und zu meiner Überraschung – hörte ich an diesem besagten Herbstabend, wie der DJ im örtlichen Mittelwellensender mit Schadenfreude in der Stimme eine Kostprobe aus Youngs demnächst erscheinendem „Country-Folk-Album" ankündigte. Ich hatte mir Feedback und kreischende Gitarren erhofft; stattdessen hörte ich Pedal Steels und Streicher, als die weichen Klänge von *Comes a Time* schnurrend aus den winzigen Lautsprechern meines VW-Käfers hervordrangen.

Heute, mehr als fünfzehn Jahre später, habe ich das Album zu schätzen gelernt. Und ich habe mich einigermaßen an den Young-Überraschungs-Faktor gewöhnt. Obwohl es Konstanten gegeben hat – Youngs gefühlvolle Vocals, sein leidenschaftliches Gitarrespiel und reichhaltiges Songschreiben – ist er doch im Zickzack durch die gesamte Musiklandschaft gekreuzt. Vom nostalgischen Romantiker zum zynischen Misanthropen, vom akustischen Folkie zum Techno-Zauberer, vom abgeklärten Country-Rocker zum rauhbeinigen Feedback-King, ist Young in einem rasanten Tempo durch die Extreme des Spektrums hindurchgeschliddert. Der einzige Ort, an dem er sich wirklich nie wohl zu fühlen schien, war, wie er selber gesagt hat, auf dem Mittelstreifen der Normalität. Youngs Unberechenbarkeit ist, in der Tat, ein Markenzeichen seiner kreativen Bemühungen geblieben, seit er 1966 seine kanadische Heimat in Richtung USA verließ. Von 1967 an, als seine Karriere erstmals in *Rolling Stone* gewürdigt wurde, haben die Kritiker Young kontinuierlich für den jeweils neuesten Abschnitt seiner musikalischen Reise mit Lob oder Tadel überhäuft. Und die Fans – aller Altersgruppen – haben sich entweder mit aufs Trittbrett geschwungen oder sprangen ab, um lieber die nächste Runde abzuwarten.

Im Verlauf seiner langen, nunmehr dreißigjährigen Karriere, hat sich Young tatsächlich immer wieder allen Kategorisierungsversuchen entzogen. Seine Songtexte zischten wie Querschläger vom persönlichen zum politischen, vom plakativen zum plumpdumpfen. Statt nur eine bestimmte Art von Musik „drauf" zu haben, hat Young in fast alle musikalischen Genres hineingeschnuppert (Rock, Pop, Soul, Country, Folk, Jazz, Blues, Rockabilly, Punk, Technopop, Grunge), sie ergriffen, durchgeschüttelt und auf den Kopf gestellt, bis sie sich seinem ganz eigenen, unnachahmlichen Stil fügten – wenn auch nicht stets mit gleichbleibendem Erfolg. Doch immer war Young bemüht, seine eigenen Grenzen zu sprengen und Risiken einzugehen. Resultat: wie kein anderer Künstler schaffte es Young, auf dem oft trügerischen Weg durch die Musiklandschaft aus den Sechzigern bis in die neunziger Jahre seine Reise fortzusetzen, ohne je in einer Sackgasse steckenzubleiben. Und so steht er heute vor uns: von vielen Schlachten blessiert, aber voll pulsierender Energie – und mit einem beeindruckenden Lebenswerk.

YOUNGS RUHELOSER KREATIVER Trieb leitet sich vielleicht von dem Umstand her, daß er seit seiner Kindheit *wußte*, daß er ein Musiker sein wollte. Darin gab es für ihn keinen Zweifel. Dieser starke Glauben an sich selbst und sein Wunsch, Musik zu machen, erwuchsen aus einer schwierigen Jugend. Geboren in Toronto am 12. November 1945, als Sohn einer lebensfrohen Mutter (Rassy) und eines journalistisch tätigen Vaters (Scott), verbrachte Young seine frühen Jahre in Omemee, einer kleinen, ländlichen Gemeinde im nördlichen Ontario. Mit sechs Jahren wurde er das Opfer einer Kinderlähmungsepidemie, die damals gerade über Kanada eingebrochen war, und mußte in Toronto ins Krankenhaus. Er genas vollständig – als einzige Nachwirkung blieb ihm eine Neigung zu leichter Ermüdbarkeit. Kurze Zeit später erhielt Young sein erstes Instrument, ein Ukulele aus Plastik; der bald darauf eine Harmony Monterey-Akustikgitarre folgte.

1960 war ein traumatisches Jahr für Young. Sein Vater verließ die Familie, und so packten Young, sein Bruder und seine Mutter ihre Sachen und zogen nach Winnipeg, in Manitoba. Als Neuntklässler paßte Young sich nicht leicht in seiner neuen Schule an, er prügelte sich mit den Rüpeln am Ort, und suchte Zuflucht bei seiner Gitarre, die er kurze Zeit später mit einem elektrischen Pickup versah. Jahre später beschrieb er seine Besessenheit gegenüber dem damaligen *Rolling Stone*-Reporter Cameron Crowe: „Auf einmal wollte ich eine Gitarre haben, und das war's dann. Ich fühlte es. Ich konnte nicht aufhören, daran zu denken."

Young begann, bei sogenannten „Socken-Hüpfern", den Jugend-Tanzveranstaltungen in örtlichen Gemeindezentren, als Disk Jockey Platten aufzulegen. Dann, mit vierzehn, stellte er seine erste Band zusammen, die Jades, die bald wieder auseinandergingen, aber den Auftakt zu einer Reihe von anderen Gruppen bildeten, die ihnen folgten – den Esquires, den Stardusters, den Classics, und schließlich, Anfang 1963, den Squires. Obwohl Young ursprünglich durch den Anblick von Elvis im Fernsehen inspiriert worden war, gehörten zu seinen neuen musikalischen Vorbildern der Gitarrist Duane Eddy und gitarrenschwingende Instrumental-Bands wie die englischen Shadows (angeführt von dem Axt-Meister Hank B. Marvin), Johnny and the Hurricanes und die Ventures. Youngs örtlicher Gitarren-Held war Randy Bachman (damals mit Chad Allan und den Reflections) der später, gemeinsam mit einem weiteren Veteranen einer Kleinstadt-Garagenband, Burton Cummings, die Guess Who formen sollte.

Obwohl die Squires meistens nur Coverversionen spielten, begann Young doch um diese Zeit herum Instrumentalnummern zu schreiben, die bald ins Repertoire der Combo übernommen wurden. Bis Ende 1964 war die Band versiert genug, um bei einer örtlichen Radiostation eine Single aufzunehmen. Die Platte, mit den beiden Young-Originalkompositionen „The Sultan" und „Aurora", erschien auf dem winzigen Label V-Records. Während Young fortfuhr, seine Gitarrentechnik zu vervollkommnen, begann er zugleich auch, sich als Sänger zu versuchen. Noch im gleichen Jahr hatte er seinen ganzen Mut zusammengenommen, um mit der Band zu singen, doch seine hohe, tremolierende Stimmlage trug ihm zunächst nur höhnisches Gelächter ein – und eine Befangenheit, die er erst lange Zeit später wieder abschütteln konnte.

Begeistert von den Beatles und Dylan, begann Young nun gleichfalls, Texte zu seinen eigenen Melodien zu schreiben. Da er jeden freien Moment auf die Musik verwendete, blieb er in der zehnten Klasse sitzen, wiederholte das Jahr, und zappelte dann in der elften abermals im Netz. Auf Wiedersehn, du schöne Schulzeit: statt noch eine weitere Ehrenrunde zu drehen, ging er ab und wurde, mit achtzehn, ein Full-time Musiker. Es war der einzige Job, den er je haben sollte.

Obwohl 1964 der Rock'n'Roll Kanada noch immer beherrschte, boomte zugleich dort auch die Folk Musik. Young fing an, sich in örtlichen Kaffeehäusern aufzuhalten, wo er tourende Folk-Sänger kennenlernte, darunter Joni Mitchell und Stephen Stills. Als die treibende Kraft hinter den Squires begann Young, Engagements für die Gruppe in auswärtigen Orten zu buchen, oft im nahegelegenen Fort William. Um das Equipment der Band herumzutransportieren, sparte Young sein Geld für einen 1948er Buick Roadmaster-Leichenwagen zusammen, den er Mortimer Hearseburg taufte (liebevoll zu „Mort" verkürzt), womit der Grundstein für seine nach wie vor anhaltende Liebe zu alten Autos gelegt war.

Die Squires wurden ziemlich beliebt in Fort William, und Young siedelte schließlich mit seiner Band ganz dorthin um. Er hauste in einem engen Zimmerchen im Victoria Hotel wo er, an seinem neunzehnten Geburtstag, „Sugar Mountain" schrieb, jene wehmütige Huldigung an die verlorene Unschuld, ein Thema, auf das er noch häufiger zurückkehren würde. Sein Material für die Squires begann auch allmählich Folk-Spuren aufzuweisen. Im Verlauf seiner gesamten Karriere sollte Young sich immer wieder beim ethischen Prinzip „laut & schnell" des Rock'n'Roll ebenso wie bei den akustischen, textgetriebenen Aspekten des Folk bedienen.

Nach einer Serie von fehlgeschlagenen Versuchen, mit Mort quer durch ganz Canada zu reisen, ließ Young den Wagen zuguterletzt – samt seinen Kollegen aus der Band – in Fort William stehen (ein Verhaltensmuster, das er in den nachfolgenden Jahren oft wiederholen sollte) – und fuhr per Anhalter ab nach Toronto. Dort versuchte er sein Glück allein in der aufkeimenden Kaffeehausszene im Boheme-Distrikt Yorkville. Ohne viel Erfolg beim Auftun von Engagements, schrieb er nichtsdestoweniger ständig neue Songs, darunter einen mit dem Titel „Nowadays Clancy Can't Even Sing", zu dem die Erinnerung an einen Klassenkameraden in Winnipeg die Inspiration lieferte. Young begab sich für kurze Zeit auf der Suche nach größeren Erfolgschancen nach New York, checkte die Folk-Szene im Village ab und versuchte Stills zu finden, der dort gewohnt hatte, der aber bereits nach Los Angeles abgedampft war, bevor Young eintraf. Stills' früherer Zimmernachbar, Richie Furay, jamte mit Young, der ihm seinerseits „Clancy" beibrachte. Young nahm auch ein paar Demos in New York auf, für Elektra Records, wo die Aufnahmen jedoch keinen Anklang fanden.

NACH TORONTO ZURÜCKGEKEHRT, versuchte Young als nächstes, wieder eine Band zusammenzustellen. Ein Unternehmen, bei dem er den Bassisten Bruce Palmer kennenlernte. Die beiden ergatterten sich eine Anstellung bei einer Rhythm & Blues-Formation, die sich Ricky James und die Mynah Birds nannte und bereits einen Motown-Plattenvertrag in der Tasche hatte, dazu einen amerikanischen Lead-Sänger, der später seinen Namen zu Rick James verkürzte. Ausgerüstet mit völlig neuem Equipment, das der Manager der Band eingekauft hatte, spielte Young Gitarre und Palmer den Baß bei einer Aufnahmesession in Detroit, Anfang 1966. Bedauerlicherweise wurde James, der sich bei der Navy ohne Erlaubnis verabsentiert hatte, in Motor-City unter Arrest genommen, womit das Ende der Mynah Birds besiegelt war. Wieder Zuhause, trugen Palmer und Young das Equipment der Band zu einem Pfandleiher, kauften sich einen 1953er Pontiac Leichenwagen und machten sich auf nach Los Angeles auf die Suche nach Stills – und dem großen Durchbruch. Nach einer Woche in L.A. – ohne die geringste Idee, wo sich Stills aufhalten könnte – standen die beiden kurz davor, aufzugeben und nach San Francisco weiterzufahren. Während sie in einem Verkehrsstau festsaßen, fiel ihr Leichenwagen (mit den Nummernschildern aus Ontario) keinem andern als Stills selber auf, der zufällig in einem Wagen im gleichen Stau festsaß, zusammen mit Furay, der wenige Monate zuvor ebenfalls gen Westen gezogen war. Die vier zogen eine Wiedersehensfeier mitten auf dem Sunset Boulevard ab. „Ich war verdammt glücklich überhaupt *irgendjemand* zu sehen, den ich kannte", erinnerte sich Young später Cameron Crowe gegenüber. „Und es kam uns völlig logisch vor, daß wir eine Band gründen sollten."

Zur Abrundung holten sie sich noch Dewey Martin dazu, von den Dillards, einer Bluegrass-Formation. Furay hatte Stills bereits „Clancy" beigebracht, und als die Gruppe eine mit dem Schriftzug BUFFALO SPRINGFIELD geschmückte Dampfwalze erblickte, hatte man auch einen Namen für sie gefunden. Das Quintett schuf sich einen Sound gemischt aus Folk, Country und Rock'n'Roll, sowie drei klar unterscheidbaren

Vokalstilen: Stills' bluesiger Tenorstimme, Furays lieblichem Sängerknabengesang und Youngs hohem, einsamem Klagelaut.

Die Band machte sich bald auf zu einer Tour durch Südkalifornien, als Vorgruppe für die Byrds, gefolgt von einem mittlerweile legendären Sechs-Wochen-Engagement in Hollywoods Whisky-A-Go-Go. Die Springfield waren ein mitreißender Live-Akt, bei dem Young auf der Lead-Gitarre mit Stills' Riffs Katz und Maus spielte; Furay wechselte sich bei den Vokals mit Stills ab und Young sang dazu die Zweitstimme und gelegentlich auch die erste. Martin und Palmer sorgten dafür, daß die Rhythmus-Sektion locker und gut geölt blieb. Nach wenigen Monaten bereits unterzeichnete die Band bei Atco/Atlantic, doch zu dem Zeitpunkt, als sie mit Plattenaufnahmen begannen, war es schon zu internen Reibereien gekommen. Zu Youngs Unbehagen wurde die Band nun von den unangenehmen Seiten des Ruhms eingeholt, und er schrieb „Out of My Mind" für *Buffalo Springfield* (1966), das Debut-Album der Gruppe, um seinen Gefühlen zu diesem Thema Ausdruck zu verleihen: „Left behind/ By myself and what I'm living for/ All I hear are screams/ From outside the limousine/ That are taking me/ Out of my mind." („Verlassen/ Von mir selbst und dem, wofür ich lebe/ Alles, was ich höre, sind Schreie/ Von draußen vor der Limousine/ Und sie bringen mich/ Um den Verstand.")

Young erlebte auch seinen ersten großen bösen Anfall im Zusammenhang mit seiner Epilepsie, die während dieser Zeit bei einer Rückkehr nach Kanada diagnostiziert wurde. Meistens hielten Medikamente seine Anfälle unter Kontrolle, obwohl Young im Laufe der Jahre gelegentlich weitere epileptische Episoden erleben mußte. Crowe gegenüber erzählte er 1975, „Manchmal, wenn ich so richtig high bin, ist es eine sehr psychodelische Erfahrung, einen Anfall zu kriegen. Das einzige, was einem dabei Angst macht, ist nicht, wie man dahin gekommen ist, sondern die Erkenntnis, daß man sich vollkommen wohlfühlt in dieser...Leere."

Buffalo Springfield bot Young die Möglichkeit, sich als Songschreiber zu produzieren; fünf der zwölf Songs waren von ihm (die anderen waren von Stills), obwohl er nur auf zweien den Leadgesang übernahm („Burned" und „Out of My Mind"). Schon bald aber, nachdem die Scheibe auf den Markt gekommen war, verließ Young die Band. Er kehrte zurück für ihren zweiten Versuch, *Buffalo Springfield Again* (1967), was, mit den zusätzlichen Kompositionen von Furay, mehr noch als das vorangegangene Album, wie ein Sprungbrett für die Talente der einzelnen Bandmitglieder wirkte. Während der Aufnahmen wurde Palmer nach seiner dritten Festnahme wegen Marihuana-Besitzes abgeschoben. Bei der Besprechung des Albums merkte ein namentlich nicht genannter Kritiker in *Rolling Stone* (14. Dezember 1967) an: „Dieses Album klingt so, als ob jedes Mitglied der Gruppe seine eigenen musikalischen Bedürfnisse dabei befriedigt hätte. Jeder hat Lieder aus seinem eigenen Repertoire produziert. Zusammen ergibt das keine Einheit, sondern nur eine ziemlich eindeutige Bezugslosigkeit unter den Kompositionen.

Youngs Beiträge waren hier unter anderen die Rock-Nummer „Mr.Soul" und die experimentellen Klang-Montagen „Expecting to Fly" und „Broken Arrow", eine niedergeschlagene Beschreibung der Schattenseite des Rockstar-Daseins. Auf seinem 1978 erschienenen Retrospektive-Album *Decade* meint Young zu „Broken Arrow": „Ich habe das im Jahr 67 geschrieben, nachdem ich wegen einer von vielen Identitätskrisen die Gruppe verlassen hatte. Schloß mich aber bald genug wieder an, um diese Platte aufzunehmen. Hat über hundert Takes benötigt, um das richtig hinzukriegen." Während Young verschollen war, nahm die Band das ehemalige Byrds-Mitglied David Crosby für ihren Gig beim historischen Monterey Pop Festival im Juni 1967 an Bord. Und obwohl Young zurückkehrte, erfuhr man aus einer *Rolling Stone* -Meldung im April 1968 von seinem – abermals – bevorstehenden Austritt, sowie von einem Marihuana-Bust, bei dem Young, Furay, Jim Messina (der Palmer als Bassist ersetzt hatte) und Eric Clapton involviert gewesen waren. Gegenüber Crowe schilderte Young jene Zeiten: „Zum Schluß habe ich's einfach nicht mehr gepackt. Meine Nerven haben den Trip nicht mitgemacht. Es ging mir nicht darum, daß ich irgendwelche Solo-Karrierepläne aushecke, mir gingen die Nerven durch. Es machte mich verrückt, weißt du, bei der Band einzusteigen, auszusteigen, und wieder einzusteigen – ich brauchte mehr Freiraum. Also verließ ich die Band, dann kam ich wieder zurück, weil sie so gut klang." Youngs Zeit bei den Springfield ließ bereits voll das Muster erkennen, das seine konfliktbeladene Beteiligung bei allen zukünftigen Band-Bemühungen charakterisieren würde.

Beim dritten und damit letzten Springfield-Album, *Last Time Around* (1968), war Youngs Präsenz minimal. Zu seinen Beiträgen gehörten eine Art Fortsetzung zu „Sugar Mountain" (das zu diesem Zeitpunkt noch immer nicht auf Platte aufgenommen war), unter dem Titel „I Am a Child", und ein Abschiedslied an die Springfield, „On the Way Home" (bei dem Furay als Lead-Sänger fungierte).

NACH DER IMPLOSION DER SPRINGFIELD machte Young sich zu den Hügeln des Topanga Canyon auf, wo er ein Haus kaufte und damit begann, sich ein Aufnahme-Studio einzurichten. Bis 1969 hatte er seine erste Frau, Susan, geheiratet, die er in einem Café in Topanga kennengelernt hatte, und hatte bei Warner/Reprise einen Solo-Vertrag unterzeichnet. Sein Debut-Album, *Neil Young* (1969), war in gewisser Hinsicht eine Weiterführung von „Broken Arrow" und „Expecting to Fly", hinzu kamen Kollaborationen mit dem Pianisten und Komponisten Jack Nitzsche. Neben satt orchestrierten einsamen Balladen und Instrumentals im Western-Stil enthielt das Album auch das auf das bare Minimum reduzierte surrealistische Epos „Last Trip to Tulsa". Young beschrieb die Platte später als „Overdub-City".

Nach dem ursprünglichen Erscheinen von *Neil Young* wurde die Platte noch einmal abgemischt, um den Gesang mehr in den Vordergrund zu rücken, und dann neu herausgebracht, aber sie hinterließ, finanziell gesehen, keinen großen Eindruck. Young, selber schon wieder mit ganz anderen Dingen beschäftigt, war unterdessen eifrig dabei, mit einer Gruppe zu jammen, die es aus dem Osten der USA nach Kalifornien verschlagen hatte – den Rockets, die er während seiner Zeit bei den Springfield kennengelernt hatte. Die Band wurde in Crazy Horse umbenannt und traf sich mit Young in seinem neuen Studio. Der Gitarrist Danny Whitten, Bassist Billy Talbot und Schlagzeuger Ralph Molina waren mit Young fast auf Anhieb ein Herz und eine Seele, sodaß sie ihn zu außerordentlich ausdrucksvollem Gitarrenspiel anregten. Was dabei herauskam, war das zündende Album *Everybody Knows This Is Nowhere* (1969).

Young schrieb, wie er später erzählte, einige der unvergeßlichsten Tracks des Albums, „Cinnamon Girl", „Down by the River", und „Cowgirl in the Sand" an einem einzigen Nachmittag, während er mit Grippe flach darniederlag. Eine fieberhafte Qualität kam auch in Youngs rückhaltloser Stimme herüber. Nach dem Erscheinen der Platte erklärte er die Änderung in seiner Herangehensweise dem *Rolling Stone* gegenüber folgendermaßen: „Als ich bei den Springfield war, hielt ich mich zurück. Ich war paranoid, was meine eigene Stimme betraf. Deshalb schüttete ich sie auf meiner ersten Platte ganz bewußt zu. Bei der zweiten Platte brachte ich sie mehr hervor. Ich hatte größeres Selbstvertrauen gewonnen. Das ist von der Arbeit mit Crazy Horse gekommen."

In der Zwischenzeit hatte Young auch seine Beziehung zu Stills wieder gekittet, der ihn einlud, sich den eben neu zusammengetretenen Crosby, Stills and Nash anzuschließen. Die Gruppe hatte nach der Aufnahme ihres ersten Albums die Notwendigkeit erkannt, für Live-Auftritte einen Lead-Gitarristen dazuzuholen, und Stills hatte für Young plädiert. Ihr Vertrag bei Atlantic Records erlaubte jedem Mitglied der Gruppe vollkommene Eigenständigkeit, was Youngs Sinn für Unabhängigkeit stark entgegenkam.

Nachdem er *Nowhere* aufgenommen hatte, ging Young mit den umbenannten Crosby, Stills, Nash and Young auf eine Tour, die im New Yorker Fillmore East mündete. Am darauf folgenden Wochenende hatte die Gruppe ihren Auftritt in Woodstock, wobei CSN einen akkustischen Set spielten, dem ein elektrifizierter Nachschlag gemeinsam mit Young, dem

Bassisten Greg Reeves und dem Schlagzeuger Dallas Taylor folgte. (Young verweigerte die Erlaubnis, sich filmen zu lassen, so daß einzig Material mit dem akkustischen Trio in den Woodstock-Film Eingang fand.) In seinem Rückblick auf das Festival schrieb Greil Marcus in *Rolling Stone:* „Visuell sind sie eine der aufregendsten Bands, die ich gesehen habe, alle sechs von ihnen...ihr Auftritt war erschreckend, ein brillanter Beweis für den Glanz und die Pracht von Musik..." Bei *Rolling Stone*'s jährlichem Überblick über das Musikgeschehen wurde CSNY als „beste neue Gruppe des Jahres 1969" aufgelistet.

Erstmals war damit Youngs Ausstrahlung auf der Bühne einem großen Publikum vor Augen geführt worden. Langdon Winner beschrieb sie folgendermaßen in *Rolling Stone*: „Youngs Stimme, Gitarre, Kompositionen und Bühnenpräsenz brachten ein Element des Düsteren und Geheimnisvollen ein in Songs, die zuvor förmlich von einer saccharinähnlichen Süßigkeit getropft hatten." Die Auftritte waren tatsächlich derart erfolgreich, daß Youngs Rolle an Gewicht zunahm und die gesamte Band ins Studio abzog, um *Deja Vu* (1979) aufzunehmen, zu dem Young das düstertrauervolle „Helpless" sowie die aufwendige, dreiteilige Saga „Country Girl" beisteuerte. Zu diesem Zeitpunkt erläuterte Stills gegenüber Ben Fong-Torres von *Rolling Stone*: „Wir werden vielleicht das Album noch etwas in die Mache nehmen, aber Neil wird mit dabei sein, um uns den ganz besonderen Extra-Drall zu verpassen."

Hartnäckig bestand Young damals gegenüber den Reportern von *Rolling Stone* darauf, daß er als Solo-Künstler weitermachen würde. Tatsächlich begab er sich mit Crazy Horse auf den Highway, sobald *Deja Vu* fertiggestellt war: eine Tour, der übergangslos eine weitere mit CSNY folgte. Während Young doppelten Dienst ableistete, erklomm *Deja Vu* die Spitzenposition als meistverkauftes Album des Jahres 1970. Doch bis zum Mai verstärkten sich die Gerüchte, daß die Auflösung der Gruppe unmittelbar bevorstünde. Im selben Monat, entsetzt über die Tötung von vier Studenten an der Kent State Universität durch Truppen der Nationalgarde, verfaßte Young den vernichtenden Protest-Song „Ohio", und CSNY eilten umgehend ins Studio, um ihn aufzunehmen. Atlantic kam anschließend sofort mit der Single heraus, die, auch wenn sie kontrovers war, beträchtliches Airplay im Rundfunk erhielt und bis zu Platz vierzehn aufrückte. *Rolling Stone*-Redakteure bezeichneten den Song 1988 als eine der 100 Top-Singles der vorausgegangenen fünfundzwanzig Jahre. Youngs Kommentar dazu: „Es war wirklich wie der Folk-Prozess funktionieren sollte. Verstehst du, das war wirklich wie Musik als Nachrichten."

Gegen Ende 1970 dauerten die Spannungen innerhalb von CSNY an, doch die Gruppe ging weiterhin auf Tour, und nahm schließlich das Live-

Doppel-Album *4 Way Street* (1971) auf. Während des Sommers brachte Young eine Live-Version von „Sugar Mountain" als Single heraus, mit „Cinnamon Girl" auf der Rückseite. Kurz vor Jahresende erschien *After the Gold Rush*, ein dunkel getöntes Album, unterstrichen durch Youngs bis dahin herzzerreißendsten hoch-oktavigen Gesang. Eine gedämpfte Crazy Horse begleitete ihn bei den zumeist akustischen Aufnahmen, ebenso wie Stills und ein damals siebzehnjähriger Gitarrist/Pianist namens Nils Lofgren. Die Ausnahme zu dem sonst eher sanften Ton des Albums bildete „Southern Man", eine elektrifizierte Drescherei, in der einzig Youngs abgewrackte Kreischlaute die Markierungspunkte setzten; und in der Tat spritzte das Gift hier noch stärker als auf „Ohio". Die Singleauskoppelung des Albums, „Only Love Can Break Your Heart" landete auf Platz dreiunddreißig, und brachte den Solo-Künstler Young vor ein breiteres Publikum.

Rolling Stone's Langdon Winner jedoch, der schon *bei Deja Vu* abgewunken hatte, war auch diesmal nicht beeindruckt, und schloß seine negative Kritik mit der Bemerkung ab: „Den siebzig oder achtzig Leuten, die voll Wut an *Rolling Stone* geschrieben haben, wieso ich überhaupt etwas anderes als 100prozentige Begeisterung für *Deja Vu* aufbringen könnte, sage ich einfach nur: Diese Platte macht dort weiter, wo *Deja Vu* aufhört." Die Redakteure von *Rolling Stone* insgesamt waren jedoch anderer Meinung. Sie verliehen *Gold Rush* später die Auszeichnung „Album des Jahres" und nahmen es 1987 in ihre Liste der 100 Top Rock-LPs auf; sie erklärten dazu, daß es sich hierbei um „eines von Youngs bewegendsten, befriedigendsten und thematisch weitreichendsten Alben" handle.

Mit diesem Album, das in solch unmittelbarer Folge auf die Triumphe von CSNY erschien und auf Platz acht landete, war für Young der Weg zum Superstar geebnet. Young sagte später über das Album: *„After the Gold Rush* verkörperte den Geist von Topanga Canyon. Es sah so aus, als hätte ich erkannt, daß ich irgendwo angekommen war."

Nicht lange nach der Veröffentlichung der Platte setzten bei Young schmerzhafte Schwierigkeiten mit seinem Rücken ein, zunächst während einer akustischen Solo-Tour durch kleine Hallen, danach wieder in einem Aufnahme-Studio in Nashville. Er rief sich später im Gespräch mit Crowe diese Zeit ins Gedächtnis zurück: „Ich mußte in den zwei Jahren zwischen *After the Gold Rush* und *Harvest* immer wieder ins Krankenhaus. Ich habe diese eine schwache Körperseite und sämtliche Muskeln rutschten bei mir ab. Meine Bandscheiben kamen ins Schliddern. Ich konnte meine Gitarre nicht mehr heben. Ich konnte mich nicht besonders gut bewegen, und blieb daher lange Zeit auf der Ranch und pflegte keine Kontakte... Ich trug ein Stützkorsett... Ich konnte bloß für vier Stunden am Tag aufstehen... Die Ärzte fingen schon an, von Rollstühlen und all solchem Scheiß zu reden, also ließ ich mir ein paar Bandscheiben rausnehmen. Aber die meiste Zeit verbrachte ich zwei Jahre lang flach auf dem Rücken. Ich hatte viel Zeit, darüber nachzudenken, was mit mir passiert war."

Bis 1971 hatte sich Youngs Ehe ins Nichts aufgelöst und er hatte eine neue Beziehung mit der Schauspielerin Carrie Snodgress angefangen, die soeben für einen Oscar nominiert worden war für ihre Rolle in dem 1970er Film *Diary of a Mad Housewife*. Young und Snodgress ließen sich auf Youngs neugekaufter Broken Arrow Ranch in Nordkalifornien, südlich von San Francisco, nieder. Dort begann er jene Lieder zu schreiben, die seinen Namen in aller Munde tragen sollten.

Das reichhaltig countrifizierte *Harvest* (mit „A Man Needs a Maid", einem Track über Snodgress, begleitet vom Londoner Symphonie-Orchester) wurde das meistverkaufte Album des Jahres 1972; es enthielt die Nummer Eins-Single „Heart of Gold". Dadurch, daß der äußerst mitsummbare Song den ganzen Sommer über aus jedem Radio erklang, wurde Youngs Musik endlich allgemein von der Öffentlichkeit akzeptiert; die Kritiker allerdings reagierten weniger als freundlich.

Young sprach über den Ursprung des Albums mit Crowe, und lieferte dazu folgende Erklärung: „Ich machte die meisten Aufnahmen für *Harvest* im Stützkorsett. Das ist mit ein Grund, warum es so ein abgeklärtes Album ist. Ich konnte rein physisch keine elektrische Gitarre spielen. „Are You Ready Tonight", „Alabama" und „Words" wurden alle aufgenommen, nachdem ich die Operation hinter mir hatte." *Rolling Stone's* John Mendelssohn tat das Album abfällig als seichten Ausverkauf ab, und Young selber bezeichnete „Heart of Gold" auf *Decade* als den Song, der ihn „ins breite Fahrwasser gerückt" hätte. In der Tat, die gelassene Begleitung der Stray Gators, darunter des Steel-Gitarristen Ben Keith und dem mehrstimmigen Gesang von James Taylor, Linda Ronstadt, und Crosby, Stills and Nash glätteten alle Unebenheiten, die Youngs Alben bis dahin so widerborstig und unerwartet hatten sein lassen.

ZUSÄTZLICH ZUM ÜBERWÄLTIGENDEN kommerziellen Erfolg, brachte das Jahr 1972 noch manche andere Veränderung für Young. Snodgress gebar im September einen Sohn, Zeke, und der Crazy Horse-Gitarrist Danny Whitten (für den Young „The Needle and the Damage Done" auf *Harvest* geschrieben hatte) nahm im November eine Überdosis Heroin, nur wenige Tage, nachdem Young ihn gefeuert hatte, da er von den Drogen zu sehr benebelt war, um zu spielen. Young stürzte sich in eine massive Tour, die von Problemen verfolgt war, einschließlich einer drohenden Meuterei der Band wegen ihrer Bezahlung. *Rolling Stone's* John Landau hatte folgendes über eine der frühen Shows der Tournee in der Carnegie Hall zu sagen: „Young wurde insgesamt gesehen nicht sonderlich gut aufgenommen. Der Auftritt war zu kurz und es gab kaum Zugabe-Rufe. Dennoch fand ich am darauffolgenden Morgen, daß ich Young ebenso sehr als Mensch wie als Musiker bewunderte. In „Don't Be Denied" bietet er eine der wenigen Attacken auf das Star-System, das ein Rock-Musiker jemals glaubwürdig vorgetragen hat. Und er läßt es so wirken, weil seine Darbietung und sein Stil frei von jeder Spur des Zynismus erscheinen."

Young nahm die neuen Songs, die er auf seiner Tour gespielt hatte, auf sein erstes Live-Solo-Album, *Time Fades Away* (1973), mit auf. Der Titelsong, ebenso wie „Don't Be Denied", waren bezeichnend für ein anarchisches Dokument, das sich darin zu gefallen schien, die Unschönheiten einer Live-Aufführung einzufangen und auszukosten, mit allen schrägen Tönen und verhackstückten Texten – statt geglättete Versionen etablierter Lieblingsstücke zu bieten.

Um diese Zeit herum konzentrierte er auch seine Energien auf *Journey Through the Past*, ein unzusammenhängendes Stück Cinema Verite mit Young als „Star". Seit 1968, als er mit einer 8mm Kamera zu experimentieren begann, hatte Young ein besonderes Interesse für das Filmemachen gezeigt. (Tatsache war, daß *After the Gold Rush* von einem gleichnamigen Film inspiriert worden war, der allerdings nie verwirklicht wurde; geschrieben hatte ihn sein Freund, der Schauspieler Dean Stockwell.) Young braute einen Film zusammen, der Musik aus seinen Tagen bei den Springfield und CSNY enthielt, und ebenso Stücke aus Händels *Messias*. Young erklärte Crowe dazu später: „Ich wollte ein visuelles Bild dessen ausdrücken, worüber ich sang." Für alle zukünftigen filmischen Versuche sollte Young danach als Regisseur den Künstlernamen Bernard Shakey vorschieben.

Der Film wurde verrissen, und das gleiche Schicksal ereilte auch das dazugehörige Soundtrack-Album, das, wie Young behauptete, von seiner Plattenfirma (die ursprünglich als Verleih für den Film vorgesehen war) gegen seinen Willen veröffentlicht wurde. *Time Fades Away*, das unmittelbar auf *Journey* folgte, erreichte bloß Platz zweiundzwanzig, wurde jedoch mit einigen Vorbehalten von *Rolling Stone's* Bud Scoppa gepriesen: „*Time Fades Away* hat seine Vorzüge, wenn man die Platte einmal für sich nimmt, und sie nicht als das neueste große Werk eines großen Künstlers betrachtet...Wenn es auch kein durchschlagender Erfolg ist, so bietet das Album doch ein Selbstporträt eines stets faszinierenden Mannes." Wie Young auf *Decade* über seinen Aufenthalt auf dem „musikalischen Mittelstreifen" während der *Harvest*-Periode anmerkte: „Es ödete mich bald an, deshalb schlug ich mich seitwärts in die Gosse. Es war ein mühsameres Fortkommen, aber ich traf dort interessantere Leute auf dem Weg."

Young tat als nächstes das Gegenteil dessen, was man hätte erwarten können. Er schloß sich 1974 CSNY von neuem zu einer massiven Wiedersehenstour an. In der Zwischenzeit hatte er eine noch größere Zurückgezogenheit entwickelt und brachte der Presse ein starkes Mißtrauen entgegen, sodaß er als einziges Mitglied der Gruppe *Rolling Stone's* Ben Fong-Torres kein Interview gewährte. Während der Tour spielte Young Songs, die bald auf seinen eigenen Alben erscheinen würden, das verzweifelnde „For the Turnstiles" und das hoffnungsvolle „Long May You Run", ein Lied, das, wie Young sagte, er über seinen Leichenwagen geschrieben hatte. Während kritische Stimmen bemäkelten, daß sich die Gruppe nur zu einer Tour zusammengefunden habe, um ihren früheren Erfolg in bare Münze umzusetzen (einzig Youngs Solo-Alben hatten sich ebenso gut verkauft wie die von CSNY), fuhr das Publikum dennoch voll ab auf ihre Musik.

Im starken Kontrast zu den süßen Klängen von CSNY wurde Youngs nächste Veröffentlichung seine bisher pessimistischste. *On the Beach* (1974) schien zynisch und paranoid. Mit einem aufs bare Minimum reduzierten metallischen Klang bot das Album einige der bis dahin düstersten Texte Youngs, besonders die langen Erzähl-Epen „Revolution Blues" und „Ambulance Blues", wobei letzterer in einem ominösen, tieferen Stimmregister als sonst gesungen wurde. Young, der nach Zuma Beach in Südkalifornien umgezogen war, nördlich von Malibu, holte seine Nachbarn Rick Danko und Levon Helm, den Bassisten und Schlagzeuger der Band, für einige Tracks hinzu, ebenso Ralph Molina und Billy Talbot von Crazy Horse, Ben Keith von den Stray Gators und den Cajun-Fiddler Rusty Kershaw. In einer positiven Kritik in *Rolling Stone* nannte Stephen Holden das Album „das bittere Testament eines Mannes, der durch das Feuer gekommen und wieder in die Flammen zurückgegangen ist."

IM ANSCHLUSS AN *ON THE BEACH* folgte ein Album, das so höllisch war, daß Young es zwei Jahre lang beiseite gelegt hatte, bevor er sich zu einer Veröffentlichung durchrang. *Tonight's the Night* (1975) könnte als eines der ersten wahren Punk-Alben gelten, und sei es nur wegen seiner lässigen Intensität, der knallharten und völligen kaputten Spielweise, dem zerrissenen, schmerzerfüllten Gesang und der Lebe-für-den-Augenblick-Texte. Zwei Jahre zuvor, 1973, war Young mit Crazy Horse zum ersten Mal seit Whittens Tod wieder ins Studio gegangen. Während der Tequila die Kehlen hinunterrann, nahm die Gruppe in etlichen Sessions, die die ganze Nacht dauerten, neun nachlässig gespielte Songs auf – wobei sie durch Überzeugungskraft wettmachten was ihnen an Präzision abging –, um Whitten und dem CSNY-Roadie Bruce Berry, der ebenfalls an einer Überdosis Heroin gestorben war, ihre Ehrerbietung zu erweisen. 1975 entschloß sich Young dann, die Aufnahmen herauszubringen, nachdem er sie unmittelbar nach einer Reihe abgeklärter Songs, die unter dem Titel *Homegrown* als seine nächste Veröffentlichung gedacht waren, angehört hatte. Er und sein Manager Elliot Roberts fügten dem *Tonight's the Night*-Schub noch drei weitere Songs aus früheren Crazy Horse-Sessions hinzu, darunter „Come On Baby Let's Go Downtown", das mit Whitten als Lead-Sänger vier Jahre zuvor im Fillmore East aufgenommen worden war.

Obwohl Young es sich damit, wieder einmal, mit einem guten Teil seines Publikums aus dem Mainstream verdarb, hat die Kritik das Werk seither hochgehalten und Thrash-Rocker haben es als einen ihrer bedeutenden Einflüsse ausgewiesen. Zur Zeit seiner Veröffentlichung schrieb ein maßvoller Dave Marsh in *Rolling Stone* : „Youngs gesamte Karriere mag auf diese Geschichte hin ausgerichtet gewesen sein...doch erst jetzt hat er eine Möglichkeit gefunden, die Story auch so direkt darzustellen." Im Jahr 1987 wählten die Redakteure von *Rolling Stone* dieses Album als Nummer sechsundzwanzig in ihrer Liste der 100 größten Rock-Platten und nannten es Youngs „persönlichstes, bewegendstes Werk."

Auf die Veröffentlichung des Albums hin gab Young zum allerersten Mal ein umfassendes Interview – dem *Rolling Stone* -Reporter Cameron Crowe. Nach seiner unmittelbar zuvor erfolgten Trennung von Snodgress schien Young sein neuerworbenes Junggesellendasein zu genießen, ebenso seinen Umzug nach Südkalifornien und die häufigen Jam Sessions mit Crazy Horse. „Ich bin wirklich angetörnt von der neuen Musik die ich jetzt mache, wieder zusammen mit Crazy Horse", erzählte er Crowe. „Heute, sogar jetzt, während wir miteinander reden, gehen mir noch die Songs durch den Kopf...Ich denke, alles was ich gemacht habe, ist relevant gewesen, sonst hätte ich es nicht herausgebracht, aber ich bin mir auch im Klaren darüber, daß die letzten drei Alben von so einer ganz bestimmten Qualität waren... Irgendwie habe ich das Gefühl, als sei ich aus einer Art von geistiger Verwirrung an die Oberfläche gedrungen. Und...*Tonight's the Night*...ist das letzte Kapitel einer Periode, durch die ich hindurch mußte."

Während des gesamten Interviewverlaufs beschrieb Young voller Begeisterung sein nächstes Projekt, das hauptsächlich mit Crazy Horse eingespielt wurde. *Zuma* (1975), von *Rolling Stone*'s Bud Scoppa als „das bei weitem beste Album, das er gemacht hat" gepriesen, mischte ausgelassene elektrifizierte Nummern – bei denen der neue Gitarrist der Horse, Frank Sampedro, im Vordergrund stand – mit akustischen und elektrischen Epen. Der Höhepunkt des Albums war das meisterhafte „Cortez the Killer", ein ausgedehntes Epos, das von einem wirbelnden, zwirbelnden Gitarrenklang interpunktiert wurde. Der Song hat sich seither als eines der Glanzlichter bei den Konzerten von Young und Crazy Horse etabliert. Als Abschluß des Albums brachte „Through My Sails" wieder einmal CSNY zusammen, womit sich Youngs nächster Karriereschritt bereits andeutete.

Im Mai 1976 kam die Meldung auf, daß CSNY an einem neuen Album arbeiteten. Was auch immer der ursprüngliche Plan gewesen sein mochte, das Album mutierte zu einer gemeinsamen Stills-Young-Unternehmung, benannt nach Youngs „Long May You Run."

Das in Miami aufgenommene Album mit fünf Young-Songs und vier von Stills klang, als ob die Inspiration dazu von gemächlichen Aufenthalten auf Segelbooten stammte, auf denen man reichlich Pina Coladas geschlürft hätte – mit anderen Worten, mehr nach Jimmy Buffett als nach Buffalo Springfield. Stills hatte in den vorausgegangenen Jahren wenig Glück gehabt; die meisten seiner Solo-Alben und die gemeinsamen Werke mit Manassas waren von der Kritik vernichtend beurteilt und vom Publikum zusehends ignoriert worden. Young beglich möglicherweise damit eine alte Schuld gegenüber seinem frühen Lehrmeister. Tatsächlich gab sich Young in Interviews zu jener Zeit alle Mühe, Stills Gesang zu preisen, ebenso wie seine Musik und seine Fähigkeit, gute Songs zu schreiben. In Wirklichkeit jedoch klang das Album eher lustlos dahingespielt und die uninspirierten Auftritte, die seiner Veröffentlichung folgten, taten es nicht minder.

Im Greensboro Coliseum in Nord Carolina sah ich 1966 einen eher abgeschlafften Young und einen durch und durch langweiligen Stills, die beide nur wie im Schlaf ihren Auftritt ableisteten. Und tatsächlich warf Young nach wenigen weiteren Shows das Handtuch; er behauptete, Probleme mit seinem Hals zu haben (was faktisch stimmte, da Young im Vorjahr sich einer Operation hatte unterziehen müssen um eine – gutartige – Wucherung entfernen zu lassen) und die Tour kam damit abrupt zum Stillstand. Berichten zufolge fand Youngs Abschied von Stills mittels eines Telegramms statt, das in seinem Hotelzimmer abgeliefert wurde, kurz vor einem abgesagten Konzert in Atlanta. Der Text lautete: „Komisch, wie manche Dinge, die ganz spontan anfangen, nachher genauso wieder aufhören. Iß einen Pfirsich. Neil."

Rolling Stone's Kritiken des Stills/Young-Duos waren unterschiedlich. Crowe beschrieb eine Show in Boston, die „schwankend am Rande des Zauberhaften stand", während Marsh eine Vorführung in Long Island miterlebte, die er als „eine schlechte Idee, die daneben ging" bezeichnete. Young kehrte auf seine Ranch zurück, um seine Wunden zu lecken und seiner Stimme etwas Ruhe zu gönnen. Zuletzt tauchte er wieder im kalifornischen Santa Cruz auf, wo er in verschiedenen Bars mit einer Garagenband jammte, die sich The Ducks nannten.

YOUNGS NÄCHSTES ALBUM machte ihn wieder zum Liebling der Kritik. Auf *American Stars'n Bars* (1977) mischte er elektrisches und akustisches Material in einer Weise, als hätte man die Honky-Tonk-Musik aus einer schäbigen Spelunke am Straßenrand mit den Klängen einer ländliche Tanzveranstaltung auf einem Heuboden gekreuzt. Auf diesem optimistischsten Album, das Young bis dahin vorgelegt hatte, war der Höhepunkt das hymnische „Like a Hurricane", ein mitsingbarer Ohrwurm, der von fließenden, soulvollen Gitarrensolos vorangetrieben wurde. *Rolling Stone's* Paul Nelson lobte das Album und schloß seine Besprechung mit der Voraussage ab: „Neil Young hat sehr gute Chancen, der wichtigste amerikanische Rock'n'Roll-Künstler der siebziger Jahre zu werden...ich wüßte sonst niemand, der mit soviel Versessenheit hinter dem Essentiellen her wäre, wie Young."

Im Jahr 1978 kam die Retrospektive *Decade* als Dreier-Set heraus, für die Young persönlich die Track-Auswahl getroffen und zu jedem Song eine Textanmerkung geschrieben hatte. In dieser karriereumspannenden Werkschau fanden sich Stücke von den Springfield bis hin zu „Hurricane", sowie einige bis dahin unveröffentlichte Pretiosen. Und schließlich begann, am 18. September, in Clarkston, Michigan, explosionsartig Youngs „Rust Never Sleeps"-Tour. Auf einer Bühne, die mit übermenschlichen Requisiten vollgestellt war, wie etwa überdimensionalen Verstärkern und Mikrophonen, eröffnete ein zwergenhaft wirkender Young das Konzert mit „Sugar Mountain" und „I Am a Child", zwei träumerischen Erinnerungen an die Zeit des Kindseins. Nach dreißig Minuten mit akustischen Nummern gesellte sich Crazy Horse zu ihm auf die Bühne für einen knochenmarkerschütternden Set mit Nonstop-Rockern. Zwischendurch liefen immer wieder Woodstock-Ansagen (einschließlich der Warnhinweise wegen „braunem Acid") vom Band ab, während verhüllte „Aufpasser" in den Gängen umherhuschten, die mit ihren rotglühenden Augen wie Jawas aus *Star Wars* wirkten. Young selbst benutzte ein drahtloses Mikrophon – damals noch eine Neuheit. Zu den Glanzlichtern gehörte der Song, nach dem die Tour benannt war, der sowohl akustisch („My My, Hey Hey (Out of the Blue)") und elektrisch („Hey Hey, My My (Into the Black)") dargeboten wurde.

Obgleich der *Rolling Stone*-Kritiker John Rockwell die Bühnenpräsentation als „albern und linkisch" empfand, mußte er zugeben, daß die Vorstellung im Madison Square Garden (eine von zwei ausverkauften Shows, die dort stattfanden) „genug Subtilität, Niveau und sehnsuchtserfüllte

Emotionalität im akustischen Material enthielt, und genügend zupackende Leidenschaft in den besten der elektrischen Songs, um Youngs permanente Stellung im vergangenen Jahrzehnt des Rock'n'Roll von neuem zu bestätigen."

So kam es für mich – wie für viele andere – völlig unerwartet, daß ausgerechnet mitten während dieser Tour *Comes a Time* (1978) veröffentlicht wurde. Wie sich herausstellte, war dieses Album mit dem zweiundzwanzigköpfigen Gone With the Wind-Orchester und der Gastsängerin Nicolette Larson aufgenommen, über ein Jahr alt, und die Veröffentlichung hatte sich durch Probleme mit der Pressung hinausgezögert. Young war bereits zu anderen Dingen weitergerückt, wie er Cameron Crowe 1979 im zweiten umfassenden Interview mitteilte. Er bezeichnete *Comes a Time* als „mitten in einer weichen Phase" angesiedelt und bemerkte dazu: „Ich höre es jetzt im Radio und es klingt nett... aber ich bin mittlerweile schon woanders angelangt, ich stehe auf Rock'n'Roll."

Was *Comes a Time* betrifft, so bescherte es Young mehr kommerziellen Erfolg als er seit einiger Zeit erlebt hatte – das Album gipfelte in Platz sieben. Zum ersten Mal nach *Harvest* war er wieder unter den ersten zehn. *Rolling Stone's* Greil Marcus fand das Album allerdings enttäuschend und nannte es „weder einen umwerfenden Treffer wie *American Stars 'n Bars* im letzten Jahr, noch einen wild-eigensinnigen Triumph/Fehlschlag wie *Zuma* oder *On the Beach*. Es ist ein gefälliges, eindeutig kommerzielles Stück Arbeit, das dadurch am Aalglatten vorbeigerettet wird, daß Young darauf besteht, auf verstimmten Instrumenten zu spielen, seine Stimme auf schrägen Ebenen anzusiedeln...und beim Singen auf jede Affektiertheit verzichtet."

NEUNZEHNHUNDERTNEUNUNDSIEBZIG kam das Album heraus, auf das ich schon sehnsüchtig gewartet hatte. Mit seinen Basistracks, die während der *Rust Never Sleeps*-Tour aufgenommen worden waren, brachte es das Album gleichen Namens endlich voll und ganz. Genau wie die Tour, war es jeweils zur Hälfte akustisch und elektrisch angelegt, einschließlich der beiden Versionen des Titelsongs. Insgesamt erschien es als der wahre Höhepunkt von Youngs Karriere; der damit seine am konsistentesten durchgehaltenen, lebendigsten Songs seit fast zehn Jahren präsentierte. *Rolling Stone's* Paul Nelson schwelgte: „Neil Young hat, für jeden, der noch immer leidenschaftlich den Rock'n'Roll liebt, eine Platte gemacht, die die Grenzen definiert, ausweitet und spregt. Und bis auf die Grundfesten niederbrennt." Für diejenigen, die das Konzert nicht miterleben konnten, brachte Young *Live Rust* heraus, worauf die Tour lebensecht eingefangen war, ebenso wie in dem Film, der das Album begleitete (und als dessen Regisseur natürlich kein anderer als Bernard Shakey firmierte.) *Rust Never Sleeps* erreichte Platz acht, gefolgt von *Live Rust* auf Platz fünfzehn. Die *Village Voice* wählte Young zum „Künstler des Jahrzehnts".

Nachdem er die Siebziger fulminant mit einem doppelten Treffer zum Abschluß gebracht hatte, begann Young die Achtziger eher zögerlich mit einem weiteren akustisch/elektrisch geteilten Album, dem schrulligen *Hawks & Doves*. Obwohl es vom Publikum relativ wenig beachtet wurde (es kam bloß bis auf Platz dreißig) so gehörten doch etliche Songs – besonders „Homestead" (aufgenommen 1975), das einem kalte Schauer über den Rücken laufen ließ, und das gewaltige „Captain Kennedy" – zu Youngs besten. Die elektrischen Nummern wirkten oberflächlich wie Country-Rocker, bei denen man eine gute Zeit haben sollte, doch bei genauerem Hinhören wirkten die Texte verstörend und düster. Das Album hatte auch politische Untertöne. Young sollte bald darauf seine Fans und Freunde gleichermaßen schockieren, indem er Reagans militärisches Aufrüstungsprogramm unterstützte.

Vielleicht inspirierte Youngs neue militaristische Perspektive die ballistischen Klänge von *Re-ac-tor* aus dem Jahr 1981, das einen schrapnell-geschädigten Young porträtierte, der den Text zu dem furchteinflößenden „Shots" ins Mikrophon kreischte. Auf der LP wurde, als eine Fingerübung im Hard Rock, auch das hirnlose „T-Bone"-Jam geboten, ebenso wie der fröstelndmachende Humor von „Surfer Joe and Moe the Sleaze", und das kräftig aufgemischte „Southern Pacific", alles untermalt von Crazy Horse in ihrer vorwärtspeitschendsten Form.

Young ging bei Reprise 1982 von Bord und heuerte bei seinem alten Maat David Geffen an. Seine erste Veröffentlichung auf dem neuen Label war der bisher größte Schock – und überraschte wahrscheinlich den Chef von Geffen Records persönlich am meisten. Youngs neuestes Experiment bestand aus elektronischen Stimmanipulationen und synthesizergetriebenen Melodielinien. Im Anschluß an die Techno-Vorgaben der deutschen Gruppe Kraftwerk bot *Trans* über weite Strecken statt Youngs charakteristischer Stimme durch Vocoders und Oktaventrenner unkenntlich gemachte Vocals. Young wirkte in dieser Verkleidung irgendwie nicht besonders überzeugend und so entging den meisten Hörern, die schon vorher abgeschaltet hatten, die eher traditionelle Seite des Menus, mit Songs wie „Little Thing Called Love", der es immerhin auf Platz einundsiebzig schaffte, und dem visionären „Like an Inca".

Die *Trans*-Tour gab Young Gelegenheit, sein Experiment fortzusetzen. Obwohl er die Leute im Publikum mit akustischen Versionen seiner alten Lieblingsstücke zu befriedigen wußte, stieß er sie anschließend vor den Kopf, als er seine Techno-Maske aufsetzte und sein sonnenbrillenverdecktes

Gesicht auf einen gigantischen Video-Monitor projizieren ließ. Im Rückblick erscheinen Youngs Video-Mätzchen heute wie Vorläufer von U2's Zoo-TV-Produktion. Doch damals, 1983, wirkten Youngs Innovationen zumindest auf mich eher verstörend als ansprechend.

Aufgrund von *Trans* fand sich Young sofort mit Geffen im Clinch, der darauf bestand, daß er eine „Rock'n'Roll-Platte" machen solle. Young tat genau, wie ihm aufgetragen wurde, indem er dem Label ein Album anbot, das Young schon wieder in einer neuen Verkleidung zeigte, diesmal als ein toupierter Rockabilly-Sänger, begleitet von einer Combo, die sich die Shocking Pinks nannte. *Everybody's Rocking* (1983), eine Verarschung klassischen Rock'n'Rolls, mischte Cover- und Originalkompositionen, darunter das lakonische „Wonderin'", und der zynische „Payola Blues." Im Gegenzug ballerte Geffen Young mit einer gerichtlichen Verfügung vor den Latz; er habe Alben produziert die „nicht kommerzieller Natur und von anderer Art als Youngs frühere Platten" wären. *Rolling Stone's* David Fricke allerdings zeigte bei dem Album mit dem Daumen nach oben: „Man muß *Everybody's Rockin'* einfach bewundern", schrieb er, „wegen seiner Kaltschnäuzigkeit, und schließlich beginnt man das Album zu lieben, wegen seinem wahnwitzigen Sound und seinem verspielten Humor."

Zu der Zeit gestaltete sich Youngs Familienleben alles andere als humorig. Er beschrieb die frühen Achtziger gegenüber *Rolling Stone's* James Henke, im Rückblick aus dem Jahr 1989, als die schwierigste Periode seines Lebens. Er und seine Frau, Pegi, hatten diese Jahre in verzweifelter Zuwendung für ihren Sohn Ben zugebracht, der 1979 mit einer Form von zerebraler Kinderlähmung auf die Welt gekommen war, die ihn aufs schwerste behinderte. (Zeke, Youngs Sohn mit Snodgress, hat ebenfalls eine, allerdings milde, leichter zu behandelnde Form von zerebraler Kinderlähmung.) Der ganzkörpergelähmte Junge bedurfte nach Meinung der Experten, bei denen die Youngs sich Rat holten, therapeutischer Behandlung, und zwar zwölf Stunden täglich, sieben Tage die Woche, unter Anwesenheit beider Eltern. Nach zwei Jahren erkannten die Youngs, daß die Therapie eher dazu angetan war, ihr Leben zu zerstören, als ihrem Sohn zu helfen, so daß sie sich anderen, physisch weniger aufreibenden Techniken zuwandten. Um Kindern wie Ben zu helfen, startete Pegi Young anschließend in San Francisco die Bridge School, für die Young seither mehrere Benefizkonzerte veranstaltet hat, wobei ihn Künstler von Bruce Springsteen bis Sonic Youth unterstützten.

Youngs Privatleben übte, was kaum überrascht, beträchtlichen Einfluß auf seinen künstlerischen Output aus – wie schon in der Vergangenheit. Nur, daß diesmal die Ergebnisse bei den Fans eher Verwirrung stifteten, statt sie anzusprechen. Aber für Young waren seine musikalischen Experimente der einzige Weg, um durch diese Erfahrungen hindurch zu kommen; daher das auf *Trans* deutlich werdende Interesse an Computern (die seinen Sohn in der Fähigkeit zur Kommunikation unterstützten); daher der Eskapismus, der sich in *Everybody's Rockin'* manifestiert; und daher vielleicht auch die familienselige Country-Stimmung auf Youngs nächster Veröffentlichung, *Old Ways* (1985). Zu Geffens zusätzlicher Verärgerung weichte Young die Country & Western-Klänge dieses Albums durch Streichersätze noch weiter auf, besonders auf „The Wayward Wind" (ursprünglich ein Hit aus dem Jahr 1956, sowohl für Tex Ritter wie für Gogi Grant). Auf vielen Songs des Albums waren Background-Vocals der Nashville-Außenseiter Willie Nelson und Waylon Jennings zu hören, von denen das federnde „Get Back to the Country" und das nostalgische „Are There Any More Real Cowboys?", jeweils im Duet mit Jennings beziehungsweise Nelson gesungen, besonders hervorstachen.

Während er *Old Ways* abschloß, fühlte Young sich inspiriert durch einen Kommentar Nelsons, über die Notlage der amerikanischen Farmer nachzudenken, und kam auf die Idee, ein Benefizkonzert zu veranstalten, das Farm Aid heißen sollte. Mit Nelsons Unterstützung schaffte es Young, in Iowa das erste dieser jährlichen Konzerte in die Wege zu leiten, bei dem sowohl Country- als auch Rock'n'Roll-Künstler auftraten.

Young machte sich anschließend auf zu einer amerikanischen Tour mit seiner Fiedel-Band alten Stils, den International Harvesters, denen sich Jennings häufig auf der Bühne anschloß. Young versprach, ab jetzt ganz bei der Country Musik zu bleiben; *Rolling Stone's* Steve Pond gegenüber merkte er an: „Es scheint, als ob es sich beim Rock ‚n' Roll in letzter Zeit nur noch um Mode und Image dreht. Ich vermisse das Gefühl einer Gemeinschaft, das der Rock in den sechziger Jahren besaß. Aber ich habe dieses Gefühl wiedergefunden, als ich anfing, mit den Country-Typen zusammenzusein."

YOUNG WICH NATÜRLICH von seinem vorgefaßten Plan ab. Stattdessen holte er sich die Session-Musiker Steve Jordan und Danny Kortchmar, um den knackigen „Modern Rock" von *Landing on Water* (1986) einzuspielen. Obwohl Young und seine Combo mit einem funkigen Beat groovten, wurde die Intensität der Songs verwässert durch den mechanischen Sound der Synthesizer und die zurückhaltenden Rhythmen. In den Texten beschrieb Young die Welt als einen harten und herzlosen Ort, hob sich aber seine giftigsten Stacheln für seinen früheren Band-Gefährten David Crosby auf, der unterdessen der Drogensucht verfallen war („Hippie Dream").

Vielleicht ging die Zurückhaltung auf *Water* Young doch an die Nieren, den er machte sich auf zu einer massiven Tour, zusammen mit seinen rückhaltlosesten Kumpels – Crazy Horse – zum ersten Mal wieder seit „Rust Never Sleeps". Er benutzte einige derselben überdimensionalen Requisiten, fügte aber auch Dinge hinzu, die er in Garagen gefunden hatte (etwa einen riesigen Rasenmäher). Die neubelebte Band nannte ihre Auftritte „Neil Young und Crazy Horse in einer verrosteten Garage." Die Idee wurde bis zum Anschlag hochgereizt, mit Nachbarn, die sich beschweren kamen, Polizisten und einer genervten Mutti. *Rolling Stone's* David Fricke beschrieb das Konzert als „eine einfallsreiche, ernsthafte und zuweilen urkomische theatralische Reverenz an den ewigen Überlebenskampf, den Garagenbands überall durchstehen müssen."

Youngs nächste Veröffentlichung, *Life* (1987), führte die Themen von *Water* weiter. Dieses Mal jedoch stand hinter Youngs von Erschrecken erfüllter Weltsicht der Muskel einer leicht zurückgehaltenen Crazy Horse. (Obgleich immer noch zu vernehmen, sind die Synthesizer hier meist nur als Klangeffekte eingesetzt.) Zusätzlich zu den Songs über politische Unruhen wurde *Life* abgerundet von vier Kompositionen eher persönlicher Art; einer weiteren mythischen Südamerika-Saga, „Inca Queen", und dem jubilierenden Hohelied auf die Welt der Garagenbands, „Prisoners of Rock'n'Roll" – einem Höhepunkt der Rusted-Out-Garage-Tour.

Obwohl Young bei dem Spiel seit nunmehr über zwei Jahrzehnten mitmischte, hatte er noch längst nicht alle seine Trumpfe aus dem Ärmel geschüttelt. Nachdem er 1987 mit CSN bei einem Benefiz-Konzert für Greenpeace aufgetreten war, verkündete er seine Absicht, von neuem der Gruppe für ein Album und eine Tour beizutreten, zum Teil deswegen, weil Crosby von seiner Drogenabhängigkeit losgekommen und aus dem Gefängnis entlassen worden war. Geffen jedoch erteilte Young keine Erlaubnis, sich der Gruppe anzuschließen, sofern das Label nicht auch die Platte von CSNY herausbrächte – die aber vertraglich noch immer an Atlantic gebunden waren. Ende '88 hatte sich Young, sehr zu seiner Freude, von Geffen losgeeist und konnte mit seinen ehemaligen Band-Kameraden wieder ins Studio zurückkehren. Zusätzlich hatte er den ersten Teil des Jahres damit verbracht, mit einer jazzigen Blues-Band, den Bluenotes, in Clubs aufzutreten. Wieder zurück bei Warner/Reprise war sein erstes Album erneut ein Genre-Stück, der Backbeat-Shuffle von *This Note's for You* (1988). Der Titel-Track war ein geharnischter Angriff auf jene Rock-Musiker, die ihre Songs dazu benutzen ließen, um irgendwelche Waren in TV-Werbe-Spots anzupreisen. Ein zum Schreien komisches Video, bei dem Julien Temple Regie führte, wurde von MTV abgelehnt, weil es Michael Jackson, Eric Clapton und andere Stars ob ihrer Werbeaktivität öffentlich „verunglimpfte". (In einer denkwürdigen Umkehrung wählte MTV schließlich die Parodie zum „Bestes Video des Jahres".)

Mit Youngs bluesigen Gitarren-Riffs, die sich im Ruf-und-Antwort-Schema mit einer großen, aufmüpfigen Bläser-Sektion abwechselten, klang das Album mehr nach Rhythm&Blues aus Memphis als nach kalifornischem Rock. Das Ensemblespiel konnte jedoch nicht solch typische Young-Songs wie „Coupe de Ville" oder „Twilight" in den Schatten stellen – was mehr war, als man von den Kompositionen sagen konnte, die auf *American Dream* auftauchten, dem CSNY-Album, daß schließlich Ende 1988 herauskam. Statt die Gruppe neu zu beleben, schien es, als hätte Young sich von ihrer Schlaffheit anstecken lassen. Wie Anthony de Curtis in *Rolling Stone* anmerkte: „Die größte Schwäche der Platte ist ihre Unverbindlichkeit."

Youngs Flop mit CSNY war jedoch schnell vergessen, angesichts seiner vielen Triumphe im Jahr 1989. In der Abteilung Glaubwürdigkeit wurde Young im Kreuzfeuer freundlicher Kritik mit einem Tribute-Album gefeiert, *The Bridge,* auf dem seine Songs von den hippsten Underground-Rock-Gruppen gecovert wurden – Sonic Youth, Dinosaur Jr., Nick Cave, the Pixies, und Nikki Sudden, unter anderen. Dann fetzte Young durch ein haareaufstellendes „Rockin in the Free World", bei *Saturday Night Live.* Mit dieser Kostprobe aus seinem bevorstehenden nächsten Album, *Freedom,* demonstrierte Young einem überwältigten Publikum, daß noch immer reichlich Saft durch seinen vierundvierzigjährigen Körper pulsierte.

Freedom löste das Versprechen jenes Fernsehauftritts voll ein. Das Album, das aus den durchgehend inspiriertesten Songs seit *Rust* bestand, mischte akustisches und elektrisches Material, von dem einiges ursprünglich für ein Album mit dem Titel *Times Square* vorgesehen gewesen war. Ein in New York aufgenommener Set von fünf knochenzerknirschenden Songs wurde auf einer EP namens *Eldorado* veröffentlicht, die nur in Japan, Neuseeland und Australien erhältlich war. Eine umgearbeitete Version der Titel-Nummer und ein kreischendes Cover von „On Broadway" waren zwei der Songs aus der EP, die zuguterletzt auf *Freedom* wieder auftauchten. Young erklärte *Rolling Stone's* Sheila Rogers, was es mit dem Album auf sich hatte: „Ich habe einfach solange herumjongliert, bis ich etwas zusammenkriegte, was sich mehr wie ein Album statt wie ein Anschlag auf die Gehörnerven anhörte. Es ist das erste Mal seit Jahren, daß ich das Bedürfnis empfand, ein Album wie dieses zu machen. Bei all den anderen Alben stand ich mehr auf Stil. Und hab dabei ein wenig aus dem Blick verloren, was ich eigentlich machen wollte." Die *Rolling Stone* -Kritiker hatten jedenfalls das Gefühl, das Young auf den richtigen Weg zurückgefunden hatte: sie wählten *Freedom* zum „Album des Jahres" – und überdies zu einer der 100 Top-LPs aller Zeiten.

Young rollte auf einem kreativen Hoch: seine nächste Veröffentlichung, *Ragged Glory*, übertraf *Freedom* tatsächlich noch, was schiere Energie und Power betraf. Young wurde dabei auf wunderbare und chaotische Weise von Crazy Horse flankiert, die diesmal eindeutig voller Ungeduld an ihren Zügeln zerrten, um sich dann wiehernd mit all der furiosen Kraft, die sie aufbringen konnten, ins Getümmel zu stürzen. Das Quartett war 1990 noch so am Rocken als wäre die Zeit bei 1969 stehen geblieben. Obwohl Young etliche überzeugende neue Songs beisteuerte, besonders „Mansion on the Hill", bestand der Hauptakzent des Albums aus seinen herrlichen Gitarren-Duellen. Ohne sich selber allzu ernst zu nehmen, tobte das Quartett durch den Garagen-Punk-Klassiker der sechziger Jahre, „Farmer John", und dem entsprechenden Pendant aus den Neunzigern, „Fuckin' Up."

Dem Album unmittelbar auf dem Fuße folgte die Neil Young/Crazy Horse *Ragged Glory*-Tour. Young bat sich zwei langjährige Vertreter des Avant-Noise-Rocks, Social Distortion und Sonic Youth, als Vorgruppen hinzu. Er erzählte *Rolling Stone's* Alan Light, er empfände es als äußerst „wohltuend", das Dröhnen der Rückkopplung durch die Betonwände seiner Garderobe hindurchzuhören, bevor er selber auf die Bühne ging. Der ohnehin schon oktanstarke Auftritt wurde durch ein zusätzliches Bühnenbild im Hintergrund noch weiter hochgeputscht: den Krieg im Persischen Golf.

KEINE DER SHOWS auf dieser Tour hätte jedoch so surreal sein können, wie die eine, die ich an der West Point Militärakademie im Bundesstaat New York miterlebte. Umgeben von Kadetten und Kadetinnen im Teenager-Alter in ihren zugeknöpften Uniformen, hörte ich, wie einer zum andern sagte: „Es heißt, er rockt noch ziemlich gut, dafür, daß er schon so ein alter Knacker ist." Young und Crazy Horse betraten die Bühne inmitten eines gewaltigen Tosens. Wir waren bereits einem traditionellen „Star Spangled Banner" vom Band ausgesetzt worden; die maßgeblichen Militär-Oberen hatten Young die Erlaubnis verweigert, die sonst von ihm verwendete Hendrix-Version der Nationalhymne durch die Hauslautsprecher zu jagen. Ebenso fehlte das „Peace"-Symbol, das üblicherweise auf die Soffitte hinter Crazy Horse projiziert wurde (was auch gegen die Regeln verstieß). Young begrüßte die Menge mit einer kleinen Dosis Nostalgie: „Das letzte Mal, als ich hier war, war 1967, mit den Buffalo Springfield." Der Auftritt gestaltete sich zu einem Non-Stop-Feuerwerk nicht nachlassenwollender musikalischer Energie.

Young fing die Glanzlichter der Tour auf dem Live-Doppelalbum *Weld* ein, der 1991 herauskam. Meinte Don McLeese in *Rolling Stone*: „Für alle, die gemeint hatten, Young und die Band hätten das Feedback schon auf

Ragged Glory bis an seine Grenzen getrieben, eröffnet *Weld* neue Dimensionen klanglicher Turbulenzen." Ein kompromißloses Konzert-Video, wieder unter der Regie von Bernard Shakey, erschien zur gleichen Zeit. Und für diejenigen, die nicht genug von den weißkreischenden Schrilltönen bekommen konnten, bot zugleich ein begrenzt lieferbarer Set, *Arc*, ausschnittsweise Feedback und andere Sound-Bites pur.

Während Young, umbrandet von dröhnendem Noise und frischem Blut, in die Zukunft donnerte, hatte er zugleich doch seine Vergangenheit nicht vergessen. Dies wurde deutlich, als er seine nächste Veröffentlichung in einer Reihe von Konzerten vorstellte, bei denen er auf der Bühne von akustischen Gitarren, einem Klavier und einem Harmonium umringt war. Der Auftritt, den ich im Februar 1992 im New Yorker Baker Theater miterlebte, wurde leider durch die lautstarken Einschübe etlicher Young-Fans gestört, die offenbar noch immer von der *Ragged Glory*-Tour ein Klingeln in den Ohren übrigbehalten hatten. Young schien beim Ausprobieren seines neuen Materials einigermaßen unentschlossen – es waren weichkantige Songs, einige davon mit ziemlich schmalzigen Texten. Bald war er nur noch verärgert, als die Rufe, „Mehr Saft, Neil!" nicht aufhören wollten.

Diese Songs bildeten *Harvest Moon*, nach zwanzig Jahren eine Fortsetzung von *Harvest*, seinem kommerziell erfolgreichsten Album. Countryfiziert und am heimatlichen Herd zusammengeklöppelt, wurde er begleitet von den Stray Gators und seinen Spielgefährten Ronstadt, Larson und Taylor. Young erklärte, daß er die für *Ragged Glory* benötigten Lautstärke- und Energie-Levels unmöglich länger als sechs Monate durchhalten könne; und *Harvest Moon* war, in der Tat, das genaue Gegenteil davon. Obwohl einiges von dem Material ein bißchen übertrieben wirkte in seiner freimütigen Gefühlsduselei, so bot es doch eine sehr viel erfolgreichere „Reise durch die Vergangenheit", als Youngs voran-gegangener Versuch mit CSNY. Das Publikum jedenfalls zeigte eine hohe Zugriffsgeschwindigkeit, womit *Harvest Moon* zu Youngs bestverkauftem Album seit dreizehn Jahren wurde und sich sogar etliche Grammy-Nominierungen einfing.

Ebenfalls 1992 schloß sich Young Künstlern aus drei Generationen an, um den fünfzigsten Geburtstag eines seiner frühesten Einflüße zu feiern – Bob Dylan. Zwischen Sets mit Johnny Cash und Pearl Jam (er betrat die Bühne, nachdem Sinçad O'Connor von der Menge mit Buhrufen davongeschaßt worden war) wirkte Young wie der Bandenchef in Sachen Überzeugungs- und Lebenskraft. Zusätzlich zu seinen eindringlichen Versionen von „Just Like Tom Thumb's Blues" und „All Along the Watchtower", erklang sein unverkennbarer Gibson Les Paul-Sound höchst explosiv in dem Power-Jam von „My Back Pages" und hielt auch das große Finale mit „Knockin' on Heaven's Door" akustisch zusammen.

Es schien, als wollte Young nicht ein einziges Jahr der Neunziger ohne Aktivität verstreichen lassen. Er begann 1993 mit weiteren akustischen Auftritten; ein zweistündiges Konzert, bei dem außer Young auch Lofgren und die Stray Gators mit von der Partie waren, wurde gefilmt und portionsweise später vom öffentlich-rechtlichen US-Fernsehen PBS, von VH-1's *Center Stage*, und von MTV's *Unplugged* ausgestrahlt. *Unplugged*, worauf sich alles – von *Harvest Moon*-Stücken bis zu einer modernisierten „Trans"-Fassung – finden ließ, wurde dann im Spätsommer des Jahres auch auf CD feilgeboten.

Eine weitere Young-Sammlung kam ebenfalls 1993 heraus. Als abschließender Friedensschluß mit Geffen versammelte *Lucky Thirteen: Excursions into Alien Territory*, zusammengestellt von Young selbst, Materialien aus seinen stürmischen Jahren bei diesem Label. Insgesamt hält das Album durchaus dem Vergleich stand; es vereinigt Tracks aus *Trans*, *Everybody's Rockin'*, *Landing on Water*, *Life* und *Old Ways*. In seiner *Rolling Stone*-Kritik merkte James Hunter an: „*Lucky Thirteen* bietet, in neuer Reihenfolge und neudurchdacht, die keineswegs perfekten aber wichtigen Arbeiten aus den achtziger Jahren, die ein Künstler schuf, der erst kürzlich die Ansicht vertrat, daß „tief im Innern" seiner akustischen Schwelgereien, seiner verzerrten Raveups, seines verstörten Technos, seiner symphonischen Ausflüge, sich „dieselben Züge" offenbarten."

DA DIE JAHRTAUSENDWENDE nurmehr knapp fünf Jahre von uns entfernt liegt, stellt sich die Frage: was können wir erwarten, von Neil Young zu hören, nachdem er nun selber ein halbes Jahrhundert abgehakt hat? Er verbrachte die zweite Hälfte des Jahres 1993 mit Konzertauftritten, unterstützt von den Stax-Soul-Veteranen Booker T. and the MGs, mit Pearl Jam als Vorgruppe. Für seine Zugaben bat er Vedder und Co. zu einem brisanten „Rockin' in the Free World" zu sich auf die Bühne. Für den Soundtrack von Jonathan Demmes *Philadelphia* steuerte Young den überwältigenden Titel-Track bei, einen Song von unbeschreiblich trauervoller Lieblichkeit, der teilweise an *Gold Rush* zurückdenken läßt. Seit den späten Achzigern hat Young sich mit einem Nachfolge-Album zu *Decade* beschäftigt, ein Projekt, das dem Vernehmen nach bereits auf insgesamt sechzehn CDs aufgelaufen ist, die nach und nach in mehreren Vierer-Sets erscheinen sollen. Videos aus dem Archiv des Regisseurs Bernard Shakey harren ebenfalls noch der Veröffentlichung.

Anfang 1994 begab sich Young wieder gemeinsam mit Crazy Horse ins Studio. *Sleeps With Angels*, das Resultat, wirkte erstaunlich, wie eine tönende Farbpalette aus Elementen von Youngs Musik der letzten Jahrzehnte, mit Anklängen an *Everybody Knows This Is Nowhere, After the Gold Rush, Rust Never Sleeps, Freedom, Ragged Glory*, und *Harvest Moon*. Mir und der Mehrzahl aller Neil Young-Fans weltweit erschien es als Youngs beste Arbeit seit *Rust*. Songs wie das düstergestimmte „Change Your Mind" und das traurig-hinreißende Titel-Stück (ein Tribut an Kurt Cobain) beschallten bereits erfolgreich die klangliche Grunge-Landschaft der Neunziger, ehe er im Frühjahr 1995 durch gemeinsame Aufnahmen für ein Album mit Pearl Jam noch eine schnelle Überraschungs-Nummer aus dem Hut zauberte, deren Veröffentlichung ziemlich zeitgleich mit *Neil Young: Die Rolling Stone Fakten* stattfinden wird.

Was mein Rätselraten über Youngs Zukunft betrifft, so habe ich schon vor langer Zeit gelernt, mich bequem zurückzulehnen und einfach die nächste Überraschung abzuwarten. Wie Young selber schon 1975 gegenüber Cameron Crowe anmerkte: „Jede einzelne meiner Platten ist für mich wie ein neuer Abschnitt aus meiner laufenden Autobiographie. Ich kann nicht die ganze Zeit über an dem selben Kapitel schreiben."

Durch all das Auf und Ab, durch all die Haupt- und Nebenstraßen, hat Neil Young seine Musik zur Beschreibung seines persönlichen Lebensweges eingesetzt – auf welche Weise auch immer, egal, welche Erwartungen andere an ihn hegten. Tatsächlich kann man bei Young nur eines mit Gewißheit sagen: daß er auch weiterhin das Verdeck runterziehen und den Motor aufjaulen lassen wird, und alle, die sich an irgendwelche Prognosen wagen, am Straßenrand rotieren lassen wird, während er in einer großen Wolke aus dichtem, grauem Rauch in die Ferne davonbraust. Doch keine Sorge – schon in der nächsten Runde dürfte er wieder voll mit dabeisein.

14. DEZEMBER 1967

BUFFALO SPRINGFIELD AGAIN

(Album-Kritik)

BUFFALO SPRINGFIELD haben wieder einmal ein musikalisch und stimmlich interessantes Album vorgelegt. Die Songs auf diesem Album sind nicht immer so einprägsam wie die auf ihrer ersten Scheibe, aber sie sind gut gemacht. Was aber *Buffalo Springfield Again* eindeutig abgeht, ist der innere Zusammenhang.

Abwechslungsreichtum ist ein Vorzug, aber manchmal führt er zu weit und wird zur bloßen Verzettelung. Dieses Album klingt so, als hätte jedes Mitglied der Band seine eigenen musikalischen Bedürfnisse befriedigen wollen. Jeder einzelne von ihnen hat Songs produziert, die seinen eigenen Vorlieben entsprechen. Insgesamt kommt dabei aber keine Vermischung zustande, sondern bloß eine ziemlich deutliche gegenseitige Abgrenzung zwischen den einzelnen Kompositionen.

Richie Furay hat ein paar hübsche Sachen komponiert, die zu seiner Stimme passen, etwa „Sad Memory", und auch für Dewey Martin, den Schlagzeuger – was dann eher wie ein ziemlich affektierter Griff nach dem Tamla-Motown-Sound wirkt, mit einem Schuß Otis Redding.

Neil Young, ein sehr fähiger und origineller Gitarrist, verdient ein kräftiges Lob für seine Komposition „Mr Soul", einen kräftigen, aus dem Bauch kommenden Blues unserer Tage. Der Song hängt in sich gut zusammen. Youngs zweiter Beitrag, „Broken Arrow", folgt dem neuesten Trend der heutigen Songschreiberei – in Richtung Freak-out der Beatles. Der Song ist über sechs Minuten lang, und bewegt sich durch unterschiedliche Phasen im Ton, im Rhythmus, in der Instrumentierung und in der Qualität der Vocals. Der Song beginnt mit dem Gekreische von Fans und dem ziemlichen kratzigen Gesangspart von „Mr Soul" und gleitet dann hinüber in ein langsameres Tempo und einen anderen Song. Obwohl Young ein paar ausgezeichnete Streicher-und Piano-Tracks eingebaut hat, ist dieser Titel trotzdem kein Erfolg. Er bringt es einfach nicht: auf Dauer wird er langweilig und verliert seine Wirkung.

Steve Stills' Songs und Arrangements sind es, die das Album insgesamt dominieren. „Bluebird" ist eine erdige, eigenständige Blues-Nummer mit tollem Drive. Am Ende des Tracks ändert Stills allerdings den Stil und dreht das Ganze um zu einer Art folkhaften Banjo-Zupf-Melodie. Bei „Rock & Roll Woman" ist die Gruppe vokal am besten, und auch die Instrumentaltracks sind perfekt koordiniert.

Buffalo Springfield Again ist keineswegs ein Fehlschlag. Weit entfernt davon. Nur ist es eben bloß ein sehr gutes, aber kein großartiges Nachfolge-Album einer hochgradig talentierten Gruppe.

27. APRIL 1968

CLAPTON UND SPRINGFIELD-MITGLIEDER VERKNACKT

ERIC CLAPTON VON DEN Cream und drei Mitglieder der Buffalo Springfield sind letzte Woche in Los Angeles festgenommen worden. Die Anklage lautet auf eine strafbare Handlung im Zusammenhang mit Marihuana.

Inhaftiert wurden neben Clapton auch Neil Young, Richie Furay und Jim Messina, gemeinsam mit etwa einem Dutzend weiterer Personen, darunter auch Furays Ehefrau, Nancy.

Alle wurden unter Anklage gestellt, „sich an einem Ort aufzuhalten, an dem der Verdacht auf Verwendung von Marihuana besteht", ein strafbares Vergehen. Die Kaution wurde auf 1.250 Dollar – die bei dieser Anklage übliche Höhe – für jede der verhafteten Personen festgesetzt und alle waren innerhalb von zwölf Stunden wieder auf freiem Fuß.

Die Verhandlung für die Buffalo Springfield und Furays Ehefrau wurde auf Dienstag, den 26. März, angesetzt. Clapton, der sich momentan mit seinem Trio in den Staaten auf Tournee befindet, hat, wie es heißt, sein Erscheinen vor Gericht aufgrund von dringenden vorrangigen Verpflichtungen auf einen späteren Termin verlegen lassen.

Zu den Festnahmen kam es, als Deputy Sheriffs des Bezirks Los Angeles einer Anzeige wegen Ruhestörung durch eine „lautstarke Party" in einer Privatwohnung im Topanga Canyon nachgingen. Die Anwesenden gaben an, daß es sich nicht um eine Party gehandelt habe, sondern um eine Probe, obgleich zwei weitere Mitglieder der Buffalo Springfield – Steve Stills und Dewey Martin – zur fraglichen Zeit nicht anwesend waren.

Buffalo Springfield hatten in letzter Zeit mit der Polizei auch noch weitere Probleme wegen Dope. Bruce Palmer, der Bassist der Gruppe, wurde nach drei Verhaftungen wegen Marihuana-Besitzes in seine Heimat Kanada abgeschoben. Neil Young kündigte an, daß er die Gruppe verlassen und in Zukunft eine Solo-Karriere anstreben wird.

22. JUNI 1968

BUFFALO SPRINGFIELD ZIEHEN AB IN DIE EWIGEN JAGDGRÜNDE

DIE BUFFALO SPRINGFIELD, eine der hervorragendsten Rock-Gruppen aus Los Angeles, haben sich am 5. Mai aufgelöst. Grund dafür war eine Kombination aus internen Problemen und extremer Erschöpfung, verbunden mit dem Ausbleiben eines übergreifenden nationalen Erfolgs und mehreren Zusammenstößen mit der Polizei. Die Gruppe, die sich in Los Angeles formiert hatte, bestand aus Steve Stills und Neil Young, die sich die Lead-Spots an der Gitarre und bei den Vocals teilten; Bruce Palmer, dem ursprünglichen Bassisten der Gruppe; Dewey Martin, Schlagzeuger; und Richie Furay, Rhythmusgitarre und Gesang.

Obgleich die Gruppe mit ihrer speziellen Mischung der stimmlichen und rhythmischen Elemente aus Rock und Country hoch angesehen war, gelang ihr erst Ende 1966 mit der dritten Single, „For What It's Worth", einem Song über die Konflikte zwischen den Jugendlichen und der Polizei am Sunset Strip, landesweit der Durchbruch. Die Gruppe erlebte dann ihren eigenen Konflikt am 20. März, als Young und Furay zusammen mit Jim Messina verhaftet wurden (Bruce Palmer war bereits Monate zuvor festgenommen und nach Kanada abgeschoben worden). Im Verlauf der gleichen Razzia war auch Eric Clapton von den Cream angehalten und unter Anklage wegen Besitz von Marihuana gestellt worden.

Die weiteren Pläne der einzelnen Gruppenmitglieder sind noch wenig ausgereift, obwohl Steve Stills sagt, daß er gerne einer anderen Gruppe beitreten möchte – möglicherweise Blood, Sweat and Tears als Ersatz für Al Kooper. Neil Young wird es als Solokünstler versuchen, während Richard Furay und Jim Messina gemeinsam als Songschreiber- und Produzenten-Team weitermachen wollen.

24. AUGUST 1968

BARRY GIFFORD

LAST TIME AROUND

(Album-Kritik)

ALS LETZTES ZEUGNIS ihrer vielseitigen Talente haben Buffalo Springfield *Last Time Around* herausgebracht, die schönste Platte, die sie je gemacht haben.

Dies ist das zweite bedeutende Schallplattenalbum von einer kanadischen Gruppe (das erste war *Music From Big Pink* von The Band), das in diesem Monat herausgekommen ist. In beiden erkennt man deutlich ihre Wurzeln im Country. Der große Unterschied liegt in ihren jeweils verschiedenen Härtegrad-Schattierungen. The Band ist gekennzeichnet von überwältigender Ernsthaftigkeit und pointierter Tiefsinnigkeit, während die Buffalo Springfield lockerer klingen, mit einem süßlicheren Country-Geschmack. Sie klingen genau so, wie Jim Messina säuselt, wie ein „sorgloser Tag auf dem Land".

„Four Days Gone" ist einer der besten Tracks, den die Springfield je gemacht haben. Stills Gesang ist, wie üblich, einzigartig zittrig, ein trauriger, Country & Western-gefärbter Song über einen Typ, der unterwegs ist zu seiner Braut und zugleich auf der Flucht vor den Behörden („I'm four days gone into runnin'") („Ich bin schon seit vier Tagen am Rennen"). Seinen Namen möchte er nicht nennen, denn: „Ich bin ja nicht lebensmüde." Das Piano klimpert im Floyd-Cramer-Stil irgendwo im Hintergrund, während Stills seine Geschichte erzählt. „Die Regierung ist verrückt", beschwert er sich.

Stills hat fünf Stücke für die Platte komponiert. „Special Care" und „Uno Mundo" zeigen seine erstaunliche Wandelbarkeit als Songsschreiber auf. Beide sind vollkommen anders als das C & W-mäßige „Four Days Gone". „Special Care" ist eine Rock-Nummer im besten Sinne des Wortes. Nach einer Keyboard-Einleitung im Stil von Dylans „Black Crow Blues" zieht sie ab mit einer furiosen, kreischenden Gitarre, dicht gefolgt von einer dröhnenden Orgel. Stills zittert den paranoiden Text hervor: „Hey there, you on the corner / staring at me / Would you like to shoot me down?"

("He du da, an der Ecke / der mich so anstarrt / möchtest du mich wohl abknallen?") Das surrende Vibrato der Gitarre legt die Melodie dazu hin, während er im Hintergrund zetert und krakeelt und die Leute anschreit – es klingt, als ob man ihn gewaltsam von der Bühne runterzerrt.

„Uno Mondo" ist ein mit Maracas-Congas-Trompeten lateinamerikanisch unterlegter jamaikanischer Ska-Beat-Polit-Calypso, ein Schlag ans Kinn der Welt: „Uno Mondo / Asia is screaming / Africa seething / America bleating/ just the same."(„Eine Welt / Asien schreit / Afrika brodelt / Amerika blökt nur / blöde dazu.")

Auf „I Am a Child" klingt Neil Young mehr wie Tim Hardin als Tim Hardin selbst. Es ist nicht sehr oft, daß sowas passiert, daß zwei Künstler fast identisch klingen. Oscar Peterson klingt derart ähnlich wie Nat „King" Cole, daß er über Jahre hinweg nicht mehr sang. Als Cole gestorben war, brachte Peterson ihm zu Ehren ein Gedenk-Album heraus, auf dem er samt und sonders Coles beliebteste Songs darbot – eine fast perfekte Nachbildung der ursprünglichen Aufnahmen. Die Ähnlichkeit war unbeabsichtigt, so wie die Gemeinsamkeiten zwischen Young und Hardin. Darüberhinaus ist „Child" genau in Hardins elektrifizierter Country-Folk-Manier gehalten. Es ist ein nettes Lied, sehr hübsch, einfach gehalten, und federleicht. Sogar die Harmonika erinnert einen an Herb Shriners Spiel auf „Back Home in Indiana."

Furay ist ein wunderbarer Sänger, und seine besten Leistungen hier sind die Balladen, „It's So Hard to Wait" und „Kind Woman". „Hard to Wait" ist ein klagevolles Liebeslied: „I'll never forget you / I hope you care." („Ich werde dich nie vergessen / ich hoffe, das ist dir nicht völlig egal.") Der Song gleitet langsam dahin, begleitet von Klarinette, akustischer Gitarre, Schlagwerk und Bass, die alle entsprechend leiser gespielt werden, um Furays nachklingendes Falsett mehr zur Wirkung zu bringen.

Aber der beste Track des Albums ist „Carefree Country Day". Der Gesangl mit Messinas knisternder Stimme („I get up in the morning with a cock-a-doodle-doo / I get myself together if and when I choose") („Ich erhebe mich morgens mit einem Hahnenschrei / und krieg mich in den Griff wann es mir eben paßt") hat die abgeschlaffteste Country-Stimmung drauf, die man diesseits von Jack Elliot zu hören kriegt. Das Ganze wird abgestützt durch eine großartige Harmonie von Furay und Stills und ein funkiges „Wah-wah-wah"-Bläser-Zwischenspiel, das Messinas Vocals superb abrundet. Es hat sogar ein „dot-in-duh-wah-wat-en-duh-wat-en-dah"-Fade-out, was das beste bißchen Country-Gedudel seit Elliots „Guabi Guabi" darstellt.

Wirklich schade, daß das schon die Endrunde der Band ist, und nicht erst der Auftakt.

GARY VON TERSCH

NEIL YOUNG

(Album-Kritik)

D IESES ALBUM VON NEIL YOUNG (vormals bei Buffalo Springfield) und verschiedenen Freunden ist ein strömender Seitenarm des übergreifenden Springfield-Flußes mit seinen vibrierenden Tönen, atemlosem Gesang und schlanker, aber doch kräftiger Instrumentierung. Besonders deutlich stechen dabei Youngs Gefühl der Melancholie und die einfallsreichen Ballungen von poetischen Bildern in seinen Texten hervor (die in voller Länge abgedruckt sind). Im einzelnen könnte man dieses Album als eine Erweiterung der Arbeiten Youngs ansehen, die er auf *Buffalo Springfield Again* geliefert hat, speziell seine Kompositionen „Expecting to Fly" und das verblüffende „Broken Arrow", mit dem das Album schließt.

Diese Solo-Scheibe eröffnet mit „The Emperor of Wyoming", einer Instrumental-Nummer, die musikalisch in einer hochfliegenden und doch jammernden Art für die A-Seite den Ton anstimmt. Sie hat entschieden diesen Springfieldschen Touch drauf, wie der Wind, der zwischen den Felsen heult oder wie Leute, denen man in einem Traum begegnet.

„The Loner" ist ein zeitgenössischer Trauergesang, bei dem sich Youngs Gitarre auf unaufdringliche Weise mit einem Streichersatz verbindet, und damit dem Eispickel-Gesang Youngs eine Gelegenheit bietet, sich effektvoll in den Zuhörer hineinzuhämmern. Der allgemeine Gestus und die poetische Bilderwelt sind hier wiederum so ziemlich die gleichen wie zuvor bei „Expecting to Fly".

Die nächsten beiden Stücke sind zwei verschiedene Teile ein- und desselben Puzzles. „If I Could Have Her Tonight" ist ein langsamer, kristallartiger Versuch mit einer schwer groovenden Linie im Schlagzeugspiel, Byrds-artigen Gitarren und einem abgeklärten Text, der sich insgesamt zu einem einzigartigen Gefühl der Melancholie aufaddiert – und doch auch der Freude im Melancholischen, wie sie die Springfield einst so gut einfangen konnten – und wie Young sie hier einfach noch einmal nachproduziert. „I've Been Waiting for You" ist eine Fortsetzung des Themas, das so wirkt, als ob es in allen vier Ecken der Nacht zugleich steht, mit klimperndem Piano und Orgel.

Diese Seite schließt mit einem langen Song, betitelt „The Old Laughing Lady", der sehr nah dran und doch wieder sehr weit entfernt ist von Youngs früherem Song, „Broken Arrow". Ein waberndes Piano und eine zögerliche Streichersektion bewegen sich rund um die Melodielinie, schauen hier einmal zwischen den Worten hervor, zeigen dort etwas freien Himmel zwischen Youngs Phrasierungen. Die zwei Stücke bewegen sich auch durch eine Reihe von Stimmungs- und Klang-Änderungen zwischen den einzelnen Versen hindurch – die Streicher auf „Laughing Lady" werden beispielsweise zusehends satter und voller. Der Piano-Akkord im Fadeout hier ist ähnlich dem Fadeout mit dem Herzschlag auf dem vorherigen Stück. Der Hauptunterschied zwischen den beiden läßt sich knapp zusammenfassen in der Formel: das zweite Stück ist bündiger, reifer und trägt mehr von jener stillen Explosivität in sich, wie sie offenbar Youngs Absicht entspricht.

Die zweite Seite eröffnet mit einem winzigen Jack Nitzsche-Stück, betitelt „String Quartet From Whiskey Boot Hill" – eine langsame, bedachtsame, aetherische Hinführung auf Youngs Gesang in „Here We Are in the Years". Musikalisch ist das Stück streicherdominiert, der Klang sehr satt und voll, und Youngs Stimme schneidet scharfe Furchen hinein – der schabende Fadeout am Schluß sagt alles, was dazu zu sagen nötig ist.

„The Last Trip to Tulsa" beschließt das Album. Mit neun Minuten Länge ist es das stilvollste und zugleich am meisten stilistisch von den Springfield entfernte Stück auf dem Album. Hier gibt es nur Youngs chamäleonartige Stimme zur Gitarre – keine Streicher, kein Schlagzeug oder Piano. Von Vers zu Vers baut sich das Ganze weiter auf, die Stimme wird wilder, die Gitarre zusehends achtloser, leichtsinniger. Es ist ein innovativer Schluß für eine in vieler Hinsicht hinreißende Wiederaufnahme jenes alten Springfield-Sounds – der hier einmal auf neue Weise verwandelt worden ist.

9. AUGUST 1969

CROSBY, STILLS AND NASH – PLUS YOUNG

NEIL YOUNG HAT SICH Crosby, Stills and Nash angeschlossen, womit sie jetzt Crosby, Stills, Nash and Young heißen – eine Allianz, die bereits als „bestklingende Rechtsanwaltsfirma des Pop" tituliert wird. Die „Supergruppe" hat auch Bruce Palmer am Bass hinzugewonnen und die Aufnahmesessions laufen bereits.

Young hatte das vergangene Jahr über als Solo-Künstler gearbeitet, seit die Buffalo Springfield im Mai 1968 zusammengeklappt waren. Daß er jetzt dem Triumvirat aus David Crosby, Stephen Stills und Graham Nash beitritt, fügt der Gruppe einen weiteren „Heavy" zu und bringt ihn wieder mit Stills zusammen, der auch ein früheres Springfield-Mitglied ist.

Die Ankündigung, daß Young sich der Gruppe angeschlossen hätte, folgte wochenlangen Gerüchten, die einen solchen Schritt in den Bereich des Möglichen gerückt hatten. Zugleich hatte es aber auch Vermutungen gegeben, daß Stills das Kombinat verlassen und zusammen mit Young und Palmer die Springfield neugründen könnte. (Palmer war der frühere Bassist jener Gruppe.)

Merkwürdig genug, daß Young bei alledem seine Solo-Karriere nicht aufgeben wird. Er ließ verlauten, daß er so oft er könne allein auftreten würde – kurioserweise mit einer Band namens Crazy Horse als Begleitgruppe – und weiterhin Solo-LPs für Reprise aufnehmen wird. Tatsache ist, daß Young bei der Ankündigung über seinen Beitritt zu Crosby, Stills and Nash gerade damit beschäftigt war, den Remix seiner ersten (von zwei) Solo-Platten neu durchzuziehen; die ursprüngliche Pressung habe ihm nicht gefallen, sagte er, und solange er, wenigstens zeitweise, weiterhin allein arbeiten würde, wollte er seine Solo-Leistungen wenigstens so gut wie irgend möglich gestalten.

Crosby, Stills and Nash haben bislang ein Album bei Atlantic herausgebracht, und hier wird die neue Formation auch weiterhin bleiben. Es ist für Young möglich, bei den zwei Plattenfirmen gleichzeitig zu arbeiten, weil beide Teil von Warner Bros.-Seven Arts sind.

Young sagte, die Sechs-Mann-Band (Dallas Taylor bleibt weiterhin am

Schlagzeug) hätte so weit vier Songs aufgenommen, von denen drei wahrscheinlich auf der ersten Crosby, Stills, Nash and Young-LP erscheinen würden.

Die Gruppe hoffte, sagte der Gitarrist, ihr erstes Album bis zum 25. Juli komplett zu haben, wenn sie ihr erstes Engagement im Fillmore East wahrnimmt.

„Wenn wir im Fillmore East auftreten, wird sonst niemand auf dem Programm stehen", sagte er. „Wir machen eine zwei-Stunden-Show, mit einer Pause dazwischen.

„Es handelt sich hier ja um keine Rock'n'Roll-Gruppe, verstehst du. Crosby, Stills and Nash kommen raus und spielen erst mal drei oder vier Songs von ihrer ersten LP. Dann komme ich dazu und wir spielen zusammen noch ein paar mehr. Dann spielen wir ein paar neue Songs. Und bis dahin ist noch alles akustisch – kein Bass, kein Schlagzeug, während des Großteils der ersten Hälfte. Wenn die Leute nicht ruhig sind, werden sie uns nicht hören können."

Young sagte, er würde neben Stills nicht nur die Lead-Gitarre, sondern auch die Orgel spielen. Er schien sich dessen wohl bewußt zu sein, daß die gleiche Kombination von Talenten – manche würden sagen: von übertriebener Eigenliebe – schon das Ableben der Sprringfield beschleunigt hatte.

Young sagte, er würde nicht viel Gesang beisteuern – obwohl der Hauptakzent beim Remixen seiner eigenen Solo-LP darin bestand, seine eigene Stimme, die vor Jahresfrist beim Abmischen begraben worden war, wieder mehr in den Vordergrund zu plazieren.

„Als ich bei den Springfield war, hielt ich mich immer stark zurück", sagte er. „Ich war ziemlich paranoid, was meine eigene Stimme betraf. Also habe ich auf meiner ersten Platte absichtlich die Stimme zugeschüttet. Auf der zweiten Platte brachte ich sie dann mehr hervor, denn da hatte ich mehr Selbstvertrauen. Das ist es, was die Arbeit mit Crazy Horse für mich geleistet hat. Sie hat mir Zuversicht gegeben. Das ist der Grund, warum ich weiterhin solo arbeiten möchte. Aber mit der neuen Gruppe werde ich nicht viel singen, sondern hauptsächlich instrumental zuarbeiten."

Die Rückkehr des Bassisten Bruce Palmer in die Pop-Szene der USA kam überraschend, war er doch als Mitglied der Springfield drei mal wegen verschiedener Delikte (hauptsächlich Dope) verhaftet und zwei mal nach Kanada abgeschoben worden. Alle Probleme mit der Einwanderungsbehörde sind jedoch behoben und Palmer lebt seit zwei Monaten bereits wieder ganz unauffällig in Los Angeles.

9. AUGUST 1969

BRUCE MIROFF

EVERYBODY KNOWS THIS IS NOWHERE
(Album-Kritik)

NEIL YOUNG HAT NICHT die Sorte „gute" Stimme, die ihm das Lob eines Musiklehrers an der High School eintragen würde. Aber man muß sich nur einmal anhören, wie Judy Collins „Just Like Tom Thumb's Blues" durch die Mangel dreht, um zu merken, daß der Rock'n'Roll nicht gerade wegen seiner „guten" Stimmen erblüht ist. Die besten Rock-Vocals (beispielsweise die von Mick Jagger oder Richard Manuel von der Band) sind gewöhnlich eher grobkörnig, um nicht zu sagen stimmlicher Rauhputz. In der Negation der formelhaften Hübschheit rücken sie stattdessen das unverwechselbare Temperament des Sängers in den Vordergrund („It's the singer, not the Song" – Mick Jagger). Solchen Gesang kann man sich nie als Hintergrundmusik antun; er verlangt von einem, daß man ihm zuhört und ihn ganz erfüllt. Sein Wesen liegt in seiner Intensität – und im Lichte dieser Intensität klingen dann die Produkte der „guten" Stimmen auf einmal ausgesprochen dürr und matt.

Während Neil Young ein brauchbarer Songschreiber und ausgezeichneter Gitarrist ist, liegt seine größte Stärke doch in seiner Stimme. Ihr ausgedörrter Ton ist ständig wie von Trauer umflort, ohne dabei aber ins Gefühlsduselige oder Erbärmliche abzurutschen. Sie suggeriert eine Welt, in der unter allen Dingen ein Kummer spürbar bleibt; selbst eine Textzeile wie „You can't conceive of the pleasure in my smile" („Du kannst dir nicht vorstellen, wieviel Vergnügen mein Lächeln ausdrückt.") aus „I Am a Child" ist letzten Endes schmerzlich anzuhören. Und eben weil diese Welt für die meisten von uns wiedererkennbar ist, wirkt Youngs Gesang oft seltsam berührend. Auf eine natürliche und zu Herzen gehende Weise ist Neil Young der Johnny Ray des Rock'n'Roll.

Everybody Knows This Is Nowhere ist Youngs zweites Album seit dem Auseinanderbrechen der Buffalo Springfield. In mehrfacher Beziehung greift es kürzer als seine früheren Arbeiten. Youngs neues Material ist ein wenig enttäuschend. Nichts auf diesem Album reicht an die schmerzverzerrte Schönheit von „If I Could Have Her Tonight" und „I've Loved Her So Long" heran, oder an den stillen Terror von „The Old Laughing Lady". Sein Gitarrenspiel schneidet im Vergleich ebenfalls schlechter ab. Der Lyrismus des ersten Albums findet sich hier nurmehr in Spurenelementen wieder. Doch trotz dieser Unzulänglichkeiten bietet *Everybody Knows This Is Nowhere* reichlich Belohnungsknochen. Youngs Musik macht ihren Mangel an Anmut, wenigstens teilweise, wieder durch ihre Energie und größere Selbstsicherheit wett. Und sein Gesang ist nach wie vor superb. Man muß sich beispielsweise nur einmal anhören, mit welcher Überzeugung er an die Titel-Nummer herangeht, einen Song über die Notwendigkeit – aber auch die Unmöglichkeit – aus Los Angeles zu entkommen.

Die interessantesten Tracks auf dem Album sind „Running Dry" und „Cowgirl in the Sand". Aufgebaut auf einer traditionellen Folk-Melodie, verwebt „Running Dry" den Klang der E-Gitarre und einer Violine in eine beunruhigende Mischung. Die Aura der Sonderbarkeit erinnert hier in etwa an Youngs magnifizentes „Out of My Mind". Der Text ist ein wenig übertrieben dramatisch, aber die Musik und die stimmliche Darbietung schaffen es, ihn darüber hinweg zu heben. Es entsteht der Eindruck einer irgendwie nur undeutlich wahrgenommenen Tragödie.

Bei „Cowgirl in the Sand" hingegen funktioniert dann aber alles. Der Text beinhaltet auf stille Art eine Anklage, während die Lead-Gitarre, abwechselnd im hohen Gleitflug, dann wieder schneidend scharf und antreiberisch von unten her, den Song ständig auf Trab hält. Doch der wahre Schlüssel zum Erfolg dieses Tracks ist Youngs Gesang. „Cowgirl in the Sand" zeigt deutlich auf, welche ganz eigenen Tiefendimensionen in Youngs Stimme stecken. Und diese Stimme ist es, die einmal mehr demonstriert, wie es der Rock doch immer wieder schafft, über die Musiklehrer in den High Schools zu triumphieren – und über ihre tranig sülzenden Heerscharen.

4. OKTOBER 1969

CROSBY, STILLS ETC., EIN AUSVERKAUF ETC.

CROSBY, STILLS, NASH AND YOUNG brachten es in ihrer Heimatstadt auf ein vielversprechendes Debut, als sie vergangenen Monat alle sieben Abendvorstellungen im modischen Greek Theater von Los Angeles ausverkauften.

Die Kapazität dieses Freiluft-Theaters beträgt ungefähr viertausend, was bedeutet, daß die musikalische Allianz während ihres einwöchigen Engagements mehr als 30.000 Zuhörer anzog. Und sie verdienten auch ein rundes Sümmchen von 70.000 Dollar für den Gig.

Was dies erwähnenswert erscheinen läßt ist, daß CSNY noch nirgendwo öffentlich in Erscheinung getreten waren, als sie für ihren Auftritt in dem Amphitheater im Griffith Park gebucht wurden, und daß das Crosby, Stills and Nash-Album bei Atlantic noch nicht einmal aufgenommen worden war.

Und obwohl Tom Jones und die Fifth Dimension – beides bewährte Acts, das sollte man nicht vergessen – vor CSNY im Greek Theater auftraten, so gilt es doch zu bedenken, daß dort typischerweise eher Leute wie Johnny Mathis, Henri Mancini, und Don Ho auftreten, die übrigens auch für die jetzt laufende Saison gebucht sind.

„Es war ein Glücksspiel" meinte eine Sprecherin für den Promoter Jimmy Doolittle, als das Engagement gerade die Halbzeitmarke passiert hatte. „Zuerst dachten wir, wir hätten einen Fehler gemacht", sagte sie weiter. „Der Act ließ sich im Vorverkauf sehr schwach an, und wir machten uns schon Sorgen, daß viele von den Leuten, die sich Karten für die ganze Saison genommen hatten, an einem Act wie diesem nicht interessiert sein würden. Denn sagen wir mal so: die Leute, die üblicherweise ins Greek Theater kommen, sind es nicht gewöhnt, ganz so viel Haare bei den Männern zu sehen."

„Aber," sagte sie, „Der Eröffnungsabend beendete dann unsere Sorgen. Die Kids hatten vielleicht keine Saison-Karten, und sie waren vielleicht nicht gerade aktiv im Vorverkaufsbereich, aber unten an der Abendkasse war dann der Teufel los, unglaublich. Sie kamen aus den Bergen, ganze Lastwagen voll. Jetzt haben wir jede Show ausverkauft, und am ersten Konzertabend mußten wir Hunderte wieder wegschicken."

Was die Show selbst betrifft, war auch diese Sonderklasse. David Crosby, Stephen Stills, Graham Nash und Neil Young – gemeinsam mit Joni Mitchell am Programm – verdienten sich fast jeden Abend stehende Ovationen und Zugabe-Rufe von der Zuhörerschaft.

Im ersten Teil des Auftritts der Gruppe spielte jeder zwei oder drei Songs allein, einzig zur Begleitung einer akustischen Gitarre. Das Schlagzeug von Dallas Taylor und der Bass von Greg Reeves, (welcher erst kürzlich der Gruppe beigetreten ist), waren nicht einmal in Sichtweite. Mit Joni Mitchell im Vorprogramm ergab sich somit für die ersten zwei Stunden in erster Linie einmal ein Folk-Konzert.

Unter den Songs, die CSNY in der ersten Hälfte spielten, befand sich der Song, den Stills für Judy Collins schrieb, „Suite: Judy Blue Eyes", und Nashs „Lady of the Island", beide von dem Album, das aufgenommen wurde, als die Gruppe noch Crosby, Stills and Nash hieß. Dazu kam „4 + 20", ein neuer Song von Stills, und Youngs „I've Loved Her So Long".

Im Anschluß an diese anmutige und übersichtliche Eröffnung hob sich ein Vorhang hinter dem Quartett der Sänger/Songschreiber, der ganze Batterien von riesigen Verstärkern, elektrischen Gitarren, Orgel, Schlagzeug, Bass zum Vorschein brachte. Jetzt war der Rock'n'Roll an der Reihe.

Verstärkt um Taylor und Reeves spielten CSNY jetzt unter anderem Youngs Komposition „Sea of Madness", „Wooden Ships" (von Crosby und Stills) und „Marrakesh Express" (von Nash) – letztere beide von der *Crosby, Stills and Nash*-LP und die letzten Songs, die die Band anstimmte.

Dies war der dritte öffentliche Auftritt der Gruppe, nur neun Wochen nachdem Crosby, Stills, Nash and Young erstmals zusammen fanden. Sie waren zuvor schon einmal auf dem Musik- und Kunst-Festival in Woodstock aufgetreten (am Montag, um fünf Uhr früh) und danach noch einmal im Chicago Auditorium. Etliche frühere Termine waren abgesagt worden, weil sich Knoten an Nashs Stimmbändern gezeigt hatten.

Im Anschluß an das Engagement im Greek Theater wollten sie auf Videoband Autritte für drei Fernseh-Shows aufzeichnen, für *Tom Jones, The Music Scene* und *Hollywood Palace*.

Danach waren sie im Fillmore East in New York für den 19. und 20. September gebucht und anschließend für das Fillmore West in San Francisco am 1., 2., und 3. Oktober.

27. DEZEMBER 1969

BEN FONG-TORRES

CROSBY, STILLS, NASH, YOUNG, TAYLOR UND REEVES

HINTER IHNEN IST EINE CREW dabei, den Vorhang anzubringen, der ihre elektrische Ausrüstung verstecken soll, solange, bis sie ihre akustische „Holz"-Musik zuende gespielt haben. Der Vorhang ist schwarz. Hinter Crosby, Stills, Nash and Young wird es keine Lightshow geben. Es ist Donnerstag, fünf Uhr nachmittag, Zeit für die Probe im Winterland Auditorium in San Francisco. Fünf Stunden vor Konzertbeginn ist bereits ein Türsteher an den Türen des alten „Eistanz-Palastes" postiert, der alle Besucher schroff überprüft. Draußen, im frischen Herbstwetter, hat sich schon eine kleine Schlange formiert, ein ganzer Bürgersteig voll von Mähnen, randlosen Brillen, Leder und dem Farbenspektrum der Boutiquen. Diese Leute wissen, daß Crosby, Stills, Nash and Young nicht vor halb zwölf anfangen. Das macht nichts. Hauptsache, sie erwischen einen guten Platz auf dem harten Holzfußboden vor der Bühne. Und sie können warten.

Dallas Taylor, der Drummer, geht unten an der Bühne entlang, sodaß Stephen Stills ihn nicht sehen kann, der oben auf der Bühne das Klavier austestet. Taylor nähert sich Stills, ein verschmitztes Lächeln zieht sich über sein breites Gesicht. Plötzlich springt er mit einem Schrei hinter Stills auf, seine rechte Hand ist jetzt eine Pistole, und knallt ihn ab. Stills wird steif, fällt vom Hocker und plumpst direkt auf David Crosby mit seiner Gitarre, wobei ein scheppernder Klangbrei entsteht.

Auf dem Parkett, der Bühne gegenüber, wird Graham Nash von dem Lärm aufgeschreckt, der in der ersten Reihe sitzt und versucht, die Titel für den heutigen Abend zu ordnen. Er ruft Taylor zu, der inzwischen zur Bühnenmitte gehuscht ist: „Hey Mann - nicht in der Nähe von den Äxten, Mann. Nicht wenn du in der Nähe von 'ner E-Gitarre bist!" Taylor nickt zwar, aber er weiß auch, daß jeden Moment Stills auf den Plan treten wird, um jetzt wiederum ihn zu eliminieren.

Noch mehr Gerangel um die Bühne herum, und dann plötzlich passiert es. Stills mimt, wie er den Ring von einer Handgranate mit den Zähnen abreißt, wartet drei Sekunden und stopft sie dann Taylor in sein Maul. Taylor stirbt malerisch, fährt bei der „Explosion" aus seiner Haut, dann stürzt er fast zwei Meter von der Bühne hinunter, strauchelnd, plumpst auf den Rücken.

Nash blickt wieder auf. Diesmal stehen keine Gitarren im Weg herum. Er grinst, schüttelt mit dem Kopf und macht mit seiner Arbeit weiter.

CROSBY, STILLS AND NASH schnurrte in diesem Sommer mühelos in die Charts und reihte sich ein – hinter Blind Faith, Creedence Clearwater Revival und Blood, Sweat and Tears. Dann sauste ihre Single „Marrakesh Express" in die Top Twenty hinauf, dann „Suite: Judy Blue Eyes", und danach zog *Crosby, Stills and Nash* ebenso mühelos vorbei an Blind Faith und all den anderen.

Und hier haben wir Nash, der eben auf einem sanft vibrierenden Bett in Stills' Motelzimmer in San Francisco sitzt. „Wir hatten keine *Band*, nur uns drei", sagt er.

Crosby, Stills and Nash bestand aus Crosby und Nash und Stills an der Orgel, Stills am Baß, Stills an der Lead-Gitarre, und aus den Overdubs von zusätzlichen Gitarren-Tracks.

„Wir konnten das Album singen", sagte Nash, „aber wir konnten es nicht spielen." Bei ihren Konzerten, sagte er, „wußten wir, daß wir den Sound darbieten mußten, so wie wir ihn auf dem Album hatten."

Dallas Taylor, der von Anfang an – seit einem Jahr also – bei dem Trio mit von der Partie war, ist jetzt um Greg Reeves verstärkt worden, einen stillen, neunzehnjährigen Bassisten aus den Motown Studios. Und als Frontmann für so gut wie alle Zwecke steht im Vordergrund – Neil Young.

Young, Komponist, Gitarrist, und Sänger bei den Buffalo Springfield, hat ein paar Lieder für das nächste Album geschrieben – „Country Girl" und „Helpless", wobei auf letzterem ein Refrain zuhören ist, der die in die Höhe entschwebende harmonische Stimmenmischung bietet, die für Crosby, Stills and Nash typisch und vielleicht der Hauptanziehungspunkt der Gruppe ist.

Aber zum größten Teil ist Young eigentlich ein Luxus, ebenso ein nützlicher Handlanger wie eine zusätzliche kreative Kraft. In den Studios, wo Stills regiert – aber die Zügel bedarfsweise auch an seine meinungsstarken Mitproduzenten Nash und Crosby abgeben muß –, ist Young ein solider vierter Stützpfeiler. „Wir sind es wohl, die dem Album Gestalt geben", sagt Stills, „aber Neil kommt dazu und gibt dem Ganzen das gewisse Etwas, den extra Dreh."

Nash ergänzt: „Manchmal brauchen wir jemand, der uns ein bißchen zeigt, wo es lang gehen muß, um ein bestimmtes Problem in den Griff zu kriegen. Er ist gut im Plattenmachen."

Young wurde hinzugezogen, sagt Stills, „weil wir noch eine vierte musikalische *Lebenskraft* dabei haben wollten. Ich wollte immer eine erweiterte Rhythmusabteilung. Aber statt noch einen Keyboard-Mann dazuzuholen, dachten wir, warum nicht einen Typ, der ganz andere Sachen machen kann – Songs schreiben, Gitarre spielen, der uns ein Bruder sein kann, und sowas alles."

HIER KOMMEN DIE LEBENSKRÄFTE in ihre Garderobe im Winterland. Es ist jetzt Sonntag, 13.30 Uhr, und sie haben die dritte von vier Abendvorstellungen hinter sich. Schwachrot beleuchtet, ist der Raum eng wie ein Dachboden, aber er erfüllt seinen Zweck als brauchbare Unterkunft. Crosby, Stills, Nash and Young – und Taylor und Reeves – wollen etwas Ruhe. Davids Stimme ist perdu und er liegt auf einer alten Couch, sein Arzt über ihm.

David hatte schon seit Mitte der Woche einen kratzigen Hals gehabt und an diesem Tag, Sonntag, hatte er sich die Stimme bei der „Stoppt Vietnam"-Demo im Golden Gate Park endgültig ruiniert. „Er hat sich verleiten lassen, ein bißchen über die Stränge zu schlagen", hatte Nash abends hinter der Bühne gesagt. „Nach dem ersten Ausruf war ihm klar, daß er sich die Stimme überanstrengt hatte." Bis er die Bühne im Winterland erreicht hatte, wo jeder der 5000 Zuschauer lauter brüllen konnte als er, wußte er, daß er dafür büßen mußte. Er konnte sich am besten verständigen, indem nickte, lächelte und seinen Walroß-Schnurrbart rauf und runter kräuselte. Am Mikro erklärte Nash, was Crosby plagte, und die Menge jubelte ihrem kriegsversehrten Mitkämpen zu.

Stills, der mit einer akustischen Gitarre auf dem Schoß Crosby gegenüber saß, stieg ein in die „Suite", und das Publikum, das schon darauf wartete, daß die Gruppe endlich mit dem anfing, wofür man soviel Bewunderung über sie ausschüttete, brach in Jubel aus. Und los ging's im Galopp, mit sicherem Griff und Gespür, bis zu dem Vers, der beginnt, „Chestnut brown canary, ruby-throated sparrow", („Kastanienbrauner Kanarienvogel, Spatz mit rubinroter Kehle"). Und als David die hohe Note erreichte (..."thrill me to the *mar*row") („erregt mich bis ins Mark"), da schaffte er sie nicht, und die Menge klatschte, trotz alledem, während er sich mit einem verlegenen Grinsen an die Kehle griff.

Ab dem Punkt – was? fünf Minuten nach Programmbeginn? – war Crosby so gut wie ausgeschaltet und der ganze Set mußte umgestellt werden. Crosbys übliches Solo, „Guinnevere", fiel weg, samt einigen Duetten mit Nash. Young trat vor, um ein Medley aus Buffalo Springfield-Weisen zu singen, zur akustischen Gitarre, mit Stills. Nachher, während der elektrischen Hälfte des Programms, stieg Crosby wieder ein, mit einer Art krächzenden Imitation von „Wooden Ships", und Stills nahm auf „Long Time Gone" seinen Platz ein, einem Song, der ganz klar zu Crosby gehört.

Das Publikum, genau wie das in New York und Los Angeles und Big Sur, jubelte selbstverständlich bei allem, was sie taten, aber Crosby, Stills, Nash and Young wußten es besser. Am Abend zuvor hatten sie ihre jetzt schon zum Standard avancierte Zugabe-Nummer vorgetragen – eine kurze, leise gesungene, titellose Stills-Komposition zum Thema Freiheit, die einst als Beitrag zu *Easy Rider* gedacht war – waren von der Bühne runtergegangen, rund um den Rand des ehemaligen Eistanzpalastes herumgewandert und hatten sich in ihrer Garderobe niedergelassen und eine kleine Erfrischung angesteckt, und da waren diese fünftausend Freaks auf der anderen Seite des Vorhangs *noch immer* dabei, auf den Boden zu stampfen, in ihren Sitzen hoch oben in den weit entfernten Balkons, und nach MEHR! MEHR! zu rufen.

Jetzt, heute Abend, war es ziemlich ruhig, als sie den Raum erreichten, und Stills blickt auf. „Hey, du hättest gestern abend hier sein sollen", sagt er und seine klaren Augen tanzen. „Heute war's okay, aber es war nichts Umwerfendes. Weißt du, wir haben uns *gelangweilt* da draußen."

Und du merkst, daß er es ernst meint. „Down by the River", die Young-Komposition, die als Schlußnummer dient, wirkte schier endlos, während Stills und Young sich bei ihren Runs an der Solo-Gitarre und dem Begleitgeklampfe so angeödet abwechselten wie zwei Männer, die sich gegenseitig einen Medizinball zuwerfen, hin und her, her und hin. Nash, der mit der hohen seidigen Stimme, schaffte es einmal, mit seinem eigenen Gesangspart eine Sekunde lang Young völlig von den Socken zu heben, aber das war auch nur eine Sekunde aus dreißig Minuten. Trotzdem, das Publikum war außer sich vor Begeisterung. Crosby, Stills, Nash and Young können einfach nichts falsch machen.

ES KÖNNTE SEIN, DASS es an dem makellosen mehrstimmigen Gesang liegt – aus einem Guß wie bei den Everly Brothers, so sanft wie bei Simon and Garfunkel und melodisch wie die besten Sachen der Springfield. Es könnte an den Berichten liegen, an der Mundpropaganda über die Mini-Woodstocks, die sie überall aufgestellt hätten, wo sie auftraten, voll unbeschwerter guter Vibes. Sie selbst erschienen dabei als „sanftmütige, freie Wesen". Es könnte an einer massenhaften Zustimmung zu ihrer Ablehnung für jene Art von aufgeblasener Kommerzanmache liegen, die wie eine Flut über Blind Faith hereinbrach und sie schlagartig zu einem superteuren, völlig unerreichbaren Act werden ließ.

Young sagt: „Sieh mal, die Sache ist die. Jeder von uns, und ganz besonders David, ist eine kontroverse Gestalt. Jeder hat seine eigene Meinung. Es ist schon so, daß ich David gerne zuschaue, einfach nur um zu sehen, was er als nächstes machen wird."

Er meint damit natürlich Crosby – der als Mitglied der Byrds geschaßt wurde, weil er seine politische Meinung nicht nur sagen und ausleben, sondern zudem auch noch singen wollte. Er war zutiefst verletzt, als Roger McGuinn ihn feuerte, und in den Monaten nach seinem Abgang entstand in den Byrds-Interviews ein Bild von Crosby als einem eher unverträglichen Mann, der zu Stimmungsumschwüngen neigt und gern die beleidigte Leberwurst spielt.

„Dies ist die beste Musik, die ich je mit anderen Leute gemacht habe", strahlt Crosby. Wenn er nicht vor dem Mikrophon sitzt, verbringt er die meiste übrige Zeit hinter und neben den Kontrollknöpfen im Studio, oder er präpariert in säuberlicher Handarbeit spätere Erfrischungen, oder er hüpft umher, während die Fransen an seiner Jacke zur Musik seiner Band rauf und runter tanzen.

WEHKLAGEN ÜBER VERLORENE LIEBE gaben das Hauptthema zur ersten LP von CSN, wie man entdecken konnte, wenn man sich die Mühe machte, bei den Texte hinzuhören. Doch wo „Suite: Judy Blue Eyes" als Eröffnungsnummer auf jenem Album den Ton für alles nachfolgende angab, war es auf dem zweiten ein Song mit dem Titel „Carry On", den Stills geschrieben hatte:

Rejoice,
Rejoice!
There is no choice!

(Freut euch,
Freut euch!
Ihr habt keine andere Wahl!)

Stills ist, wie immer man das beurteilen will, apolitisch. In diesem Song, den er schrieb, als der Krieg noch weitgehend auf den Sunset Strip beschränkt war, schrieb er über Demonstranten, deren Spruchbänder nicht viel mehr zu bieten hatten als „Hurra für unsere Seite." In dem Song, den er für *Easy Rider* schrieb, faßte er den Film in einer kurzen Formel zusammen:

Find the cost of freedom
Buried in the ground
Mother earth will swallow you
Lay your body down

(Was die Freiheit kostet weißt du
Wenn du in der Erde liegst
Mutter Erde wird dich verschlucken
Leg dich zum Sterben nieder)

– aber es war eher eine Zusammenfassung als eine Analyse. Und bei der „Stoppt-Vietnam"-Demo im Golden Gate Park stürzte er sich auf das Klavier und schüttelte eine schneidende Maschinengewehr-Version von „For What It's Worth" daraus hervor – aber erst, nachdem er den 125.000 Demonstranten zugerufen hatte: „Politik ist Bullshit! Richard Nixon ist Bullshit! Spiro Agnew ist Bullshit! Unsere Musik ist *KEIN* Bullshit!"

Wie Young es ausgedrückt hat: „Steves Trip erreicht seinen Höhepunkt dann, wenn er singt."

Stills ist derjenige, der am intensivsten in die Musik der Gruppe involviert ist. Auf der Bühne hechtet er von der akustischen Gitarre zum Klavier, zur Orgel, zur elektrischen Lead-Gitarre. Im Studio dirigiert er den Verkehr auf den sechzehn Tonbandspuren, er schreibt und singt die größte Anzahl der Songs, nimmt die meisten Overdubs auf und bleibt am längsten da. Bei mehreren Gelegenheiten während der Arbeit an der zweiten LP legte er in Wally Heiders Studio am Rand von San Franciscos schleimigem Tenderloin District unermüdlich einen Sechzehn-Stunden-Tag nach dem andern hin. Er übernachtete in einem Motel nur ein paar Blocks entfernt. Es war so, als ob er ständig auf Abruf bereit stand für die schwelende Musik in seinem Kopf, mit der er unablässig schwanger ging.

„Wir – Dallas und Bill (Henderson, der Toningenieur) und ich – waren letzte Nacht bis sechs Uhr auf um DAS HIER aufzunehmen", sagte er eines abends in Heiders Studio, und hielt einen Stapel zolldicker Tonbänder hoch. „Voll bis zur Besinnungslosigkeit hab ich da Klavier gespielt", – eine Backing-Track für eine der Nummern auf dem neuen Album. „Das ist es, was man schaffen kann, wenn man eine Goldene gehabt hat." Und er strahlt über's ganze Gesicht, wie ein kleiner Zeitungsjunge, der eben einen Trip nach Disneyland gewonnen hat und einen Tag schulfrei kriegt.

IN DEN STUDIOS IST STILLS ein Mann, der seine Erregung im Griff hat, erfüllt von ruhigem Stolz, hingegeben an die Aufgabe, Schallplatten zu machen. „Steves ganze Aufmerksamkeit ist zur Zeit völlig der Gruppe gewidmet", sagt Young. „Es wäre unmöglich, wenn alle so engagiert wären wie er, da wäre die komplette Hölle los."

In den Studios hält sich Young, der so oft mit Stills aneinandergeriet in jenen berühmten, aber auch frustrierenden Tagen, als beide noch den Springfield angehörten, im allgemeinen im Hintergrund mit seinem finsteren Gesichtsausdruck, aus dem die großen Augen hinter zerzausten schwarzen Haarvorhängen dunkelleuchtende Blicke hervorschießen lassen. Es scheint ihn nicht zu stören, im Schatten zu stehen, und er drischt auf seine Gitarre ein, gnadenlos wie ein besessener Country-Bluesmann. Young ist ein zufriedener Mann – abgesichert durch seine eigene Band, Crazy Horse, auf Reprise Records, ebenso wie durch diesen wahnwitzigen, perfekten Gig mit dieser superben Gruppe, die freilich vielleicht nicht unbedingt eine „Super Group" ist.

Während Young und Reeves ihr Backing für Youngs „Country Girl" sondieren, steht Stills über Toningenieur Halverson gebeugt und fungiert, gemeinsam mit Nash, als inoffizieller Dirigent. Nash hört sofort die kleinsten Fehler heraus, in der Instrumentenstimmung, im Tempo, oder was es auch sei – und steckt seine Beobachtungen Stills zu. Es ist natürlich ein Prozess mit vielen Stopps und Starts, und doch: irgendwie behält der Song seinen Fluß, bleibt ihm seine Vitalität und Spontanität, auch durch alle die selbstauferlegten Unterbrechungen hindurch, erhalten.

Young, der vierte Pfeiler, wandert aus dem Kontrollraum, wo er sich ein Playback des Tracks angehört hat, den er und Reeves eben aufgenommen haben. „Was wir machen müssen", sagt er, „ist hinhören und dabei unser Augenmerk auf das Einfache richten. Wir müssen uns überlegen, wie wir es größer machen können, indem wir es noch einfacher machen."

Stills war der Leader der Buffalo Springfield, aber Young stach am meisten heraus – körperlich als der größte, dunkelste, langhaarigste, und als der glänzendste Schreiber einiger ihrer besten Songs („Nowadays Clancy Can't Even Sing", „Expecting to Fly", „Flying on the Ground is Wrong"). Und er war der unberechenbarste, derjenige, der zweimal die Gruppe verließ, bevor sie schließlich auseinanderbrach, derjenige, der sagte, er hätte sowieso nie in einer Gruppe sein wollen – genau wie Dick Nixon, der sich einst mit dem Spruch verabschiedete, jetzt könne man einen anderen in den Hintern treten, er stünde dafür nicht mehr zur Verfügung.

Aber dies hier ist anders. Young steht in zwei Gruppen, richtig, aber, „bevor ich mich Crosby, Stills and Nash anschloß", erläutert er, „habe ich es beiden Seiten klar gemacht, daß ich in erster Linie mir selber gehöre."

Zunächst gab es da einmal Crazy Horse, die ihn auf seiner ausgezeichneten zweiten LP *Everybody Knows This Is Nowhere* begleiteten, und die jetzt mit ihm an seinem dritten Album mitarbeiten. Außerdem bereiten sie sich auch auf eine Konzerttournee vor, die im Februar beginnt.

„Ich wollte nicht, daß Crazy Horse eingeht, gerade jetzt, wo wir die Chose endlich richtig schaukeln", sagt er.

Crazy Horse ist wichtig für Young, als ein Gegengewicht zu der straff strukturierten Art von Musik, die Crosby, Stills, Nash und Young produzieren. „Crazy Horse ist funkiger, einfacher, bodenständiger". Young hat bei Crazy Horse die Kontrolle über die Produktion. „Ich mag 'ne Menge Bass und Schlagzeug, Mann. Ich denke mir, die Baßtrommel sollte einem richtig in die Gedärme treffen. Hör' dir mal *Nowhere* an, mit der selben Lautstärke wie *Crosby, Stills and Nash*, dann weißt du was ich meine."

Young wird auf dem Album mit Crazy Horse Don Gibsons Country-Klassiker „Oh Lonesome Me" bringen. Solche Sachen könnte er sich mit CSNY gleich abschminken. „Aber, verstehst du, da gibt es diese andere Seite in mir, und die ist technisch zu weit fortgeschritten für Crazy Horse – also spielt die andere Band das. Die ergänzen sich gegenseitig in mir."

Young hat einen Vertrag mit Reprise, einen „zeitweiligen Vertrag" als Überbleibsel seines Fünf-Jahre-Kontrakts als Mitglied der Buffalo Springfield. Probleme gibt es wenig, da beide Firmen unter der Schirmherrschaft von Warner Bros. stehen. Neil arbeitet seine Tourplanungen so aus, daß beide Bands wissen, wann sie ihn haben können.

Bei Crosby, Stills and Nash singt Young die Leadvocals auf seinen eigenen Nummern – wobei die drei anderen hinter seiner hohen, rauhen Stimme Wellen aus weichen Harmonien aufbauen. Er selber schließt sich nur selten dem Harmoniegesang an. „Ich betrachte mich eben nicht als einen Backgroundsänger."

JENSEITS DER BEIDEN BANDS beschäftigt sich Young zusehends mit Filmen. Er hat einen Song für *Strawberry Statement* geschrieben und gemeinsam mit Crazy Horse die Filmmusik für *Landlord* eingespielt, „eine Rassenkomödie über einen weißen Typen, der ein abbruchreifes Haus in Brooklyn aufkauft und die Wände einreißt, um ein typisches New-York-City Einfamilienhaus daraus zu basteln und darüber allen möglichen Zoff an den Hals kriegt – Voodoo-Kämpfe und was nicht alles mit den Nachbarn."

Young hat sich auch selber in die Filmarbeit gestürzt und sich dazu für den Anfang eine brandneue Superacht-Kamera zugelegt. Er und Susan (die er letztes Jahr in einem Café, das sie betrieb, am Topanga Canyon kennengelernt hat), planen sich langsam zu größeren Sachen hochzuarbeiten, um dann ihre mit Musik untermalten Filme auf 16mm zu vergrößern und im Topanga Gemeindehaus zu zeigen, wo der ortsansässige Frauenklub sich gewöhnlich trifft.

Young, jetzt seit einem Jahr verheiratet, plant, sich in seinem Redwood Holzhaus, an den Hügeln des Topaga Canyon, das sie seit August 1968 bewohnen, häuslich niederzulassen. Er ist sogar dabei, sich unter dem Haus ein Sechzehn-Kanal-Aufnahmestudio einzurichten.

Crosby hat sich auf einer Ranch in Novato, im nördlichen Marin County, niedergelassen und Stills sucht auch noch in Marin County nach einer Bleibe. Reeves lebt ungefähr neunzig Meilen nördlich von San Fransisco in Guerneville. Falls Young umzieht, sagt er, wird es entweder nach Big Sur an die Pazifikküste sein, oder zurück nach Kanada.

Wie immer die Umzüge im Einzelnen aussehen mögen, so scheint deutlich eine Wanderung, wenigstens geistig, nach San Fransisco stattzufinden. Stills und Crosby sind eng befreundet mit dem Kreis um Jefferson Airplane und Grateful Dead. Stills schloß sich den Dead im Winterland bei einem von Bill Grahams San Fransiscoer Band-Abenden an, und er und Garcia trafen bei vier oder fünf gemeinsame Nummern voll ins Schwarze. Garcia seinerseits ist jetzt ein inoffizielles Mitglied von CSNY. Garcia tauchte eines abends bei einer Session in Heiders Studio auf und spielte schließlich die Pedal-Steel-Gitarre auf Nashs lockerem „Teach your Children".

„Wir setzten uns einfach hin und schrammelten eine Zeitlang herum", sagte Stills, „und wir nahmen einen unglaublichen Take auf. Der Lick am Anfang wird dir regelrecht die Schnurrbarthaare hochschrauben."

Jerry Garcia und Neil Young, der junge Mojo-Man Greg Reeves, ein cooler Bassist, halb Schwarzer, halb Indianer, das Helle Licht, Dallas Taylor – alle zusätzlich zu Crosby, Stills und Nash. Wenn schon die erste LP ein Meilenstein war, dann müßte die neue ein Ereignis werden.

Auf jener ersten LP wurden die Texte von den liebevoll ineinander verwobenen Harmonien und der einwandfreien Instrumentierung überschattet. Als damals aufgenommen wurde, hatte Stills mit einem leichten Anflug von Ironie gesagt, daß er nur „das beste Album des Jahres" produzieren wollte. Nash sagt: „Unsere hauptsächliche Kritik an der LP war nachher, daß sie so konstruiert klang. Das wird sich jetzt ändern, mit Dallas und Greg, und auch, weil Neil und ich uns diesmal mehr einbringen werden."

Beim nächsten Mal, sagt Nash, wird es genauso sein wie früher: „Unser Hauptanliegen ist es, eine ganz bestimmte Gefühlslage rüberzubringen; es gilt nur eine Regel, wenn wir unsere Musik aussuchen: daß wir etwas wählen, was uns selber antörnt."

Im Moment gleiten Crosby, Stills, Nash und Young ruhig dahin. Ihr nächstes Album hat bereits im Vorverkauf die Goldene geschafft, wenn man nach ihrem Erfolg in allen Musikrichtungen urteilen kann – Top Forty, Underground und Kommerz-Musik (ihre LP schaffte sogar Nummer fünfunddreißig auf der Soul-Liste von *Billboard*). Ihre Konzerte, unter dem Bühnen-Management von Chip Monk Industries, sind nahezu perfekt arrangiert: die Gruppe, entspannt im verhaltenen Licht, liebkost das Publikum mit ihrer sanften, bluesigen, akustischen Musik, klatscht nach einer besonders gutausgeführten Nummer im Soulstil die Handflächen aneinander, stampft dann davon mit einer vollen Ladung Verstärker und Lautsprecher, um zum Schluß des Ganzen sich im Halbkreis gegenseitig zu umarmen.

Und ihre Köpfe sitzen ihnen senkrecht auf den Schultern. Stills, strahlend im Bewußtsein seiner Anerkennung als eine Art musikalisches Genie nach jenen zwei Jahren bei Buffalo Springfield („Ein klarer Fall von reinem Frust" nennt er sie), weigert sich, in irgendwelchen riesigen Arenen zu spielen, wo der Klang einem größeren Umsatz an der Pforte zuliebe geopfert wird. „Und wir dulden auch keine Touren, bei denen man sich für einen Abend den Arsch aufreißt. So macht man eben seine Million in dreißig Tagen statt in fünfzehn. Na und?"

„Was das beste ist", sagt Stills, „ist, wenn man ein Konzert gibt und, statt den Leuten bloß einen großen Flash am Schluß zu liefern, ihnen einen Wonneschauer nach dem anderen verabreicht, und wenn die Leute dann nachher zu dir kommen und dir echt berührt sagen, „Danke, eh, – danke, Mann".

16. APRIL 1970

JOHN MORTHLAND

„OH, LONESOME ME"

(Single-Kritik)

DIES IST BISHER VIELLEICHT die großartigste Nicht-Single überhaupt. Neil Young hat sich den alten Don Gibson-Selbstmitleids-Schmachtfetzen vorgenommen und ihn auf martervolle 3:55 Minuten ausgedehnt. Wer immer darauf die Harmonica spielt klingt, als ob er sie jede Sekunde verschlucken könnte, und dann kommt Youngs eigene zitterige Stimme dazu: „Everybody's going out and having fun / I'm a fool for staying home and having none / I can't get over how she set me free / Oh, lonesome me" („Alle anderen gehen aus und haben Spaß / Ich sitz zu Hause rum ganz ohne was / Ich komm nicht drüber weg, doch hab ich's schon kapiert / Ich fühl mich einsam, denn sie hat mich abserviert.") Crazy Horse puschen den Song voran, und Youngs Gitarre kommt endlich voll dazu, als der Song ausgesteuert wird. Brillant, aber kaum Top-Forty-Material, denn es übt einen langsam Sog aus, statt einem sofort mit den ersten Akkorden an die Wäsche zu greifen und einen dann drei Verse lang herumzuschütteln.

Zeigt mir, daß ich Unrecht habe. Kauft euch „Oh, Lonesome Me" und laßt Neil Young und Crazy Horse vier Minuten lang auf euch einwirken.

■ **RANDNOTIZEN** (30 April 1970)

Apropos Gold: Für Crosby, Stills, Nash, Young und Co.'s *Deja Vu* gab es Vorbestellungen für 2 Mio Dollar, bevor die Platte noch in den Geschäften war. „Woodstock" klettert derweil unverdrossen weiter die Single-Charts empor....

30. APRIL 1970

ELLIOT BLINDER

NEIL YOUNG – FRAGEN & ANTWORTEN

NEIL YOUNG TRAT HERAUS aus dem todschicken „American Style" Coffee Shop im Fenway Commonwealth Motor Hotel an der Commonwealth Avenue in der Nähe des Fenway Park, wo die Boston Red Sox gewöhnlich Ball spielen. Er war soeben fertig geworden mit seinem Mittagessen, das er anstelle des Frühstücks eingenommen hatte, denn er war spät aufgewacht, nachdem er noch ein Mitternachtskonzert in der dem Fenway Park gegenüberliegenden Boston Tea Party gegeben hatte.

Die Tea Party hatte die vorausgegegangene Woche damit zugebracht, den einmaligen nächtlichen Auftritt publik zu machen, und vorsichtige Schätzungen sprachen von zweihundert abgewiesenen Besuchern und zweitausend weiteren, die wie Sardinen nebeneinander und übereinander hineingeschachtelt worden waren.

Young trat erst nach mehreren Stunden vorgelagerter Pausen und anderer Gruppen auf, stimmte dann erstmal umständlich drei Gitarren, ging von der Bühne runter, kam wieder rauf und spielte und quatschte sich durch einen akustischen Set mit alten Buffalo Springfield-Songs, und heizte das Publikum auf für einen wunderschönen, langen Set mit Crazy Horse. Riesenbeifall, stehende Ovationen, Gejohle und Gekreische.

Am nächsten Morgen konnte ich mir gar keinen rechten Reim aus seinem zufriedenen Gesichtsausdruck machen, als wir da in einem typischen 08/15 Motel-Doppelzimmer herumsaßen und in eine gemeinsame Quassel-Session hineingerieten, die man normalerweise höchstens erwartet hätte, wären wir alte Freunde gewesen, die jetzt getrennt an verschiedenen Küsten des Landes lebten.

Wie lange spielst du eigentlich schon Gitarre?
Zirka neun Jahre.
Und wie alt bist Du jetzt?
Vierundzwanzig. Ich hab's auch schon bald satt. Eigentlich ist es ja so ganz irre, aber ich weiß nicht, wie lange ich's noch packe.

Wieso das?
Ich möchte einfach mal was anderes machen.
Was anderes als Musik, oder bloß nicht mehr touren?
Ich weiß nicht, wenn ich dieses Album fertig habe, wann und mit wem ich dann wieder eins mache. Ich glaub', ich werde dann mal 'ne Pause einschieben.
Kommt das bei dir auch vor, daß Du mit mehr als nur einer Sache beschäftigt bist?
Ja klar, das ist dann so, als würde man ein Doppelleben führen. Da kommen dann Leute zu mir und wollen sich mit mir unterhalten, weil Crosby, Stills and Nash mit den Leuten verglichen werden, die ich durch Crazy Horse kennengelernt habe, und dann wieder sind es die Leute, die ich kenne, die mit keinem von denen im mindesten was zu tun haben. Wenn dann der Tag um ist, habe ich meistens einen Kopf wie ein Rathaus. In der Regel hängt es schon sehr davon ab, wen ich als Ersten verarzte.
Ist das die Geschichte, die in „Broken Arrow" vorkam, mit „being a rock & roll star"?
Ja, das war damals in Hollywood, obwohl, damals war ich ja noch ganz anders drauf. Ich war ein Hollywood-Indianer.
Echt?
Ja, ich glaube schon. Alle dachten, ich wäre ein Indianer. Damals galt das auch als sehr cool, ein Indianer zu sein. Ich trug eine Fransenjacke und so Zeugs. Ich fand die Fransenjacken echt gut, die ich damals bei Buffalo Springfield anhatte. Ich hatte mich voll daran gewöhnt.
Und jetzt, was ist daraus geworden?
Die hab' ich zusammen mit Springfield abgelegt. Bei jedem von uns hat sich im Kopf etliches geändert, als die Gruppe sich auflöste. Als wir uns zusammentaten, dachten wir alle, daß wir wohl die nächsten fünfzehn Jahre zusammenbleiben würden. Wir haben echt geglaubt, daß die Band lange halten würde, weil wir ja wirklich wußten, daß sie gut ist - wenn es auch sonst keiner wußte.
Die folgende Frage bekommst du sicher öfter zu hören, aber das liegt daran, daß sehr viele Leute gerne die Antwort darauf wüßten, also frage ich dich noch einmal. Was denkst du heute über Springfield, und würdest Du jemals mit den Vier wieder zusammenspielen?
Ja, manchmal denke ich schon daran, und ich würde auch gerne mal wieder ein paar Konzerte mit den Original Buffalo Springfields veranstalten - mit den originalen. Ich glaube, wenn man uns alle zusammenbekäme, dann würde ich das gerne machen. Das wäre sicher ein Riesenspaß.
Hat schon mal einer versucht, die Truppe wieder zusammenzukriegen?
Nöö.

Meinst du, Jim Messina hat das vor, und ...?
Nun, ich weiß, Dewey Martin hat sowas vor, und ähm, Messina wahrscheinlich ebenso. Allerdings weiß ich nicht, wen Stephen (Stills) und ich gebrauchen könnten, wenn wir Bruce (Palmer) kriegen könnten. Aber wie du siehst, führt das zu einer heiklen Diskussion darüber, wen wir kriegen könnten, oder auch ob wir auch noch Jim Fielder von Blood, Sweat and Tears abziehen könnten.
Du könntest sie alle gebrauchen, wenn es ginge...
Ja, wir haben ja auch versucht, äh, warte mal eine Minute... (Young fängt an, nach irgendetwas zu suchen.)
Wonach suchst du jetzt?
Ich suchte bloß eine Nummer.
Wir sprachen gerade über die Baßgitarristen ...
Nun, ja, ich weiß auch nicht, welchen Bassisten wir nehmen sollten.

DIE GANZE ZEIT ÜBER, während wir in der einen Ecke des Zimmers saßen und miteinander sprachen, war Susan Young damit beschäftigt, umherzulaufen – soweit man in einem Motelzimmer überhaupt umherlaufen kann – und Sachen zusammenzuklauben, um sich fertigzumachen zum Ausgehen: um das zu besichtigen, was sich in den neunzig Minuten, die von der Tour durchs ganze Land übriggeblieben waren, noch besichtigen ließ. Young hatte sich zuvor noch mit Vertretern von Right-a-Wrong (RAW) unterhalten, die herauszufinden versuchten, inwieweit Young willens sein könnte, sie bei ihrer Kampagne zur Legalisierung von Marihuana zu unterstützen. Young sagte, sie leisteten seiner Meinung nach gute Arbeit, aber es wäre doch offensichtlich, daß er zu sehr mit seinen vier Gitarren, seinen zwei Bands, mit seiner Frau und seinem Zuhause in Topanga Canyon befaßt sei. Einer von den RAW-Leuten kam ins Zimmer und es ergab sich eine kurze Debatte über Politik und Ökologie.

NOCH FÜNF JAHRE, dann sind sie soweit, in fünf Jahren. Das ist erst der Anfang. Das Problem mit der Umweltverschmutzung wird nicht einfach von selbst verschwinden. Die Leute werden deswegen nicht weniger Terz machen als jetzt. Also wird auch der Protest der Leute nur noch breiter werden. Ich glaube, es wird höchstens noch fünf Jahre dauern, bis man wirklich anfangen wird, etwas zu unternehmen deswegen.
RAW: Es kann auch schon sehr viel früher kommen, Mann.
Glaub ich nicht. Du wirst nicht diese großen Fabriken dazu bringen, dicht zu machen und alles umzustellen damit...
RAW: In den nächsten vier oder fünf Jahren könnte es schon zu einer sehr gewalttätigen Revolution kommen, Mann, dann stehen alle Räder still.

Das verstehe ich schon. Ich hoffe es aber nicht, denn wenn das passiert, bin ich erst mal in Big Sur (lacht). Dann bin ich Big Sur mit meinen Knarren
Mit deinen Knarren...
Yeah, ich werde mir eine große Kanone besorgen, wenn es zur Revolution kommt. Dann setz ich mich da oben auf mein Studio drauf, mit meinem materiellen Wohlstand, den ich mir bis dahin erworben habe, und werde, äh, mir Gedanken über die Zukunft machen...
Du sagtest doch vorhin, daß du eine Zeitlang keine Platten mehr machen wolltest...
Naja, ich weiß nicht genau, was ich machen will, weil ich vorausplane: ich mach diese Tour fertig, dann geh ich nach Hause und mache ein Crazy Horse-Album, dann geh ich dreißig oder vierzig Tage lang auf Tournee mit CSN. Es artet allmählich richtig in Arbeit aus. Man hat überhaupt kein Privatleben mehr.
Könntest du nicht einfach sagen, „Nein wir spielen diese Woche oder nächste Woche nicht?"
Nein, das könnte ich nicht machen. Crosby, Stills and Nash haben nun zwei oder drei Monate lang pausiert, sie sind jetzt wieder bereit, loszuziehen, da ist es schwer für mich zu sagen „Laßt uns jetzt noch nicht losziehen, laßt uns noch was warten, denn ich bin ja jetzt gerade mit Crazy Horse unterwegs gewesen." Ich glaube nicht, daß sie dieses Argument besonders gut fänden.
Nun, könnten sie nicht genausogut als Crosby, Stills and Nash auf Tour gehen - ohne Young?
Der Hauptgrund, warum sie mich gebeten haben, mitzumachen ist der, daß sie nicht einfach als Crosby, Stills and Nash losziehen können, weil ihnen dann echt einer zum Musikmachen fehlt.
Wie wär's denn mit Dallas Taylor und Greg Reeves?
Well, yeah, Baß und Drums. Was wäre damit gewonnen? Baßgitarre und Schlagzeug, Rhythmusgitarre und Stephen. Das reicht nicht aus für den großen Sound. Sie brauchen mehr. Weniger Gitarren, Orgel gleichzeitig zum Klavier – ich schätze, sie wollen eine große Band, da bin ich mir ziemlich sicher.
Was hältst du denn bis jetzt von dem was bei Crosby, Stills, Nash und Young so abgelaufen ist?
Also, ich finde, unsere Tourneen waren bisher recht gut gelungen. Ich weiß nicht, das hat mich schon umgehauen – viel von dem Applaus, viel von dem Echo und das Ganze. Ich weiß nicht, wieso das alles so stark angekommen ist – ich habe schon gewußt, daß es fetzig wird und so, denn, als ich bei ihnen anfing, da waren sie ja schon mächtig im Rennen und all das. Sie hatten schon ein gutes Album rausgebracht, weißt du,

und sie waren gut aufeinander eingespielt...also ich meine, ich wußte schon, daß sie sehr groß rauskommen würden, aber daß sie es gleich so weit bringen würden, das hätte ich nicht gedacht. Sie sind ganz oben. Sie machen gutes Geld, und das Ganze läßt sich schlecht mit dem vergleichen, was ich vorher gemacht habe.

Aber ich meine auch mehr auf der musikalischen Ebene...ich habe euch vier ja noch nicht zusammen spielen gesehen, aber nach allem, was ich so aus den Medien erfahren habe, hat es mehr denn Anschein, du würdest auf der Bühne nur eine Nebenrolle abgeben.

Yeah, also eigentlich nein...der springende Punkt bei dieser Gruppe ist ihr Gesang, alle drei singen, weißt du, und sie singen diese dreistimmigen Partien, und ab und an singe ich noch den vierten Part, aber nicht allzu oft. Das ist so eine ähnlich universelle Rolle, wie ich sie bei Buffalo Springfield innehatte: Ich spiele die Lead-Gitarre, und gelegentlich singe ich einen Song, und ich kann damit auch ganz glücklich leben, solange ich das machen kann was ich will, denn meine eigenen Songs brauchen eigentlich ohnehin eine andere Art von Performance. Darum bin ich froh, daß ich sie mit Crazy Horse machen kann. Die meisten mache ich mit denen, die sind eben einfach anders. Ich könnte unmöglich *Everybody Knows This Is Nowhere* mit Crosby, Stills and Nash machen.

Haben sie dich gebeten, in die Gruppe einzusteigen...wie seid ihr eigentlich zusammengekommen?

Yeah, Steve kam eines Tages bei mir vorbei und hat mich angehauen, ich sollte bei ihnen mitmachen. Zuerst wollten sie auch gar nicht den Namen Crosby, Stills, Nash and Young haben. Es sollte bloß Crosby, Stills and Nash heißen. Sie haben gesagt, „Jeder wird wissen, wer du bist Mann, mach' dir darüber keine Gedanken."

Sie wollten also, daß du für sie einen George Harrison machst. Crosby, Stills, Nash and Friends.

Nee, nur Crosby, Stills and Nash...aber egal, wir haben das schon auf die Reihe gekriegt, weißt du, weil die Musik ist gut, die ist interessant für mich, sie ist pop-mäßiger als die von Crazy Horse. Crazy Horse kann einem schon mal einen flauen Abend eintragen, weißt du, und ich glaube mit Crosby, Stills und Nash kann dir das nicht passieren, einfach deswegen, weil die Persönlichkeiten da sind. Wenn die Musik es mal an einem Abend nicht so voll bringen sollte, dann sind immerhin noch diese drei Leute da, dann ist es immer noch tierisch cool. Weißt du, das ist dasselbe, wie wenn du mal Clapton an einem schwachen Abend erwischst, trotzdem siehst du Clapton...und so empfinden das die Kids, da läuft ja noch dieser andere Trip ab...

Die Leute kommen, um zu sehen und zu hören.

Stimmt schon, aber bei Crazy Horse ist es so, daß eigentlich keiner weiß, wer sie sind, keiner ist sonderlich bekannt außer vielleicht Jack (Nitzsche), und jetzt wo wir zum Spielen in die Öffentlichkeit gehen...bisher waren wir gewohnt zu Hause zu spielen, oder im Studio.

Wir haben ein Studio quasi im Keller, ein P. A.-System und Holzwände und das alles, da ist es echt groovy da drin; da spielen wir drin und dort kriegen wir auch unseren Sound drauf...zumal wir nicht allzuoft miteinander spielen, weil da immer nicht genug Zeit dafür da ist. Jetzt haben wir fast einen Monat lang zusammen Musik gemacht, und davor waren sechs Monate Unterbrechung, und da davor wieder waren es insgesamt drei Monate, und das war's dann schon, was wir alles miteinander musiziert haben, also sind wir echt lose zusammen, loser geht's nicht.

Sag, warum hast du gestern Abend so lange gebraucht, bis du deine Instrumente gestimmt hattest?

Na, hör mal...gestern Abend hat es doch nicht annähernd so lange gedauert, wie an den beiden vorangegangenen Abenden!

Also im Ernst. Gestern haben die Leute Stunde um Stunde darauf gewartet, daß du mal hinne machst, und haben jede Menge Bands über sich ergehen lassen, die ganz was anderes gebracht haben, als sie hören wollten, und dann bist du aufgekracht...

Ach du meinst, als wir vorne rauskamen und gestimmt haben... Wir wollten ja aufpassen, daß das nicht während der Show passiert. Aber dann ist es trotzdem ausgerechnet während der Show passiert, aber irgendetwas ist mit meinen Gitarren bei diesem Trip passiert, daß sie einfach nicht gestimmt bleiben. Wir waren sogar ultravorsichtig, weißt du, damit nicht Crazy Horse in der Mitte der Show reinkommt, nachdem ich gerade sechs Akustik-Songs gebracht habe, und wir fangen dann mittendrin wieder mit dem Stimmen an, daß ist echt nicht das Gelbe, das bringt es voll nicht, weißt du ...

Ja schon, aber ich glaube, es war trotzdem interessant, denn was passiert ist, war ja, daß du nicht mitten in der Show unterbrechen und stimmen wolltest, und dann kam deine Einlage mit dem Stimmen der vier Gitarren, das war eine kleine Show für sich, und die Leute sind darauf abgefahren, und dann bist du abgezogen. Alle saßen da wie erstarrt, fast hypnotisiert...wo wir gerade eben davon gesprochen haben, daß die Leute ja kommen um dich zu hören und zu sehen. Tja, wir haben dich eben erlebt, wie du eine Viertelstunde lang deine Gitarren gestimmt hast und dann warst du weg.

Wenn da ein Vorhang gewesen wäre...sowas passiert ja immer dann, wenn wir wo spielen, wo es keinen Vorhang gibt, aber ich habe keine Lust, rauszugehen und alles in Ordnung zu bringen mitten vor...ich glaube, es war schon ganz schön abartig, weil ich gleich drei Gitarren stimmte.

Bei der einen Weißen, mit der du echt Probleme hattest, da wollten schon Leute raufkommen und dir helfen... Jetzt nochmal zu Crosby, Stills, Nash and Young. Als ich dich vorhin fragte, wie es zwischen euch abgelaufen ist, das meinte ich musikmäßig, denn gerade Graham Nash hat ja einen wirklich anderen Musikstil drauf, als du ihn hast...

Ja, ich weiß, was du meinst...also, auf dem neuen Album spiele ich ungefähr fünf Songs und bei dreien singe ich...

Bei drei von den fünf Songs oder nochmal drei anderen?

Nein, auf dreien von diesen fünf...und die, bei denen ich mitspiele haben wir auch größtenteils live eingespielt. Wie bei meinen beiden Songs, „Helpless" und „Country Girl", da hab ich die Lead-Vocals aufgenommen, während ich spielte, alles zur gleichen Zeit, so daß also Schlagzeug und Baß, Gitarre und Piano alle gleichzeitig mitliefen, während ich sang. So klingen meine Sachen anders, als wenn immer noch eine Spur dazugepackt worden wäre, verstehst du. Ich meine, ich hätte genausogut auf allen Stücken mitspielen können, denn, weißt du, ich kann ganz gut Begleitmelodien erfinden und sie auch einbauen...

Gab es irgendeinen besonderen Grund, warum sie live aufgenommen wurden?

Yeah. Weil das eben die Art ist, wie ich es gerne mache, und David macht es auch gerne so, weil er wirklich das Zusammenspiel liebt, dieses Gefühl, das dabei entsteht. Und deshalb ist auf einem von Davids Songs – „Almost Cut My Hair" (*„Ließ mir fast die Haare schneiden"*) – ja, so heißt der Song – der wird sicher noch viele Reaktionen auslösen, dieser Song. Da ist also wirklich Crosby, wie ich meine, in seiner besten Form zu hören. Drei Gitarren, Baß, Orgel, Schlagzeug – und es ist alles live, da ist nichts überspielt worden. Eine Gesangsspur, und das wurde live gesungen – wir haben das in San Francisco aufgenommen, bei Wally Heider. Und dann gibt's die andere Art des Aufnehmens, wie sie es bei ihrem ersten Album gemacht haben. Und auf diesem zweiten Album gibt es ungefähr fünf Tracks, die auch so ähnlich klingen wie die auf dem ersten Album...

Um dir die Wahrheit zu sagen, mir gefiel das erste Album nicht besonders. Ich mochte einzelne Teile daraus, aber insgesamt, als Album, kam es mir zu sehr wie Musik aus dem Studio vor. Das ist so etwas, was durch die Hintertür in die Musik reinrutscht, wo dann dieser Computer-Sound dabei herauskommt.

Yeah, yeah. Ich weiß, was du meinst. Der Sound kommt nicht wirklich aus dem Studio, sondern aus den Musikern, das stimmt. Das ist auch das, was meinem Gefühl nach, der Fehler war bei ihrem ersten Album. Es wurde alles in mehreren Schichten aufgetragen, statt auf einmal gespielt zu werden. Die Zuhörer haben es einfach gerne, diesen Leuten beim Spielen zuzuhören, glaube ich. Live zu spielen ist etwas sehr Aufregendes, vor allem die Gitarren törnen mich irre an, und wenn alle zusammen spielen, das ist echt dufte. Aber manche Bands machen's halt lieber auf die andere Art.

Manche Bands müssen das einfach so machen...

Die Beatles machen es so, und das erklärt auch den Unterschied zwischen den Beatles und den Stones. Bei den Stones spielen immer mindestens vier oder fünf Typen gleichzeitig. Und von daher kommt dieses komische Gefühl, denn wenn du jemals versuchen wolltest, da was drüber zu mischen, das kannst du gar nicht, weil dann auf einmal alles stimmen würde. Wenn jemand einen Fehler macht, und jemand anderer macht jetzt etwas anderes, um den Fehler wieder auszugleichen, den der Typ eben gemacht hat, und dann kommt wieder jemand anderer dazu, und das passiert bei den Rolling Stones in jedem Takt, das hat sowas Menschliches, und man hört es auch.

Es ist großartig, das ist auch das, was hier bei euch gestern Abend ablief. Aber, als du zuerst übers Live-Spielen gesprochen hast, meintest du da, live vor einem Publikum spielen?

Nein, ich meine jetzt live im Studio, verstehst du, wo alle zusammen...

Anstatt daß einer was spielt, und ein anderer später nachsieht, wo das reinpassen könnte...

Ja, oder noch nicht mal weiß, was es ist, wenn er es das erste Mal gespielt hat...

Und CSN's erstes Album wurde auf diese Weise aufgenommen...

Ja, es wurde alles im Overdub-Verfahren aufgenommen, denn Steve Stills spielte die Orgel und die Gitarre und den Baß und die andere Gitarre und die andere Orgel und das Keyboard – weil sie niemand anderen hatten, der das spielen konnte. Ich meine, es gab keinen in der Gruppe, der noch irgendwelche anderen Instrumente spielen konnte.

Naja, und warum konnten sie nicht erst die Basic-Tracks aufnehmen und dann darauf aufbauen...?

Das haben sie gemacht, in einigen Fällen, aber eine elementare Grundspur, also die besteht aus Baß und Schlagzeug, und Dallas spielt Schlagzeug und Steve spielt Baß, und manchmal haben sie's auch so gemacht. Es ist einfach eine andere Art, Platten zu machen, und manchmal machen sie's so. Ich weiß nicht, wie ich's wirklich erklären soll, weil es nicht meine Art ist. Ich hab ein Album auf diese Weise gemacht, und obwohl ich in vielen Fällen zufrieden war mit dem, was dabei rauskam, besonders bei der neuen Pressung dieses ersten Albums, kommt es einfach nicht rüber, es hebt mich nicht von den Socken.

Ausgenommen bei einem Song, der super ist: „I've Been Waiting For You."

Yeah, yeah. Das ist der einzige der so klingt, als würde er richtig abheben. Aber verstehst du, all diese Sachen wurden an verschiedenen Tagen aufgenommen, jedes einzelne Instrument. Auf diesem Cut – ist das nicht unfaßlich? – da sieht man, wie es hinhauen kann, immer wieder mal. Denn als ich die Lead-Gitarre drüberspielte, an jenem Tag, da war ich genau in der richtigen Verfassung, weißt du, und in der Stimmung, in der ich immer bin, wenn ich diese Sachen aufnehme. Also, was ich machte ist folgendes...am Anfang nahmen wir die Akustikgitarre, Baßgitarre und Schlagzeug auf, das war die kleinste Besetzung, die ich je gemacht habe, eine Gitarre, ein Baß und das Schlagzeug...und dann klang die Akustikgitarre nicht gut und der Baß spielte die verkehrten Noten und war außerdem auch noch verstimmt, daher mußten wir das Ganze nochmal neu aufnehmen. Jedenfalls hatten wir bloß eine originale Aufnahme drauf, das war das Schlagzeug...aber ich machte damit weiter, womit ich angefangen hatte, und Jimmy Messina, der für den Baß zuständig war, spielte seinen Part wieder dazu, und der war wieder völlig verschieden vom ersten Part, also haben wir den ersten ganz rausgeschmissen und einen ganz neuen Baßtrack aufgenommen...und dann haben wir die Akustikgitarre weggelassen, weil sie jetzt gar nicht mehr zu den anderen Sachen dazupaßte, die ich vorher aufgenommen hatte...schließlich blieb nur noch das Schlagzeug übrig. Dann wurde die Orgel dazu eingespielt...zum Teil haben wir die Sachen auch in verschiedenen Städten eingespielt...

Wie ist das mit dem Vokaltrack? Der Gesang, scheint mir, ist die Sache, die eigentlich alles zusammenhält.

Die Vocals haben wir wieder in 'nem anderen Studio aufgenommen...es paßt trotzdem. Es ist ziemlich exzeptionell. Es dürfte ziemlich schwierig sein, ein ganzes Album von solchen Aufnahmen zusammenzubekommen, das ist echt nicht einfach zu schaffen.

Hat dir das Album als Ganzes nicht gefallen, als es herauskam?

Das erste Album? Mit dem was ich dazu beigetragen hatte, war ich schon voll und ganz zufrieden. Aber als dann die endgültige Abmischung gemacht worden war, bin ich schier ausgerastet, denn da konnte ich mir das nicht anhören, was ich verbrochen hatte...aber jetzt ist es noch mal abgemischt worden, und man kann es sich fast schon anhören.

Stimmt es, daß sie jetzt das erste Album nochmal neu rausbringen?

Ja, die neuen Abmischungen sind viel besser, viel klarer. Die haben schon echt mehr Drive drauf.

Mann, das müßte man überall bekannt machen.

Ich weiß auch, daß man da eine Ankündigung unters Volk schicken müßte, aber das bringen die wieder mal nicht fertig.

YOUNG STAND AUF, UM SICH ein Glas Wasser zu genehmigen, denn vom vielen Labern waren unsere Gurgeln knittertrocken geworden. Ich stand auch auf und erblickte einen Haufen unterschiedlicher und verschiedenfarbiger Pillen. Meine Vitamine, sagte Young.
Was ißt du so?
Wenn ich unterwegs bin, esse ich eigentlich alles. Ich esse Fleisch, alles. Die Jungs, Crazy Horse, die essen kein Fleisch, die meisten von ihnen. Die sind wirklich zurückhaltend, ich weiß nicht, ob du das vom bloßen Hinsehen erkennen kannst, aber sie sind nicht die üblichen Rock'n'Roll-Hänger. Die sind einfach nicht so. Ich finde sie großartig. Ich weiß nicht, ob man mit ihnen zusammenleben muß, um herauszufinden, wie toll sie sind, oder was. Ich weiß nicht, ob die Zuhörer dasselbe hören, was ich höre, verstehst du.
Wie bist du auf Crazy Horse gestoßen?
Ich hab sie alle kennengelernt in den ersten sechs Monaten, die ich in L. A. war, als die Buffalo Springfield sich gerade eben formierten. Sie konnten damals noch nicht spielen, jedenfalls nicht besonders gut. Die hingen einfach nur 'rum, und ich fing an, mit den Springfield zu arbeiten, und ich lernte kurz danach Jack Nitzsche kennen, und dann trat er der Gruppe bei – sie hießen damals noch The Rockets.
Wann kommt dein neues Album raus?
Welches – das mit Crazy Horse? Das dürfte in etwa zwei Monaten soweit sein. Es wird echt funky werden, ein echter Hammer von einem Album. Wir werden ein paar Sachen drauf haben, ein paar uralte Sachen, aber wir werden sie zur Abwechslung einmal richtig bringen. Ich denke ich könnte beispielsweise diesen einen Country-Song bringen, den ich in der High School gelernt habe, als ich noch bei den Tanzveranstaltungen in der Kirche mitmachte, in der Unterstufe, schätze ich jetzt mal. Ich erinnere mich bloß noch an den Song, weiß nicht mal mehr, wer ihn geschrieben hat, oder sonst irgendwas.
Da gab es diese eine Platte, die sie immer spielten, klang wie ein alter Hank Williams-Song, das wär einer, den könnten wir bringen. Und dann gibt's da noch ein paar andere Songs, ein paar Songs, die ich schrieb, die sind irgendwie...ich weiß nicht, wie ich das erklären soll. Ich versuche, Platten zu machen von der Qualität der Platten, die in den späten Fünfzigern und in den Sechzigern gemacht wurden, wie die Everly Brothers-Schallplatten und Roy Orbison-Platten, und solche Sachen. Die hatten alle diese ganz bestimmte Art von Qualität an sich. Sie wurden auf einen Schlag aufgenommen. Und sie wurden in Nashville aufgenommen...

Eigentlich ist es ja schnurz, wo man die Aufnahmen macht. Nashville – es war reiner Zufall, daß sie dort aufgenommen wurden. Hätten auch wo ganz anders aufgenommen werden können. Es ist einfach eine bestimmte Eigenschaft an ihnen, der Sänger steckt in seinem Song und die Musiker spielen mit dem Sänger zusammen, und das Ganze war eine Einheit, verstehst du. Es war etwas besonderes, das sich mir beim Zuhören jedes Mal von neuem aufdrängte, daß all diese Leute das gleiche dachten und daß sie alle zur gleichen Zeit zusammenspielten.

Wie die frühen Beatles.

Ja, ja genau. Das will ich erreichen. Das will ich mit dem nächsten Album verwirklichen. Mit dem letzten Album habe ich's ja schon mal anzufangen versucht, mit *Everybody Knows This Is Nowhere*. Auf ein paar von den Tracks kommt das ganz gut raus. An sich ist es die ganze Zeit über da...

Welche Cuts davon könntest du mir auf Anhieb nennen?

Hm, also schon mal „Cinnamon Girl", hm, „Everybody Knows This Is Nowhere" und, hm, „Round and Round" – die haben dieses Gemeinschaftsfeeling, obwohl da ja bloß Danny (Whitten) und ich waren, mit Robin Lane zusammen.

Ich hatte immer das Gefühl, dieser eine Titel ist ein bißchen zu lang.

Nun, das hängt auch ein wenig davon ab, in welcher Verfassung man gerade ist. Es gibt etliche Leute, denen gefällt gerade das am besten vom ganzen Album. Manchmal bringe ich schon solche Sachen.

Zum Beispiel „The Last Trip To Tulsa" wie ich finde – nachdem ich ihn gemacht hatte, gefiel er mir nicht, und ich wollte ihn nicht dabeihaben. Als das Album dann herauskam, war das der Titel, den ich wirklich nicht abkonnte, weißt du, und ich mag ihn immer noch nicht besonders, aber viele Leute mögen ihn mehr als alles andere aus dem ganzen Album. Siehst du, das ist das Komische. Allein weil es nicht gerade mein liebster Beitrag ist, und weil ich weiß, daß er einer Menge von Leuten nicht gefällt, und ich weiß auch woran es liegt. Er hört sich übertrieben an. Für mich hört es sich an wie ein Fehlgriff, aber zum Glück ist er trotzdem cool. Das gleiche trifft auf „Round and Round" auf dem zweiten Album zu. Die Akustik-Live Einlage geht vielen Leuten auf den Keks.

War das jetzt dieses bewußte „Round and Round?"

Ja, das haben wir gleich auf einen Streich produziert. Hast du dir das schon mal mit dem Kopfhörer angehört?

Immer.

Ja, es geht nämlich um den Sound dieser Aufnahme, wenn du dich in den hineinvertiefst, und du merkst was da abläuft, wenn du dir vor Augen hältst, da sitzen drei Leute so wie jetzt du und ich, und dann kommt da noch einer dazu, und sechs Mikrofonbalken senken sich herab, und wie wir total zugeknallt bis zur Besinnungslosigkeit im Studio einen Song zur Gitarre singen, mit drei Gitarren gleichzeitig. Wenn du dir das mal anhörst, „Round and Round" ist eines meiner Lieblingsstücke auf dem zweiten Album, wegen einer Reihe von Sachen, ich glaube, dafür müßtest du ihn dir genauer anhören, weil ich sie nicht besonders hervorgehoben habe – aber das Echo der rechten Akustikgitarre hallt auf der linken Seite wider, und das Echo der Gitarre auf der linken Seite kommt rechts heraus, und die Gitarren hören sich dann so an...die eine Reihe fängt an ungefähr so wie da-da-dom...und dann hört man sowas wie eine Stimme, die hinein- und wieder hinausfährt, und das kommt daher, weil Danny hin- und her rockte. Solche Sachen sind nicht geplant, die ergeben sich ganz einfach, weißt du, und das ist es, was ich immer gerne erreichen will. Dadurch werden die Titel langlebiger. Wenn man sie live produziert und die Musik und den Gesang gleichzeitig macht, dann klingen sie einfach authentischer.

Erinnerst du dich noch an „Cinnamon Girl" gestern abend, das war dein vorletzter Titel, oder so?

Aber ja, daran erinnere ich mich noch gut.

Ich finde, daß war echt eine Superversion, besser als die auf dem Album.

Ja, das ist gut möglich. Die Versionen auf dem Album waren auch nicht besonders heiß. Als wir die Aufnahmen machten, waren wir erst acht Wochen zusammen. Ganz genaugenommen waren wir sogar erst sechs oder sieben Tage zusammengewesen, als wir „Down by the River" einspielten.

Gab es einen Grund dafür, daß ihr so früh damit angefangen habt, anstatt noch eine Weile zu warten?

Das war bloß deswegen, ich wollte voranmachen und 'nen Anfang reinbringen, ich wollte etwas einfangen...denn da war irgendwas, was bei den Aufnahmen mit hineingekommen ist...zum Beispiel, wie wir einander noch gegenseitig ausgelotet haben, und wie wir uns noch nicht kannten, aber wir haben uns alle voll eingebracht in die Musik, die wir machten. Das war es also, was ich einfangen wollte, denn sowas wird sonst nie aufgenommen. Und so ist dieses Album ja auch, es ist der nackte Anfang. Und der Unterschied zwischen diesem Album und dem nächsten dürfte viele Leute echt umhauen.

30. APRIL 1970

JOHN MORTHLAND

STELLUNGNAHME EINES SOLO-KÜNSTLERS

ALLES, WAS NEIL YOUNGS MUSIK betrifft, ist mittlerweile so hochgradig persönlich geworden, daß er bei seinen Auftritten zunächst einmal sein Publikum gar nicht zu bemerken scheint. Das ist ein oberflächlicher Eindruck, denn seine Musik verlangt nach hingebungsvoller Aufmerksamkeit und etabliert rasch eine derartig intime Beziehung zu seiner Zuhörerschaft, daß selbst eine College-Turnhalle wie ein gemütlicher kleiner Club zu wirken beginnt.

Das ist es auch, was er hier tat, in der Turnhalle des Contra Costa Junior College, drüben auf der anderen Seite der Bay Bridge von San Franciso. Und was man aus anderen Städten so hört haben er und Crazy Horse auf dieser ersten gemeinsamen Tournee auch dort die Zuschauer in Nullkommanichts für sich gewinnen können. Young erhält jetzt endlich die Anerkennung, die er schon seit jenen frustrierenden Tagen bei Buffalo Springfield immer verdient hat.

Wie ein Crosby, Stills, Nash and Young-Konzert beginnt auch ein Neil Young-Konzert zunächst mit einem akustischen Set. Young spielt die akustische Gitarre in einer wuchtigen, perkussiven Manier, wobei er aber doch immer noch seine einnehmenden Melodien intakt erhält, so etwa bei dem zarten „I Am a Child". Er bringt auch „Broken Arrow", die elektronische Collage aus *Buffalo Springfield Again*, nunmehr als Solo-Nummer. Und er beschließt den akustischen Teil mit „The Loner", bei dem er den Text in dylanesker Manier zerdehnt: „Knohohoh when you see hiiiiimmmm / Nuuuthiiiing can free hiiiiimmmm / Step aside / Open wide / It's the Lohohonerrrr." („Wiiiiße wen du iiiihmmm begehehegnest / daß niiiichts ihn befreiheiheien kann / Tritt beiseite / Laß ihn rein / er ist der Eiiinsaaaame.") Es war eine Aussage, wie sie stärker von einem einzelnen Mann kaum denkbar wäre.

Crazy Horse – bestehend aus dem Gitarristen Danny Whitten, dem Bassisten Billy Talbot, dem Drummer Ralph Molina und dem Elektro-

Pianisten Jack Nitzsche – schlossen sich ihm für den Rest des Sets an. Crazy Horse ist eine machtvolle Band, die Young den vollen Unterbau besorgt, den er braucht. Sie eröffneten mit „Everybody Knows This Is Nowhere", brachten eine neue Nummer und stürzten sich dann voll in „Down by the River".

Das war das Stück, auf das die Zuhörer gewartet hatten, das eine, das sie am besten kannten. Mit Crazy Horse, die luftdicht hinter ihm daherrollten, legte Young eine erstaunliche Virtuosität an den Tag. Während er in seinen zerfledderten Jeans auf der Bühne auf und ab ging, und dazu im Takt zur Musik mit dem Kopf nickte und zuckte, riß er mit seiner Gitarre die Linien scheinbar aus dem Nirgendwo, schichtete sie, eine Stakkato-Note nach der anderen, aufeinander, ohne einen auch nur für eine Sekunde vergessen zu lassen, worum es im Text eigentlich geht: „I shot my baby!" („Ich habe meine Liebste erschossen!")

Zwischen den Songs charmierte er das Publikum mit allerlei Döntjes (Dönekens) über Beinahe-Unfälle und mit allgemeinen Beobachtungen zum Thema Rauchezeugs, wobei seine Stimme dann die Inflektionen des „Dummen" in einer Lachnummer im Cabaret annimmt. Die Zuhörerschaft demonstrierte ihren Zuspruch, indem sie jeden Song nach den ersten paar Akkorden beklatschte – sogar die neuen, die sie noch gar nicht kannte.

Der Set kam etwas zur Ruhe mit einem weiteren neuen Song, „Wondering", und Whittens „Come On Baby, Let's Go Downtown." (Ein ganzes Album mit Songs der Crazy Horse-Mitglieder ist in der Mache.) Dann zog Young die Zügel wieder straffer, mit „Cinnamon Girl", was eine stehende Ovation erhielt, obwohl es keineswegs der letzte Song war. „Cowgirl in the Sand", Youngs romantischste und bis dato am perfektesten realisierte Darbietung, war das Finale und bot ihm ein weiteres Vehikel, auf das er seine langen, kreißenden Improvisationen aufladen konnte.

Ein Teil der Power, die Young besitzt, steckt in seinen poetischen Bildern, die zwar manchmal sondersam, aber doch fast immer reichhaltig und evokativ sind. Ein weiteres Plus ist seine hohe, vibrierende Stimme, die in ihrer Art einzig ist. Er scheint sich am wohlsten zu fühlen mit Crazy Horse, die wiederum beser zu seinem Stil passen als jede andere Band, mit der er zusammengearbeitet hat. An diesem Abend konnten sie jedenfalls sowieso nichts falsch machen, und als ich die Turnhalle verließ, bemerkte ich, daß fast jeder glücklich aussah. Es ist nicht schwer zu verstehen, warum das so ist.

30. APRIL 1970

LANDON WINNER

DEJA VU

(Album-Kritik)

WIE VIELE ANDERE LEUTE auch, hatte ich gehofft, daß die Hinzufügung von Neil Young bei Crosby, Stills and Nash der Musik die Wuchtigkeit und Gewichtigkeit verleihen würde, die ihrem ersten Album abging. Die Live-Auftritte der Band suggerierten, daß etwas in dieser Richtung stattgefunden hätte. Youngs Stimme, Gitarre, Kompositionen und Bühnenpräsenz brachten Elemente des Dunklen und Geheimnisvollen in die Songs hinein, die zuvor mit einer Art saccharinösen Süße getrieft hatten. Doch leider hat sich wenig von diesem Einfluß in die Aufnahmesessions zu *Deja Vu* hinüberretten können. Trotz Youngs beachtlichen Beiträgen zu vielen dieser Songs, hat sich der grundlegende Sound um keinen Deut gewandelt. Er ist immer noch zu süß, zu einschläfernd, zu perfekt und zu gut um wahr zu sein.

Nehmen wir zum Beispiel die gesamte Seite zwei. Hier haben wir eine beeindruckende Auslage, in der all die bekannten Crosby, Stills, Nash and Young-Starkpunkte dargeboten werden – präzises Musizieren, glitzernde Harmonien, rhythmisch relaxte und doch rauhe Rockismen, untadelige Zwölf-Saiten-Gitarren. Aber gibt es hier auch nur einen einzigen, irgendwie wirklich erstklassigen Song? Wenn ja, habe *ich* ihn nicht gehört. David Crosbys „Deja Vu" hat überhaupt nur wenig bis gar keine Melodie und versäumt es total, das unheimliche Gefühl einzufangen, das sich bei einem echten Deja-Vu-Erlebnis einstellt. „Our House" von Graham Nash ist ein Fliegengewicht von einem nichtssagenden Schlager, der das auch noch durch seine affige Melodie deutlich in den Raum stellt. Steve Stills' „4 + 20" zaubert irgendwelche stillen Geheimnisse herbei, aber: wen kümmert das – bei den lauwarmen Fragen, um die es dabei geht? Neil Youngs „Country Girl" setzt seine Tradition massiver Produktionsnummern fort, zu denen das meisterhafte „Broken Arrow" und „Down by the River" gehören. Doch verglichen mit seinen früheren Arbeiten ist dieses Stück von trauriger Blässe. In diesem und dem nächsten Song, „Everybody I

Love You", versinkt Youngs Stimme in der vokalen Dur-Harmonik mit paralleler Stimmführung, der sich die übrigen Sänger hingeben. CSNY könnten wahrscheinlich die beste Version von „Sweet Adeline" in der gesamten Geschichte der Schallplatte aufnehmen.

Die Enttäuschung, die man bei dem Album empfindet, steigert sich noch durch die Absurdität seiner Prätentionen. Das groß angekündigte Leder-Cover stellt sich als nichts weiter denn bezogener Karton heraus. Was für ein Meilenstein – falsches Lederimitat! Das granulierte Porträt der Charaktere aus dem „Alten Westen" auf dem Cover sieht weniger aus wie Billy the Kid, die James Gang und Buffalo Bill, als wie der Wartesaal für arbeitslose Statisten der Grenzgänger-Atmosphäre GmbH: „Also denn, welcher von euch Desperados ist jetzt der Nächste?" Und natürlich, die hübsche Goldblatt-Typographie ist auch bloß gelbes Reynolds Wrap. *Deja Vu* würde einen gerne davon überzeugen wollen, daß seine Wurzeln tief in amerikanischer Krume stecken. Doch bei genauerem Zweitblick erkennt man, daß sein Pfahlwürzelchen fest im urbanen Kommerz-Asphalt eingeklemmt ist.

Es gibt mancherlei Verdienstvolles auf dem Album. „Helpless", „Carry On", Teach Your Children" sind exzellente Songs und sauber ausgeführt. Aber für mich werden Crosby, Stills and Nash – plus oder minus Neil Young – immer die Band bleiben, die sich die Frage stellt: „Was können wir machen, das echt heavy sein würde?" Und dann darauf antwortet: „Wie wär's mit etwas von Joni Mitchell?"

■ RANDNOTIZEN (14. Mai 1970)

Im Gespräch mit KSAN-FM bei einem Drei-Stunden-Spezial über Warner Bros. / Reprise Records ließ Neil Young wie nebenher eine Bombe platzen: „Ich arbeite nicht mehr mit Crazy Horse zusammen; ich habe jetzt eine neue Gruppe hinter mir." Etwas später im Verlauf des Gesprächs, als er um weitere Details gebeten wurde, erzählte Young, „Eines Morgens stand ich einfach auf, und beschloß, etwas Neues anzufangen...verstehst du, ich bediene mich eben unterschiedlicher Inspirationsebenen." Also hat er Crazy Horse ziehen lassen und sich eine Drei-Mann-Band genommen. „Den einzigen Tip den ich euch gebe ist, daß keiner von ihnen bekannt ist – ausgenommen Greg Reeves, der am Bass spielen wird." Das Zerwürfnis bedeutet, daß es zu keiner Neil Young / Crazy Horse-LP kommen wird. Womit einzig eine Single, „Oh, Lonesome Me", als flüchtige Erinnerung an eine Kombination verbleibt, die Dynamit war.

28. MAI 1970

SIE WOLLEN EINFACH KEINEN BESCHISS

CROSBY, STILLS, NASH, YOUNG und Company sind das indirekte Ziel einer Boykott-Bewegung in St. Paul, Minnesota geworden, die darauf abzielt, die hohen Eintrittspreise bei Konzerten runterzuklopfen.

Ihr Konzert, angesetzt für den 24. Mai im Metropolitan Sports Center in St. Paul, liegt preislich bei 5, 6, 7 und 10 Dollar, wie die Boykott-Leiter John Kane und Barry Knight angaben.

„Wir meinen, der Preis von 10 Dollar ist zu hoch, und die 5-Dollar-Tickets sind immer noch zu teuer für mittelmäßige Plätze", sagte Knight.

Kane, Student am Macalester College in St. Paul, versucht seit einiger Zeit gemeinsam mit Freunden auf dem Weg über die Freak-Shops und Platten-Läden einen Boykott zu organisieren. Sie hoffen, zusätzlich eine Show („umsonst oder für einen minimalen Beitrag") auf die Beine zu stellen, die auf ihren Kreuzzug aufmerksam machen soll.

Der Kampf, sagte Kane, richte sich mehr gegen den Promoter des Konzerts, Mike Belkin, als gegen die Band. „Trotzdem, die verlangen 25.000 Dollar oder sechzig Prozent der Abendkasse", sagt er. „Das schraubt den Preis natürlich auch in die Höhe."

In Los Angeles sagte Elliot Roberts, Manager der Band, er hätte von den Preisstaffelungen nichts gehört, gab aber zu bedenken, daß die Forderungen der Gruppe wegen massiver Equipment- und Reisekosten gerechtfertigt seien. Trotzdem fand er den Spitzenpreis von 10 Dollar „unerhört". Die teuersten Plätze befinden sich im sogenannten „Plüsch-Zirkel" des Auditoriums und sind normalerweise nur großkopfigen Vertretern der Musikindustrie vorbehalten, die sie als Geschenke für Journalisten und Freunde erwerben.

Roberts versprach *Rolling Stone* gegenüber, daß er versuchen würde, die restlichen 10-Dollar-Tickets herabzusetzen und kündigte an, daß dreihundert der 5-Dollar-Tickets auf 2 Dollar reduziert werden würden.

David Crosby befand den 10-Dollar-Preis ebenfalls für „unerhört", sagte aber, er könne nicht über alle technischen und geschäftlichen Details jedes Stopps auf der anstehenden 18-Städte-Tournee informiert sein.

„Wir haben nichts gegen Crosby, Stills, Nash and Young", sagten die Boykottler, „wir wollen bloß keinen Beschiß hier in unserer Gegend."

Das Sports Center bietet Raum für 14.000; die nächstgelegene alternative Auftrittsmöglichkeit böte eine College Aula mit einer Sitz-Kapazität von rund 2000.

Die Band ist unterdessen dabei, die Proben für die 27-Tage-Tour abzuschließen. Steve Stills' gebrochenes Handgelenk ist verheilt, und jetzt, in seiner Zweitwohnung im Laurel Canyon (Nummer eins ist nun die Villa, die er gerade in Surrey erworben hat, Ringos alte 100.000-Dollar-Hütte), dirigiert er die Probenarbeiten, übt „Helplessly Hoping" am Klavier, bosselt an dreistimmigen Harmonien für Tom Rushs „Urge for Going" und bastelt Buffalo Springfield-Riffs in „Suite: Judy Blue Eyes" hinein.

Und, was es sonst an CSNY-Neuem gibt: die Band hat sich der Riege der unfreiwillig Mitgeschnittenen angeschlossen. Die Bootleg-LP, die derzeit in Los Angeles zu haben ist, bietet das fabulöseste Cover, das man noch je auf einer Bootleg sah, mit einem hochqualitativen Photo der Band (ähnlich dem auf *Deja Vu*), darüber den Titel, *Wooden Nickel*. Zu den Melodien auf der akustischen Seite gehören – bei einem Sound, wie sowohl Nash als auch Crosby zugestehen, der von „guter Qualität" ist – „Guinnevere", „Birds", „4 + 20", „You Don't Have to Go", und „Suite: Judy Blue Eyes". Die Flipseite, die elektrische, ist grauenvoll, jedenfalls was die Audio-Wiedergabe betrifft. „Das ist einfach Scheiße", meinte Crosby, „wahrscheinlich direkt von der P.A. abgezapft." Die Songs sind: „Listen Once Again to My Bluebird", „Sea of Madness" und „Down by the River".

Sogar die Zeitangaben für die einzelnen Mitschnitte sind dabei: „Down by the River" läuft fast 14 Minuten, „Suite" 7:44.

Wie Bill Halverson verlauten ließ, der Toningenieur, der für *Deja Vu* und *Crosby, Stills and Nash* verantwortlich zeichnet, klingt die Platte wie die Aufnahme eines Konzerts, das kürzlich im Pauley Pavillon in Los Angeles von statten ging.

„Es ist ein Beschiß für alle Beteiligten", sagte Crosby. Roberts meinte, er würde rechtliche Schritte gegen alle Plattenläden unternehmen, die die LP vertreiben. „Und das werden nicht bloß einstweilige Verfügungen und Unterlassungsbescheide sein", sagte er. „Wenn sie die Platten verkaufen, werden wir sie voll durch sämtliche Gerichtsinstanzen schleifen."

■ **RANDNOTIZEN** (11. Juni 1970)

Was die Gerüchte über ein Zerwürfnis zwischen Crosby, Stills, Nash und Young betrifft: sie waren zutreffend – anderthalb Tage lang. Sie lösten sich vergangenen Donnerstag, den 14. Mai, in Chicago auf – kurz vor einem Konzert, das dort stattfinden sollte. Doch bis Freitag Abend kamen sie wieder zusammen – in Los Angeles, jedoch ohne Taylor und Reeves, die unterdessen gefeuert worden waren.

Chronologisch lief das Ganze so ab: Steve Stills', immer noch mit einem wunden linken Handgelenk nach einem Autounfall/Bruch, fuhr hinaus auf eine Ranch in Newhall, Kalifornien, um ein wenig zu reiten. Das war zwei Tage vor ihrem ersten Konzert in Denver. Das Pferd warf ihn ab und Stills' holte sich dabei einen Kreuzbandriß am Knie. Als nächstes wurde Greg Reeves am Abend vor dem Konzert gefeuert, was bedeutete, daß der einspringende Ersatzmann das gesamte CSNY-Elektro-Repertoire innerhalb von vierundzwanzig Stunden einstudieren mußte. Crosby und Nash litten an einer Halsentzündung, die sie sich bei den Proben geholt hatten. In Denver vergrätzte Stills, wie berichtet wurde, die übrigen Mitglieder mit seinen theatralischen Mätzchen – er kletterte mit Krücken auf die Bühne, und tat dann während der restlichen Vorstellung so, als sei er der Musiklehrer oder Dirigent der Gruppe – während der Bassist völlig durcheinander geriet. Dann wurde Dallas Taylor, der Drummer bei CSNY seit den frühesten Anfangstagen der Gruppe, gefeuert. „Ein jeder hatte das Gefühl, daß die Musik an der schwachen Rhythmus-Sektion krankte", erklärte Manager Elliot Roberts.

So war es also eine Kombination aus Medizin und Moral, die Grund für die Absage von acht Konzert-Daten bis hin zum 24. Mai abgab. Doch, selbst als er noch am Freitag vom Auseinanderbrechen der Gruppe sprach, sagte David Crosby: „Ich bin sicher, wir werden in irgendeiner Form wieder sehr bald zusammensein." Und wenigstens fürs erste sind sie es auch wieder – nach einer Therapie-Session in L.A. Die Band nimmt ihre Tournee am 29. Mai wieder auf, und zwar in Boston, und wird danach entweder die ausgefallenen Daten nachholen oder Gratis-konzerte in verschiedenen Städten geben, wie Roberts meinte. Und, fügte er hinzu: ab September irgendwann beginnt die Arbeit an ihrem neuen Album.

25. JUNI 1970

ZINNSOLDATEN UND NIXON KOMMT

AUS DEM „ZUSAMMENBRUCH" von Crosby, Stills, Nash, Young, Taylor und Reeves vergangenen Monat ist der bisher größte Produktivitätsschub in der kurzen Geschichte der Band hervorgegangen. Neil Young hat einen Song namens „Ohio" herausgebracht und die Band hat ihre Tournee mit je einem neuen Bassisten und Drummer wieder aufgenommen.

Die neuen Männer sind Johnny Barbata, der dünne aber kraftvolle Drummer, der vordem bei den Turtles mitwirkte, und der Bassist Calvin „Fuzz" Samuels. Samuels schloß sich letzten Monat innerhalb von vierundzwanzig Stunden der Band an, nachdem Greg Reeves unmittelbar vor Beginn der Konzert-Tournee gefeuert worden war. Er spielte bei der ersten CSNY-Show in Denver mit; dann begann die Gruppe ihre Termine abzusagen. Jetzt ist die Band wieder auf Achse.

Was „Ohio" betrifft: so war Neil Young in die Redwoods von Pescadero abgezwitschert, zusammen mit Crosby und dem Road Manager und Beleuchtungsmann der Band, nachdem die Gruppe sich inoffiziell aufgelöst hatte. Als er wieder in der Stadt war, am Mittwoch, dem 20. Mai, hatte er einen neuen Song mitgebracht, den er Crosby, Stills und Nash vorsingen konnte.

Am nächsten Tag war die Band im Studio. Am selben Abend schon hatte man zwei neue Songs aufgenommen und bereits fertig abgemischt: „Ohio" und „Freedom" (jene kurze Übung in harmonischer Trauer, die von der Band bei früheren Konzert-Tourneen stets als Zugabe dreingegeben worden war), und das Master-Tape wurde an Atlantic in New York expediert. Bis zum Montag war das Gerücht entschlüpft, daß „Ohio" bereits gepreßt würde und noch im Laufe der Woche zur Auslieferung käme. Und KMET-FM in Los Angeles schickte bereits ein Vorab-Band von „Ohio" über die Ultrakurzwellen.

Wenn die Mittelwelle-Sender „Ohio" auch noch auf ihre Playlists stellen, wird es demnächst zwei CSNY-Singles gleichzeitig in den Hitparaden geben. „Teach Your Children" war erst vor zwei Wochen herausgekommen, eine Woche bevor Young sich nach Pescadero zurückzog.

Aber ob die Mittelwellen-Stationen allgemein „Ohio" einprogrammieren werden, ist zu bezweifeln. „Ich denke nicht, daß sie das anrühren werden", meinte Crosby. „In diesem Song werden nämlich Namen genannt."

„Neil hat uns alle überrascht", sagte Crosby. „Es war ja nicht so, als hätte er sich hingesetzt und sich vorgenommen, jetzt einen Protest-Song zu schreiben. Das ist ihm einfach aufgestoßen, als er die Abendnachrichten in der Huntley-Brinkley-Show serviert bekam. Ich meine, wir haben alle aufgehört, uns auch nur die TV-Nachrichten reinzutun, aber man liest ja doch noch die Schlagzeilen auf den Zeitungen, die in der Straße an einem vorbeigetragen werden."

Youngs eigener Kommentar, sagte Crosby, sei gewesen: „Ich weiß nicht; sowas habe ich vorher noch nie geschrieben – aber da ist es jetzt eben."

■ RANDNOTIZEN (3. September 1970)

Neil Youngs Album, *After the Gold Rush*, sollte mittlerweile in den Geschäften sein (das Erscheinungsdatum war für spätestens den 22. August angesetzt). Das Album enthält Tracks mit den Crazy Horse, die von Young wieder zusammengerufen wurden für einen Tour-Beginn im November. Ein Crosby, Stills, Nash and Young-Live Doppel-Album sollte aus sechs Konzertmitschnitten aus dem Fillmore East zusammengestellt werden. Aber als das Konzert am 4. Juli in Chicago näher rückte, hatten Nash, Stills und Crosby jeweils individuelle Geistesblitze und, ohne es den anderen mitzuteilen, baten sie den Toningenieur Bill Halverson (der *ebenfalls* vorgeschlagen hatte, daß das Konzert aufgenommen würde) die Show auf Band zu schneiden. Resultat: Ein erwartungsgemäß ausgezeichneter Abend und ein mögliches Album, das zur Gänze aus dem Chicago-Material bestehen könnte; fällig etwa ab November.

Ebenfalls anstehend: Ein Film der gesamten Tour, der, wie Manager Elliot Roberts meint, „den ganzen Scheiß mit drauf hat, der bei den Jungs so im einzelnen abläuft." CSNY werden wohl kaum vor nächsten Mai wieder auf Tournee gehen. Bis dahin werden Nash und Crosby jetzt Aufnahmearbeiten in San Francisco erledigen, und Stills, wenn alles gut geht, wird mit einer zehnköpfigen Band losziehen. Miteingeschlossen darin: Booker T., eine Bläser-Sektion und einige weibliche Stimmen.

8. SEPTEMBER 1988

DIE TOP 100

DIE BESTEN SINGLES 1963 – 1988
Nr. 76 „Ohio" – Crosby, Stills, Nash and Young

Als Nachruf auf die gute, alte Rock'n'Roll-45er haben die Redakteure und Schreiber von Rolling Stone *die besten 100 Singles aus den 25 Jahren von 1963 bis 1988 ausgewählt. Crosby, Stills, Nash and Young landeten mit „Ohio", das in den Billboard-Charts erstmals am 27. Juni 1970 Einzug hielt, auf Platz 76.*

„Ich hatte das *Time*-Magazine da, mit dem Bild von diesem Mädchen, das hochblickt, während vor ihr ein erschossener Student auf dem Boden liegt und der ganzen Sache", erinnert sich Neil Young an den Anlaß, der ihn dazu führte, „Ohio" zu schreiben. „Ich schrieb den Song einfach hin, er kam so aus mir hervor, während ich auf der Veranda saß."

Der Rock und die Politik stießen hier mit den Köpfen aneinander, auf „Ohio" – Crosby, Stills, Nash and Youngs zornige Reaktion auf den Angriff der Nationalgarde auf die Kent State University am 4. Mai 1970, bei dem vier Studenten getötet wurden. In seiner Evokation der sinnlosen Gewalt, die hier auf Kent gewaltet hatte, sandte der Song eine fröstelnde Botschaft an die Mitglieder der Gegenkultur: „Tin soldiers and Nixon's coming / We're finally on our own / This summer I hear the drumming / Four dead in Ohio." („Zinnsoldaten und Nixon kommt / Wir stehn endgültig alleine da / Diesen Sommer höre ich das Trommeln / Vier Tote in Ohio.")

Young komponierte „Ohio", während er sich an einem Zufluchtsort im Land der Redwoods aufhielt, nachdem sich CSNY in einem Ausbruch der Temperamente (zeitweilig) aufgelöst hatten. David Crosby, der damals mit Young zusammen war, sagte 1970 in einem Interview mit *Rolling Stone*, „Es war ja nicht so, als hätte er sich hingesetzt und sich vorgenommen, jetzt einen Protest-Song zu schreiben. Das ist ihm einfach aufgestoßen, als er die Abendnachrichten in der Huntley-Brinkley-Show serviert bekam."

„Ohio" wurde live im Studio mitgeschnitten, wobei Crosbys spontane Ausrufe, „Warum?" und „Wie oft noch?" bei der Ausblendung noch hörbar sind. Das Stück besticht mit einer kantig-schroffen Gitarren-Eröffnung und einem feurigen Wechselspiel auf den sechssaitigen Gitarren zwischen Young und Stephen Stills. „Ohio" und seine B-Seite, Stills' hymnisches „Find the Cost of Freedom", wurden am gleichen Abend aufgenommen und abgemischt und per Eilabfertigung als Single herausgebracht. Trotz gewisser Sorgen, daß der Song den Mittelwelle-Sendern als zu kontrovers erscheinen könnte – und unabhängig davon, daß die Band damals zur gleichen Zeit eine weitere Single, „Teach Your Children", im Rennen hatte – kletterte „Ohio" bis auf Platz vierzehn. „Es war wirklich so, wie der Folk-Prozess eigentlich funktionieren sollte", sagt Young. „Verstehst du, das war wirklich wie Musik als Nachricht."

Songschreiber: Neil Young. **Produzenten**: Crosby, Stills, Nash and Young. **Höchste Hitparaden-Position**: Platz vierzehn. **Veröffentlichungsdatum**: Juni 1970. **Album**: *So Far*, Atlantic Records.

„Sugar Mountain" – Single-Kritik von Ed Ward

Dies ist eine eher obskure Neil Young-Scheibe, aufgenommen live im Canterbury House in Ann Arbor. Fünfeinhalb Minuten, auf denen Young und seine Gitarre akustisch dahinschluchzen. Ein Teil seines nächsten Albums wird wahrscheinlich genau diesen Klang drauf haben – also kann man sich hier mit einem kleinen Vorgeschmack verköstigen. Auf der B-Seite ist „Cinnamon Girl" zu hören.

15. OKTOBER 1970

LANGDON WINNER

AFTER THE GOLDRUSH

(Album-Kritik)

NEIL YOUNG-ANHÄNGER werden wahrscheinlich die nächsten paar Wochen damit zubringen, sich verzweifelt vorzugaukeln, daß *After the Gold Rush* gute Musik sei. Aber sie werden damit nur ihre Zeit verschwenden, denn obwohl dieses Album tatsächlich einiges an potentiell erstklassigem Material enthält, erhebt sich doch keiner der hier gebotenen Songs über die einheitlich öde Oberfläche. Nach meinem Hörverständnis liegt das Problem darin, daß diese Musik zum Zeitpunkt der Sessions größtenteils einfach noch nicht fertig für die Aufnahme war. Sie brauchte Zeit zum Reifen. Auf dem Album scheint sich die Band niemals wirklich hinter die Songs zu klemmen, und Young selber hat bei vielen von ihnen Schwierigkeiten mit dem Singen. Dieser Kuchen, der vor das zahlende Publikum gesetzt worden ist, bevor er richtig durchgebacken war, schmeckt einfach nur nach Teigpappe.

„Southern Man" ist dafür ein gutes Beispiel. Als eine Komposition ist es möglicherweise eine der besten Sachen, die Young jemals geschrieben hat. In den Auftritten der letzten Zeit mit Crosby, Stills and Nash zeigte das Stück eine umwerfend starke Wirkung auf die Zuhörer. Aber die Aufnahme von „Southern Man" auf *After the Gold Rush* erfüllt dieses Versprechen nur in geringem Maß. Nach heutigem Standard ist das Ensemblespiel schlampig und unzusammenhängend. Piano, Schlagzeug und Bass tasten nacheinander wie Liebhaber, die sich in den Sanddünen aus den Augen verloren haben, aber obwohl sie gelegentlich die gegenseitigen Fußspuren erkennen, können sie doch niemals wirklich zusammenkommen. Young versucht die Dynamik des Stückes allein mit seiner Stimme zurückzugewinnen, schafft es aber nicht ganz: bei dieser und den anderen wirklich interessanten Melodien auf dem Album – „Don't Let It Bring You Down" und „I Believe in You" – erhascht der Zuhörer nur eine schwache Ahnung davon, wie der Song wirklich sein könnte.

Ein weiteres störendes Charakteristikum der Platte ist, kurioserweise,

Youngs Stimme selbst. In seinen besten Arbeiten enthält Youngs Gesang echte Elemente des Pathetischen, Dunklen und Mysteriösen. Wenn man Kafkas Geschichte „Ein Hungerkünstler" in eine Oper verwandeln könnte, dann hätte ich gerne Neil Young als Sänger in der Titelrolle. Aber auf diesem Album klingt seine Intonation of wie ein prä-pubertierendes Gewimmer. Der Song „After the Gold Rush" beispielsweise erinnert einen in erster Linie an Mrs Miller, wie sie sich schnaufend und schniefend durch „I'm a Lonely Little Petunia in an Onion Patch" winselt. Anscheinend hat es niemand der Mühe für wert befunden, Neil Young mitzuteilen, daß er die ganze Zeit um eine halbe Oktave über seiner höchsten zumutbaren Stimmlage sang. An dem Punkt schlägt sein Pathos um in ein nerviges Bathos. Ich kann mir das überhaupt nicht anhören.

Es gibt Tausende Leute in diesem Land, die diese Platte kaufen und genießen werden. Umso besser für sie, nehme ich mal an. Aber für mich steckt der Test bei einem Album darin, ob seine Qualität so ist, daß es einem gestattet, mit jedem weiteren Zuhören ein wenig tiefer in es einzudringen. Und ich finde hier nichts von dieser Qualität. Den siebzig oder achtzig Leuten, die total wuterfüllt an *Rolling Stone* schrieben, wie ich denn weniger als 100prozentig hingerissen von *Deja Vu* sein konnte, sage ich jetzt ganz einfach: Diese Platte macht da weiter, wo *Deja Vu* aufgehört hat.

27. AUGUST 1987

DIE TOP 100

DIE BESTEN ALBEN VON 1967-1987

Nr. 71 *After the Gold Rush* – Neil Young

Im Jahr 1987 hat Rolling Stone *siebzehn verschiedene Rock-Journalisten gebeten, ihre Nominierungen für die 100 wichtigsten Alben der letzten zwanzig Jahre einzureichen – also jene Alben, die ursprünglich zwischen 1967 und 1987 erschienen sind. Neil Youngs* After the Gold Rush *wurde dabei an 71. Stelle plaziert.*

ZUSAMMEN MIT CROSBY, STILLS, NASH and Youngs *Deja Vu* war es das düster-apokalyptische *After the Gold Rush*, dem Neil Young seine merwürdige Art von Superstar-Status verdankt. Auf der Rückseite des Covers findet sich eine Notiz, die lautet: „Die meisten Songs wurden von Dean Stockwell und Herb Bermans Drehbuch zu *After the Gold Rush* inspiriert." Effektiv handelte es sich bei dem Album um den Soundtrack zu einem Film, der nie gedreht wurde. „Der Film kam nicht zustande, und ich stand da mit einer Platte", erzählte Young 1979 dem *Rolling Stone* . „Also brachte ich sie heraus. Hätte aber einen tollen Film abgegeben."

Solche aus der Hand geschüttelten Ironien passen scheinbar zu Young, der immer schon seltsam widersprüchlichen Karrierepfaden gefolgt ist – indem er einmal aktiv der Lust am Massenerfolg frönt, ein andermal wieder der Popularität entflieht als sei es eine tödliche Falle. Zu der Zeit, als *After the Gold Rush* erschien, begann Youngs Exzentrik offenbar gerade erst vereinzelte Beobachter zu nerven. In seiner Kritik des Albums verglich Langdon Winner in *Rolling Stone* den klagenden Titel-Track mit „Mrs Miller, wie sie sich schnaufend und schniefend durch „I'm a Lonely Little Petunia in an Onion Patch" winselt", und erklärte: „Ich kann mir das überhaupt nicht anhören."

Allerdings hat es sich seitdem erwiesen, daß *After the Gold Rush* sich sehr wohl als eines der bewegendsten, befriedigendsten und weitläufig umfassendsten Alben Youngs behauptet hat. Der Titel-Track ist eine bewegende, romantische Meditation über das Verstreichen der Sechziger Jahre. Die Schlüsselzeile – „Look at Mother Nature on the run in the 1970s" („Sieh nur Mutter Natur an, auf der Flucht in den 70ern") – erwies sich als geradezu *zu* prophetisch. „When You Dance I Can Really Love", bietet ein Gitarrenspiel, das die Dissonanzen zu den höchsten Höhen lyrischer Schönheit erhebt, und einen Falsettgesang, der die Definition schlechthin von Sehnsucht zu sein scheint. Das aufwühlende „Southern Man" nahm sich das Problem des Rassismus vor und rief als Reaktion eine Antwort von Lynyrd Skynyrd hervor mit dem Song „Sweet Home Alabama", in dem geltend gemacht wird, „I hope Neil Young will remember / Southern Man don't need him around anyhow" („Ich hoffe, Neil Young wird sich erinnern / der Süden braucht ihn hier unten sowieso nicht.") In seiner charakteristischen Verdrehtheit sagte Young später: „Ich würde ohnehin lieber „Sweet Home Alabama" als Southern Man" spielen, jederzeit. Als ich es zum ersten Mal hörte, gefiel mir die Art wirklich gut, wie sie ihre Gitarren spielten. Dann hörte ich meinen eigenen Namen in dem Song und dachte, Also, *das* ist ein Hammer!"

Auf diesem Album erforscht Young verschiedene Facetten seiner Psyche, ohne sich dabei allzu lange mit der Fokussierung auf eine bestimmte Identität aufzuhalten. Aber auch wenn seine Person schwer zu fassen blieb, der Klang, den er auf *After the Gold Rush* etablierte, war unverkennbar – jene Mischung aus dichtem, muskulösen Rock und weltentrückter Unschuld, die Neil Young zu einem der wichtigsten Rock-Künstler seiner Generation hat werden lassen.

Aufgenommen in: Neil Youngs Haus, Topanga Canyon, Kalifornien, Ende 1969 und Anfang 1970. **Produzenten**: Neil Young und David Briggs, mit Kendall Pacios. **Toningenieure**: Ray Thompson und Henry Zazouski. **Erscheinungsdatum**: Juli 1970. **Höchste Hitparaden-Position**: Nummer acht. **Top-Forty-Single**: „Only Love Can Break Your Heart" (Nummer 33). **Gesamtverkauf in den USA** (bis 1987): 700.000 Stück. Reprise Records.

12. NOVEMBER 1970

REICHLICHE MENGEN C UND S UND N UND Y

CROSBY, STILLS, NASH AND YOUNG sind nach wie vor sehr wohl intakt, auch wenn es keine öffentlichen Live-Beweise für diese Tatsache geben wird – wahrscheinlich bis nächsten Juni.

Bis dahin wird es jedoch reichlich von jedem einzelnen von ihnen zu hören geben – durch individuelle Alben und durch Touren, die Neil Young als Solo-Künstler vorstellen werden, Steve Stills als Kopf einer Big Band, und David Crosby und Graham Nash als ein folkiges Duo.

Das definitivste Projekt, was CSNY als Gruppe betrifft, ist das Live-Album mit Aufnahmen von Konzerten im Fillmore East und in Chicago. Das Album wird, Manager Elliot Roberts zufolge, soeben von Stills und Young abgemischt.

Stills, dessen Gerichtstermin wegen seiner Kokain-Verknackung im August in La Jolla, Kalifornien, immer noch bevorsteht – (die Anhörung ist schon zweimal verschoben worden) – befindet sich zur Zeit in England, wo er gerade eine Band mit einer Memphis-Bläsersektion zusammenstellt. Die Band wird auf Tour gehen und mit ihm zusammen ein Album produzieren. Stills hat bereits ein „Solo"-Album (mit beliebig vielen Hörnern und Gospel-Heulern) unter Dach und Fach. Als Erscheinungsdatum wird der 26. Oktober genannt.

Stills' Album ist als erstes dran, dann das Live-Album, dann ein Solo-Beitrag von Crosby, der eben bei Wally Heider in San Francisco und Los Angeles fertiggestellt wird. Crosby hat noch zwei oder drei Tracks zu machen, aber bis zum Dezember könnte die Platte in den Geschäften sein.

Crosby und Nash sind ebenfalls in England, gemeinsam mit ihrem Manager Roberts, um an einem BBC-TV Spezial teilzunehmen, das den Punktscheinwerfer einmal auf Nash richten wird. Crosby tritt dabei als Gast auf, genau wie schon bei der Show über Joni Mitchell. Nash, der bei Alben von Crosby und Paul Kantner von den Jefferson Airplane mitgewirkt hat, ist unterdessen auch schon mehr als zur Hälfte mit seinem eigenen

Album fertig. Bei seinem Solo-Projekt wird er unterstützt von Neil Young am Klavier und dem L. A. Symphonium.

Eine Crosby/Nash-Tour, sagte Roberts, stünde durchaus im Bereich des Möglichen, sei aber nicht so gewiß wie die Neil Young-Tour, die vorläufig schon mal mit Bleistift für drei Wochen ab nächsten Januar eingetragen ist. Vor der Tour wird Young noch in der Carnegie Hall eine Nummer hinlegen – am 4. Dezember. Die Tour, sagt Roberts, „wird Neil ganz für sich alleine bringen, bloß akustisch. Er wollte immer schon mal eine kleine akustische Tour abziehen." Zu den Tour-Daten gehören Klubs (der Cellar Door ins Washington ist bereits fix gebucht), außerdem Konzerthallen (Berkeley Community Theater) und „ein paar kanadische Daten", wie der Manager sagt, werden auch dabei sein.

Youngs unregelmäßig regelmäßige Begleitband Crazy Horse werden ganz einsam und allein weiterwerken. Der altgediente Komponist/Pianist/Arrangeur/Produzent Jack Nitzsche, der zur Band gehört, hat ein Crazy Horse-Album schon fast fertiggestellt und – naja, klar doch – „Neil singt auch auf dem einen oder andern Track."

Und schließlich wollen Crosby, Stills, Nash and Young – gemeinsam – im Juni 1971 eine Tour veranstalten, wie Roberts sagte. Aber ob es dazu kommt, das steht noch in den Sternen. Bis dahin könnten sie nämlich schon wieder an einem CSNY-Studio-Album werkeln...oder Neil könnte an seiner vierten LP arbeiten, oder....

■ RANDNOTIZEN (4. März 1971)

Neil Young, der sich gemeinsam mit James Taylor, Linda Ronstadt und anderen in Nashville aufhält, um bei einer Johnny Cash TV-Show mitzuwirken, schneite in Elliot Mazers Quadrophonic Sound Studios hinein, um ein wenig zu arbeiten und hatte zum Schluß drei komplette Songs für sein nächstes Album im Kasten. Es handelt sich dabei um drei Original-Kompositionen namens „Bad Fog of Loneliness", „Old Man" und „Heart of Gold". Young wurde begleitet von Kenny Buttrey am Schlagzeug, Tim Drummond (von Mother Earth) am Bass, Ben Keith (ebenfalls Mother Earth) an der Steel, James Taylor und Linda Ronstadt als Hintergrundsängern und, auf einem der Songs, Tony Joe White an der Lead-Gitarre. Taylor wechselte sich auch das eine oder andere Mal mit Young an der Hauptstrom-Gitarre ab. Mazer, als Mitbesitzer des neuen Studios, fungierte auch als Toningenieur bei den Sessions, die zwei lange Abende eines Wochenendes beanspruchten. Young, meinte Mazer, wolle wiederkommen.

27. MAI 1971

CSNY's AUF UND AB VOR DER TOUR

WAS ES AN NEUIGKEITEN ÜBER Crosby, Stills, Nash and Young zu berichten gibt ist erstens die Nachricht, daß Stills noch mal davongekommen ist bei seiner Drogengeschichte in San Diego, zweitens, daß Stills ab Juli wieder auf Tournee geht und drittens, daß die gesamte Truppe daran denkt, Anfang nächsten Jahres eine Tour landesweit durch ganz Amerika abzuziehen.

Die vier trafen sich letzte Woche in Crosbys Wohnung in Los Angeles und kamen weitgehend überein, nächsten Februar eine weitere Tournee zu veranstalten, weiß ihr Manager Elliot Roberts zu berichten. Sie sangen sogar ein paar Lieder im Verlauf des durchaus harmonischen Abends zusammen, berichtete er.

Stills hielt sich letzte Woche an der Westküste auf, nicht nur, um mit seinen Super-Kumpels zusammenzukommen und um seine Tour und die Veröffentlichung seines nächsten Albums zu planen, sondern auch um nach San Diego zu fahren und sich eine kleine Ermahnung samt einer Tausend-Dollar-Strafe (mit Bewährung) abzuholen für seine nicht gerade jubelnd gefeierte Verhaftung wegen Drogenbesitzes in einem Motel in La Jolla im vergangenen August. Die Anklage – die ursprünglich auf „Besitz gefährlicher Drogen" (Kokain und Barbiturate) lautete, wurde auf ein bloßes „Vergehen" runtergeschraubt. Roberts wollte sich nicht weiter über die Strafe auslassen. „Das ist jetzt vorbei, also reden wir nicht mehr drüber."

Stills ist außerdem mit den Endabmischungen seines nächsten Albums beschäftigt, wo er in Atlantics Criterions Studios in Miami auf einen Abgabetermin im Juni hinarbeitet.

Was seine Tour betrifft, so wird es eine große sein, auf der Stills von einer fünfköpfigen Rhythmussektion unterstützt wird, inklusive des CSNY-Bassisten Calvin „Fuzzy" Samuels. Obwohl die Tour – mit Crazy Horse als Vortruppe – noch nicht voll durchgebucht ist, wird sie fünfundzwanzig Stopps in über sieben Wochen beinhalten und am 2. Juli in Portland beginnen und mit Konzerten im Coliseum in Oakland und dem Forum in Los Angeles abschließen.

Neil Young, der seine Tour hinter sich hat (und bei seiner Rückkehr mit *Young Man's Fancy* bewillkommnet wurde, einem Doppel-Album Marke Raubdruck, aufgenommen bei seinem Los Angeles-Konzert im Februar), ist soeben dabei, sein nächstes Album abzuschließen, das in Nashville aufgenommen wurde. Im Moment bewegt er sich – schmerzvoll – hin und her zwischen dem Haus eines Freundes und der Praxis seines Arztes. Sein Rücken, den er sich schon einmal in diesem Jahr verletzt hatte, als ihm ein Rückenwirbel verrutschte, erlitt einen weiteren Bandscheibenvorfall, als Young kürzlich einen Trip nach Nashville unternahm.

Graham Nash erwartet innerhalb der nächsten Woche die Auslieferung seines Solo-Albums *Songs for Beginners*. Und Daid Crosby steckt, gemeinsam mit dem komödiantischen Schreiber und Schauspieler Carl Gottlieb, voll in der Arbeit an ihrem Film für United Artists, betitelt *Family*.

27. MAI 1971

GEORGE KIMBALL

4 WAY STREET

(Album-Kritik)

ZWISCHEN ZWEI MISERABLEN Bootleg-Alben – *Wooden Nickel* und *Live at the Forum*, die nicht so sehr wegen ihrer unzureichenden Produktion grauenvoll waren, die ja allen Raubdruckplatten gleichermaßen anhaftet, als wegen der schundhaften Handwerksarbeit der Gruppe selber – und sechs Cuts auf den zwei *Woodstock*-Alben, die zusammen ein monumentales Desaster in der Geschichte der Live-Aufnahmen darstellten, schien es mir, daß, gleichgültig wie man ihre zwei Studio-Alben beurteilen möchte, auf jeden Fall Crosby, Stills, Nash and Young bei Live-Konzerten ungefähr genauso viel verloren hätten wie die Monkees.

Aber *4 Way Street* ist ein überraschend gutes Album. Zunächst mal deshalb, weil CSNY insgesamt bei fast jedem Cut in derselben Tonart singen und spielen. Einer der prinzipiellen Mängel ihrer früheren Live-Bemühungen war ja, daß sie versuchten, jene engen, dreistimmigen Harmonien auf der Bühne nachzuvollziehen, die nur mit zahlreichen Takes und Overdubs im Studio zustandekommen. Doch dieses Doppelalbum funktioniert zum Großteil als ein Schaukasten, in dem jeweils das Solo-Material jedes einzelnen der Vier vorgestellt wird. Die Ausnahmen – „Long Time Gone", „Pre-Road Downs" und „Carry On" – sind live immer noch ziemlich zottelig, doch im letzteren Fall wird das wieder einigermaßen wettgemacht dadurch, daß „Carry On" als Vehikel für etliche lange, erregende Stills-Young Elektro-Schlagabtäusche dient.

Young und Stills kommen auch auf der anderen verlängerten Nummer zusammen (dreizehn-plus Minuten), Neils „Southern Man", wobei er einige dampfende Riffs abläßt, die den Vergleich mit der Gitarrenarbeit von Danny Whitten und Young auf der Original-Version (von *After the Gold Rush*) mitnichten zu scheuen brauchen, im Gegenteil, sie schneiden sogar besser ab dabei. Neil Youngs „Cowgirl in the Sand" (von ihm solo zur Gitarre vorgetragen) ist ein auf seltsame Weise anderer Song als der, den er mit

Crazy Horse aufgenommen hat, aber er ist trotz alledem aufs äußerste exquisit. Young bringt auch wunderschöne akustische Solos auf „Don't Let It Bring You Down" (von *Gold Rush*) und eine alte Buffalo Springfield-Melodie, „On the Way Home". Selbst „Ohio" ist nicht viel schlechter (aber auch nicht viel besser) als die Single – aber die Message ist da wohl ohnehin schon das Medium, nehme ich mal an.

Vor ungefähr einem Jahr (in einer Rezension von *Deja Vu*) merkte irgendjemand an, daß CSNY's prinzipielle Schwächen in Crosbys Gesang und Nashs Songschreiberei zu suchen wären. Ich neige da zum Widerspruch und ich denke, dieses Album trägt viel dazu bei, diese beiden Punkte zu widerlegen. Was das erste Argument betrifft, so bringt Crosby, einmal von seinem Solo-Album abgesehen, hier zwei exzellente Songs. Einer davon, „Triad", verdient es besonders, hervorgehoben zu werden, denn dies war der Streitpunkt, der zu Crosbys Abwanderung von den Byrds führte. Das einen noch lang verfolgende „The Lee Shore" ist ein wahres Juwel, und während „Long Time Gone" hier ziemlich verhunzt erscheint, so liegt das doch weniger an Crosbys vokaler Unzulänglichkeit als an dem Fakt, daß der Song – wie unter anderem „Suite: Judy Blue Eyes" – einer von jenen im CSNY-Repertoire ist, der schwierig genug ist, um jenseits der Fähigkeiten der Gruppe zu liegen, ihn kompetent live aufzuführen.

Und während Nashs Songs eindeutig ein leichteres Artgewicht aufweisen, so zeigen sie zugleich doch auch keinerlei höheren Prätentionen. Das schlimmste, was man von ihnen sagen kann, ist, daß sie harmlos sind, und die meisten von ihnen sind an und für sich wirklich verdammt nett. Sie haben natürlich darunter gelitten, daß sie auf den ersten beiden Alben unglaublich saccharinös und allzu glatt dargeboten wurden – manchmal sogar so widerwärtig zuckrig, daß man sie, um eine Formulierung Dorothy Parkers abzuwandeln, „zum Speiben" finden könnte. Nashs „Right Between the Eyes" ist aber einer der Höhepunkte auf *4 Way Street* und „Teach Your Children" ist einer der wenigen Mitschnitte auf der Platte, wo die ganze Gruppe zusammen singt ohne schräg zu klingen. (Und obgleich es auf dieser Version von „Children" keinen Jerry Garcia an der Steel gibt, pickt doch irgendjemand eine sehr ansehnliche Mandoline.)

Tatsache ist, wenn man schon mit Bezug auf CSNY Kritik am *Schreiben* erheben möchte, daß man mit sehr viel mehr Berechtigung auf zwei Stills-Nummern verweisen könnte. Stills hüpft von „49 Bye-Byes" zu einer Art Neu-Schreibung seines „For What It's Worth" aus der Springfield-Ära, einem Unding namens „America's Children". Es ist ein besserwisserisches, völlig überflüßiges Stück Schwachsinn (in den Anmerkungen auf dem Cover als „Gedicht" bezeichnet), das offenbar das politische Bewußtsein von uns allen, die wir „Kinder" sind, anheben soll. Stills' „Love the One You're

With" ist schon rundum als frauenverächterisch kritisiert worden. Aber es ist nicht nur ungehörig Frauen gegenüber, es ist eine Beleidigung für alle Menschen. Praktisch das einzig Gute, was man über den Song sagen kann ist, daß er, in Abwesenheit des Hintergrund-Chors und des gekünstelten Arrangements, hier besser *klingt* als auf Stills' Solo-Album.

CSNY's neuestes Back-up-Duo, Johnny Barbata am Schlagzeug und Calvin Samuels am Bass, machen ihre Sache gut, wenn auch nicht gerade spektakulär. Das Album zeigt deutlich die Grenzen auf, die ihnen als Gruppe gesetzt sind, doch Crosby, Stills, Nash und Young sind allesamt Künstler von unfraglichem Talent und man wird – hauptsächlich deswegen, weil sie sich hier nicht in die Quere kommen – *4 Way Street* wohl mit Sicherheit als ihr bisher bestes Album ansehen müssen.

■ RANDNOTIZEN (5. August 1971)

Neil Young ist für eine Weile weg vom Fenster, mit Rückenschmerzen und was nicht allem, und er arbeitet an einem Dokumentarfilm über sich selbst und die letzte CSNY-Tour. Young finanziert, Berichten zufolge, den Film selbst und schreibt auch einen Soundtrack dafür. Anlaufen soll er zu Weihnachten, hofft Young.

■ RANDNOTIZEN (28. Oktober 1971)

Abteilung Fan-Gekreische-draußen-vor-den-Limousinen: Stephen Stills und Neil Young haben sich Crosby und Nash in letzter Zeit bei Konzertdaten im Bundesstaat New York angeschlossen und werden das wahrscheinlich auch während der übrigen Crosby-Nash-Tour weiter so halten. Die Chancen stehen gut, daß die vier wieder formell zusammen touren werden, und zwar im Frühling

11. NOVEMBER 1971

TIM CAHILL

CROSBY, NASH – STILLS? YOUNG?

GRAHAM NASH SAGTE ES vor nicht allzu vielen Monaten: Crosby, Stills, Nash and Young „waren niemals eine Gruppe im üblichen Sinn des Wortes. Wir sind vier Burschen, die von Zeit zu Zeit zusammenkommen, um Platten zu machen oder auf der Bühne zu spielen." Ein loses Arrangement, gewiß, aber eines, daß vier verschiedenen Solo-Akten und allen möglichen Zweier- und Dreier-Kombinationen zu funktionieren gestattet. Daher, als Crosby/Nash eine gemeinsame Herbst-Tournee ankündigten, gab es keine von jenen Pressekonferenzen, auf denen „unser Sound" diskutiert wurde, nichts von jener Courage der Amputierten, die, nicht ganz vollständig, auf der Bühne erscheinen. Crosby und Nash mögen ihren eigenen Duett-Klang genug, um eine neue Atlantic-LP in der Mache zu haben.

Am letzten Donnerstag im September schloß sich Stills der Crosby/Nash-Tour an, für die Dauer eines Sets in der Carnegie Hall. Am selben Wochenende sang Neil Young mit den übrigen dreien ein paar Songs in Boston. Das Publikum betrachtete das Ganze wie eine monumentale Wiederannäherung. Schnurz, daß es vorher kein Zerwürfnis gegeben hatte, sei es implizit oder öffentlich angekündigt. Schnurz, daß die Überraschungs-Jams seit längstem schon eine Zusatz-Attraktion der Vierweg-Straße geworden sind. Schnurz, daß jedes Interview mit diesen vier Kumpanen indiziert, wie gern sie miteinander musizieren. Die Leute haben einfach so ein Gefühl bei CSNY.

Erstens mal, weil da dieses Drei-Tage-Zerwürfnis in Denver war, vor etwas über einem Jahr. Und dann gibt's da den Fakt, daß alle vier von erfolgreichen anderen Gruppen abgesprungen sind – Crosby von den Byrds, Nash von den Hollies, Stills und Young von Buffalo Springfield – ehe sie zu einer der wenigen wirklichen Supergruppen, die es gibt, verschmolzen. So wird ein jedes Mal, wenn alle vier zusammen auf der Bühne auftreten, zu einem *Ereignis*.

Das nächste Konzertdatum war der Sonntag in New York und Gerüchten zufolge würden sie wiederum zusammen auftreten. Atlantic Records ließ sich zu keiner Meinungsäußerung verleiten, aber sie gaben zu, ja, alle vier seien in der Stadt. Und wenn sie es wollten, wenn die *Vibes* gut wären, wenn sie Lust dazu hätten, dann bestünde auch die Möglichkeit, daß sie gemeinsam aufträten.

Am Sonntag waren die üblichen Straßenfuzzis damit befaßt, ihre Routine mit dem übriggebliebenen Ticket an den Leuten auszuprobieren, die in alle Richtungen zwei blockweit vorm Eingang der Hall Schlange standen. Das Konzert war ausverkauft, und eine riesige Menge Leute standen am Eingang und quängelten und drängelten, um doch noch eingelassen zu werden. Drinnen wußte es jeder, oder hatte es von einer einwandfreien Quelle erfahren: Young würde dabei sein, aber Stills nicht, bzw. weder Stills noch Young würden mit von der Partie sein, bzw. beide, Young UND Stills wären da und sie hätten auch noch Bob Dylan mit herbeigeschleppt.

Crosby und Nash betraten dann die Bühne und sangen „We Have All Been Here Before", wofür die Menge wie wild jubelte. Dann stimmten sie eine Weile lang ihre Instrumente, und kriegten auch dafür Jubel. Crosby, der gewöhnlich auf halber Strecke verkündet, daß er Laryngitis oder Halsschmerzen hat, war bei solch ausgezeichneter Stimme, daß er diesmal auf Libanesische Grippe plädierte. Der Punkt dabei ist, daß er faktisch tatsächlich eine Erkältung hatte, wie fast jeder andere auf der Tour auch. Aber es war Nash, der wirklich am kränksten war. Er hatte sich eine Luftblase unter der einen Lunge geholt, die ihm das volle Einatmen stark erschwerte.

Etwa um 22:30 Uhr trat Stephen Stills auf die Bühne, und die Carnegie Hall echote mit einer langen stehenden Ovation die damit endete, daß die Zuschauer völlig undiszipliniert zur Bühne stürmten. Stills, der einmal einen seiner Songs mit einer Widmung an Jose Cuervo Tequila versah, stolperte leicht, als er seine Gitarre zur Hand nahm, doch als er dann sang, klang alles bestens. Die Songs waren neu und sagten Crosby und Nash ebenso zu wie allen anderen. Die drei tauschten flache Handflächenabschläge aus, im Soul-Stil, ganz wie CSNY vor altersher. Fehlte bloß noch einer...

Um 22:45 Uhr trat dann Neil Young aus dem Seitenflügel hervor und es gab eine noch längere und lautere Ovation: Beifall teils für Young, und teils dafür, daß sie nun alle da waren, alle vier, zusammen.

„Wir dachten, wir würden alle auf die Bühne kommen und für euch singen", sagte Nash.

„Es wird natürlich ziemlich haarig werden", warnte Crosby, und er hatte recht. Es gab den einen oder anderen Fehlstart, dann fiel mal wieder ein ganzer Vers raus, aber es machte niemandem wirklich was aus, denn es fühlte sich alles so gut an. Sie sangen „Helpless", „Triad", „Chicago" und „Ohio", während die Menge zwischen jedem Song stampfte und pfiff, und ihre Lieblingstitel ausrief – manchmal sogar schon bevor die jeweilige Nummer zu Ende war. Crosby mußte sie schließlich bitten, das bleiben zu lassen.

Sowohl Stills wie Young verließen beide ihre eigenen Projekte, um in der Carnegie Hall anwesend sein zu können. Young war aus dem Süden raufgekommen, wo er gerade einen Film drehte, der vorläufig *Journey Through the Past* betitelt ist, und, wie es heißt, eine Art von Cinema Verite Dokumentarfilm sein soll. Er hatte auch eben die Arbeiten an einem Solo-Album, *Harvest*, abgeschlossen, daß demnächst bei Reprise zur Auslieferung gelangen soll. Stills war ebenfalls aus dem Süden gekommen – aus Miami –, wo er an seinem Solo-Album für Atlantic, *Stephen Stills 3*, arbeitete. Crosby/Nash nahmen ihre Auftritte in Boston, New York und Berkeley auf für *ihr eigenes* neues Album.

Berkeley gehörte zur letzten Etappe der Tour und eine Menge CSNY-Fans erwarteten sich ein weiteres Boston oder New York. Am Abend des Konzerts war die University Avenue vollgepfropft mit Autos aus Castro Valley, Salinas und Redwood City. Leute hielten an Tankstellen an, um sich nach dem Weg zum Berkeley Community Theater zu erkundigen und erzählten einander, daß sie es von einer sehr verläßlichen Quelle dort draußen im Livermore Valley gehört hätten, daß die vier Kumpels heute Nacht allesamt in der Stadt sein würden.

Crosby und Nash wurden mit viel Applaus begrüßt. Dann folgte ein kurzes Gebrummel eines geflüsterten Gesprächs. Sie begannen mit ein paar sanften, stimmungsvollen Klageliedern, bei denen die Texte hinter den vielschichtigen Harmonien verloren gingen. Crosby brachte ein paar Songs alleine auf der Bühne, insbesondere „Triad", einer der Höhepunkte des Abends. Nash sang seine neuen Lieder „South Bound Train Going Down" und „Immigration Man" am Klavier. Seine Stimme klang ein bißchen aufgerauht und er mußte einmal sogar mitten im Vers pausieren, um wieder zu Atem zu kommen. Doch die neuen Songs waren gut genug, um ihn über solche Schwachstellen hinweg zu tragen. Erst spät im Set trat dann auch Young auf die Bühne, begrüßt von tosendem Beifall, den er aber abrupt abkürzte, indem er sich direkt in „Helpless" hineinstürzte.

Gegen Ende des Konzerts sang Young einen neuen Song, „Alabama". Crosby und Nash setzten ihre Gitarren ab, um sanfte Hintergrundharmonien zu Youngs charakteristischer einsamer Stimme hinzuzufügen. Wie die meisten Songs von Young mußte man ihn mehr als einmal gehört haben; aber manche Leute im Publikum hatten da offenbar andere Vorstellungen.

Gerade, wie die letzten Akkorde von „Alabama" ins Schweigen hinübervibrierten, machte sich irgendein Persönchen vorne in der zweiten Reihe die Stille zu Nutze um aufzustehen und mit Leibeskräften zu brüllen.

„Wo ist Steve?" wollte sie wissen.

Stills war unterdessen 3.000 Meilen weit weg – in Miami; und diejenigen, die sicher gehen wollen, daß sie CSNY wieder mal zusammen sehen, werden bis zum Juni oder Juli warten müssen, wenn die nächste Tour angesagt ist. Es ist auch ein CSNY-Album in der Röhre, und wird wahrscheinlich dieses Frühjahr fertig sein, obwohl Crosby meint, er würde niemandem empfehlen, schon jetzt vor lauter Ungeduld den Atem anzuhalten. Es hängt eben alles davon ab, wie sie sich alle *fühlen*, versteht ihr.

■ RANDNOTIZEN (9. Dezember 1971)

Neil Youngs *Harvest* wird nun doch vorerst nicht zur Auslieferung kommen. Young will bei der künstlerischen Gestaltung des Covers das letzte Sagen haben. Die Bänder sind fertiggestellt, aber Young wird sie erst dann an Reprise weitergeben, wenn man ihm dort die Coverentwürfe gezeigt hat.

■ RANDNOTIZEN (17. Februar 1972)

Neil Youngs *Harvest* wurde jetzt definitiv für den 15. Februar angesetzt. Auf Youngs Seite geht es darum, die Testpressungen abzusegnen, jeweils drei von drei verschiedenen Plattenpressereien. Warner / Reprise sagen, sie werden die Platte noch ein paar Tage zurückhalten, damit sie voll und ganz von der neuen bundesweiten Copyright-Gesetzgebung erfaßt wird, die ab 15. Februar in Kraft tritt. Was nicht im Widerspruch zu Youngs Gefühlen betreffs Raubdruckern steht. Eine Szene in dem Film, den er gerade dreht, zeigt ihn in einem Schallplattenladen, wo er einen Stapel Piratenaufnahmen erspäht und ergreift. Die Proteste des Verkäufers kontert er mit dem Spruch: „Sie haben kein Recht, diese Sachen zu verkaufen; ich habe sie gemacht, und sie gehören mir!"

30. MÄRZ 1972

JOHN MENDELSSOHN

HARVEST

(Album-Kritik)

AM ENDE DIESES ARTIKELS, da wette ich fünf zu zehn, werden die meisten von euch mit puterrotem Kopf ausrufen: „Ach, was sind die Rock-Kritiker doch für destruktive Miesmacher! Wie rasch sind sie mit Schmutz und Schlamm zur Hand, um sie auf einen zu häufen, dessen Lob sie noch vor kurzem sangen – sobald sie nur des ersten Anzeichens gewahr werden, daß wir einfachen Leut' ihn *en masse* an unser Herz geschlossen haben. Ach, wie sie sich darin suhlen, etwas verabscheuen zu können, was wir vergöttern!" Doch sooft ich auch mit einem herzhaften: „Ganz recht!" eine solche Ansicht über die Kluft zwischen Kritiker und Publikum bestärken möchte, so muß ich doch vor dem höchsten Gericht des Landes einen heiligen Eid leisten, daß ein solcher Ausruf weit davon entfernt ist, auf eine vergnatzte Rezension von Neil Youngs *Harvest* zuzutreffen.

Man muß eben einfach einsehen, daß eine überwältigende Massenakzeptanz für verschiedene Leute Verschiedenes bedeutet. Während manche Künstler auf die kommerzielle Prosperität als Mittel setzen, um endlich mal all ihre Gehirnstürme zu realisieren, die zuvor durch einen Mangel an Kohle vereitelt wurden, und um als Künstler zu wachsen und zu wirken durch die Ausbeutung vormals unzugänglicher Ressourcen – so welken andere angesichts der Anforderungen eines Massenpublikums künstlerisch dahin, wodurch sie zur bewußten Imitation dessen greifen, was ihnen einst instinktiv und spontan gelang – oder sie lockern die Standards nach denen sie sich einst selbst beurteilten, da sie zu dem (gewöhnlich durchaus richtigen) Schluß gekommen sind, daß, wenn man erst einmal den Status eines Superstars errungen hat, das Publikum sich schon jeden halbgaren Klangquatsch begierig in die Gehörgänge schmieren wird, den man ihm gnädigerweise in die Rillen pressen läßt.

Verglichen mit seinem rundheraus spektakulären *Everybody Knows This Is Nowhere* kann man, auf der Basis der unermeßlichen Inferiorität jener beiden Alben, die er seit seinem Anschluß an Crosby, etc. gemacht hat (und womit sichergestellt ist, daß er nie wieder einen Mangel an Publikum leiden wird), eigentlich nur zu der Schlußfolgerung gelangen, daß Neil Young nicht einer von jenen ist, denen das Superstartum künstlerisch wohlbekommt.

Harvest, das Album, das ein schmerzhaft langes Jahr oder länger in der Mache war (bzw, was anscheinend passender wäre: in der Masche hing), bietet einen Young, der bei dem Versuch, seine Unfähigkeit zu einer wirklich guten Imitation seines früheren Ichs zu vernebeln, bloß die meisten L.A.-Abarten der allermüdesten Superstar-Klischees aufruft.

Man beachte beispielsweise die unangenehm deutliche Ähnlichkeit nahezu jeden einzelnen Songs auf diesem Album mit irgendeiner früheren Young-Komposition. Es ist fast so, als hätte er nur eine Steel-Gitarre und ein paar neue Texte *bei After the Gold Rush* hinzugefügt. Man beachte weiter seine Verwendung besagter Steel-Gitarre um ein Western-Ambiente zu erschaffen, das um Welten weniger einprägsam ist als jenes, das er selber in früheren Tagen mit seiner vibratogetränkten Lead-Gitarre herbeizauberte.

Man beachte weiter, daß er – der stereotypisch schlaff-zurückgelegten Rolle eines vom Landleben voll ausgedröhnten Troubadours zuliebe – praktisch so gut wie ganz in seiner Position als ernstzunehmender Rock'n' Roller abgedankt hat und auch sonst überhaupt nur noch selten elektrische Gitarre spielt, und dann auch nicht mehr mit der rückenmarkkitzelnden Gefühlsintensität, die für sein Spiel mit Crazy Horse charakteristisch war. In der Tat, sein einziges ausgedehntes Solo auf diesem Album, bei „Words", wirkt hingefummelt und ungeschickt, ja sogar regelrecht peinlich.

Youngs Backing-Band aus Nashville, die Stray Gators, verblassen aufs miserabelste im Vergleich mit der Erinnerung an Crazy Horse, deren Stil sie gelegentlich laschestens zu imitieren versuchen, auf Tracks wie „Out on the Weekend", „Harvest" und „Heart of Gold". Wo die Crazies ihre Begleitung mit der Absicht hypnotisch simpel hielten, einen ganz bestimmten Effekt zu erzielen (nämlich den, die rhythmischen Akzente während der Refrains und Instrumentalbreaks besonders dramatisch zu setzen), kommen die Gators als bloß furchtsam herüber, zurückhaltend um der Zurückhaltung willen, und schlußendlich eben als eintönig monoton.

Während also dies alles hinter ihm abläuft, dominieren Youngs Liedtexte die Aufmerksamkeit des Zuhörers stärker, als es ihnen gebührt. Youngs verbale Ressourcen waren immer schon recht begrenzt, aber bis dato sind ihm noch fast immer eine genügende Anzahl starker, bildhafter Zeilen eingefallen, die die Aufmerksamkeit des Zuhörers einerseits bannen und andererseits von den sie umgebenden Banalitäten ablenken konnten. So gewann man meistens einen ausreichend lebhaften Eindruck davon, worum es in einem Song eigentlich geht, ohne durch seine scheinbare Obskurität oder skelettale Unvollständigkeit gefrustet zu werden. In seinen besten Arbeiten, wie auf *Everybody Knows*, wo die schwere, düstere Begleitung von Crazy Horse die Botschaft unmißverständlich machte: daß Verzweiflung nachtragende Bösartigkeit und brutale Rachsucht gebiert. Konnte man das aus den fast undurchdringlich subjektiven Texten nur annähernd schließen, verlebendigte der *Klang* jeden Songs weiter, was die lyrischen Fragmente jeweils nur anrissen.

Hier dagegen, wo die Musik kaum einen Eindruck hinterläßt, stehen und fallen die Worte von allein, und versagen zu böserletzt völlig den Dienst aufgrund ihres äußerst geringen Inspirationsplateaus bei gleichzeitig hohem Auftreten reimerzwungener Läppischkeit. Ein paar sind sogar leicht anstößig – „The Needle and the Damage Done" ist unverbindlich-glatt, und zeigt nur wenig echtes Mitgefühl für die Problematik, die er thematisiert. „There's A World" hingegen ist einfach nur noch hohler Schwulst auf wichtigtuerischer Dumpffrequenz. Als ungewöhnlich interessant entpuppt sich einzig „A Man Needs a Maid" („Ein Mann braucht ein Dienstmädchen"), weil Neil darin sein Lieblingsthema – seine Unfähigkeit, eine Geliebte zu finden und zu behalten – auf eine Art abhandelt, die aufmerksamkeitsheischig dem in unserer Gesellschaft beschleunigt zunehmenden Bewußtsein für die Rechte der Frau die Stirn bietet. Nahezu alles andere hier bietet grenzenlos Bedenkenswertes, jedoch nur in einer solch dürftigen, undurchsichtigen Weise, daß man für die Mühe, sich darüber Gedanken zu machen, wohl kaum entschädigt werden wird.

Man könnte anmerken (mit Bedauern), daß keines der beiden symphonieorchestrierten Lieder auf *Harvest* auch nur entfernt an „Expecting to Fly" aus dem Jahr 1967 heranreicht, weder was die Produktion betrifft und schon rein gar nicht von der gesamten emotionalen Power her. Ach, wenn doch nur die zwei übrigen Sätze jenes früheren Meisterwerks, das ursprünglich als Trilogie konzipiert gewesen war, hier die Rillen gefüllt hätten, die jetzt von „Maid" und „There's a World" belegt werden. (Pardon, falls „The Emperor of Wyoming" oder „String Quartet from Whiskey Boot Hill", von *Neil Young*, oder „Broken Arrow" sich faktisch als die vermißten zwei Drittel herausstellen sollten.)

„Alabama" strebt einen identischen Effekt an wie „Southern Man", enthält aber auf Dauer nicht annähernd die Power dieses Songs von *Gold Rush*, oder solcher Zeilen wie „I heard screamin' and bullwhips crackin' " („Ich hörte Schreie und das Knallen der Nilpferdpeitschen"), gefolgt von einem brutalen Hieb Danny Whittens auf seiner Rhythmusgitarre und einer stechenden Lead-Linie von Young. Die erste Textzeile von „Old Man" verspricht wesentlich mehr als der Song jemals hält, wenn man ihn einmal unter dem Aspekt einer verständnisvollen Einfühlsamkeit betrachtet. Die Grundidee von „Heart of Gold" würde mit Hohngelächter aus den Ätherwellen geputzt werden, wenn es von irgendeinem anderen Troubadour käme. „Are You Ready For the Country", ebenso wie „Cripple Creek Ferry" wirkt wie ein Wegwerf-Gewitzel für Eingeweihte, gedacht zur Erheiterung einiger von Youngs Superstar-Kumpels. Der Titel-Song ist lyrisch überladen und unverständlich und „Out on the Weekend" ist kindisch, gekünstelt und zeigt einmal mehr Youngs markanten Hang zur Selbstdarstellung, von der musikalischen Fadheit nur ganz zu schweigen.

Um der Wahrheit den Vortritt zu lassen: ich habe mir *Harvest* in voller Gänze nicht weniger als zwölf mal reingetan, ehe ich zu Schreibmaschine und Papier griff, und schaffe es letzlich doch nur gerade, einen einzigen glücklichen Umstand erwähnen zu können: Neil Young singt immer noch furchtbar hübsch, und manchmal direkt zu Herzen gehend. Zum Großteil jedoch scheint er den Blick dafür verloren zu haben, was seine Musik einst so einzigartig machte, so hinreißend und berührend. Er ist einfach zu irgend einem weiteren, beliebigen, nett-singenden Solo-Superstar herabgesunken.

Was zu gar nichts weiter taugt, außer dazu, mich zu deprimieren.

■ **RANDNOTIZEN** (22. Juni 1972)

Neil Young wird bis zum Winter warten – ganz genau gesagt bis zum 15. November – ehe er seine nächste große Tour startet, fünfzig Shows in zehn Wochen in den USA, dann weiter nach Europa, begleitet von den Stray Gators.

■ **RANDNOTIZEN** (9. November 1972)

Carrie Snodgress brachte am 8. September einen Sohn zur Welt, Zeke Snodgress Young, der dazugehörige Vater ist Neil. Zeke gesellte sich anschließend zu der musikalischen Feier, die auf Youngs Ranch bei San Francisco stattfand.

JON LANDAU

CARNEGIE HALL – NEW YORK

23. Januar 1973

(Konzertkritik)

NEIL YOUNG KRIEGTE DIESMAL in New York fast alles auf die Reihe. Er tauchte mit den Stray Gators auf – jener nahezu perfekten Band, die ihn auf *Harvest* begleitete – und dazu mit einem Bündel vortrefflicher neuer Songs. Wichtiger noch: er schaffte es, seine Nerven unter Konrolle zu behalten, die ihm bei einigen Konzerten auf seiner letzten Tour durchgegangen sind. Diesmal war seine Haltung entspannt und liebenswürdig, was es ihm ermöglichte, einerseits das Publikum aus dem Musik-Business zu ignorieren, das sich ungerührt im Orchesterraum tummelte, und andererseits auch die streitlustigen Schreihälse zu vergessen, die überall auf den ersten Rängen herumtobten.

Young erzielte nur geringe Wirkung mit der Eröffnung als Solo-Programm, wo seine gelegentlich schrille Stimme samt schrägen Tönen gegen die allzu simple akustische Gitarrenbegleitung anraspelte. Die Balance zwischen Stimme und Hintergrundbegleitung fand erst ihren natürlichen Ort des Zusammentreffens, als die Band hinzu kam, und während Young die Akustikgitarre spielte und Kenny Butrey nur ganz skizzenhaft bei „Out on the Weekend" das Schlagzeug antippte, begann das Ganze allmählich immer besser zu klingen. Nach „Heart of Gold" wechselte Young zu seiner Stromgitarre im Lonnie Mack-Stil und drehte die Lautstärke auf.

Für den Rest des Konzerts wurden wir abwechselnd bedient und beworfen mit etlichem an wunderschön intensivem Gesang, umwerfenden neuen Songs und nichtendenwollendem mittelmäßigem Jammen. Auf halbem Weg durch die Vorstellung wurde mir mit einem Mal bewußt, daß Youngs Talente, in fallender Reihenfolge, diese sind: Vokalist, Arrangeur, Komponist, Texter, Rhythmusgitarrist und Leadgitarrist. Seine oft sehr sentimentalen Texte bieten nahezu immer ein ausreichendes Vehikel für seine musikalischen Ideen. Diese Kombination aus einfachen Texten und intensiver Darbietung war besonders auffällig bei seinem besten neueren

Song, „Don't Be Denied", einem autobiographischem Stück, bei dem er sich zuletzt schreiend über die Paranoia ausließ, die sich einstellt, wenn man „...die Welt mit den Augen eines Geschäftsmanns betrachtet."

Ein weiterer Song sprach von der Freude, einer Frau zuzusehen, die mit dem gemeinsamen Kind schwanger geht. Doch beide wurden verdorben durch diese scheinbar völlig unnötigen Gitarrensolos, die sich zudem oft mit Ben Keiths hochfrequentem und irgendwie unzusammenhängendem Pedal-Gedüdel in die Quere kommen.

Young punktete am Höchsten mit seinen bekanntesten Liedern, einschließlich einer explosiven Version von „Cinnamon Girl", einem weitaus aufgebesserten „Everybody Knows This Is Nowhere" und einem soliden „Southern Man". Nach meinem Dafürhalten stellte aber ein Song alle anderen in den Schatten – „Alabama". Ich denke, er hat den besten Refrain, den Young bisher überhaupt geschrieben hat, und in der Live-Darbietung baut der Song einen majestätischen Schwung und eine Wucht auf, wie sie sonst nur für die Rolling Stones in ihren besten Momenten charakteristisch sind.

Young wurde, alles in allem gesehen, vom Publikum nicht besonders gut augenommen. Das Konzert war zu kurz und die Rufe nach einer Zugabe kamen eher zögerlich. Trotzdem ertappte ich mich selbst am nächsten Morgen dabei, daß ich ihn als Mensch ebenso wie als Musiker bewunderte. In „Don't Be Denied" offeriert er eine der wenigen Attacken auf das Star-System, die ein Rock-Musiker glaubhaft vorgetragen hat. Und sie ist glaubhaft deswegen, weil sein Auftritt und sein Stil frei von jedem Anflug von Zynismus sind. Er kennt alles, was die Pop-Welt zu bieten hat und beabsichtigt dem zum Trotz, seinen Spaß an den Dingen zu haben.

Was die Leute betrifft, die immer wieder mal meinen, sie könnten ihn für ihre Zwecke einspannen – sei es in seinem beruflichen oder im Privatleben – so scheint er sich nicht einmal sonderlich an ihnen zu stören, denn er weiß, daß er sie zwar nicht ändern wird, aber ihnen ist es bisher ja auch noch nicht gelungen, *ihn* umzudrehen.

■ RANDNOTIZEN (1.März 1973)

Neil Young unterbrach sein Konzert in New York am 23. Januar um eine Notiz vorzulesen, die ihm auf die Bühne gereicht worden war. „Der Friede ist gekommen", las er, und stürzte das Publikum damit in einen zehnmütigen Gemütsüberschwall voller Umarmungen, Küsse, Freudenschreie und Tränen. Die „Stray Gators" begleiteten ihn hinterher bei „Southern Man".

1. MÄRZ 1973

JIM MILLER

JOURNEY THROUGH THE PAST

(Album-Kritik)

NEIL YOUNG HAT BEI EINER MENGE beachtlicher Rock-Musik mitgewirkt in den vergangenen sieben Jahren. Er war einer der interessantesten Songwriter bei den Buffalo Springfield, und seine eigenen Solo-Arbeiten mit Crazy Horse klingen auch heute noch frisch und unverbraucht. In seinen besten Momenten überhöhte Young seine dünne Stimme zu einem Instrument für einen zerbrechlichen, beschwörenden Stil, während seine Lead-Gitarre vor konzentrierter Energie strotzt. Seine geglücktesten Arbeiten, insbesondere das superbe *Everybody Knows This Is Nowhere*, fingen eine intime *Präsenz* ein, die sowohl unaufdringlich als auch ansprechend wirkte.

Der Titel von Youngs neuester Platte, *Journey Through the Past*, suggeriert eine Auswahl von Tracks aus Youngs verschiedenen Schaffensperioden seiner bisherigen Karriere. Bedauerlicherweise versucht das Album, stattdessen, sich als Film-Soundtrack anzubiedern, obschon es höchst fraglich erscheint, ob irgend ein Film die Existenz gerade dieser Platte rechtfertigen könnte. Sicher, es *gibt* einige Stücke mit Buffalo Springfield und Crosby, Stills, Nash and Young darauf. Aber kurioserweise nichts mit Crazy Horse, und Neils evokatives „Sugar Mountain", das noch nie auf einem Album erschienen ist, fehlt auch hier. Wenn schon alte Konzert-Bänder mit „Rock & Roll Woman" ausgegraben werden, warum dann nicht auch ein „Bluebird" in voller Länge?

Es ist traurig aber wahr, daß das beste Zeug auf *Journey* von Buffalo Springfield stammt. Das Album beginnt mit einer urkomischen Einführung der Gruppe im Fernsehen, die dann fließend in eine coupierte Version von „For What It's Worth" übergleitet, gefolgt von „Mr Soul", allem Anschein nach aus der gleichen TV-Show. Youngs umtriebigem Gesang samt seiner Gitarrenarbeit eignet hier eine Vitalität, die dem Rest des Albums dann spürbar abgeht. Nach „Rock & Roll Woman" degeneriert die Platte zu einer deprimierenden Kombination aus nachlässig gespielter Musik und verbalen

Füllseln auf einem Doppel-Set von knapp über eine Stunde Dauer. Die erste Seite endet mit einer CSNY-Konzertversion von „Find the Cost of Freedom" und „Ohio". Beide Songs sind auf *4 Way Street* in ähnlich vergessenswerten Live-Versionen zu hören. Falls Young diese Songs wirklich unbedingt nochmal rausbringen wollte, hätte er besser dran getan, die überlegenen Singles-Versionen zu verwenden.

„Southern Man", welches ursprünglich einer der Höhepunkte von *After the Gold Rush* war, wird hier ebenfalls zum dritten Mal wiederaufgeweckt – in einer zerschlissenen Konzert-Fassung, die einmal mehr CSNY vorführt, wie sie schräg an der Melodie vorbeisingen. (Trotz aufwendiger Verpackung des Albums hat man sich gleichwohl alle Angaben darüber gespart, wer denn nun was auf den einzelnen Tracks vollführt.) „Southern Man" wird dann in ermüdendster Weise auf Seite zwei mit einem neuen Take von „Alabama" zusammengequetscht, was selbst bereits nur wieder ein schamlos aufgewärmtes „Southern Man" ist, das erstmals auf *Harvest* erschien. Die Version auf *Journey* bietet nichts Zusätzliches außer einem pointenlosen Schnipsel mit Gequatsche aus dem Studio. Youngs *Harvest*-Band, die Stray Gators, klingen auf den beiden anderen Tracks, die aus den *Harvest*-Sessions abgezweigt wurden, zum steinerweichen dröge. Wenn der Outtake „Are You Ready for the Country" bloß ärgerlich ist, so ist die *Journey*-Version von „Words" regelrecht anstößig. Ausgebreitet über die gesamte Seite drei, windet sie sich als reine Tortur über fünfzehn Minuten dahin, mit weit und breit kaum einer interessanten thematischen Entwicklung in Sicht. Youngs ungeschickte Bemühungen, ein Gitarrensolo hinzulegen, sind derart daneben, daß sie geradezu peinsam wirken. Alle drei der hier gespielten *Harvest*-Songs klangen besser in ihren Original-Inkarnationen.

Der einzige neue Song auf *Journey*, „Soldier", wird, von ihm selbst am Klavier begleitet, solo vorgetragen. Es ist eine technisch grauenvolle Aufnahme, und auch der Songs selbst kann vor Youngs normalem Standard nicht bestehen. Vielleicht erfüllt er irgendeine Rolle in dem Film. Von „Soldier" abgesehen ist, was von Seite vier verbleibt, reiner Dreck; ein bißchen von Händels *Messias*, das Thema aus *König der Könige*, und – nicht weniger merkwürdig, Brian Wilsons trübsinniges Instrumental „Let's Go Away for a While", herausgerissen aus dem Album *Pet Sounds* der Beach Boys. Es gibt wirklich keine Entschuldigung dafür, warum diese Tracks auf einem Neil Young-Album angeboten werden. Aber es besteht auch um keinen Deut mehr Grund dafür, wieso man minderwertige Versionen von Neil Young-Material überhaupt herausbringen soll.

Tatsache ist, daß es die rund sechs Minuten mit Buffalo Springfield und die annähernd drei Minuten von „Soldier" sind, die denkbar einen potentiellen Käufer von *Journey Through the Past* erbauen könnten; mehr nicht. Es ist eine Unverschämtheit, daß dieses Album jemals zur Veröffentlichung zugelassen wurde. Es ist schlechterdings ausbeuterisch einem treuen Publikum gegenüber, das etwas besseres verdient von einem seiner Lieblingskünstler verdient hätte. Es hat viele Momente in seiner Karriere gegeben, wo Young einen feinen Rock hingezaubert hat. *Journey Through the Past* enthält praktisch keinen einzigen solchen Moment. Es stellt den absoluten Tiefstpunkt in Neil Youngs Betätigung als Schallplattenkünstler dar.

■ RANDNOTIZEN (12. April 1973)

Weiteres Neues über Wiedervereinigungen: Seit einiger Zeit wird nun schon darüber gemunkelt, besonders seit die ursprünglichen Byrds wieder zusammenfanden, ob nicht auch eine Wiedervereinigung der Buffalo Springfield ins Haus steht. Wir fragten Richie Furay, der jetzt bei Poco ist. Seine Antwort: „Das hängt nun alles von Neil ab." Was zumindest ein Anzeichen dafür sein könnte, daß die Räder in Bewegung geraten sind.

Die ursprünglichen Mitglieder wären Neil Young, Stephen Stills, Furay, Bruce Palmer und Dewey Martin. „Ich bin sicher, Stephen wäre mit dabei", sagte Furay. „Tatsache ist, daß er mehrfach mit mir darüber gesprochen hat. Ich würd's auch machen und den anderen würde es auch in der einen oder anderen Weise etwas bringen. Aber Neil hat es nicht nötig. Ob er die Zeit damit zubringen möchte oder nicht, das hängt ganz von ihm ab. Wahrscheinlich wird es nicht dazu kommen, solange nicht mal irgendjemand mit mehr Autorität die Idee jedem einzeln näher bringt."

■ RANDNOTIZEN (26. April 1973)

Sein Herz ist immer noch aus Gold: *Disc*, ein Rock-Magazin in England, berichtete, Neil Young habe seine europäische Tour wegen einer „ernsten Herzinfektion", die eine Operation erfordere, abgeblasen. Alles nicht wahr. Young hat bloß verhärtete Lymphknoten an seiner Kehle.

24. MAI 1973

JANELLE ELLIS

NEIL YOUNGS ERSTER FILM WIRD VORGESTELLT

Eine doku-auto-bio-musikalische Reise

Journey Through the Past *kommt rüber wie eine Art cinematische Nabelschau. Der Film wird für jene Fans, die auf der Suche nach Youngs Musik sind, wahrscheinlich eine Enttäuschung sein und wird hauptsächlich für diejenigen wertvoll sein, deren suchende Seelen eine Perspektive der Außenwelt innerhalb der hektischen, verwirrt/verwirrenden Welt der Rock-Musik zu finden hoffen.*

– Bob Porter, *Dallas Times-Herald*

NEIL YOUNGS ERSTER FILM, *Journey Through the Past*, hatte am 8. April beim US-Film-Festival in Dallas, Texas Premiere. Bloß ein Drittel des 3.500-sitzplatzstarken Memorial Auditoriums im Dallas Convention Center waren für die Vorstellung am Sonntag Nachmittag besetzt. Auf Wunsch Youngs hatte keine der Zeitungen etwas darüber erwähnt, daß Neil Young hier persönlich anwesend sein würde. Trotzdem zogen die zwei Vorstellungen von *Journey* an dem Tag die größten Publikumsmengen der Woche an, inklusive der Handvoll Prominente des Festivals, Vincent Minnelli, Jack Nicholson, Lou Adler und Carrie Snodgress. Minnelli wurde während der Woche durch eine Retrospektive seiner Filme geehrt. Nicholson, Regisseur von *Drive, He Said*, nahm an einer Podiumsdiskussion teil; Adler, dessen Platten-Label Richtung Video experimentiert (er wird Teile der Carole King-Tournee für einen Kino-Film bzw. für eine TV-Sonderreportage verfilmen), hatte ein freies Wochenende; und Snodgress war dort, um mit Young und ihrem sechs Monate alten, gemeinsamen Sohn Zeke zusammenzusein. Wie schon aus dem Titel entnehmbar und wie auch Young später erklärte: „Grundsätzlich geht es bei dem Film um mich. Er ist eine Ansammlung von Gedanken. Jede Szene hatte für mich irgendeine Bedeutung. Obwohl, bei manchen kann ich nicht genau sagen, was für eine." Oder, wie es Produzent Fred Underhill, zu dessen vorangegangenen Leistungen die Mitarbeit an *Marjoe* und *Woodstock* zählen, ausdrückte: „Der Film ist der bewußte Versuch, eben keinen Musikfilm, keinen Performance-Film zu machen. Neil hat sich in die Welt der Phantasie hineingewagt, machte auch fiktive Szenen. Aber dafür enthält der Film auch seine Musik und etwas an historischem Zusammenhang von den Fernsehfilmen einer Buffalo Springfield bis zu heutigen Zeit. Aber ich mußte Neil auch immer wieder fragen, worum's dabei eigentlich geht."

Youngs Gedanken bekommen Ausdruck durch eine „The Graduate" („der Abschlußprüfling") genannte Gestalt, gespielt von Richard Lee Patterson, die während des Filmes immer wieder auftaucht. In einer Szene, für die Fellini Pate gestanden haben könnte, wird der im akademischen Stil gekleidete Mann bis zur Ohnmacht verprügelt und mitten in einer Wüste abgeladen, von wo aus er herumzuwandern beginnt: hier werden die Kirche, das Militär und das Big Business als die größten Feinde seiner Zivilrechte dargestellt. Es gibt da eine auf makabre Art in die Länge gezogene Szene, wo ein Junkie sich einen Schuß setzt (später wies Young darauf hin, daß er selbst solche Bilder hinter der Bühne miterlebt hätte); weiterhin Sequenzen, wo einige Jesus-Freaks am Hollywood Boulevard Young zu bekehren versuchen; als auch die Neugestaltung eines seiner sich wiederholenden Träume: zwölf unter schwarzen Kapuzen versteckte Männer auf schwarzen Pferden, die einen Strand bis zu einem Mann in einem Kleinlastwagen hin entlangreiten. Obwohl Young meinte, er könnte die Bedeutung dieser Szene nicht erklären, dient sie dennoch als Cover-Illustration für das Soundtrack-Album.

In einer weiteren Szene sitzt Young auf einem Müllplatz unter einer starkbefahrenen Autobahn. Er sitzt in einem 57er Buick, öffnet sein Stullen-Paket und redet über Ökologie: „Also, Mann, verstehst du, zum Beispiel alte Autos reparieren, statt neue herstellen."

Bob Porter vom *Times-Herald* nannte als einziger Kritiker, der über den Film berichtet hat, seine Philosophie „plakativ – es sei denn, es geht hier um eine riesige Verhohnepipelung...es scheint widersprüchlich, wenn jemand, der ansonsten bei seiner Musik so organisiert und fachmännisch ist, eine anderes Medium auf eine so unstrukturierte Art und Weise angeht. Young hat den Ehrgeiz geäußert, weitere Filme drehen zu wollen. Er ist ja Künstler genug, um da vielleicht hineinwachsen zu können. Bei *Journey* steht er als Filmemacher so ähnlich da, wie ein Musiker im Anfangsstadium.

VOR UNGEFÄHR VIER JAHREN begann Neil Young davon zu reden, daß er Filme machen möchte. Damals lebte er noch im Topanga Canyon mit seiner jetzt geschiedenen Frau, Susan. Zu dem Zeitpunkt war ihm seine 8-Millimeter-Kamera ein neues Spielzeug und es war sein Traum, einige seiner besten Familienfilme auf 16-Millimeter zu vergrößern, „um damit ganz groß rauszukommen" – das heißt, um sie dann den Nachbarn im Gemeindezentrum von Topanga vorzustellen. Young hatte sich erst kurz zuvor Crosby, Stills and Nash angeschlossen, und diese begannen bald damit, einen Film über sich selbst auszuhecken, der eine Dokumentation ihrer Live-Konzerte und auch ihres Lebens darstellen sollte. David Myers fing damit an, sie auf Tournee zu filmen, mit L. A. Johnson am Ton und Underhill als einen der Produktionsassistenten.

„Nachdem wir eine Menge Zeugs gefilmt hatten, haben wir es uns angeschaut und dann nichts gemacht", meinte Young. Aber wer auch immer das Filmmaterial gebrauchen könnte, so die allgemeine Übereinstimmung, der könne es gern haben. Young schmiedete dann Pläne für *Journey Through the Past* mit seiner eigenen Produktionsgesellschaft Shakey Pictures, und in Zusammenarbeit mit Myers, Johnson und Underhill, dessen eigene Gesellschaft Taut and Gripping, Inc. (Gespannt und Spannend GmbH) nach einem Zitat aus einer Filmrezension von Judith Crist benannt worden ist. Im Nachspann wird *Journey* als „ein Film von Neil Young" bezeichnet. Young wird aber auch als Schnittmeister akkreditiert: „Darauf ist er am meisten stolz", meint Underhill, obwohl Young auch bei einigen Szenen selbst Regie geführt hat sowie den Großteil der Phantasie-Inszenierungen selbst konzipierte. Außerdem reiste er zu den TV-Sendern in New York, um deren Film-Archive zu durchstöbern, wobei er unter anderem eine ABC-TV-Aufnahme von Billy Graham und Richard Nixon bei einer Jugend-Demonstration in den Südstaaten entdeckte, wo die beiden gemeinsam „God Bless America" singen.

Bereits im Januar letzten Jahres war der achtzig Minuten lange Film fertig, und die Vertriebsgesellschaft Warner Bros. brachte das dazugehörige Soundtrack-Album auf den Markt. Hier ergaben sich jedoch juristische Probleme: Zustimmung mußte für alles eingeholt werden, von den Jesus-Freaks bis zum Komponisten des „God Bless America"-Liedes, nämlich Irving Berlin. Nun wurde der Filmstart für Juni ankündigt, nachdem einige noch ausständige Zustimmungen eingelangt sind; die Erstaufführungen werden in New York und Los Angeles stattfinden.

Zu Beginn der Filmvorstellung in Dallas brach im Publikum spontan begeisterter Applaus aus, als der Name „Neil Young" auf der Bildfläche erschien. Zum Schluß jedoch fiel der Applaus eher – wie wollen wir denn sagen? – höflich und vereinzelt aus. Derweil hatte Young den Film aus dem Inneren der Vorführkabine mitangesehen, wobei er sich auch die Publikumsreaktionen anhörte. Er wähnte sich in Sicherheit und hüpfte regelrecht den Gang hinunter, eine vollkommene Überraschung für die Zuschauer. Unterstützt von Underhill, Myers und dem Vorstand des Film-

Festivals, L. M. „Kit" Carson, der zuvor mit Myers an dessen Film *Marjoe* zuammengearbeitet hatte, und Youngs Beitrag zum diesjährigen Festival anforderte, setzte sich Young auf den Bühnenrand, seine Beine baumelten über die erste Sitzreihe.

„Das bin ich nicht gewohnt", begann Young. „Nach unseren Konzerten halten wir keine Frage-und Antwort-Sessions ab." Das Publikum erwärmte sich sofort und bombardierte ihn eine halbe Stunde lang mit Fragen – den üblichen dummen („Hast du denn wirklich Benzin aus dem Krug getrunken?" – „Nein, das war Apfelsaft." Dabei blitzte Young ein Lächeln in Richtung Carie Snodgress und zwinkerte); den technischen (laut Underhill kostete der Film rund 350.000 Dollar); und einigen zu seiner Musik (Young schob die meisten Fragen beiseite, die sich hauptsächlich um eine Wiedervereinigung mit Buffalo Springfield, bzw wie oft Stills im Film vorgekommen sei, bzw um Crosby, Stills and Nash drehten). Die ganze Session hindurch machte Young einen übermäßig aufgedrehten Eindruck, wie ein Gymnasiast, der gerade bei einem Jugend forscht-Wettbewerb den Hauptpreis gewonnen hat. Jedenfalls war er sehr nervös wegen seines ersten Films.

Der Grundkonsens seiner Freunde über den Film: ein herzeigbarer erster Versuch, wenngleich nicht gerade Academy-verdächtig. „Es war ein netter Film", meinte Lou Adler (selbst Star solcher Rock-Filme, *Monterey Pop*, *Brewster McCloud* und *A Model Shop*), „Neil hat ein wunderbares Flair, wie in seiner Musik." Dennoch, so Adler, wäre er noch begeisterter, wenn er einen zweiten oder einen dritten Versuch Youngs zu sehen bekäme. „Jeder, der von einer Branche herkommt und in eine andere hineinwill, muß zwangsläufig erst die Mechanismen der neuen zu begreifen lernen", sagte er. „Jetzt hat er bereits ein Sprungbrett für den nächsten Versuch."

Elliot Roberts, Youngs Co-Manager, stimmte zu: „Dieser Film ist als Leistung weniger abgerundet als sein nächstes Projekt", sagt er. „Aber er wurde mit großer Sorgfalt und viel Liebe gemacht."

■ RANDNOTIZEN (5. Juli 1973)

Crosby, Stills, Nash und Young haben beschlossen, ihre Tour zu verschieben, sagt ein Stills-Gehilfe, weil Young „mehr Zeit mit Carrie und Zeke verbringen möchte." Die Tour könnte dann im Oktober stattfinden. Unterdessen probt die Gruppe in San Francisco. „Die Musik ist unglaublich", meint ein Beobachter, was niemanden überrascht, und die LP könnte noch vor der Tour fertig sein.

25. OKTOBER 1973

JUDITH SIMS

NEIL YOUNG ERÖFFNET DAS ROXY THEATER

Das ROXY THEATER, der langerwartete Rock-Club-Rivale des Troubadour und des Whisky, öffnete schließlich am 20. September mit vier ausverkauften Neil Young-Abenden mit jeweils zwei Shows seine Pforten.

Eine Menschenmenge stand draußen vor dem Gebäude – einem ehemaligen Nacktlokal namens Largo – auf dem Sunset Strip Schlange, um die Berühmtheiten anzugaffen, während das Publikum drinnen kreischte und Luftsprünge machte, wenn große Namen hereingestiefelt kamen, darunter Elton John, Carole King, Helen Reddy, Jackson Browne und Herb Alpert. (Im weiteren Verlauf der Woche zählten auch Bob Dylan, Alice Cooper und verschiedene Mitglieder der Allman Brothers Band zu den Kunden.)

Die ursprünglich für irgendwann letzten Frühling vorgesehene Eröffnung des Roxy wurde ebenso wie seine Besitzer von Dämonen und schweren Veränderungen geplagt. Peter Asher (der Manager von James Taylor) und Elmer Valentine (Besitzer des benachbarten Whisky) zogen sich kürzlich als Partner zurück. (Asher ließ davon ab, wie er sagte, „Weil ich mich nicht in einer Position befinde, wo ich soviel Geld rumliegen lassen und warten kann, bis was passiert"; Valentine wart für einen Kommentar nicht greifbar.) Nach den Absprüngen verblieb das Roxy bei Chuck Landis, dem Eigentümer des Gebäudes; Lou Adler, dem Präsidenten des Ode-Labels; dem Chef von Elektra und Asylum, David Geffen; und Bill Graham, der die Buchungen für den Club übernehmen wird.

Die Sitzkapazität liegt bei fünfhundert Leuten (verglichen mit 350 im Troubadour); Eintrittspreise kosten um die fünf Dollar, plus Getränkezwang mit mindestens zwei Drinks, Durchschnittspreis: um 1.25 Dollar.

Am Abend der Eröffnung waren Grin als Hauptgruppe vorgesehen, aber Graham ließ wissen, daß Nils Lofgren mit Halsschmerzen darnieder läge. Stattdessen bekamen wir Cheech & Chong geboten, die sich auch weiterhin in sexistischen, drogistischen Geschmacklosigkeiten suhlen: „Wie findest du das, Billie Jean King schlägt Bobby Riggs beim Tennis? Naja, nicht das erste Mal, daß es eine Frau mal einem Mann besorgt hat." Ihr Set war gnädigerweise kurz, ebenso wie der von Graham Nash. Willie klang furchtbar und sah auch furchtbar aus, und faszinierte das Publikum mit neuen Songs, von denen der eine sein Bedauern der unterschiedlichen Marihuana-Gesetzgebung in den einzelnen Bundesstaaten ausdrückte.

Young zeigte sich endlich, mit dunkler Sonnenbrille und einem schlechtsitzenden weißen Jackett über einem lose heraushängenden T-Shirt. Trotzdem, seine Präsenz ist beeindruckend. Young bleibt als Mensch immer interessant; leider ist er als Songschreiber oft banal. Er brachte nur neue Lieder (ausgenommen die Zugabe) in denen er zweimal an verschiedenen Stellen die gleiche Textzeile einflocht: „Ich denke, ich werd mir mal ein Nümmerchen rollen." Das Beste aus dem Ganzen war „Tonight's the Night", ein Song über den früheren Roadie von CSNY, Bruce Berry, der unlängst an einer Überdosis Heroin verstarb.

Young wurde unterstützt von Nils Lofgren an der Gitarre (und mit schrägem Harmonie-Gesang); von Ben Keith an der Pedal Steel; von Ralph Molina am Schlagzeug und Billy Talbot am Bass, letztere beide von Crazy Horse. Die Bühne war geschmückt mit einem spindeldürren Baum, einem hölzernen Indianer, einem Paar glitzernder, hochhackiger Pumps, und zahlreichen Stiefeln, die von dem Konzertklavier herabhingen. „Willkommen in Miami Beach", sagte Young.

■ RANDNOTIZEN (22. November 1973)

Neil Young, der in der Presse schwere Flak für sein letztes Album sowie wie für seinen ersten Film und seine Bühnen-Shows einstecken mußte, läßt sich nicht unterkriegen. Er hat schon wieder ein neues Album für ein Veröffentlichungsdatum im Januar fertig, benannt *Tonight's the Night* nach einem Kitsch-Saga-Song gleichen Titels. Diese Scheibe ist nicht live, aber Young suchte das Live-Feeling, indem er sie mit Crazy Horse in einer Übungshalle in L. A. aufnahm, unter Verwendung einer Remote-Einheit, die draußen geparkt stand...Im weiteren Verlauf von Youngs Woche am Roxy, so hörten wir, bot er jeder Frau einen Silberstiefel an, die busenfrei auf die Bühne wandern würde. Wie auf Kommando tat eine es auch sogleich – seine eigene.

3. JANUAR 1974

BUD SCOPA

TIME FADES AWAY

(Album-Kritik)

Neil Youngs gewöhnliches Live-Album

DIESES ALBUM MAG FÜR Neil Youngs sinkendes Image das gleiche bewirken wie *Pat Garrett & Billy the Kid* für Dylan. Aber anders als Dylans vielbeschimpfte Film-Soundtrack-LP bietet *Time Fades Away* einiges, wenn man es rein nach seinen Vorzügen beurteilt und nicht als das neueste große Werk eines großen Künstlers. Hier scheint Young bewußt die Aura der Gewichtigkeit, die sowohl *After the Gold Rush* als auch *Harvest* begleitete, vermieden zu haben, indem er sein neues Material live und ungeschminkt aufnahm. Fehler und Hänger sprenkeln diese Darbietungen, und Young hat keine Versuche unternommen, sie zu retuschieren. Aus welchem Grund auch immer, er hat damit ein auffallend unorthodoxes Album geliefert.

Wenn *Times Fades Away* nicht gerade dem Standard der großen Aussage entspricht, den wir uns mittlerweile von solchen Künstlern zu erwarten angewöhnt haben so ist es doch auch nicht das übliche Live-Album des erfolgreichen Super-Pop-Helden. Es gibt keine Hits, keine bekannten Melodien; und an sich gibt's auch kaum Publikumsreaktionen – die werden rasch am Ende jeden Songs ausgeblendet. Mehr als jedes seiner früheren Werke zeigt diese Platte Youngs Zurückhaltung dabei, eine öffentliche Person zu sein.

Youngs Privatheit stand immer schon im Zentrum seines Liederschreibens und -aufführens, ebenso sein aufrechter Sinn für Moral. Diese zwei Elemente sind seit jeher seine größten Tugenden und zugleich Schwachen und beide Elemente sind auch deutlich in seinem neuen Material auszumachen, mit wechselnden, aber zuweilen durchaus positiven Ergebnissen.

Der Titelsong, mit seinen Bildern von nervösen Junkies, die auf der Straße rumhängen, ist erfüllt von einer übertrieben moralinsprühenden Selbstgerechtigkeit. Aber er wird durch einen ironisch-scharfen Refrain gerettet, bei dem die müden Eltern des Junkies winseln: „Son, don't be home too late / Try to get back by eight / Son, don't wait till the break of day / 'cause you know how time fades away..." („Mein Sohn, komm nicht zu spät nach Haus / Versuch, um acht wieder da zu sein / Sohn, warte nicht erst bis zum Morgengrauen / Du weißt, wie die Zeit verfliegt..."). Der Text wird durch die harte, zuckende Instrumentalarbeit der Stray Gators und durch Youngs zerfetztes, durchdringendes Heulen mit Energieblitzen aufgeladen.

Young besitzt eine schmerzdominierte, fast altbiblische Empfindsamkeit, und nirgends tritt sie deutlicher zu Tage als in „L.A.", wo Youngs Selbstgerechtigkeit absolut wird und er sich als eine Art neo-israelitischer Prophet betrachtet, der die Massen, die nicht hören wollen, vor der unvermeidlichen Apokalypse warnt. Youngs plakative Verurteilungen, „Southern Man" und „Alabama" miteingeschlossen, sind ebenso simplistisch wie Anacondaschäumend, aber das Feuer, das in ihnen schwelt, macht sie nichtsdestobezwingender. Daß „L.A." – im Gegensatz zu den beiden früheren Songs grüblerisch vorgetragen wird, – macht den Ton und Inhalt hier nur umso prägnanter.

Es ist unbegreiflich, wie dieselbe Person, die „L. A." verfaßte, auch solch zerbrechliche Songs wie „Journey Through the Past", „The Bridge" und „Love in Mind" schreiben und singen kann. Dies sind Lieder im kleinen Rahmen, voller Understatement, und sie werden von Young überzeugend dargeboten, begleitet von seinem eigenen, schlichten Klavierspiel. Der beste Song auf dem Album ist „Don't Be Denied", das den Ton seiner stillen, 'persönlichen Lieder aufgreift und zugleich ihren Rahmen sprengt. Es ist eine komplette Autobiographie in vier Versen, und der berührendste Teil handelt von seiner Kindheit. In diesem Abschnitt blättert Young rasch durch die Szenen, die die Mühsal eines eher verzärtelten Kindes in einem rauhen Land darstellen. Dieses Lied scheint wie eine bewußte Neu-Darstellung des emotionalen Inhalts von Youngs bewegendem, aber undurchdringlich privatem Song „Broken Arrow". Der zweite Teil von „Denied", der von Youngs Problemen mit dem Berühmtsein handelt, verzichtet der persönlichen Wehklage zuliebe auf Universalität, ist aber darum um kein bißchen weniger glaubhaft. Mangel an Ehrlichkeit in seinem Werk hat noch nie zu Youngs Problemen gezählt. Wenn schon, ist er eher zu weit in die andere Richtung gegangen und hat Dinge gesagt, die besser ungesagt geblieben wären, weil er dabei nur entweder bigott wirkt oder schlichtweg bescheuert aus der Röhre kuckt.

Ziemlich albern ist Young auch auf „Last Dance", einem langen, bedächtigen Song, der sich wie eine Eigenparodie auf Youngs „After the Goldrush" im Hard-Rock-Stil anhört. Völlig außer Kontrolle ist er dann auf „Yonder Stands the Sinner", der in offenbar eher absichtlicher Weise von Selbsttadel erfüllt ist. Seine Stimme bricht, als er flehentlich-schreiend das Wort „Sünder!" hervorstößt, als wolle er sich vom moralistischen Zorn seines „L.A." lossagen.

Falls Young auf diesem Album stellenweise albern und arrogant wirkt, so scheint er uns doch absichtlich einen Einblick in diese Schwächen zu gewähren, statt sie ungewolt einfließen zu lassen und so seine großen Momente zu beeinträchtigen, wie es auf *Harvest* geschehen konnte. *Time Fades Away* ist die Idiosynkrasie eines der idiosynkratischsten Künstler im Rock'n'Roll. Wenn es auch kein durchschlagender Erfolg ist, so ist das Album doch immer noch ein aufschlußreiches Selbstportrait eines immer wieder faszinierenden Mannes.

■ RANDNOTIZEN (11. April 1974)

Crosby, Stills, Nash and Young sind für etliche Sommer-Rock-Festivals gebucht, obgleich Crosby uns auf Dylans Post-Tour-Party im Forum mitteilte, der letzte Wiedervereinigungsversuch sei unlängst „als Schlachtopfer auf dem Ego-Altar der vier" liegengeblieben.

■ RANDNOTIZEN (20. Juni 1974)

Neil Young schneite unerwartet am 16. Mai ins Bottom Line in New York City hinein, wo er nach Ry Cooder und Leon Redbone ein volles Set spielte. Young blieb eine Stunde lang auf der Bühne und brachte hauptsächlich neues Material, das mit Sicherheit bald auf seinem neuen Album zu hören sein wird. Titel: *On the Beach*.

15. AUGUST 1974

BEN FONG-TORRES

CSNY'S WIEDERVEREINIGUNG

Ein Kräftemessen

SCHON WENIGE MINUTEN, nachdem Crosby, Stills, Nash und dann Young in Seattle auf die Bühne kamen, um das erste Konzert seit ihrer Wiedervereinigung zu geben, war klar, daß keine andere Gruppe jemals eine Chance gehabt hatte, sich während ihrer Trennung an ihre Stelle zu setzen – weder America noch Bread, Poco, die Eagles, nicht Seals and Crofts, Loggins and Messina oder gar Souther, Hillman and Furay. Nicht einmal Manassas oder die wiederversammelten Original-Byrds.

Es ist vier Jahre her seit ihrer letzten Tour, und jeder der Hauptakteure hat bedeutungsschwere Wandlungen durchgemacht. Aber auf der Bühne fällt das beinahe nicht auf. Sie haben immer noch den Woodstock-Jargon von 1969 drauf, Crosby ist wie immer der Sprecher der Gruppe, Nash die milde Präsenz, Stills und Young sind die fabelumflorten Gitarren-Stars. Und obgleich zwei der Stimmen sich merklich geändert haben, sind die hohen stimmlichen Harmonien immer noch die Wurst auf dem Brot dieser Gruppe.

Aber wenn irgendeine spezifische Aktion als Beweis dafür herhalten müßte, daß diese Gruppe sich seit den goldenen Zeiten von einst kein bißchen geändert hat, dann war es mit Sicherheit ihr völliger Mangel an Voraussicht und Disziplin bei der Planung und Ausführung ihrer ersten Show. Wie Crosby, wieder einmal mit völlig verhunzter Stimme, am folgenden Abend kurz vor dem Konzert in Vancouver erzählen sollte: Die Mitglieder der Gruppe hatten sich vierundvierzig Songs zurechtkartographiert, womit sie ausreichend Material für dreieinhalb Stunden auf der Bühne haben würden. Und als sie sich immer noch mit vollen neun weiteren Stücken auf ihrer Liste um halb ein Uhr morgens, dreieinhalb Stunden nachdem sie mit „Love the One You're With" eröffnet hatten, auf der Bühne wiederfanden, da beschlossen sie, was soll's, paßt schon, der erste Abend und so, einfach weiterzumachen.

Und es ruinierte sie, und ihre Show in Vancouver. Nicht, daß das Publikum es gemerkt hätte. In Seattle ebenso wie in Vancouver hießen volle Häuser mit 15.000 und 17.000 Besuchern die Helden überschwenglich willkommen und überschwemmten sie mit nichtaufhörenwollenden Wellen von Beifallsbekundungen. Aber die Gruppe selbst wußte es natürlich, und sie verschoben und vertauschten Songs, um Crosbys absinkender Stimme Halt zu gewähren.

Backstage in Vancouver, nach dem elektrischen Eröffnungs-Set, stand Nash mit dem Producer Bill Graham zusammen und schüttelte den Kopf. Er fragte sich laut, ob die Gruppe eine Monster-Tour mit dreißig Shows innerhalb von zwei Monaten überstehen könnte. Später, während der Solo-Sets, kam dann Neil Young miesest gestimmt in die Garderobe und sagte, die jetzt um zehn Minuten geraffte Show sei *immer noch* zu lang, und daß das Konzert – das so organisiert war, daß es elektrisch begann, dann eine Pause, dann akustisch (erst mit der ganzen Gruppe, dann die Solo-Sets), schließlich elektrisch – wieder zur alten CSNY-Formel zurückkehren sollte – akustisch, elektrisch, Schluß. Nash selber berichtete: „David ist wirklich völlig deprimiert."

Nach dem Konzert trafen sich einige Fans in Denny's Café, um über Crosby Beschwerde zu führen. „Da singt er diesen Song, „For Free", und versucht gleichzeitig, allen Leuten zu sagen, sie sollten das Maul halten, damit er singen kann", sagte eine junge Frau. „Wie kann man 17.000 Leuten sagen, sie sollen ruhig sein? Dann wurde er sauer, weil es ihm nicht leise genug war, und hörte einfach mittendrin im Song auf."

Sagte Crosby: „Ich weise die Leute nicht zurecht, wenn ich auf der Bühne stehe. Es waren nur einfach zu viele Leute da, die alle immer wieder „Hinsetzen!" schrien. Ich bat sie ein ums andere Mal, ruhig zu sein. Aber es war sehr laut und ich hatte riesige Schwierigkeiten, einmal habe ich einfach abgesetzt. Ich hatte dann einfach nicht mehr genug gefühlsmäßigen Schwung drauf, um den Song noch mal anzufangen – also machte ich direkt weiter mit dem nächsten – Guinnevere, und machte meine Sache verdammt gut, das muß ich dazu sagen!"

Aber Crosby war deutlich unglücklich. „Während der Proben (auf Youngs Ranch in La Honda, südlich von San Francisco), hatten wir nie genug Zeit, um einmal voll die ganze Show durchzugehen, um mal zu sehn, wie lange man so für vierundvierzig Songs eigentlich braucht", sagte Crosby. „Es war ehrlich ein Fehler. Ich vergab mir zu viel und das endete dann damit, daß ich die Leute in Vancouver behumste. Ich hatte ein schlechtes Gefühl, daß ich sie hab' hängen lassen, und auch die Band." Aber wie Stills und Nash und ihr Manager Roberts einmütig bestätigten, die Gruppe kann sich nicht einbremsen, wenn sie erstmal auf der Bühne steht. Crosby gab ihnen Recht. „Ich komme zu einem Song wie ‚Ohio‘ (der den elektrischen Eröffnungs-Set abschloß) und du weißt ja, wie ich bin. Da jetzt mich zurückzuhalten – tja nun, ich glaube eben nicht an die kontrollierte Mittelmäßigkeit."

Crosby, Stills, Nash and Young sind auf einzigartige Weise attraktiv. Dafür gibt es offensichtliche musikalische, und, was nicht unbedeutend ist, auch noch irgendwelche geheimnisvollen persönlichen Gründe. Der Fakt, daß die Gruppe am Höhepunkt ihres Erfolgs 1970 auseinanderbrach, war rätselhaft genug. Daß Graham Nash die Trennung später auf „stupide, infantile Ego-Probleme" zurückführen würde, machte die Sache nur noch umso interessanter. Dann kamen die jährlichen Ankündigungen der bevorstehenden Reunion, gefolgt von fast ritualmäßigen Rückziehern. Das letzte Mal war es im vergangenen Winter, als sich die vier in Hawaii trafen, zusammen sangen und sogar einiges an neuem Material erarbeiteten. „Wir wurden uns bewußt, wie gut es werden könnte", sagte Crosby. „Aber", und er verlangsamte den nächsten Satz: „Wir – waren – noch – nicht ganz – bereit – es – zu tun. Wenigstens zwei von uns waren es nicht."

Elliot Roberts drückte es so aus: „Es begann wieder mal, nach Kuhfladen zu riechen." Roberts, der Crosby, Nash and Young managt, ging schließlich zu jedem Mann einzeln hin, klärte das Konzert für den Sommer, und begann mit der Planung der größten Rock'n'Roll-Tour der Saison. Rund dreißig Daten, die meisten davon weit größer als die beiden Anschüppse in Seattle und Vancouver am 9. und 10. Juli. Zwei Shows im Oakland Coliseum am 13. und 14. Juli zogen Berichten zufolge insgesamt 76.000 an. Ein weiterer Freiluftermin, angesetzt auf den 3. August – bei der Ontario Autobahn in Südkalifornien – sollte an die 200.000 herbeilocken, und Besucherzahlen um 40.000 und 50.000 wurden für Houston, Denver, St. Louis, Kansas City, Milwaukee und etliche andere Flecken projiziert. Inoffiziell rangierten die Brutto-Gesamt-Einnahmen, schätzomativ besehen, von 6 bis 10 Mio Dollar, wobei zwischen 800.000 und einer Million Menschen einen Durchschnitts-Ticket-Preis von 8.50 Dollar zahlten.

Waren CSNY nur des Geldes wegen wieder beisammen? „Nun", sagte Roberts, „es ist keine Wohltätigkeitsveranstaltung. Aber ich würde sagen, daß das Geld nicht der ausschlaggebende Faktor ist." Crosby, der zugab, daß er das meiste Geld, das er verdiente, im Laufe der Jahre auch wieder ausgegeben hat, vertrat dennoch die Ansicht, daß er das CSNY-Geld nicht zum Überleben brauchte. Die Gründe für die Wiedervereinigung, meinte er, sollten doch auf der Hand liegen: „Es ist verdammtnochmal die beste Musik, die irgendeiner von uns je gemacht hat – und wir alle wissen es."

Im Einklang mit dem Wesen von CSNY war der weitere Verlauf auch nach der ersten Tour-Woche noch nicht ganz fix. Ein Datum für die letzte

Show am Madison Square Garden war noch nicht festgesetzt, und ob ein Stopp in London Mitte September auch noch auf andere Teile Europas ausgedehnt werden würde, mußte noch überdacht werden. In letzter Minute platzte dann noch die Einladung an Kenny Passarelli, der mit Stills zusammengearbeitet hatte, als Bassist der Gruppe einzuspringen, und die Back-up-Band besteht nunmehr aus Tim Drummond von Neil Youngs Touren und den *Harvest* und *Time Fades Away*-Alben am Baß; Joe Lala, von Manassas an der Percussion und Russ Kunkel, der Crosby und Nash auf ihren Tourneen und Duo-Alben am Schlagzeug untermauerte.

Die erste Show war ein Kraft- und Gesundheitsbeweis, Stills wirkte wie aus einem Stück in seiner Kollektion von Football- und Hockey-Pullis, glanzäugig und lebhaft. Young mit drastisch gestutzten Haaren und hinter reflektierender Sonnenbrille grienend; und Nash und Crosby unter Einhaltung ihrer jeweiligen unterernährten bzw. überfütterten Erscheinungsform. Die vier spielten sich Soul-klatschend, rückenklopfend und händeschüttelnd durch den ersten Teil ihrer Show, tauschten leichthin die Plätze und Instrumente bei „Love the One You're With", „Wooden Ships", „Immigration Man", „Cowgirl in the Sand", „Change Partners", „Traces" (einem neuen Young-Song), Nashs „Grave Concern", eingeleitet durch eine Gruppenlitanei aus Watergate-Kauderwelsch („Ich erinnere mich nicht...Ich kann mich nicht entsinnen...Nicht, soweit mir erinnerlich..."), „Black Queen", „Almost Cut My Hair", und „Ohio". Stills räumte Young reichlich Platz ein, um auf der Lead-Gitarre umherzustromern – was diejenigen mit Überraschung vernehmen werden, die noch an all die Geschichten über Duelle am Sunset Strip zwischen den beiden Hauptstreithähnen der Buffalo Springfield zurückdenken. Stills glänzte nachher selbst auf seiner Banjo-Nummer, „Know You've Got to Run", und auf etlichen lateinamerikanisch rhythmisierten Jams.

Dem elektrischen Set von einer Stunde Dauer folgte eine akustische Session. Hier wurde die Menge zunächst mit einer „Suite: Judy Blue Eyes" in Erregung versetzt, die allerdings an einem schwachen Mix und etlichen verpatzten Tonlagen litt, sowie einem „Helplessly Hoping". Einem wunderschönen „Blackbird", einer Lieblingsnummer der Gruppe seit ihren frühesten Tagen im Laurel Canyon, folgte dann ein Youngsches Klagelied, „Human Highway", welches er erst kürzlich, samt einem vollständigen Album, *Tonight's the Night*, dem soeben erschienenen *On the Beach* zuliebe zurückgestellt hatte.

Der Song stellte Youngs neue Stimme, bei der das höhere Ende des Spektrums scheinbar abgeschnitten wirkt und das Weinerliche jetzt mehr wie ein Stöhnen klingt, stärker in den Vordergrund. Nash sang „Prison Song" und ein reizendes neues Liebeslied, das an „I Miss You" auf *Wild*

Tales anklang, und Crosby begann seine Solo-Einlage mit einer neuen Weise – „Carry Me" – die seine zunehmende Reife reflektiert; gefolgt von einem Tribut an seine „Lieblings-Songwriter" in Joni Mitchells („For Free"), und „Guinnevere", bei dem sich Nash auf die Bühne schlich, um einen perfekten Laserstrahl an Harmonien mit hinein zu verweben. An dieser Stelle verhielt sich das Publikum völlig still, viele auf dem vorderen Parkett nahmen die typische Zivilschutzstellung der Fünfziger Jahre ein, die Köpfe zwischen die Knie eingezogen. Nash folgte mit „Sleep Song" und „Our House", was mit tosendem Beifall bedacht wurde und überließ dann die Bühne Stills für „4 + 20" und harte Knochenarbeit am Banjo. Young brachte danach noch zwei weitere neue Songs, beide von musikalisch unbeschwerter Art: „Love Hard Blues" und „Long May You Run", welchletzteres er für seinen renovierten 48er Buick Roadmaster geschrieben hatte. Als er mit „A Man Needs a Maid" abschloß, war es 24.35 Uhr, und man sah die ersten Besucher ihre Sachen packen und aufbrechen. Doch der Wechsel zurück zum Elektrischen hatte eben erst begonnen, mit „Don't Be Denied", danach mit einigen Stills-Nummern, die sich zu ausgedehnten Jams hinzogen, zusammen mit „Deja Vu" und „Pre-Road Downs". „Long Time Gone" und „Carry On" beschlossen die Show und entzündeten eine Zugabe-Forderung, die sich über volle zehn Minuten hin erstreckte und die Gruppe schließlich wieder für ein letztes „Chicago" auf die Bühne zurückholte.

Um 1.37 Uhr morgens im pazifischen Nordwesten, als die Einschienenbahn längst nicht mehr fuhr und etliche Hundert Leute plötzlich eine Mitfahrgelegenheit benötigten, standen Crosby, Stills, Nash und Young in einer Vier-Mann-Umarmung auf der Bühne. Sie hatten sich eindeutig übernommen, und die Show am nächsten Abend würde ein Desaster werden. Aber sie hatten bewiesen, worum es ihnen bei alledem ging: mehr als alles andere, in erster Linie um die Musik.

29. AUGUST 1974

BEN FONG-TORRES

„DAS EGO TRIFFT DIE TAUBE"

Die Neuauflage von Crosby, Stills, Nash and Young

WIE ELLIOT ROBERTS es nicht gerade zimperlich ausdrückte, sie pißten bloß in den Wind, diese Wunderknaben, die er da managt. Sie könnten eine lockere Million verdienen, wenn sie nur einmal alle vier zugleich mit den Fingern schnippen würden.

Und doch, Jahr um Jahr, hat es diese Lieblingsgruppe aus der Woodstock-Ära, dieses Symbol für Harmonie in der Musik, versucht, wieder zusammenkommen und es nicht geschafft. „Wir haben es wirklich versucht, jedes Jahr", sagt Nash dazu. „Es ist einfach verdammt nicht dazu gekommen, weil es nicht real war."

Von Anfang an, im Frühling 1969, hatten Crosby, Stills und Nash ihr Publikum auf ihr bevorstehendes Zerwürfnis vorbereitet. Ich traf sie erstmals, als sie ihr erstes Album aufnahmen, und sie sagten alle, und dies war die Baßnote meiner Story, daß sie keine Gruppe wären.

Von den Byrds, den Buffalo Springfield und den Hollies hatten die Männer genug, sagten sie, von überdimensionalen Egos. Jetzt würden sie sich zusammenschließen oder trennen, wie es ihnen gefiel, würden Alleingang gehen oder verschiedene Duos bilden für Touren oder Alben, ganz wie es ihnen zusagte.

Sie sind ihrem Gründungsprinzip treu geblieben. Und es macht keinen Sinn.

Wenn man erst mal der Größte im größten aller Unterhaltungsgeschäfte geworden ist, dann sollte man eigentlich in die andere Richtung blicken, sich glatt an den alten Prinzipien vorbeischleichen und sich auf einem vierspurigen Freeway Richtung Wohlstand absetzen. Und wenn das Publikum eine Neuauflage wünscht, dann hat ein Manager dafür zu sorgen, daß es verdammt nochmal auch eine solche bekommt. Und müßten seine Wunderschützlinge dazu in vier verschiedenen Hotels übernachten, in separaten, vorhangverhangenen Limousinen reisen und jeder aus einer Isolierzelle heraus singen.

Aber Elliot Roberts ist erstaunlich unverkrampft. Jeder andere, der einen Anteil an mehreren Millionen Dollar im Jahr sein eigen nennt, und sich seit vier Jahren mitansehen müßte, wie sich sein Vermögen auflöst, weil, nun, „weil es nicht real war", und der dabei nicht aus tiefster Frustration heraus schon längst die grauenhaftesten Gewalttaten verübt hätte – ein solcher Mensch muß eine geradezu steinerne Zurückhaltung aufweisen. Oder aber er ist zufrieden mit dem Vermögen, das er bereits erworben hat. Oder er ist ein echter Freund. Roberts, das muß man ihm fairerweise zugestehen, ist ein bißchen von alledem zugleich.

„Ich muß ihm einiges zugute halten", sagt Graham Nash, „für seine Geduld, wie er mit den verdammt wahnsinnigen Leuten umgeht, die wir nun mal sind." Aber Nash erinnert sich an das Gründungsprinzip:

„Ich mag dieses Wort nicht, Wiedervereinigung", sagt er. „Um dir die volle Wahrhheit zu sagen, ich hatte noch nie das Gefühl, daß wir uns vollkommen getrennt hatten. Ich dachte immer, daß wir schließlich doch noch mal erwachsen werden und erkennen würden, was Sache ist. Wir sind immer schon musikalisch klargekommen miteinander."

Musikalisch gibt es keine Frage über CSNY. Wer auf Kuschel-Rock steht, auf Harmonien am lauschigen Feuer, oder auch bloß Geschmack an einer kleinen Portion guten altmodischen Bewußtseins für gesellschaftliche Probleme findet, für den ist das *die* Gruppe. Auf den Konzerten waren diesmal auch wieder diejenigen dabei, die sich zurückerinnerten; die augenblicklich wieder dankbar waren für „Chicago" und „Ohio", ebenso wie „Suite: Judy Blue Eyes" und „Our House". Im Laufe der Jahre sind Crosby, Stills und Nash immer wieder bei Young-Konzerten aufgetaucht. Nash und Crosby erschienen bei einer Stills-Show. Sie haben einander wahrscheinlich oft in ihren gegenseitigen Wohnzimmern aufgesucht. Die musikalische Beziehung besteht ganz klar weiterhin.

Warum konnten sie dann also nicht lange genug miteinander auskommen, um zusammen zu arbeiten? Was riß sie soweit auseinander, daß nicht einmal ihre Musik sie über so lange Zeit hinweg wieder zusammen bringen konnte? Antwort: Sie waren, jeder einzelne von ihnen, unfähig gewesen, jener geheimnisvollen Macht zu entrinnen, die man Ego nennt.

Im Civic Center von Saint Paul, Minnesota, gehen die Lichter aus, 19.000 Stimmen ertönen aus der Dunkelheit, und alles, was man sieht, sind die blau fluoreszierenden Lichter auf dem indischen Teppich; es sieht aus wie Schneegestöber auf der Bühne, während Crosby, Stills, Nash und der Bassist Tim Drummond sich durch Blicke verständigen, um den Rhythmus herzukriegen. Neil Young, mit einer Jacke des Buick Wartungsdienstes und flickenbesetzter Cordhose stilvoll bekleidet, sitzt hinter der Orgel. Die Power nimmt zu – sie spielen gerade „Love the One You're With" – und einen ganzen Saal voll Leuten reißt es praktisch von den Sitzen. Bei „Wooden Ships" steht da die erhobene Faust, vordere Mittelreihe, als käme sie von der zentralen Bühnenvermittlung, genau als der Refrain beginnt.

In der Mitte des akustischen Sets leitet Young „For the Turnstiles" ein, indem er sagt: „Hier ist ein Song, den ich vor langer Zeit schrieb. Wir haben heute Abend zwei wirklich gute Songschreiber hier. Ich hoffe, sie hören nicht allzu genau hin." Minuten später ist Stills an der Reihe, und auch er erweist einem Songschreiber seine Hochachtung:

„Dieser hier ist für Bob", sagt er, „denn ich weiß, daß ich selber schon mal genau so irre gewesen bin." Mit gesenktem Kopf und wild flatternden Händen schwingt er sich in „Word Games" hinein:

Would you knock a man down if you don't like the cut of his clothes
Could you put a man away if you don't want to hear what he knows
Well, it's happening right here...
(Würdest du einen Mann niederschlagen, wenn dir der Schnitt seiner Klamotten nicht gefällt
Könntest du einen Mann wegsperren lassen, wenn du nicht hören willst, was er zu sagen hat
Also, das passiert genau hier...)
(„Word Game", von Stephen Stills (c) 1971 Rondor Music International, Inc.)

Während des größten Teils dieses Sets hat Bob Dylan, mit Cowboy-Hemd, Jeans und Sonnenbrille bekleidet, inmitten einer kleinen Gruppe am Rande des Saals gestanden, hinter den Absperrungen, die die Bühnenhinterseite abgrenzen, direkt neben einer Frau in einer Jacke mit der Aufschrift DRUG HELP.

Dylan befindet sich gerade in seinem Heimatstaat, um Familie und Freunde zu besuchen. Sein Begleiter ist Louie Kemp, der Freund aus gemeinsamen Kindheitstagen in Hibbing, ein Stück nordwärts von hier, und die Nachricht, daß Dylan sich eine Wohnung in der Stadt genommen hat und im Begriff steht, zurückzuziehen und etwas Grundbesitz unmittelbar außen vor Minnesota zu erwerben hat sich rasch verbreitet.

Während das akustische Set wieder in das elektrische übergeht, geht Dylan ohne Begleitung etwas zur Seite. Er ist bereit, ein paar Worte mit mir zu wechseln. Über Youngs dröhnender Rock-Star-Reminiszenz, „Don't Be Denied", brüllt er mir ins Ohr, daß er in der Stadt ist, um einem Begräbnis beizuwohnen.

Was hat es mit dem Gerede auf sich, daß er sich hier nach Grundbesitz umsieht?

Ein halb angedeutetes Lächeln huscht über sein Gesicht: „Ich sehe mich immer um."

Ich sage, daß ich mir mit Vergnügen das Album von der Tour angehört habe, es klingt besser als die meisten der neun Shows, die ich besucht habe.

„Warte, bis du mein nächstes Album hörst."

„Wie weit bist du schon damit?"

„Morgen fange ich an."

Dylan ist an diesem Nachmittag im St. Paul Hilton gewesen; Crosby verließ ein Interview, um ihm einen Besuch abzustatten. Ich frage Dylan, wie ihm die CSNY-Show bisher gefallen habe, und er antwortet mir, indem er mich über Frank Sinatras Probleme in Australien und über das Wetter in San Francisco ausfragt. Einen Moment später, nachdem er noch etwas mehr von der Musik absorbiert hat, dreht er sich um und ruft im Weggehn: „Ich spiele lieber in *kleinen* Räumen!"

„Deine nächste Platte sollte eine Comedy-Platte sein", brülle ich zurück.

„Alle meine Platten sind Comedy-Platten!"

Später in der gleichen Nacht – faktisch schon früh am nächsten Morgen – erscheint Dylan plötzlich wieder, in einer Suite im fünfzehnten Stock, die mit hinreißenden Frauen aus dem Mittleren Westen und müden Rock'n'Roll-Touristen angefüllt ist. Er spricht kurz mit Stills, beäugt drei Gitarren auf dem Boden, greift sich eine und treibt Stills für eine Session mit neuen Bob Dylan-Songs in ein Zimmer nebenan. Das einzige Publikum bei der gesamten Zwei-Stunden-Show ist der Bassist Tim Drummond.

„Ach, Fuck!" lacht Drummond am nächsten Nachmittag. Er bleibt zurück, während die Tour sofort nach Denver aufbricht, damit Crosby, Stills und Nash die Möglichkeit haben, sich die Eric Clapton-Show reinzuziehen.

„Dylan hat ein Album", sagt Drummond. „Es ist grandios, und es ist völlig anders als *Planet Waves*. Es kommt aus dem Bauch heraus, bluesmäßig, so unverfälscht. Ich hab acht oder neun Songs davon gehört und es ist das erste Mal gewesen, daß ich in einem Raum saß und mir alles gefiel, was ich hörte."

DRUMMOND, SO STELLT SICH HERAUS, wird mich mit dem größten Teil der Informationen über Neil Young versorgen. Young, der sogenannte unfreiwillige Star der Gruppe, ist der einzige, der sich auf Distanz hält – indem er nach jeder Show mit seinem General Motors-Wohnmobil in die nächsten Stadt fährt und sich vor den Shows nicht damit aufhält, mit den anderen herumzusitzen, zu scherzen und zu jammern. Elliot Roberts meint dazu: „Naja, er will einfach mit niemandem reden. Er sagt, er hat nichts mitzuteilen." Und später: „Er kann es nie leiden, wie er nachher in gedruckter Form daherkommt. Er sagt, es klänge wie jemand anderes." Young hat seinen anderthalbjährigen Sohn Zeke mit dabei auf dieser Tour, zusammen mit ihrem Hund, Art (der hinter der Bühne herumwackelt und einen richtiggehenden photographischen Erkennungsausweis trägt) und er ist fest entschlossen, seinem Kind Zeit zu widmen und alle Hotels und Flughäfen zu vermeiden. „Er ist gerne auf der Straße", sagt Crosby. „Er liebt es, den alten Highway hinunter zu fahren." Dazu Graham Nash: „Er vertraut nicht allzu vielen Leuten." Nash hebt eine Coca Cola in die Luft und singt: „Ich weiß nicht, wem kann ich noch vertrauen..."

So bleibt noch Tim Drummond, der Auskunft geben kann über Neil Youngs Entwicklung über all die Jahre, durch all die Veränderungen bis hin zur Wiedervereinigung.

Drummond, vierunddreißig, spielte vor zehn Jahren bei Conway Twitty, hörte dann auf und ließ sich in Cincinnati nieder, wo er von James Brown entdeckt wurde und als „einziges Bleichgesicht in seiner Band" spielte. Eines Tages ging er gerade die Straße lang, als ein Freund von ihm, ein Fotograf, ihn anhielt. „Er sagte, Neil Young sei bei den Quadrophonic Studios (Young war in der Stadt, um in der Johnny Cash TV-Show aufzutreten) und er wäre am Jammen und bräuchte gerade einen Baßspieler. So erschien ich dort, und der erste Song, den wir aufnahmen, war ‚Heart of Gold'. Später trafen wir uns wieder, draußen auf Neils Ranch (in La Honda, Kalifornien, ein Stück südlich von San Francisco) und machten Aufnahmen in seinem alten Schuppen, voller Vogelscheiße überall, mit Löchern in der Decke und einem Fernlaster, der draußen im Freien geparkt stand. ‚Alabama' und ‚Are You Ready' haben wir dort in diesem Schuppen aufgenommen."

Drummond nahm Youngs Einladung an, mit ihm auf Tour zu gehen, in einer Band, die ihren Namen aus Drummonds Zeit bei Brown bekommen sollte. „Wir fuhren für gewöhnlich in einem Bus mit James und soffen uns einen an, und das nannten wir dann „Alligatoren sehen". Wir hatten einen Typ in der Band, der rief immer, „Da kommt schon wieder 'ne ganze Horde Alligatoren hinter uns hergerannt."

Young und die Stray Gators zogen innerhalb von drei Monaten, angefangen vom 5. Januar 1973, durch fünfundsechzig Städte, und sie spielten ausschließlich in großen Hallen mit Kapazitäten von 15.000 bis 20.000 Besuchern, und die Tour nahm Young schwer mit. Er sah die ganze Zeit über völlig angeschlagen aus; man warf ihm vor, daß er eine zu kurze Show lieferte (im Schnitt eineinviertel Stunden lang) und er hatte gerade einen Film abgeschlossen, *Journey Through the Past*, der bei keiner Verleihfirma Interesse finden und für sein am wenigsten erfolgreiches Album sorgen sollte.

„Es lag einfach zu viel Druck auf ihm", sagt Drummond. „Er stand ganz alleine da vorne am Mikrophon." Bei den letzten vier Auftritten gesellten sich Crosby und Nash zur Aushilfe dazu.

Von da an begann wieder das Gerede um den Versuch einer CSNY-Neuauflage. Die vier trafen sich in Lahaina auf der Insel Maui in Hawaii, erarbeiteten einige neue Songs, und dann verlagerte sich die Szene auf Youngs Ranch, wo sie im Herbst wieder in die Brüche ging. Drummond: „Ich kam im Juli dazu, um bei den Aufnahmen mitzuwirken. Wir nahmen ungefähr sechs Songs für ein neues Album auf." Darunter waren Nashs „Prison Song" und „And So It Goes", die sich auf seinem eigenen *Album Wild Tales* wiederfinden wird, und Youngs „Human Highway", der als Titel-Song des Album gedacht war. „Dann", sagt Drummond, „beschlossen wir auf Tour zu gehen um dem Sound den richtigen Schliff zu geben. Dann entschieden wir uns wieder dagegen. Irgendwas stimmte noch nicht so ganz." Nash: „Wir hatten alle vier das Gefühl, es sei noch nicht solide genug, um damit vor's Publikum zu treten und das als unsere gegenwärtige Tagesform anzubieten." Und Crosby: „Wir waren äußerst geteilter Meinung darüber, wie das alles ablaufen sollte. Dazu kam, daß einige von uns andere Verpflichtungen hatten, die ihnen zu wichtig erschienen, um sie einfach sausen zu lassen. Die Platte ist immer noch da, aber wir sind jetzt soviel besser drauf, als damals. Wir sind jetzt in der Verfassung, wo wir nach den Proben zwei oder dreimal abends in Neils Studio gegangen sind, bloß um so ein bißchen akustisch herumzugurken, und wir hatten auf Anhieb Masters – beim ersten oder zweiten Take."

In der Zwischenzeit, nachdem die Tour-Idee aufgegeben worden war aber noch vor den Proben bei Young, gingen Crosby, Stills and Nash separat auf Tour, während Young ein Album zusammenstellte, *Tonight's the Night*, und es dann wieder aufgab.

„Es war eine Eingebung", sagt Drummond. „Er wollte Crazy Horse einsetzen, tat es, und hatte sein Album. Es wurde live in seinem Studio aufgenommen, und es klang wie ein alter funkiger Club um drei Uhr morgens." Elliot Roberts: „Es war ein betrunkenes Rock'n'Roll Party-Album." Crosby: „Er war nicht zufrieden damit."

Dann kam der Frühling '74, und Manager Roberts setzte wieder zum Sprung an. Young, mittlerweile Vater geworden, war mit einem weiteren Album fertig, *On the Beach*, und er hatte ein paar Dutzend neue Songs über. Er stimmte der Wiedervereinigung zu und bot seine Ranch, die mitten in den Redwoods eingebettet liegt, als Probenort an, sechs Tage die Woche, den ganzen Monat Juni hindurch.

„Neil spielte den Gastgeber in der unglaublichsten Art und Weise", sagt Crosby. „Er ließ eine ausgewachsene, zwölf Meter große Bühne mitten in die Redwoods reinsetzen, genau gegenüber von seinem Studio, damit wir Aufnahmen machen konnten. Er beherbergte die Hälfte von uns und verköstigte uns alle, er hatte extra dafür zwei Mädels eingestellt. Und der Ort, weil er so abgeschieden ist und so schön, war wie geschaffen dafür, daß wir uns gut fühlten und hart arbeiteten."

Graham Nash: „Zuerst hatte ich Bedenken, aber sobald ich Stephen spielen hörte, wußte ich, alles war cool. Stephen hat sich ein gutes Stück abgekühlt. Einfach, daß er nicht mehr das Bedürfnis hat, alles zu kontrollieren und zu beherrschen, daß er Platz lassen kann für Neils Musik. Er hat ein stärkeres Bewußtsein für das „wir" entwickelt, statt nur für sein „ich". Und Neil, weil er auf der persönlichen Ebene in guter Verfassung ist und sich mit sich selber im Reinen fühlt, kann diese Gastfreundschaft auch auf andere ausdehnen. Früher war er in der Hinsicht nicht so gut drauf. Meiner Meinung nach hat er, was Geduld und Rücksichtnahme für andere Leute angeht, viel dazugelernt."

Und aus seiner Ankerposition am Baß und seiner Arbeit mit Young seit *Harvest* in Nashville merkt Drummond dazu an: „Neil ist ein ganz anderer Mensch geworden. Er ist jetzt wirklich einer von den Jungs, ein funkensprühender Musiker. Er ist offener als früher. Und er fährt wirklich auf die Musik ab, auf das Spielen der Musik, statt den Vordermann abgeben zu wollen. Ich glaube nicht, daß er noch unter diesem Druck steht. Jetzt spielt er einfach nur, und der ganze andere Dreck geht ihm am Hintern vorbei."

EXKLUSIVES INTERVIEW MIT NEIL YOUNG, geführt am 22. Juli, im Civic Center Coliseum, St. Paul, Minnesota:

„Neil, meinst du, du könntest nach der Show eine halbe Stunde Zeit erübrigen, um ein bißchen zu plaudern?"

„Also, ich fahre gleich los nach der Show, und es sind zweiundzwanzig Stunden Fahrt bis Denver. Verstehst du, ich bin nicht besonders gut im Interviews geben. Aber ich kann dir soviel sagen, es macht Spaß, das Ganze, und es wird jeden Tag besser."

We were talking about the space
Between us all
And the people who hide themselves
Behind a wall of illusion
(Wir sprachen über den Raum
Zwischen uns allen
Und über die Menschen, die sich verstecken
Hinter einer Mauer aus Illusion)

(*„Within You Without You"*, *von George Harrison (c) 1967, Northern Songs, Ltd.)*

Vor drei Jahren, ein Jahr nach der „letzten" CSNY-Show im Sommer 1970, schwebte Stephen Stills dieser Song im Geiste immer wieder vor: „George Harrison schrieb die endgültige Zusammenfassung", sagte er. Aber Stills hatte bloß die erste Zeile zitiert, während er tatsächlich *selber* einer von den Leuten war, die sich hinter einer Mauer aus Illusionen versteckten. Er saß in einem der vierzehn Zimmer seines Landhauses in Surrey, das er Ringo Starr gerade für ein Viertelmillion abgekauft hatte; er hatte die steife Redeweise eines Landedelmanns aufgesetzt; er besaß zwei Pferde und bestand darauf, daß das Cover-Foto für sein Interview ihn hoch zu Roß entweder auf Major Change oder Crazy Horse zeigen sollte, ohne zu wissen, daß das Magazin ihn gar nicht erst für das Cover vorgesehen hatte. Stills bediente sich eines Zitats, das er aus einem Roman entlehnt hatte, um die Quelle der Inspiration für seine Songs zu beschreiben. „Well", sagte er in seinem lässigen, etwas schmerzhaft wirkenden Tonfall, „es gibt drei Dinge, die ein Mann mit einer Frau machen kann: sie lieben, für sie leiden, oder sie zu Literatur verbraten." (Lawrence Durrell hatte diese Einsicht einem seiner Charaktere in den Mund gelegt, als er 1957 *Justine* schrieb.) Mit dem Sendungsbewußtsein, die eigene Identität als Solo-Star zu festigen, stolperte Stills zu jener Zeit durch eine Tour, die er jetzt als die „betrunkene Memphis Horns-Tour" bezeichnet, wobei jede Show als Höhepunkt eine pulsierende, wutschnaubende Darbietung seines Buffalo Springfield-Klassikers „For What It's Worth" lieferte, bei der Stills das Piano und das Publikum mit einem politischen Schwafel-Rap attackierte, der, wie er jetzt zugibt, reiner „Quark" war. Er soff und schwafelte, sagt er, aus Angst. „Ich stand unter starkem Druck, mich zu beweisen." Druck von wem? „Vom Business."

Was ist mit dem Druck aus den alten Tagen und den Ego-Kämpfen?

„Ich weiß, sowas gibt gut Text her", sagt er, „aber ich denke wirklich, es geht niemanden was an. Weil es sehr viel mit all diesen Dingen zu tun hat – dem Musikersein, dem Ego, das man braucht, um da draußen auf die Bühne zu steigen und zu sagen „Schau Mama, was ich alles kann" – was ein Zitat von Lenny Bruce ist, das den Nagel genau auf den Kopf trifft. Man muß selber ein Musiker sein, um einen zu erkennen. Außerdem könnte ich vielleicht etwas sagen über jemanden in unserer kleinen, in unserer... Familie... an dem sich der Betreffende stoßen könnte, wenn er es nachher im Druck sieht, drum...Ich glaube, wir sind alle durch eine Phase gegangen, wo wir als Musiker wuchsen. Wir sind zusammen durch die eine Phase gegangen, und einzeln durch eine andere, und jetzt gehen wir wieder zusammen durch eine weitere."

„Ich hab sie vermißt, weißt du. Ich vermißte Graham, der mir sagen konnte, wann ich mich einbremsen sollte, und ich vermißte Davids Gesang und ich vermißte Neils Mitarbeit am Sound der Platten. Ich vermißte es, mit ihm Gitarre zu spielen, weil wir uns wirklich gut gegenseitig ergänzen. Wie bei dem Song, den wir heute Nachmittag aufgenommen haben – ich liebe das einfach, dazusitzen und zuzuhören, wie Neil diese Geschichte erzählt, und ein, zwei mal übernehme ich seine Begleitphrase und spiele sie ihm wieder zu. Solche Sachen eben."

Im März 1973 heiratete Stills in London Veronique Sanson, populäre französischen Sängerin, sie sind jetzt Eltern eines Jungen, den sie Christopher genannt haben.

„So sind Neil und ich jetzt beide Väter, und das versetzt uns in eine Lage, wo wir wirklich miteinander in Beziehung treten können. Manches von dem Kram, den wir uns früher gegenseitig antaten, fällt damit weg. Einfach, daß man was in den falschen Hals kriegte, oder nicht seinen Kopf benutzte, um die Beziehungen, die man mit Leuten hat, klar zu kriegen."

Stephen Stills sagt, er wird erwachsen. Er beendet sein Gespräch über Politik – als eifriger Leser hat er sich Solschenizyns Archipel Gulag als Reiselektüre eingepackt – mit der Bemerkung: „Ich könnte den Kopf voller Scheiße haben, aber an diesem Punkt in meinem Leben ist mir das völlig egal."

„Wieso sagst du, an diesem Punkt in deinem Leben?"

„An diesem Punkt in meinem Leben? Es ist mir wurscht, ob *Rolling Stone* glaubt, ich sei bescheuert. Schreck laß nach, wie furchtbar."

„Aber warum denkst du das gerade an diesem besonderen Zeitpunkt in deinem Leben?"

„Weil ich ein Alter erreicht habe, wo ich meinen eigenen Intellekt auf die Situationen anwenden kann, in denen ich mich wiederfinde, und dennoch dem treu bleiben kann, was mir als Mensch zustößt, der auf diesem Planeten lebt – was im Alter von dreiundzwanzig Jahren bei mir nicht der Fall war. In dem Alter hast du eine Menge kreative Gedanken, aber wenn du von der Art von Erfahrungen umgeben bist, die ich hatte...ich meine, der Mensch ist die Summe seiner Erfahrungen. Und du kannst dich nicht ständig für alles entschuldigen."

„Ich meine, hey, was haben wir alle getan, was waren wir alle verdammt noch mal dabei zu machen? David mit den Byrds, und ich und Neil bei den Springfield, wir alle versuchten, doch...ich meine, Neil hat diesen wirklich schönen Song, „Don't Be Denied". Darin heißt es, „ich spielte Gitarre auf den Stufen hinterm Haus, und klar, ich träumte davon, ich sei schon ein Star..." Und das ist, im Grunde, der springende Punkt, um den es dabei geht."

Wir befinden uns in einem sportlichen Wohnmobil auf dem Heimweg nach San Francisco, nach der ersten Show im Oakland Coliseum.

„Leute, die Musik machen oder ihre jeweilige Kunstform in einer bestimmten Art angehen und sich dann in einer Lage befinden, wo sie Popularität ernten, und die dann feststellen, daß damit für all die verschiedenen anderen Leute völlig unterschiedliche Bedeutungen verbunden sind, und die dann versuchen, dies alles unter einen Hut zu bringen...oder in vielen Fällen auch total alles zurückweisen, was jeder andere sagt...ich meine, du könntest drei Monate mit mir zubringen, und vielleicht kriegst du dann eine Ahnung davon, worum es bei mir geht. Ich meine, schau dir an, wie lange es gedauert hat – und das soll jetzt nicht heißen, daß ich mich selber damit vergleichen will – aber schau dir doch mal an, wie lange es dauerte, bis jeder Picasso verstanden hat. Schau dir an, wie lang es dauert, bis die Leute überhaupt einen Künstler verstehen, Punktum. Und ich glaube nicht, daß es irgendeinen Musiker gibt, der Erfolg beim Publikum geerntet hat, der nicht durch diese gleiche Sache hindurch mußte. Ein Künstler kann sich nicht ständig verantwortlich fühlen für die Wirkung, die seine Kunst auf sein Publikum ausübt, ob er nun Maler ist, Bildhauer, Musiker, Schauspieler, oder was immer. Er kann es einfach nicht. Wenn er sich mit sowas aufhält, wird er alles verlieren, weil er an seinem *eigenen* Scheiß weiterarbeiten muß. Ich meine, es gibt da diesen ganz bestimmten Zeitpunkt, wenn das Werk entsteht: der ist jetzt, nicht gestern, nicht morgen. Und wie du jetzt spielst oder jetzt im Moment singst, ist eben wie du jetzt singst, und das einzige was übrig bleibt, sind die Songs."

Stephen Stills wird nächsten Januar dreißig. Heißt das, er ist reifer geworden? Aus der Beobachtung kann man zu dem Schluß gelangen, daß er seine frühere angriffslustige Art – das Produkt, wie er sagt, einer gewissen militärischen Erziehung, der er sich einst unterziehen mußte – anscheinend bewußt im Zaum zu halten versucht. Die größere Reife – oder einfach das Wissen um das, was erforderlich ist, um diese ganze Show in Schwung zu halten – zeigt sich deutlich auf der Bühne. Er ist ausgeglichen und läßt auch andere zum Zug kommen; in den ihm zugewiesenen Momenten auf der elektrischen oder akustischen Gitarre oder auf dem Banjo läßt er seine Instrumente trällern und knällern und entlockt dem Banjo ein paar scharfe Blues-Läufe. Vocalmäßig hat er zwei gute Stimmen auf Lager: das alkoholisierte Grollen für seine Texas-inspirierten Blues-Nummern, und die eindeutig schlagerhafte, leicht abschüssige Weichzeichnerstimme, bei der ich nicht umhin komme, mir zu überlegen, wie sehr doch Stills, im physischen Vergleich zu seinen Kollegen, mich entfernt an eine Art Bing Crosby im Hockey-Pullover erinnert – besonders, wenn er zu allem Überfluß auch noch gebügelte Hosen und geflochtene Strandschuhe trägt.

Aber ich meine, wenn Dylan nicht nach dem Konzert oben im Hotel erschienen wäre und Stills mit einer Gitarre von dannen gelockt hätte, hätte ich vielleicht wirklich drei Monate mit Stills zubringen müssen – und alles in der einen Nacht. Um drei Uhr morgens waren wir schon weit in die zweite Stunde seines bierumsäuselten Monologs vorgedrungen, bei dem Stills seine diversen Ansichten zum Besten gab – über den *Archipel Gulag* und über russische Geschichte, über die Geschichte der Kunst und seine eigenen neueren Malversuche, und auch darüber, daß er einen Verlag suchte, der sich bereitfände, ein Stephen Stills-Songbook im Stil alter Kirchen-Gesangsbücher herauszubringen.

Am nächsten Nachmittag – *spät* am nächsten Nachmittag – während er sich fertig macht, um nach Denver weiterzureisen, versucht Stills seine Augen lange genug offenzuhalten um mir in die meinen zu blicken, verzieht das Gesicht zu einem Lächeln und lacht dann laut heraus: „Bob hat mir all diese großartigen neuen Songs vorgesungen, und dann gab er mir die Gitarre rüber und bat mich, ihm einen neuen von mir vorzusingen, und ich war so mau, ich konnte den Text nicht mehr zusammenkriegen!" Stills ist ehrlich amüsiert darüber. „Hey, all den Quatsch letzte Nacht. Ich hoffe du vergißt den."

SELBST ENGE FREUNDE VON STILLS ignorieren vieles von dem, was er von sich gibt, wenn er von der Bühne runterkommt. Er spricht darüber, daß er wieder nach Kalifornien ziehen möchte, und zwar genau in die Gegend um die Bay, wo der Rest der Gruppe sich bereits häuslich niedergelassen hat. Michael John Bowen, sein Manager und Freund seit ihrer High School Zeit in Tampa, Florida, verwirft das in seiner typischen kurzangebundenen Art mit einer Stimme, die so klingt, als säße ihm die Hose etwas zu eng: „Das ist *diese* Woche." Stills hat über die Bürde gesprochen, die auf Solschenizyns Schultern lastet, und ich erzähle, was ich von seinen Gedankengängen im Gedächtnis behalten habe, an Graham Nash, und Nash meint dazu bloß: „Das ist *dieses* Buch."

Wie er selbst ganz richtig sagt, braucht Stills sich nicht für seine gesamte Vergangenheit zu entschuldigen; er kann, im Gegenteil, auf große Teile davon ewig stolz sein. Ebensowenig hat er es nötig, daß das Publikum – jene Minderheit, die sich daran gestört hat, wenn Stills einmal seine Stimme oder seinen Kopf verlor – ihm etwas verzeihen müßte. Trotzdem, heutzutage findet er es leichter, seine Irrtümer einzugestehen oder wenigstens zu rationalisieren.

„Als ich „For What It's Worth" machte und diesen Quark da reinsetzte und das alles, da kannst du mir meinetwegen nachweisen, was für eine unglaubliche Schrottleistung ich damals erbracht habe. Und es war auch völlig bescheuert. Aber die letzte Generation, die wollte ja genau sowas hören, und natürlich, als Entertainer stand ich voll dahinter."

„Und ich verhaue Platten, manchmal", sagt er, „weil ich mich so weit in diesen Aufnahmeprozeß verwickeln lasse, und manche der Mixes sind so schwierig, daß ich mich allzu sehr stressen lasse und die eigentliche musikalische Darbietung auf dem Gig dann verpatze. Aber weißt du, ich lerne dazu."

Im Studio war Stills immer der Captain, der wenig Wiederspruch duldete. Er dominierte klar und sauber das erste Album. Produktion, Mixing, Arrangement und Dubbing der meisten Instrumente (Gitarren, Orgel und Baß) auf den zehn Tracks gingen auf sein Konto.

Stills läßt sich nicht auf Geschichten zu den Streitereien über *Deja Vu* ein; er denkt schon an das nächste CSNY-Album, das nach der Tour entstehen soll. „Das wird eine Sache werden, mit der wir völlig anders umgehen müssen", sagt er. „Es wird ein Geben und Nehmen sein, um einen gemeinsamen Nenner zu finden. Es ist eine irrige Annahme, daß wir uns darüber in die Haare geraten müssen, das will keiner mehr."

David Crosby hat auch über ihren Reifeprozess gesprochen, darüber, wie „jeder dem anderen mehr Platz und Respekt zugesteht."

Michael John Bowen unterbricht ein Gespräch, in das Stills gerade verwickelt ist, unmittelbar vor der Show in Vancouver. „Sie sind dabei, das erste Set umzustellen", berichtet ihm sein Manager. „Sie wollen ‚Cut My Hair' mit reinnehmen." Stills: „Okay, einverstanden. Wir können das bringen, statt ‚Black Queen'." Bowen: „Aber Graham sagt, ‚Black Queen' macht sich gut direkt hinter ‚Cowgirl'." Stills bittet schließlich, ihn zu entschuldigen. Er erweckt den Eindruck, als würde er allem zustimmen, was irgendjemand verlangt.

„Mit der größeren Reife", meint Crosby, „hat auch der Druck zwischen uns nachgelassen. Ich bin ganz hin- und hergerissen, was für gute Partner wir jetzt sind und wie sehr sich jeder Mühe gibt."

Aber nähert man sich nicht einer Art von Unehrlichkeit, wenn man sich zurücknimmt und Bemerkungen verbeißt? Crosby sagt, er spräche über die Musik:

„Du kannst es hören, wenn wir spielen, und wir kommen an eine Stelle, wo wir alle dahinstürmen und einer von uns, ohne überhaupt hinzusehen, setzt sich an die Spitze" – Crosby, in seinem Hotelzimmer, mimt eine Lead-Gitarre, die einen Sturm aufwirbelt – „und *schwupps!* nehmen alle *zusammen* sich *ganz weit* zurück, und dann tritt diese eine Gitarre in den Vordergrund und ist ganz allein zu vernehmen, glasklar. Also das ist es, was es heißt, Leuten Platz zu lassen, und das passiert dann, wenn man allmählich zu einer Band verschmilzt."

Als ich zum ersten Mal seine Suite im St. Paul Hilton betrete, steht Crosby, entkleidet bis auf die Unterhose, kurz davor, sein Gegenüber im Ganzkörperspiegel zu attackieren. Er macht seit fünf Monaten in Kung Fu – das ist zwei Monate länger, als es die meisten anderen Kultisten aushalten –, und er findet jeden Tag die Zeit fürs Training.

Ich erzähle ihm, wie gut der vorige Abend noch gelaufen war, und daß Stills und Dylan noch bis mindestens fünf Uhr morgens auf gewesen waren.

„Ich mach das nicht mehr", sagt er, wie ein Kind, dem man eine liebgewordene schlechte Gewohnheit ausgetrieben hat. „Es macht sich einfach nicht bezahlt. Hauptsächlich geht's auf Kosten meiner Stimme. Wenn ich nicht genug Schlaf kriege, erkälte ich mich, und dann verpatze ich's, und 18.000, 40.000 oder sogar 60.000 Leute kommen nicht auf ihre Kosten. Das klingt kitschig, aber es stimmt." Er will sich auch fit kriegen (er wiegt jetzt „bärenhafte" 70 Kilo), bevor es zu spät ist. Am wichtigsten aber: „Wenn du körperlich aktiv bist, fühlst du dich auch besser im Kopf, du kannst klarer denken und bist mit Sicherheit auch nicht mehr so reizbar." Crosby sagt, er hat angefangen, seine „heiligen" Zornesausbrüche unter Kontrolle zu bringen, die schon bei den Byrds für reichliches Flügelschlagen sorgten und unzählige Probleme innerhalb von CSNY verursachten.

„Es gab eine Zeit", sagt er, „wo ich letzte Nacht ‚Guinnevere' gestoppt und das Publikum beschimpft hätte als einen Haufen rücksichtsloser, blöder Arschlöcher – die drei- oder vierhundert Quaalude-Freaks vorne vor der Bühne meine ich jetzt." (In Vancouver hatte Crosby mitten bei Joni Mitchells „For Free" aufgehört, nachdem mehrere Versuche, das Publikum zur Ruhe zu bringen, vergeblich verlaufen waren. Die Menge, in Sitzreihen eingeklemmt wie „senkrechte Sardinen" (Crosbys Ausdruck) wurde von den Leuten weiter hinten ausgebuht, sie solle sich hinsetzten. Sowas passiert überall.) „Jedenfalls", sagt Crosby, „bin ich wenigstens etwas davon losgekommen. Das ergibt sich ganz von selber. Das Leben schleift an jedem die harten Kanten ab, du rollst einfach immer weiter die Straße entlang, verstehst du."

Aber es war Crosby, der sich vor noch nicht allzu langer Zeit Sorgen über den Weltuntergang machte und Songs über die Flucht auf hölzernen Schiffen schrieb, mit ein paar Freunden, auf eine ferne Insel, wo aus ihren gemeinsamen Werten ein perfektes kleines Utopia erstehen würde. Noch annähernd zwei Jahre nach der Auflösung von CSNY war er entschlossen, eine Insel zu finden und für sich selber zu kaufen. Stattdessen, wie er sagt, „begnügte ich mich mit einer Wohnung in der Vorstadt."

Er kaufte sich vor einem Jahr ein Haus in Mill Valley. Er ist zufrieden, wenn er ab und zu einmal mit seiner Yacht, der *Mayan*, nach Hawaii oder Tahiti segeln kann. Und er läßt sich nicht länger durch Gedanken an den Weltuntergang bedrücken: „Das hab ich jetzt etwas weiter nach hinten verdrängt", gesteht er.

„Aber du mußt doch zugeben", sagt er, „wir alle waren doch eine Zeitlang ziemlich apokalyptisch drauf, oder?" Jackson Browne aber nicht, sage ich.

Crosby lächelt und nickt. „Das stimmt. Jackson – naja, da ist er eben, mit „Everyman". Er hat es wirklich gesagt. Er hat mich dazu gebracht, mich hinzusetzen und nachzudenken. Ich nehme an, er hat das für mich geschrieben. (Tatsächlich sang Crosby die Zweitstimme auf dem Track.) Er brachte mich in meiner Spur ganz kalt zum Stillstand. Er nagelte etwas fest in mir, diese Weltflucht, und sprach etwas in mir an, das sehr stark ist, an das ich wirklich glaube – und zwar die Möglichkeiten im Menschen. Ich habe einen grundsätzlichen Glauben, daß der menschliche Geist alles überwinden kann. Der gegenwärtige Zustand ist nicht gerade hoffnungsvoll, aber ich glaube an das menschliche Potential in einem erstaunlichen – nahezu religiösen – Ausmaß, und er hat mich hart darauf angesprochen."

Es ist natürlich leicht, die Worte, die ein Mann vor vier Jahren gesagt hat, herzunehmen und ihm kaltlächelnd zum Lunch aufzutischen. Es ist auch leicht, sich das Foto von jemandem vor zehn Jahren anzusehen und in Gelächter auszubrechen. Das müßte eigentlich genauso hohl klingen. Aber kehren wir noch einmal zurück zu diesen Zitaten aus vergangenen Zeiten, und es sei die Bemerkung gestattet, daß im Jahr 1970, als dieser großmäulige, honigverspritzende Bär von einem Hollywood-Hippie-Rock'n'Roll-Star solche Sachen sagte wie „ich will diesem politischen System den Marsch blasen", zugleich auch schon ziemlich weit bis zum Grund dieses Systems vorgedrungen war, und was er fand, waren nicht die Bullen – sondern: die Räuber-Barone der Ölgesellschaften.

Seine Tirade von der Bühne des Monterey Pop Festival im Jahr 1967 darüber, wer Kennedy umgebracht hat, scheint aus heutiger Sicht weniger wahnwitzig. Genauso wie seine damaligeCharakterisierung von Lyndon B. Johnson und Richard Nixon als Politikern, „die ihren Deal schon vor Jahren gemacht haben, die sich an die speziellen Interessen und kontrollierenden Mächte in diesem Land verkauften, um an die Macht zu kommen."

Auf jeden Fall zeigt Crosby heute weniger Anzeichen von Stress. „Watergate (was er und Stills mit Interesse verfolgen, so wie manche Pop-Stars die nationalen Basketball-Endspiele) hat den Leuten stärker zu Bewußtsein gebracht, was Regierung eigentlich bedeutet, und das stimmt mich ungeheuer zuversichtlich. Ich glaube, die Dinge sind jetzt in einem sehr viel gesünderen Zustand."

Und natürlich hat das seine Auswirkung auf Crosby, den Schreiber solcher Songs wie „Long Time Gone" und „Almost Cut My Hair."

„Es gibt jetzt sehr viel weniger Hohlheit", sagt er, „sehr viel weniger Einsamkeit. Ich habe jetzt seit zwei, drei Jahren eine feste Freundin, und einen größeren Freundeskreis, zu dem eine Menge Leute gehören, die überhaupt nichts mit Musik zu tun haben – Bootsleute. Und das hilft bei der Balance. Musik an sich ist was Wunderbares, aber das Geschäftliche braucht ein Gegengewicht in der realen Außenwelt. Und dies ist eine sehr gute reale Welt mit einem Haufen realistischer Leute, und das Leben auf dem Boot, das Segeln über große Entfernung, ist etwas sehr reales. Der Ozean weiß nicht, wer du bist, und kümmert sich auch keinen Deut um dich. Ich weiß, daß mir das geholfen hat, daß es mir eine andere Perspektive ermöglicht hat. Als ich bei den Byrds war und in L. A. lebte, dachte ich, das sei das einzig Relevante, was auf der Welt passierte. Aber es gibt Sachen da draußen, die nicht das geringste mit Musik zu tun haben, oder mit Konzerten, Geld und dem Show Biz."

Zu Beginn dieses Jahres schrieb Graham Nash die Unfähigkeit von CSNY, sich als Gruppe zu rekonstituieren, ihren „stupiden, kindischen Ego-Problemen" zu. In Denver ist Nash noch eine Spur deutlicher: „Es war zwischen mir und Stephen, und es ging dabei um eine Braut. Das war der Grund, warum wir das erste Mal auseinanderbrachen."

Crosby stimmt mit Nashs früherer Beschreibung überein: „Ein Ego, das sich intelligenter Kooperation in den Weg stellt, macht es anderen unmöglich, mit einem zusammenzuarbeiten", sagt er, „und einige von uns waren in dieser Beziehung schuldiger als andere, und es geht niemanden was an, wer diejenigen waren." Was ist mit den hartnäckigen Geschichten über Stills und Young und ihren Streitigkeiten? „Oh, nein", sagt Crosby. „So einfach ist es nicht. Da trifft uns alle vier gleichermaßen die Schuld." Crosby lacht bei Gedanken an die Vergangenheit. „Die Gründe dafür...ich könnte den ganzen Tag über Gründe aufzählen, aber das wäre so, als ob zwei High School Kids beim Klassenlehrer petzen würden, wer zuerst angefangen hat, dem andern welche Sachen anzutun. Ich erinnere mich an das alles nicht mehr, und will's auch gar nicht mehr wissen. Das wäre zu sehr, als ob man einen Groll hegt. Das grundsätzlich Wichtige ist, wir mußten alle einen Punkt erreichen, wo wir miteinander spielen wollten, wo wir das Gefühl hatten, „Wahnsinn, ich will jetzt in einer Band sein, ich will Musik machen und mehrstimmig singen – und zwar mit *diesen* Typen."

Heißt das, Stills und Young wollten nicht zusammen auftreten, oder mit Nash und Crosby, als sie ihre eigenen Tours machten?

„Nein", sagt Crosby, sie suchten nur nach „Selbstausdruck."

Crosby selbst ging auf die Suche nach seinem Publikum – oder, genauer gesagt, „Elliot bestand darauf, daß ich es täte. Er sagte, es würde meinem Selbstwertgefühl gut tun. Und er hatte Recht. Es gab mir sehr viel mehr Selbstvertrauen."

Als erstes schloß sich Crosby mit Nash für eine einmonatige Tour im Herbst 1971 zusammen, nachdem der erste Versuch einer Neugruppierung von CSNY fehlgeschlagen war. Ein Jahr später gingen sie wieder auf Tour, und letzten Herbst, nachdem sich noch eine Wiedervereinigung aufgelöst hatte, zog jeder einzeln auf eine kurze Tour durch die College-Städte im Osten los, wo jeder von ihnen ein halbes Dutzend Shows bestritt.

„Ich habe das irrsinnig genossen", sagt Crosby, „und ich stieß auf all diese seltsamen Heinis, die hinkamen, einfach nur um mich zu sehen. Ich stellte fest, daß es da eine Gruppe von Leuten gibt, die meine Songs mögen."

Im Frühstadium der gegenwärtigen Tour hat Crosby den Eindruck entstehen lassen, daß er recht elitär über seine Musik denkt, daß er einige der neueren Kräfte im Rock – die lauteren, aufwendigeren, bisexuelleren Acts – als eher weniger legitim betrachtet. In St. Paul bemüht sich Crosby um Klarstellung: „Ich sehe jetzt, daß es verschiedene Arten von Publikum dort draußen gibt. Es sind nicht die selben Leute, die zu einem Uriah Heep-Konzert gehen und zu einem Bob Dylan-Konzert. Ich sag dir, was da passiert ist. Es hat eine Veränderung in der Szene gegeben, und zwar hauptsächlich, weil wir uns davor gedrückt haben, in einem gewissem Sinne, das zu tun, was wir hätten tun sollen. Wir und Dylan und auf eine gewisse Weise auch Joni (Mitchell) und James (Taylor) und andere Leute, die Wort/Musik-Leute sind. Es gab da eine Leerstelle. Die ganze Gemeinschaft von Leuten, die Texte zu Musik schreiben in dieser Art von Veränderungen und Raum und Gefühlszusammenhang, die Nachfahren von Dylan und den Beatles und der Folk-Musik. Wir sollten uns eigentlich nicht als Leitfiguren für ein bestimmtes Segment der Bevölkerung betrachten, aber ich glaube, wir sollten dieses Segment reflektieren und darauf reagieren. Aber ich glaube, dieses Bevölkerungssegment hat seit langer Zeit keine musikalischen Fürsprecher mehr gefunden, und in der Hinsicht haben wir uns einfach nicht genug engagiert. Diese Leute hatten einfach keine Konzerte, zu denen sie gehen konnten, bevor Dylan loszog. Er war der Eisbrecher. Ich wette, jetzt wo er wieder auf Tour geht und wir wieder losziehen, werden auch noch ein paar andere Leute auf Tour gehen wollen. Irgendwas ist am Köcheln, was ich für wirklich gut halte."

So möchte Crosby nicht einmal die beschissenste Musik als Scheiße abtun. Wie er die Sache sieht: „Wir sind wieder bei ‚Wooly Bully' und ‚Tambourine Man' angelangt. ‚Wooly Bully' verkaufte sich doppelt so oft wie ‚Tambourine Man', und das ist ein *wichtiger Fakt*. Denk dran, wie diese Glockenkurve verläuft. Du mußt wissen, daß die Welt nicht so ist wie du selber."

„Ich hab damit keine Probleme. Es freut mich, daß all diese Leute überhaupt irgendwelche Musik haben, die sie mögen. Mir ist es lieber, sie hören sich Musik an, die ich nicht einmal als Musik betrachte, anstatt daß sie rausgehen und sich auf der Straße prügeln oder rumhängen und Quaaludes schlucken. Wenn sie davon 'ne Party haben, gut und schön. Ich hätt's gerne, daß jeder 'ne Party hat."

DAS PIANO WIRD GERADE zu Tode gekitzelt; heraus kommt „It Had to Be You." Über der Mitte der Bar, etwas seitwärts von einem Arrangement kreisförmiger Glühlampen an der Decke, hängt der Fernseher. Eben läuft das All-Star-Spiel über die Mattscheibe. Es ist Sommer in Denver, wir sitzen in der Hampshire House-Kneipe, und Graham Nash ist bei seiner dritten Coke. Er sieht sich um. „Ist das nicht verdammt bizarr hier", sagt er, mit leiser, verkratzter Stimme. Seine Beobachtung klingt mehr verwundert als amüsiert.

Draußen vor dem Hotel hatte er auf die Frage „Wie geht's?" mit „Ziemlich mies" geantwortet. Bei dem strategisch lockeren Zeitplan der Gruppe – zwei Tage dienstfrei nach jedem Konzert – fühlt sich Nash an diesem Abend seiner Ankunft gelangweilt und deprimiert.

Wir beschließen, uns einen Drink zu genehmigen. Ich bitte ihn, mir ein Bild seiner Entwicklung in den letzten paar Jahren seit 1970 zu zeichnen. Was er mir liefert, ist eine erstaunlich melancholische Darstellung der angeblichen Sonnenseiten des Erfolgs und seiner Schwierigkeiten, zu dauerhafter innerer Harmonie zu gelangen.

„Als CSNY zu dem Schluß kamen, daß sie es emotional nicht schafften, als Band zu funktionieren, daß wir einander nicht länger aushalten konnten als die drei Stunden, die wir brauchten, um miteinander aufzutreten, zog ich mich zurück. Zuerst tourte ich mit David, weil ich noch diese Energie hatte. Dann wurde ich dreißig und schmiß mir an meinem Geburtstag einen Trip ein, bei Vanessi (einem italienischen Restaurant in der North Beach-Gegend von San Francisco, das, wie North Beach überhaupt, lange Öffnungszeiten hat). Dann zog ich los, um das Album zu mischen, an dem David und ich arbeiten, und ich versuchte, „Where Will I Be?" abzumischen, was musikalisch sehr weiträumig und schwer in den Griff zu kriegen ist, wenn du in diesem Zustand bist – also, du driftest einfach geistig ins Abseits. „Was ist das da, auf Track zwei? Wau, was für eine *Cowbell*!" Aber ich beschloß, daß ich es endlich nötig hatte, wirklich herauszufinden, wer ich verdammt noch mal war und was wichtig war für mich, hinsichtlich dessen, wieviel ich ertragen konnte, um mit mir selber leben zu können. Also nahm ich mir zwei Jahre, wo ich nicht viel anderes tat als mein Haus fertig zu machen (ein Gebäude im viktorianischen Stil in der Haight-Ashbury), etliche Songs zu schreiben und mich ganz allgemein von allem fernzuhalten."

„Was mußtest du ertragen, damit du mit dir selber leben konntest?"

„Es gibt da eine gewisse Sache, die abläuft, wenn du mit einer bestimmten Situation konfrontiert bist. Du gehst damit in einer ganz bestimmten Art und Weise um. Aber wenn die Situation darauf hinausläuft, daß derjenige, mit dem du diese Szene durchmachst, aus dieser Situation nicht an Wachstum gewinnt, dann betrügst du nur dich selber. Etwa, wenn jemand irgendeine Maske abzieht und du läßt ihn einfach gewähren, dann hilfst du damit weder dir noch dem anderen. Deshalb nahm ich mir vor, daß ich in meinen Beziehungen so ehrlich wie nur möglich sein würde. Ich veränderte mich dramatisch in meiner Persönlichkeit, weil ich immer sehr umgänglich und extrovertiert gewesen war, und jetzt bin ich keineswegs mehr so umgänglich..."

„Und früher, wenn ich deprimiert war, ging ich gewöhnlich zu jemandem aufs Zimmer und drehte auf und boxte mich da einfach wieder raus. Aber das kann ich nicht mehr. Und dann kommen Freundinnen und umarmen mich und ich fühle...ich weiß nicht, ich fühle *garnichts* dabei. Und ich versuche herauszufinden, ob ich mich jetzt gedanklich in eine gefühlsmäßige Paralyse hineinmanövriert habe."

„Es gibt da etwas in mir, das mich automatisch das Positive in jeder gegebenen Situation tun läßt. Das kommt daher, weil ich mir diese Verhaltensweise antrainiert habe. Das schlechte Gefühl dabei ist, daß ich mich fragen muß, ob das bei mir echt ist, oder ob ich nur noch halb bewußtlos durch den Tag flottiere."

Einst ein dünner Mann mit einem strubbeligen Haarschnitt und sauberrasiertem Kinnbart, den er als dramatischen Kontrast zu seinem rechteckigen Gesicht trug, ist Graham Nash heute ein dünner Mann mit einem weniger kontrollierten Äußeren um Kopf und Bart. Er trägt schwarze, hochgezogene Turnschuhe, geflickte Jeans und zwei Hemden, eins grau, eins Khaki-braun, und alle vier Ärmel sind hochgekrempelt.

„Mein gesamtes bewußtes Leben lang", sagt er, „seit dem ich sechzehn, siebzehn, achtzehn war, bin ich als Objekt behandelt worden. Als ein gottverdammtes Objekt. Das ist der Grund, warum ich mich sehr stark bemühe, mich so unkenntlich wie möglich zu machen."

Ein Reporter ist mit Sicherheit kein Analyst, obwohl es in der Natur der Sache liegt, daß man lernt, einen Kopf durch Fragen zu entblättern. Ich biete einen Ausdruck an, den ich von Freunden gehört habe, die sich einer Therapie unterzogen – „Selbstliebe."

„Ja", sagt Graham, „ich muß einfach versuchen, die guten Dinge in mir zu sehen. David macht jeden Tag die Nummern mit mir durch, weil er meint, ich sinke immer tiefer ab. Er fuhr heute den Wagen – und er fragte mich, wie es mir ginge. Und ich sagte, „Ich weiß nicht; ich bin bloß froh, daß wir auf der Bühne klarkommen." Und er sagte, „Fühlst dich ein bißchen zerknittert, eh?" Und ich sagte, ja. Und er drehte sich zu mir herum – was man bei David sonst gar nicht kennt – und sagte: „Du solltest auf die guten Dinge achten, statt auf den ganzen Scheißdreck." Und er wandte sich wieder nach vorn und fuhr weiter. Aber die bloße Tatsache, daß er sich zu mir umdrehte – ich meine, du weißt Bescheid über David und das Autofahren und Christine (Crosbys Freundin, 1969 bei einem Autounfall getötet). Und ich wußte, er meinte es ehrlich. David sagte, „Schau, du lügst äußerst selten andere Leute an, und du bist so ehrlich, wie man nur sein kann", aber das ist weder was besonderes noch etwas „gutes" in meinen Augen. Ich denke, Rücksichtnahme auf andere, allgemeines Wohlbefinden und solche Dinge sind was normales."

Zuvor hatte Nash sich als Misanthrop bezeichnet. Ich wage die Behauptung, daß ihm die meisten „normalen" Leute als nicht besonders „gut" vorkommen müssen.

„Ich sehe Spiegel", sagt er. „Ich sehe in jedem ein Spiegelbild: ich sehe jemanden, der Mist macht, und ich werde sauer und sehe, wie ich selber Mist baue, und das ist so gar nicht meine Art. Ich war immer so ganz anders, und sagte, „Na komm schon, es ist besser, als du meinst." Ich war immer dort, wo David jetzt ist, und er war an der Stelle, an der ich jetzt bin."

Nash blickt von seiner vierten Coke auf: „Komisch, das ist mir eben erst zu Bewußtsein gekommen."

An diesem Abend sitzt David wieder hinterm Steuer, auf dem Weg mit Stills und Nash zum Clapton-Konzert. Stills ist seit den Tagen von Springfield und Cream mit Clapton befreundet. Als Stills in London lebte, kamen die beiden unzählige Male zusammen, um miteinander zu quatschen, zu jammen und Aufnahmen zu machen. Stills verweist auf Clapton als denjenigen, der ihm „das fließende Gitarrenspiel, in jenem wirklich sauber konstruierten Blues-Stil" beigebracht habe. Er hat vor, an diesem Abend mit ihm zu jammen, aber in seinem Kopf rumort noch immer der Nachhall seiner Audienz mit Dylan.

„Ich weiß nicht, ob ich heute Abend spielen könnte, selbst wenn er mich fragen würde", sagt er im Auto. „Gewöhnlich ist es anders herum – ich muß ihm förmlich den Arm auskugeln, damit er sich bereit erklärt, mit mir zu spielen." Crosby meint weise: „Es wird schon noch ein anderes Mal Gelegenheit dazu sein." Er wendet ihm nicht den Kopf zu.

Beim Konzert hält sich Stills abseits des Geschehens, er sitzt auf einem Stuhl am Rande der Bühne, von wo aus er das Konzert beobachtet. Nash bleibt ebenso der Action fern, von Anfang an steht er ganz allein für sich am hinteren Ende des Veranstaltungssaales.

Graham Nashs Melancholie mag wenigstens zum Teil das Produkt einer Zurückweisung sein. Alle vier Mitglieder der Gruppe haben abnehmende Solo-Alben-Verkäufe einstecken müssen, wobei Young noch die geringsten Einbußen erlitt, doch hatten es alle geschafft, immer in die Charts zu kommen – bis zu diesem Herbst und Nashs *Wild Tales*.

„Ich *war* ein bißchen enttäuscht von dem mangelnden Zuspruch", sagt er. Er meint das als Untertreibung. Er fügt hinzu: „Es fühlt sich fast so an, als hätte niemand das Album gehört, und das schmerzt jeden Künstler, der etwas mitzuteilen versucht. Ich hab mich gar nicht erst nach den Verkaufsziffern erkundigt." Im Kontrast dazu, gibt er an, habe sein erstes Solo-Werk, *Songs for Beginners*, die Top Ten geschafft, und das Nash/Crosby-Album erreichte Platz zwei. Atlantic Records gibt allerdings an, die zwei Alben hätten sich nicht so gut verkauft, wie Nash sich zu erinnern meint.

Das erste Album, *Crosby, Stills and Nash*, hat mittlerweile Verkäufe von 2.1 Millionen Einheiten erreicht; vom ersten CSNY-Album wurden 2.5 Millionen Stück verkauft, und von *4 Way Street*, dem Doppel-Live-Set, 900.000 Stück. Stills zwei Solo-Alben erreichten 800.000 beziehungsweise 600.000 Stück, das erste Manassas-Produkt, ein Doppelalbum, verkaufte mehr als 400.000, und *Down the Road,* mit Manassas, nähert sich den 300.000. Neil Young, dessen Vor-CSNY-Album, *Everybody Knows This Is Nowhere*, 1.3 Millionen Stück verkaufte, kam auf zwei Highs: *After The Gold Rush* mit 1.8 Millionen und *Harvest* (2 Millionen). *Journey Through the Past*, der Soundtrack zu seinem größtenteils ungesehenen Film, war ein relativer Mißerfolg mit 300.000 verkauften Stückzahlen, und *Time Fades Away*, von der Stray Gators-Tour, ist jetzt bei 480.000 angelangt. Crosbys soweit einzige Solo-Platte hat sich nach seinen eigenen Angaben bislang rund 500.000 mal verkauft.

Im vergangenen Jahr hat also kein einziges Mitglied – weder C, S, N, noch Y – den gleichen Tantiemen-Regen wie in den guten alten Zeiten erreicht. Dennoch wehrt sich die Gruppe nach wie vor gegen die etwas anrüchige Behauptung, sie könnte diese Tour nur des Geldes wegen unternommen haben.

„Ich glaube, es ist etwas allzu leichtfertig, sich dieser Ansicht hinzugeben", meint Stills, der vor der Tour noch einem Reporter gegenüber gewitzelt hatte: „Letztes Mal haben wir's für die Musik, die Kunst und die Mädels gemacht; diesmal machen wir's für's Geld."

Jetzt, während er über die Brücke über die Bay fährt, sagt er, es ist sowieso egal, was er darüber sagt, daß die Gruppe wegen der Musik zusammengekommen ist. „Selbst wenn du es Wort für Wort niederschreibst, wenn jemand glauben will, daß wir Scheiße labern, dann labern wir immer noch Scheiße. Ich glaube, es hat was damit zu tun, daß wir alle eingesehen haben, daß wir uns gemeinsam einen größeren Gefallen tun können, als wenn wir versuchen würden, alleine zurechtzukommen. Ohne diese Einsicht kommen die anderen Erwägungen erst gar nicht zum tragen. Aber natürlich, die Kohle stimmt auch. Ich meine, ich kann mir die Sorte Studio einrichten, die ich haben will und, weißt du, ich brauch mich nicht dafür zu entschuldigen. Ich glaube nicht, daß wir irgendjemanden dabei um seine letzten Groschen bringen. Wenn die Leute kein Interesse hätten, würden sie nicht kommen. Das ist der Unterschied zwischen Geschäft und Kunst. Und wir fühlen uns alle vier sehr, sehr stark unserer Kunstform verpflichtet." (Und das ist Wort für Wort niedergeschrieben.)

Auch Nash macht sich darüber so seine Gedanken: „Das Geld kann es nicht sein, sonst hätten wir die letzten vier Jahre zusammen gespielt und Millionen von Dollars verdient. Als wir ausstiegen, waren wir ziemlich heiß. Wir hätten ein paar Jahre weitermachen können, aber wir taten es nicht, weil wir uns gegenseitig nicht ausstehen konnten."

Und wem das nicht ehrlich genug ist, dem gibt Crosby noch sein Scherflein drauf. Ich hatte ihn nicht über Geld befragt, sondern über die Zukunft von CSNY.

„Ich schätze", sagt er, „daß wir nicht zusammen bleiben werden. Wir werden ein Album machen und uns wieder trennen. Ich denke, der früheste Zeitpunkt, wenn man uns wieder zusammen sehen wird, nachdem wir das Album gemacht haben, dürfte nächsten Sommer sein. Und selbst das könnte noch zu früh sein. Warum? Weil, im Gegensatz zu all den andern Leute, die es scheinbar nur darauf abgesehen haben, sich eine goldene Nase zu verdienen, du weißt schon, indem sie so rasch als menschenmöglich ihr Pfund Hackfleisch an den Mann bringen wollen, machen wir es lieber, wann uns der Sinn danach steht, damit es nachher für die Leute da draußen nicht so kingt, als hätten wir das Zeug pfundweise durch den Fleischwolf gejagt. Also kommen wir zusammen und spielen, wenn wir es aufregend finden – und das ist einfach nicht andauernd der Fall."

IRGENDWO IN DER MITTE von „Suite: Judy Blue Eyes", bei der Zeile, „It's my heart that's a-sufferin', it's a-dyin'", zerdehnt Stephen Stills das Wort „heart" zu einer schwirrenden Blues-Nummer auf einer einzigen Note, und 19.000 Leute in St. Paul brechen in Freudenschreie aus. Wenige Augenblicke später wird das Coliseum von anhaltendem Beifall erschüttert, der nach meiner Berechnung volle 170 Sekunden andauert, und in dessen Verlauf Streichhölzer angezündet und hochgehalten werden und allerorts Kracher explodieren. Ein Versuch von Nash, etwas zu sagen – er schafft es eben gerade, ein „Jessus!" herauszubringen – geht in einer weiteren Woge jenes Lärms unter, zu dem eine Rock'n'Roll-Gemeinde heutzutage fähig ist.

Es dauert weitere zwei Stunden, bis das Konzert endet dann marschiert die Gruppe am Mann mit den Handtüchern vorbei die Treppen hinunter und zurück in ihre dunkle Garderobe. Außerhalb des Raumes, in einem nebenan gelegenen, hellen, weißen Badezimmer, verweilen Crosby und Nash, um miteinander zu reden. Crosby wischt sich die Stirn, hält die Garderobentür für Außenstehende geschlossen, und redet über das Konzert.

„Steve war ein Wahnsinn", sagt er. „Das war die beste Reaktion, die wir jemals auf den Song gehabt haben." Er wendet sich Nash zu. „Und: haben wir jetzt die Suite gesungen, oder nicht, was?" Nash lacht bei dem Gedanken an den Beifallssturm. „Das war irre. Ich mußte einfach lachen. Ich hab den Leuten noch nie sagen müssen, sie sollten *aufhören!*" Er dreht sich um zur Garderobentür, und als Crosby die Tür aufmacht, hört man jemanden drinnen – es klingt ein bißchen wie jener sogenannte unfreiwillige Star der Gruppe – der herausruft: „Eine tolle Show!"

26. SEPTEMBER 1974

STEPHEN HOLDEN

ON THE BEACH

(Album-Kritik)

Neil Young: Der Sand rieselt, die Zeit vergeht

SEIT SEINEN TAGEN BEI den Buffalo Springfield bieten die Verlagerungen in Neil Youngs Beschäftigungen immer wieder ein Barometer der Einstellungen einer ganzen Generation zu sich selbst dar, haben die Aufdröselung des politischen Idealismus und darüber hinaus das Ende der Romantik von Jugend selbst reflektiert. Bereits in frühen Balladen wie „Sugar Mountain" und „I Am a Child" warnte Young behutsam vor einem Leben mit der Illusion ewiger Jugend, während sein kindhafter Gesang uns gleichwohl diese Möglichkeit als Versuchung anboten. Der Schmerz, sich mit der Realität des Erwachsenseins auseinanderzusetzen, in einem Alter und in einer Ära, die die Phantasie einer fortgesetzten Jugendlichkeit beschworen, umschrieb das unterschwellige Thema von Youngs ersten drei Solo-Alben, einer Trilogie, die mit *After the Gold Rush* ihren Höhepunkt erreichte – dem vielleicht quintessentiellsten Album eines Folk-Rock-Künstlers an der Wende des Jahrzehnts.

Während Bob Dylans Musik die ästhetische Vorhut des Zorns und der moralischen Entrüstung einer Generation zur Mitte der Sechziger Jahre bildete, drückte die von Young in der Folge mit gleicher Glaubwürdigkeit die sich nun einstellenden Gefühle von Schuld, Selbstzweifel und Verfolgungswahn aus, vor allem in ihren Obsessionen mit der Zeit und dem Altern. Ironischerweise erreichte Young seinen Superstar-Status mit seinem kompromittierendsten Album, *Harvest*, einem gesüßten Brei mit aufgekochten Ideen aus *After the Gold Rush*. Aber Young widerstand der Versuchung, sich weiter ins Gebiet der MOR-Musik im kommerziellen Mittelfeld vorzuwagen, das seinen Publikumserfolg dingfest gemacht hatte. Und sein Live-Album, *Time Fades Away*, zwei Jahre nach *Harvest* aufs Publikum losgelassen, wurde als schockhafte Kehrtwendung empfunden.

On the Beach ist Neil Youngs bestes Album seit *After the Gold Rush*. Obwohl es im Studio aufgenommen wurde, ist der Klang rauh und karg, so belebend wie Dylans *Planet Waves*. Größtenteils selbstproduziert, bietet

On the Beach beachtenswerte musikalische Mitarbeit, insbesondere vom Gitarristen Ben Keith (der auf zwei Cuts die Vocals gemeinsam mit Young bestreitet), Rusty Kershaw (Fiddle und Slide-Gitarre auf zwei Cuts) und den Mitgliedern der Band Rick Danko (Bass) und Levon Helm (Schlagzeug), auf dem aufregendsten Track des Albums, „Revolution Blues".

Der hartkantige Klang von *On the Beach* ist ein Faktor, der wesentlich zu seiner Größe beiträgt, da das Album ästhetische und politische Fragen stellt, die zu ernsthaft sind, um in einer hübschen Bearbeitung dargeboten zu werden. Durch verschiedene gegenwärtige Charaktermasken, in die er schlüpft, evoziert Young primäre soziale und psychische Polaritäten, die den Verfall der amerikanischen Kultur exemplifizieren. Obwohl nicht namentlich genannt, erscheinen in den beiden Meisterwerken des Albums, „Revolution Blues" und „Ambulance Blues", die Gestalten von Charles Manson und Patricia Hearst als Embleme eines apokalyptischen sozialen Erdrutsches. Durch seine Empathie mit den Gefühlen sowohl der Täter als der Opfer hat Young gewagt, was kein anderer bedeutender weißer Rock-Künstler, mit Ausnahme John Lennons, sich getraut hat: die kollektive Paranoia und Schuld einer vom Wahnsinn durchwachsenen Gesellschaft in sich zuzulassen, sie zu entlarven, und vielleicht dazu beizutragen, sich von ihr zu befreien, indem er sie ohne Entschuldigung oder Erklärung einfach ausagiert.

„Walk On", eine bündige Zurückweisung der Phantasien der Sechziger Jahre, dreht sich um eine bittere Beobachtung über den Prozeß des Erwachsenwerdens: „Früher oder später wird es wirklich werden / Geh weiter." „See the Sky About to Rain" und „For the Turnstiles", schüchterne, fatalistische Balladen, enthalten Bilder von Gewalt, Korruption und Zerfall, deren Bedeutung in ihren kryptischen Titeln enthalten ist, jeder eine Parole, eine Mantra, ein Gekritzel aus Graffiti. Der treibenden, furchterregenden Vision des „Revolution Blues" ist als Pendant der gleichermaßen grauenerregende „Vampire Blues" gegenübergestellt.

Auf zwei Balladen, „Motion Pictures" und „Ambulance Blues", singt Young fast zwei Oktaven niedriger als normal und klingt zum ersten Mal in seiner Karriere moralisch arrogant. „On the Beach", der siebenminütige Titel-Cut, ist der fragwürdigste Rest des Albums – eine lethargische, jammervolle Meditation darüber, warum man in Los Angeles nicht psychisch isoliert bleiben sollte. Der Song zeigt Young in tiefes Selbstmitleid eingetaucht – was eines der Tabus des Rock ist, das Young seit langem schon salonfähig zu machen versucht. Obwohl Youngs Zivilisationsmüdigkeit auch das Thema für „Motion Picture" abgibt, ist es doch melodisch fließend und die einzige direkte Liebesbotschaft des Albums.

Der neunminütige „Ambulance Blues", das Schlußtableau des Albums, ist die Glanzleistung in Youngs bisheriger Karriere als Tonkünstler. Im Doppel aus Gitarre und Harmonica und unterstützt durch Kershaws beredtes Fiedelspiel summiert Young seine gesamte musikalisch-politische Vergangenheit, angefangen vom Idealismus „der alten Folkie-Tage", evoziert dann punktuell einzelne spezifische gesellschaftliche Traumata, darunter Watergate und die ganzen Vorfälle um die angebliche Entführung von Patty Hearst. Und er wendet sich mit einem populistischen Wahrspruch direkt an seine Zuhörer, den er mit einer Stimme vorbringt, die ihnen auf leise Art ins Gesicht spuckt: „You're all just pissin' in the wind" („Ihr pinkelt alle bloß gegen den Wind"). Im letzten Vers wird Nixon als Symbol und Ursache einer Zwangslage genannt, die über alles Verständnis hinaus als furchteinflößend erscheint:

I never knew a man could tell so many lies
He had a different story for every set of eyes
How can he remember who he's talkin' to
'Cause I know it ain't me
And I hope it isn't you

(Ich wußte nicht, daß ein Mann so viel lügen kann
Er hatte für jedes Augenpaar eine andere Geschichte
Wie kann er da noch wissen, mit wem er geredet hat
Ich weiß wenigstens, mit mir war es nicht
Und ich hoffe, mit dir auch nicht)

In seinem Anspruch an eine post-revolutionäre, post-psychedelische Generation junger Amerikaner steht „Ambulance Blues" als eine Jeremiade von epischen Ausmaßen da, ein ebenso unumstößliches Stück Gesangs-Lyrik wie Paul Simons „American Tune" oder Jackson Brownes „For Everyman". Ich könnte mir niemanden außer Young als Sänger dafür vorstellen.

On the Beach ist eines der verzweiflungsvollsten Alben des Jahrzehnts, ein bitteres Testament eines Mannes, der aus dem Feuer kam und wieder dorthin zurückgegangen ist.

14. AUGUST 1975

CAMERON CROWE

„SO SCHWER, ARRANGEMENTS FÜR SICH SELBST ZU TREFFEN"

Das *Rolling Stone* Interview mit Neil Young

MIT JETZT FAST DREISSIG Jahren ist Neil Young der rätselhafteste unter all den Superstars, die aus Buffalo Springfield und Crosby, Stills, Nash and Young hervorkamen. Seine mit brüchiger Stimme vorgetragenen Antihelden-Epen und oft kryptischen Einblicke in einsame Verzweiflungszustände haben viele Leute dazu bewegt, in ihm eine Art zurückgezogen lebenden Lone Wolf zu sehen. Auf *Harvest* gelang es ihm zuletzt noch einmal, die schwierige Balance zwischen kritischer und kommerzieller Akzeptanz herzustellen. Die nachfolgenden Alben sind für ein Massenpublikum zusehends unnahbarer geworden.

Youngs erstes umfassendes Interview kommt, wie es scheint, an einem Wendepunkt in seinem Leben und seiner Karriere. Nach einer freundschaftlichen Trennung von der Schauspielerin Carrie Snodgress ist er von seiner Ranch in Nordkalifornien in das relativ geschäftige Malibu umgezogen. Wie ein enger Freund es ausdrückte, wirkt er „aufgedreht...in einer sagenhaften Stimmung." Young ist lockerer geworden, bis hin zu dem Punkt, wo er bei einer Story über seine Karriere potentiell „eine Menge Spaß" empfinden kann.

Das Interview fand während einer Fahrt in einem gemieteten roten Mercedes auf dem Sunset Boulevard hinunter und auf der rückwärtigen Terrasse seines Strandhauses in Malibu statt. Durchwegs zuvorkommend, machte Young einen einzigen Vorbehalt: „Eins mußt du dir merken", sagte er sobald der Kassettenrecorder zum letzten Mal abgeschaltet worden war. „Ich könnte mich morgen schon an das alles ganz anders erinnern."

Wie kommt es, daß du dich jetzt endlich zum Reden entschlossen hast? In den vergangenen fünf Jahren hieß es immer, wenn Journalisten um Interviews baten, Neil Young hätte nichts mitzuteilen.

Ich hab eine Menge zu sagen. Ich hab nur keine Interviews gegeben, weil sie mich immer in Schwierigkeiten gebracht haben. Immer. Sie kommen nie richtig rüber. Ich mag sie einfach nicht. Dabei war es so – je weniger Interviews ich gegeben habe, umso mehr wollte man welche von mir haben. Ich sagte umso mehr, indem ich nichts sagte. Aber die Dinge ändern sich, weißt du. Ich fühle mich jetzt sehr frei. Ich hab keine feste Freundin mehr, mit der ich zusammenlebe. Das hat für mich viel damit zu tun. Ich wohne jetzt wieder in Südkalifornien. Ich fühle mich offener. Ich komme aus mir raus und spreche mit vielen Leuten. Ich hab das Gefühl, als ob etwas Neues in meinem Leben passiert.

Ich bin echt angetörnt von der neuen Musik, die ich jetzt mache, wieder zusammen mit Crazy Horse. Sogar jetzt, während wir miteinander reden, gehen mir noch die Songs durch den Kopf. Ich bin aufgeregt. Ich denke, alles was ich gemacht habe, ist relevant, sonst hätte ich es nicht herausgebracht, aber ich bin mir auch im Klaren darüber, daß die letzten drei Alben von so einer ganz bestimmten Art waren. Ich weiß, daß ich jede Menge schlechte Kritiken dafür einstecken mußte. Irgendwie habe ich das Gefühl, als sei ich aus einer Art von geistiger Verwirrung an die Oberfläche gedrungen. Und der Beweis dafür wird mein nächstes Album sein. *Tonight's the Night*, würde ich meinen, ist das letzte Kapitel einer Periode, durch die ich hindurch mußte.

Wie kam es zu dieser verworrenen Periode?

Ach, ich weiß nicht. Dannys Tod hat dazu wahrscheinlich den Auslöser abgegeben. Danny Whitten (Leader der Crazy Horse und Youngs Rhythmusgitarrist / zweiter Sänger). Das passierte unmittelbar vor der *Time Fades Away*-Tour. Er sollte in der Gruppe mit dabei sein. Wir (Ben Keith, Steel Guitar; Jack Nitzsche, Piano; Tim Drummod, Baß; Kenny Buttrey, Schlagzeug; und Young) waren mit ihm am Proben, und er kriegte es einfach nicht auf die Reihe. Er konnte sich überhaupt nichts merken. Er war viel zu sehr OUT. Völlig abgehoben. Ich mußte ihn wieder zurück nach Los Angeles schicken: ‚Du packst es nicht, Mann. Du hast dich einfach nicht im Griff.' Er sagte bloß, ‚Ich hab sonst nichts, wo ich hingehn kann, Mann. Wie soll ich das nur meinen Freunden verklickern?' Und er zog ab. Noch in derselben *Nacht* rief mich der Leichenbeschauer aus L.A. an und sagte mir, Danny hätte sich den goldenen Schuß gesetzt. Das hat mir echt den Rest gegeben. Pustete mir verdammt voll das Hirn aus. Ich hab Danny sehr gern gehabt. Ich fühlte mich verantwortlich für ihn. Und genau an dem Punkt mußte ich raus auf diese riesige Tour mit all diesen riesigen Arenas. Ich war irre nervös und... unsicher.

Warum hast du dann davon ein Live-Album rausgebracht?

Ich fand, mir war es das wert. *Time Fades Away* war ein sehr nervöses Album. Und das war auch genau die Stimmung, in der ich mich damals befand, auf dieser Tour. Wenn du dich jemals der Mühe unterziehen wolltest, alle meine Platten nacheinander durchzuhören, würdest du merken, daß es seinen ganz eigenen Platz in der Reihe hat. Nicht, daß man sich das Album jedesmal rausgreifen würde, wenn man sich nur mal etwas nette Musik anhören möchte. Aber wenn du auf dem entsprechenden Trip bist, dann ist es wichtig. Jede einzelne meiner Platten ist für mich wie ein neuer Abschnitt aus meiner laufenden Autobiographie. Ich kann nicht die ganze Zeit über das selbe Buch schreiben. Es gibt Künstler, die das können. Die bringen jedes Jahr drei oder vier Alben raus, und alles klingt verdammt genau gleich. Ein Hammer. Da versucht einer, mit einer Menge Leute zu kommunizieren und ihnen genau die Sorte von Musik zu verabreichen, von der er weiß, daß sie die hören wollen. Das ist nicht mein Trip. Mein Trip ist es, das auszudrücken, was mich geistig beschäftigt. Ich erwarte nicht, daß die Leute sich die ganze Zeit über meine Musik anhören wollen. Manchmal ist sie zu intensiv. Wenn du dir morgens um elf eine Platte auflegen willst, muß daß nicht gerade *Tonight's the Night* sein. Hör dir lieber die Doobie Brothers an.

Time Fades Away*, als Nachfolge-Album zu* Harvest*, hätte ein Riesenhit werden können...*

Wenn es kommerziell genug gewesen wäre.

Wie die Dinge liegen, ist es eines deiner am wenigsten verkauften Solo-Alben. Warst du dir damals bewußt, was du damit geopfert hast?

Wahrscheinlich schon. Ich stelle mir vor, ich hätte mit dem perfekten Nachfolge-Album aufwarten können. Einem echten Knüller. Aber das wäre etwas gewesen, was jeder erwartet hätte. Und wenn es rausgekommen wäre, hätten alle gedacht, jetzt wüßten sie, was bei mir Sache ist, und das wär's dann gewesen für mich. Ich hätte mich in eine Ecke hineinmanövriert. Tatsache ist, daß ich eben mitnichten dieser lässige Typ des Einzelgängers mit Gitarre bin. Jedenfalls nicht mehr. Ich möchte nicht das Gefühl haben, daß die Leute erwarten, ich müßte mich auf eine bestimmte Art und Weise verhalten. Niemand hat *Time Fades Away* erwartet, und es tut mir nicht leid, daß ich es rausgebracht habe. Ich brauchte das Geld nicht, ich brauchte den Ruhm nicht. Man muß immer wieder was Neues probieren. Ob das jetzt Hemden sind, Freundinnen, oder was immer. Ich ändere mich lieber, selbst wenn ich dabei ein paar Leute auf dem Weg zurücklasse. Wenn das der Preis ist, den ich dafür zahlen muß, dann zahle ich den eben. Mir ist das scheißegal, ob mein Publikum aus hundert oder hundert Millionen Leuten besteht. Das macht für mich keinen Unterschied. Ich bin überzeugt, daß das, was sich verkauft, und das, was ich mache, zwei grundverschiedene Dinge sind. Wenn die sich treffen, ist es Zufall. Ich find's nur einfach gut, daß ich mir die Freiheit nehmen kann, ein Album wie *Tonight's*

the Night herauszubringen, wenn ich das tun will.
Du klingst ja ganz schön berauscht auf dem Album.
Ich muß sagen, das ist die flüssigste Platte, die ich je gemacht habe (lacht). Du brauchst fast einen Rettungsring um da durchzukommen. Wir hingen alle an der ollen Kaktuspflanze. Und da glaub ich wieder, daß das etwas ist, was die Leute hören sollten. Sie sollten hören, wie der Künstler unter den verschiedensten Umständen klingt, wenn sie sich ein vollständiges Bild von ihm machen wollen. Jeder ist mal beschissen drauf, Mann. Jeder wird früher oder später mal beschissen drauf sein. Du machst dir nur was vor, wenn du deine Musik nicht genau so flüssig sein läßt wie dich selber, wenn du wirklich abgehoben bist.
Ist das der Punkt, auf den es ankommt, bei dem Album?
Nein. Nein. Das ist nur ein Mittel zum Zweck. *Tonight's the Night* ist wie ein Abschiedsbrief nach einer Überdosis. Das Ganze dreht sich um Leben, Dope und Tod. Als wir (Guitarist/Pianist Nils Lofgren, Bassist Billy Talbot, Schlagzeuger Ralph Molina und Young) diese Musik spielten, dachten wir alle an Danny Whitten und Bruce Berry, zwei enge Mitglieder unserer Formation, die ihr Leben durch eine Überdosis Junk verloren hatten. Die *Tonight's the Night*-Sessions waren das erste Mal, daß das, was von Crazy Horse übrig blieb, nach Dannys Tod wieder zusammenkam. Es lag an uns, die Kraft aufzubringen, um die Lücke zu füllen, die er hinterlassen hatte. Die andere Überdosis, Bruce Berry, war lange Zeit CSNY's Roadie gewesen. Sein Bruder Ken betreibt das Studio Instrument Rentals, wo wir das Album aufnahmen. Wir hatten also eine Menge Vibes, die uns entgegenkamen. Es war viel Energie in der Musik, die wir machten. Es ist komisch, ich hab die ganze Erfahrung in Schwarz-Weiß in Erinnerung behalten. Wir gingen meistens runter zu S.I.R., so um fünf Uhr nachmittags, und fingen an, high zu werden, mit Tequila und Billardspielen. Um Mitternacht herum fingen wir dann an zu spielen. Und wir begleiteten Bruce und Danny auf ihrem Weg, die ganze Nacht durch. Ich bin kein Junkie und probier' das Zeugs noch nicht mal, um zu checken, wie es ist. Aber wir fühlten uns alle high genug, gerade genug weit draußen an jener Grenze, wo wir für diese ganze Stimmung empfänglich wurden. Es war gespenstisch. Ich *spüre* dieses Album wahrscheinlich mehr als alles andere, was ich jemals gemacht habe.
Warum hast du bis jetzt gewartet, um Tonight's the Night *herauszubringen? Ist es jetzt nicht fast zwei Jahre alt?*
Ich hab's nie zu Ende gebracht. Ich hatte bloß neun Songs, also hab ich das Ganze beiseite gelegt und stattdessen *On the Beach* gemacht. Es mußte erst Elliot (der Manager Elliot Roberts) kommen, damit *Tonight's the Night* fertig wurde. Verstehst du, da gab es vor einiger Zeit ein paar

Leute, die aus der Geschichte von Bruce Berry und alledem eine Broadway Show machen wollten. Die ließen sogar ein Skript abfassen. Wir waren dabei, ein Band für diese Leute zusammenzustellen, und dabei, während wir die alten Tracks nochmal durchhörten, stieß Elliot auf drei sogar noch ältere Songs, die mit diesem Trip zu tun hatten: „Lookout Joe", „Borrowed Tune" und „Come on Baby Let's Go Downtown", eine Live-Nummer aus der Zeit, als ich mit Crazy Horse im Fillmore East aufgetreten war. Danny singt sogar den Lead darauf. Elliot fügte diese Songs zu den ursprünglichen neun dazu und stellte sie in eine Reihenfolge, durch die eine zusammenhängende Story dabei herauskam. Aber ich hatte immer noch nicht die geringste Absicht, das herauszubringen. Ich hatte schon ein anderes brandneues Album namens *Homegrown* in der Mache. Das Cover war fertig und überhaupt alles (lacht). Ach, aber das wird man nie zu hören bekommen...

Okay. Also, warum nicht?

Ich erzähl dir die ganze Geschichte. Ich hielt eine Playback-Party für *Homegrown* ab, mit mir und ungefähr zehn Freunden dabei. Wir waren alle vollgedröhnt. Wir hörten uns alle das Album an, und *Tonight's the Night* war zufällig auf demselben Band drauf. Also hörten wir uns das auch noch an, nur so aus Quatsch. Kein Vergleich.

Also hast du Tonight's the Night *rausgebracht. Einfach so?*

Nicht weil *Homegrown* weniger gut gewesen wäre. Eine Menge Leute würden wahrscheinlich sagen, daß es besser ist. Ich weiß noch, als ich anfangs bei *Tonight's the Night* nochmal reinhörte, kam es mir vor wie das Schrägste, was mir jemals zu Ohren gekommen war. Jedes Instrument klang verstimmt. Ich konnt's echt nicht abhaben. Aber als ich die beiden Alben auf dieser Party hintereinander weg hörte, begann ich die Schwächen in *Homegrown* zu sehen. Ich entschloß mich wegen seiner allgemeinen Stärke in der Ausführung und im Feeling für *Tonight's the Night*. Das Thema ist möglicherweise ein bißchen deprimierend, aber das allgemeine Feeling ist sehr viel aufmunternder als bei *Homegrown*. Dieses Album herauszubringen ist fast ein Experiment. Ich erwarte voll und ganz einige der entschieden schlechtesten Kritiken, die ich je gehabt habe. Ich meine, wenn irgendjemand wirklich vom Leder ziehen wollte, hier bietet sich die Gelegenheit dazu. Und zweifellos werden einige Leute ihre Chance wahrnehmen. Das wird ihnen aber nur gut tun. Ich hab's gerne, wenn Leute den echt großen Durchbruch für sich selber schaffen. Es ist gut für ihre Psyche, wenn sie sich voll abreagieren könne (lacht). Ich hab gesehen, wie *Tonight's the Night* eine klare Trennlinie zieht, wo immer es gespielt wird. Manche Leute, die gemeint hatten, es könnte ihnen niemals etwas mißfallen, was ich mache, wechseln auf die gegenüberliegende Seite.

Andere, die dachten, „Ich kann mir den Typ nicht anhören. Der ist einfach zu melancholisch", oder was immer..."Seine Stimme klingt so komisch."

Die hören jetzt ganz anders hin. Ich bin sicher, Teile von *Homegrown* werden auf anderen Alben von mir wiederauftauchen. Es gibt da etliche gute Sachen, wo Emmylou Harris die Zweitstimme dazu singt. Ich weiß nicht. Es kann sein, daß diese Platte mehr dem entspricht, was die Leute jetzt lieber von mir hören würden, aber es war einfach ein sehr depressives Album. Es war das dunklere Gegenstück zu *Harvest*. Bei einer Reihe von den Songs ging es um die Trennung zwischen mir und meiner Partnerin. War alles ein bißchen zu persönlich...es machte mir Angst. Dazu kommt, ich hatte gerade *On the Beach* herausgebracht, wahrscheinlich eine der deprimierendsten Platten, die ich je gemacht habe. Ich will mich nicht soweit runterziehen lassen, wo ich gar nicht mehr hochkommen kann. Ich meine, es hat was für sich, mal da runter zu steigen und sich umzuschauen, aber ich weiß nicht, ob man sich dort unten festsetzen muß.

Du stammst aus keiner musikalischen Familie...

Naja, mein Vater spielte ein bißchen Ukulele. (lacht) Es ist einfach so gekommen. Ich spürte es in mir. Ich konnte nicht aufhören, daran zu denken. Auf einmal wollte ich eine Gitarre haben, und das war's dann. Ich fing an, rundum bei den Gemeindeclubs von Winnipeg aufzutreten, bei Tanzfeten der High Schools. Ich spielte, wo ich nur konnte.

In einer Band?

Oh ja, immer mit einer Band. Ich hab's nie solo versucht, bevor ich neunzehn war. Achtzehn oder neunzehn.

Hast du zu der Zeit schon Songs geschrieben?

Ich hab damit angefangen, Instrumentalnummern zu schreiben. Die Texte kamen erst viel später dazu. Mein Idol in jener Zeit war Hank B. Marvin, Cliff Richards Gitarrist bei den Shadows. Er war der Held aller Gitarrenspieler in Winnipeg zu der Zeit. Und Randy Bachman auch; der war damals schon da und spielte in denselben Kreisen. Er hatte einen tollen Sound. Dazu benutzte er immer ein Echoband.

Wann hast du denn mit dem Singen angefangen?

Ich kann mich erinnern, wie ich Beatles-Lieder sang...der erste Song, den ich je vor Leuten vortrug, war „It Won't Be Long" und dann „Money (That's What I Want)". Das war in der Kantine der Calvin High School. Mein großer Moment.

Wie stark ist der Unterschied, statt in den Staaten in Kanada aufzuwachsen?

Jeder in Kanada möchte in die Staaten ziehen. Wenigstens war es früher so. Ich konnte es nicht abwarten, da raus zu kommen, weil ich wußte, meine einzige Chance, gehört zu werden, war in den Staaten. Aber ich konnte ohne Arbeitserlaubnis nicht hier runterkommen, und ich hatte keine. So bin ich letzten Endes eben illegal rübergekommen, und dann dauerte es noch bis 1970, bis ich eine Green Card erhielt. Ich arbeitete also während der ganzen Buffalo Springfield-Zeit und teilweise noch mit Crosby, Stills, Nash und Young illegal. Ich hatte keine Papiere. Und ich konnte keine Karte bekommen, weil ich damit irgendeinem Amerikaner in der Musiker-Gewerkschaft den Arbeitsplatz weggenommen hätte. Man mußte erst richtig gut bekannt sein und unersetzlich und in einer besonderen Klasse für sich dastehen. So bekam ich die Karte erst, nachdem ich diesen Berühmtheitsgrad erworben hatte – den du nicht kriegen kannst, ohne erst verdammt hier zu sein. Das Ganze ist einfach lächerlich. Die einzige Art hereinzukommen ist die, daß du schon hier in den Staaten bist. Du kannst aber nicht hier sein, wenn es nicht okay ist, daß du herkommst. Na, kannst du sowieso abhaken. Es ist wie bei, ‚Wirf die Hexe in den Teich, und wenn sie absäuft, war's keine Hexe. Wenn sie hochkommt, ist es eine Hexe, dann mußt du sie umbringen.' Die gleiche Logik. Aber wir haben's schließlich doch auf die Reihe gekriegt.

Hast du Joni Mitchell in jenen Tagen schon gekannt?

Ich kenne Joni, seit ich achtzehn war. Ich hab sie in einem der Kaffeehäuser kennengelernt. Sie war eine ausgesprochen schöne Frau. Das war mein erster Eindruck. Sie sah ganz zart und zerbrechlich aus. Und ihre Wangenknochen waren so wohl geformt. Sie trug immer leichte Satins und Seiden. Ich weiß noch, wie ich dachte, wenn man kräftig genug pusten würde, könnte man sie wahrscheinlich umwerfen. Sie konnte jedoch eine Martin D18 ganz schön hochhalten. Was für ein unglaubliches Talent sie doch ist. Sie schreibt über ihre Beziehungen sehr viel anschaulicher als ich. Ich benutze – ich nehme an, ich lege mehr einen Schleier über das, worüber ich spreche. Ich hab ein paar Songs geschrieben, die auch so kompromißlos waren wie ihre. Songs wie „Pardon My Heart", „Home Fires", „Love Art Blues" – fast alles auf *Homegrown*. Ich hab noch nie welche von denen herausgebracht. Und werd's wahrscheinlich auch nie tun. Ich glaube, es wäre mir zu peinlich, die rauszubringen. Die sind ein bißchen *zu* nahe an der Wirklichkeit.

Wie blickst du zurück auf die ganze Erfahrung mit Buffalo Springfield?

Großartig. Das waren wirklich gute Zeiten. Jeder einzelne in der Gruppe war in seinem Bereich ein verdammtes Genie. Das war eine irre Gruppe, Mann. Sowas wie Buffalo Springfield wird's nicht nochmal geben. Alle sind mittlerweile ihre ganz verschiedenen Wege gegangen, ich weiß nicht. Wenn alle zur gleichen Zeit am selben Ort erscheinen würden, mit all den Verstärkern und dem ganzen, ich fänd's toll. Aber ich hätte einen höllischen Bammel davor, das alles zusammentrommeln zu müssen. Ich würd was drum geben, mit der Band wieder mal spielen zu können, einfach nur um zu sehen, ob dieses Knistern noch drin steckt.

Es gibt da so ein paar Springfield-Legenden, über die ich dich eigentlich befragen sollte. Was ist dran an der alten Leichenwagen-Geschichte?

Die stimmt. Bruce und ich kurvten mit meinem Leichenwagen in L.A. herum. Ich fand diesen Leichenwagen echt gut. Sechs Leute konnten sich da drin hinten und vorne volldröhnen, und keiner konnte reinkucken, wegen der Vorhänge. Die Heizung war toll. Und die Einschubvorrichtung – die war Dynamit. Du machtest hinten die Tür auf, und die Einschubvorrichtung fuhr aus bis runter auf den Gehsteig. Wenn das nicht das Obercoolste von allem war, was dann? Was für eine stilvolle Art, seinen Auftritt zu machen! Du fährst zu deinem Gig und rollst einfach deinen ganzen Plunder auf dieser Einschubvorrichtung heraus. Jedenfalls, Bruce und ich waren dabei, uns Kalifornien anzuschauen. Das Gelobte Land. Wir waren auf dem Weg rauf nach San Francisco. Stephen und Richie Furay, die gerade in der Stadt waren und eine Band zusammenstellten, kurvten zufällig auch dort umher. Stephen hatte mich früher schon kennengelernt und wußte, daß ich einen Leichenwagen hatte. Sobald er die Nummernschilder aus Ontario sah, wußte er, daß ich das war. Also stoppten sie uns. Ich war verdammt glücklich, *überhaupt irgendjemanden* zu sehen, den ich kannte. Und es kam uns äußerst logisch vor, daß wir gemeinsam eine Band gründen sollten. Vier oder fünf Tage später gabelten wir noch Dewey Martin auf, fürs Schlagzeug, was meine Idee war. Stephen plädierte damals stark für Billy Munday. Er sagte immer, „Ja, ja, ja. Dewey ist gut, aber *Gott* – der quatscht so verdammt viel." Ich sollte aber doch recht behalten. Dewey war verdammt gut.

Wieviel von der Reibung zwischen dir und Stills hat sich im Laufe der Jahre als nützlich erwiesen?

Ich glaube, die Leute haben diese Sache mit den Reibereien etwas zu sehr überbewertet. Stephen und ich spielen einfach wirklich gut miteinander. Die Leute können nicht begreifen, daß wir beide die Lead-Gitarre in der Band spielen und darüber nicht in Zank geraten. Wir haben totalen Respekt vor musikalischer Könnerschaft und bringen jeder in dem andern den Perfektionisten hervor. Wir sind beide sehr intensiv, aber das gehört nun mal zu unserer Beziehung. Wir schätzen das beide. Es gehört zu dem, was wir machen. In dem Sinn hat es sich für uns beide zum Vorteil gewendet, daß wir uns manchmal gegenseitig in den Weg geraten. Stephen Stills und ich haben eine Menge unbeschreiblich gute Musik miteinander gemacht. Besonders in der Springfield. Wir waren jung. Wir hatten eine Menge Energie.

Warum hast du die Band verlassen?

Ich hab es zum Schluß einfach nicht mehr gepackt. Meine Nerven kamen mit dem ganzen Trip nicht zu Rande. Nicht, weil ich mir irgendwelche Ränkespielchen für eine Solokarriere ausdachte. Es war nichts weiter als mein Nervenkostüm. Alles begann viel zu verdammt schnell zu gehen, das kann ich jetzt sagen. Ich war einfach drauf und dran, verrückt zu werden, weißt du. Ich trat bei der Band ein, trat aus, trat wieder ein. Ich fing an, das Gefühl zu haben, als wäre ich niemandem zu Rede und Antwort verpflichtet. Ich brauchte mehr Freiraum. Das war ein großes Problem in meinem Kopf. Also verließ ich die Gruppe immer mal wieder, und kam dann zurück, denn sie klang so gut. Es war ein ständiges Problem. Ich war einfach nicht erwachsen genug, um damit klar zu kommen. Ich war sehr jung. Wir kriegten von überall her eins reingewixt, und es sah so aus, als ob wir uns böse abstrampelten und dabei auf keinen grünen Zweig kamen. Die Gefolgschaft, die wir am Anfang hatten, und die Leute wissen selbst, wen ich meine, die waren echt was besonderes. Die gaben uns allen, glaube ich, die Kraft, das durchzusetzen, was wir tun wollten. Mit der *Intensität*, mit der wir es dann gemacht haben. Diese wenigen Leute, die da ganz am Anfang zu uns standen.

Letzte Springfield-Frage. Gibt es faktisch wirklich mehrere Alben mit zurückgehaltenen Springfield-Materialien?

Ich hab das alles in meinem Besitz. Diese ganzen Bänder.

Warum sitzt du auf denen so lange? Worauf wartest du?

Ich warte, bis sich ein paar von den anderen Jungs bei mir gemeldet haben. Mal sehen, wer sonst noch irgendwelche Bänder hat. Ich weiß nicht, ob Richie oder Dicky Davis (Springfield Road Manager) noch was haben. Ich hab da ein paar gute Sachen. Tolle Songs. „My Kind of Love", „My Angel", „Down to the Wire", „Baby Don't Scold Me". Wir werden ja sehen, was sich ergibt.

Wie war dein Leben nach den Springfield?

Es ging, soweit. Ich fand es nötig, mich eine Zeitlang in die ländliche Abgeschiedenheit zurückzuziehen und einfach auszuspannen. Ich fuhr zum Topanga Canyon und kriegte mich wieder in den Griff. Ich kaufte mir ein großes Haus mit Blick über den ganzen Canyon. Schließlich bin ich aus dem Haus wieder ausgezogen, weil ich nicht klar kam mit den ganzen Leuten, die ständig vorbeischauten. War aber ansonsten echt ein verdammt gemütlicher Schuppen. Das war '69, ungefähr um die Zeit, als ich anfing, mit meiner ersten Frau zusammen zu leben, Susan. Eine schöne Frau.

War dein erstes Solo Album ein Liebeslied an sie?

Nein. Sehr wenige meiner Alben sind Liebeslieder für irgendjemanden. Musik ist sowas großes, Mann, die nimmt eine Menge Raum ein. Ich habe mein Leben bisher meiner Musik gewidmet. Und jedesmal, wenn ich sie durchhängen ließ und mich mit was anderem beschäftigt habe, hat man das auch gleich gemerkt. Die Musik überdauert – sie hält wesentlich länger als Beziehungen. Mein erstes Album war eindeutig ein erstes Album. Ich wollte mir selber beweisen, daß ich es hinkriegen konnte. Und das hab' ich auch getan, dank des Zaubers moderner Maschinen. Dieses erste Album war Overdub-City. Es ist aber immer noch eins meiner liebsten. *Everybody Knows This Is Nowhere* ist wahrscheinlich mein bestes. Das ist mein Lieblingsalbum. Ich hab immer schon Crazy Horse gemocht, seit damals, als ich das Rockets Album auf White Whale zum ersten Mal hörte. Die ursprüngliche Band, die wir '69 und '70 hatten – Molina, Talbot, Whitten und ich. Die war *wundervoll*. Und so ist sie auch jetzt wieder. Alles, was ich jemals mit Crazy Horse gemacht habe, war unglaublich, allein schon wegen dem *Feeling*.

Warum hast du dich dann CSNY angeschlossen? Da hast du doch schon regelmäßig mit Crazy Horse gearbeitet?

Stephen. Ich liebe es, mit den andern Jungs zusammen zu spielen, aber mit Stephen ist es was besonderes. David ist ein ausgezeichneter Rhythmus Gitarrist und Graham singt großartig – ach Mist, ich brauche doch niemandem zu erzählen, daß diese Jungs phänomenal sind. Ich wußte, daß es Spaß machen würde. Ich würde nicht draußen an der Rampe stehen müssen. Ich konnte es locker angehen. Ich würde nicht die ganze Zeit über ich selber sein müssen. Sie waren eine berühmte Gruppe, und das machte die Sache leicht für mich. Ich konnte immer noch meine Überstunden bei Crazy Horse machen. Bei CSNY war ich im Grunde bloß ein Instrumentalist, der ein, zwei Songs mit ihnen singt. Das war kein Problem. Und die Musik war toll. CSNY, glaube ich, war immer was größeres. Die Leute beziehen sich immer auf mich als Neil Young von CSNY, hab ich recht? Das ist nicht mein Haupt-Trip. Sondern etwas, was ich hin und wieder mal mache. Ich hab die ganze Zeit über weiter an meinem eigenen Trip gearbeitet. Und jetzt, wo Crazy Horse wieder in Form ist, bin ich sogar noch mehr mit meinen eigenen Sachen beschäftigt.

Eins ist sicher, CSNY haben meinen Namen bekannt gemacht. Sie haben mir viel Publicity eingetragen. Aber in aller Bescheidenheit, *After the Gold Rush*, was sozusagen den Wendepunkt bildete, war ein starkes Album. Ich glaube wirklich, daß es das war. Eine Menge harte Arbeit ist da reingeflossen. Das Bild, das es malte, war sehr ausdrucksstark. *After the Gold Rush* spiegelte den Geist des Topanga Canyon wider. Es wirkte so, als hätte ich mit Bewußtsein wahrgenommen, daß ich irgendwo an einem Ziel angelangt wäre. Ich schloß mich CSNY an und arbeitete weiterhin viel mit Crazy Horse. Die ganze Zeit über hat es mir Spaß gemacht. Direkt nach dem Album verließ ich das Haus. Es war ein guter Ausklang.

Wie bist du danach mit der ersten Flutwelle des Lebens als Superstar klargekommen?

Das erste, was ich machte, war eine lange Tour durch lauter kleine Veranstaltungen. Nur mit mir und meiner Gitarre. Ich mochte das sehr. Es war echt persönlich. Ein ausgeprägtes Eins-zu-eins-Verhältnis mit den Leuten da draußen. Es war erst später, nach *Harvest*, daß ich mich selbst versteckte. Ich versuchte, den ganzen Kram nicht so an mich herankommen zu lassen. Ich fand die Platte (*Harvest*) gut, aber ich wußte auch, daß etwas anderes am Absterben war. Ich zog mich sehr stark zurück. Ich wollte nicht viel aus mir herauskommen.

Warum? Warst du deprimiert? Hattest du Angst?

Ich glaube, ich war ziemlich glücklich. Aber trotzdem, ich hatte meine feste Freundin und zog auf die Ranch. Es hatte zum Gutteil was mit meinem Kreuz zu tun. Ich mußte in den zwei Jahren immer wieder ins Krankenhaus zwischen *After the Gold Rush* und *Harvest*. Ich habe eine schwache Körperseite, und sämtliche Muskeln rutschten bei mir ab. Meine Bandscheiben kamen ins Schliddern. Ich konnte meine Gitarre nicht mehr heben. Das war der Grund, warum ich während meiner gesamten Solo-Tour im Sitzen auftrat. Ich konnte mich nicht besonders gut bewegen und blieb daher lange Zeit auf der Ranch und pflegte keine Kontakte, verstehst du. Ich trug ein Stützkorsett. Crosby kam manchmal, um zu sehen, wie es mir ging, und wir gingen ein wenig spazieren. Ich brauchte 45 Minuten, um zum Studio hinüberzukommen, und das liegt keine 400 Meter vom Haus entfernt. Ich konnte bloß für ein paar Stunden am Tag aufstehen. Ich machte die meisten Aufnahmen für *Harvest* im Stützkorsett. Das ist mit ein Grund, warum es so ein abgeklärtes Album ist. Ich konnte rein physisch keine elektrische Gitarre spielen. „Are You Ready Tonight", „Alabama" und „Words" wurden alle aufgenommen, nachdem ich die Operation hinter mir hatte. Die Ärzte fingen schon an, vom Rollstuhl und all solchem Scheiß zu reden, also ließ ich mir ein paar Bandscheiben rausnehmen. Aber die meiste Zeit verbrachte ich zwei Jahre lang flach auf dem Rücken. Ich hatte viel Zeit, darüber nachzudenken, was mit mir passiert war.

Hast du jemals eine Analyse gemacht?

Du meinst, ob ich je bei einem Psychiater war? Nein (lacht). Die sind aber alle sehr interessiert an mir. Die stellen mir immer furchtbar viele Fragen, wenn ich mal in ihre Nähe komme.

Was fragen sie dich denn so?

Also, ich hatte ja einige Epilepsie-Anfälle. Sie stellten mir gewöhnlich viele Fragen darüber, wie ich mich dabei fühlte. Solche Sachen eben. Ich erzählte ihnen all die Gedanken, die ich habe, und die Bilder, die mir durch den Kopf gehen, wenn ich, verstehst du, ohnmächtig werde oder

hinfalle oder sowas. Das ist aber nicht wirklich bedeutsam.
Kriegst du immer noch diese Anfälle?
Ja, immer noch. Ich wünschte, es wäre nicht so. Ich dachte, ich hätte das unter Kontrolle.
Ist das eine physische oder geistige...
Ich weiß es nicht. Epilepsie ist etwas, worüber niemand genau Bescheid weiß. Es ist einfach ein Teil von mir. Ein Teil meines Kopfes, ein Teil dessen, was sich da drinnen abspielt. Manchmal gibt irgendwas in meinem Gehirn den Auslöser dazu ab. Manchmal, wenn ich so richtig high bin, ist es eine sehr psychedelische Erfahrung, einen Anfall zu kriegen. Du tauchst in eine andere Welt. Dein Körper flattert herum, du beißt dir auf die Zunge und haust dir den Kopf am Boden an, aber dein Geist ist irgendwo ganz anders. Das einzige, was einem dabei Angst macht, ist nicht, wie man da hin gekommen ist oder ob man dort bleiben wird, sondern die Erkenntnis, daß man sich vollkommen wohlfühlt in dieser...Leere. Und dieser Schock bringt einen wieder in die Realität zurück. Es ist eine sehr verwirrende Erfahrung. Es ist schwer, sich selbst in den Griff zu kriegen. Als es das letzte Mal passierte, brauchte ich nachher ungefähr anderthalb Stunden, indem ich mit zwei von meinen Freunden einfach nur so auf der Ranch umherlaufen mußte, bis ich wieder beisammen war.
Ist es dir schon jemals auf der Bühne passiert?
Nein. Noch nie. Ich hatte bisher zwei mal das Gefühl, daß es gleich losgehen würde, und bin dann immer von der Bühne runter. Ich werde zu high, oder sowas. Es ist einfach der Druck um mich herum, verstehst du. Das ist der Grund, warum ich Menschenmengen nicht besonders mag.
Wie fühltest du dich eigentlich bei den Sessions für Deja Vu*? War das eine Gemeinschaftsarbeit der Band?*
Die Band-Sessions auf der Platte waren „Helpless", „Woodstock" und „Almost Cut My Hair". Die waren von Crosby, Stills, Nash und Young. All die andern Stücke waren Kombinationen, die mehr von jeweils einem gemacht wurden, der sich dann der anderen bediente. „Woodstock" war eine *großartige* Aufnahme. Es war eine tolle Live-Aufnahme, Mann. Jeder spielte und sang zugleich. Stephen sang so, daß dem Song alle Sicherungen durchglühten. Der Track war die reinste Zauberei. Dann, später, waren sie alle endlos lange im Studio und fingen an, kleine Nüßchen zu knacken. Und natürlich, wie konnte es anders sein, Stephen löschte das Vocal und legte ein anderes drüber, das nicht annähernd so unglaublich war. Sie löschten und überspielten eine ganze Reihe von Sachen, die nach meinem Gefühl ungeschliffener aber sehr viel vitaler klangen. Aber das ist alles persönlicher Geschmack. Ich erzähl das nur, weil es manche Leute interessieren könnte, wie wir das Album zusammengestellt haben. Ich bin

glücklich über jede einzelne Nummer, die ich mit ihnen aufgenommen habe. Die Sachen kamen wirklich gut raus. Ich hege jedenfalls ganz sicher keinerlei Groll deswegen.

Du klingst ein bißchen defensiv.

Naja, jeder konzentriert sich immer wieder auf diesen Punkt, daß wir immerzu miteinander im Streit liegen. Das ist eine Ladung Scheiße. Die wissen nicht, worüber sie verdammt nochmal sprechen. Das ist alles nur aufgebauscht. Wenn wir vier beisammen sind, geht es richtig intensiv zu. Wenn du es mit vier total unterschiedlichen Leuten zu tun hast, die alle ihre Vorstellungen darüber einbringen, wie ein bestimmtes Ding gemacht werden soll, dann geht's eben heiß her. Das macht wirklich Spaß, Mann, und bringt echt viel. Die Leute erfinden aber auch so viel Kack. Ich habe so viele Gerüchte allein schon im *Rolling Stone* gelesen – Ann Landers würde erbleichen. Du würdest überrascht sein. Irgendwie sind wir auf diese Stufe des Gesellschaftsklatsches runtergerutscht, und es hat absolut nichts mit dem zu tun, was wir vorhaben. Die Musikpresse schreibt den sonderbarsten Mist über uns. Diese Leute vertun bloß ihre verdammte Zeit damit.

Es gab da unlängst eine Meldung, CSNY hätten ein neues Album aufnehmen wollen, es aber nicht gekonnt, weil du dich „an einem anderen Ort gefühlt" hättest.

Totaler Schwachsinn. Da hat bloß jemand versucht, mit einer originellen Textzeile zu glänzen und sie mir als Zitat in den Mund zu schieben. ,Ja, das ist so 'n bißchen verklärt. Klingt wie etwas, was Neil Young gesagt haben könnte.' Und: Bingo. Es ist so, als ob sie selber dabei gewesen wären. Wir hatten ein paar Aufnahme-Sessions, weißt du, und wir haben ein paar Sachen aufgenommen. Das ist alles. Wir gingen runter zur Record Plant in Sausalito, mieteten uns etwas Studiozeit und gingen wieder, mit zwei Nummern unter Dach und Fach.

Welche waren das?

Ein Song von David und einer von Graham, beides ausgezeichnete Sachen. Wir waren wirklich gut drauf. Aber viele andere Dinge passierten zur gleichen Zeit. Crosbys Baby stand kurz vor der Geburt. Manche von uns wollten sich eine Weile ausruhen. Wir hatten sehr schwer gearbeitet. Jeder hat eine andere Meinung und wir brauchen einfach eine Zeitlang, bis wir die alle zusammen bringen. Es ist aber eine tolle Gruppe, alles in allem. Ich bin sicher, die Zeit wird kommen, da wir wieder gemeinsam etwas machen werden. Wir haben auf diesen Sessions wirklich einiges erreicht. Aber bloß weil die Sessions nur drei Tage dauerten, fingen die Leute an, bescheuerte Geschichten in Umlauf zu setzen. Wir mögen uns alle sehr, aber wir stecken in einer Periode, wo wir alle heißes Interesse für unsere eigenen Projekte aufbringen. Stephen tourt gerade mit seinem neuen Album, Graham und David sind bei Aufnahmen, und ich bin mit meinem eigenen Album mit Crazy Horse beschäftigt. Wenn ich so zurückblicke, wären wir vielleicht besser beraten gewesen, das Album vor der Tour aufzunehmen. Als wir noch dabei waren, die Energien hochzuputschen. Aber es kommen noch andere Zeiten, um Aufnahmen zu machen. CSNY gehört immer noch zu Atlantic. Wann immer wir Aufnahmen machen, machen wir sie für Ahmet, und das halte ich für richtig. Ahmet Ertegun hielt die Buffalo Springfield über Wasser solange sie bestand. Er ist großartig. Ich habe ihn sehr gerne. Es kann sein, daß es auch noch ein Live-Album von der Tour im letzten Jahr geben wird. Ich weiß, daß es da mindestens fünfundzwanzig Minuten von meinen Songs gibt, die entschieden plattentauglich sind. Wir haben ein paar wirklich gute Sachen im Kasten, von der Tour. Gutes Musizieren, gutes Zusammenspiel.

Warum bist du auf der Tour völlig separat von allen anderen gereist?
Ich wollte von allem völlig losgelöst bleiben, außer von der Musik. Es funktionierte gut. Ich bin nach jedem Gig mit meinem Kind, meinem Hund und zwei Freunden abgereist. Ich war immer ganz ausgeruht und fühlte mich für jede Show gut in Form.

Warum hast du einen Film gedreht?
Das war etwas, was ich einfach machen wollte. Die Musik, die immer schon meine wichtigste Sache war und auch bleiben wird, schien regelrecht in diese Richtung hin zu *deuten*. Ich wollte ein visuelles Bild von dem ausdrücken, worum es in meinen Songs ging.

Ein Kritiker schrieb, das Thema des Films lautete, „das Leben ist sinnlos."
Das ist vielleicht das, was der Typ daraus mitbekommen hat. Ich habe bloß ein Gefühl erzeugt. Es ist schwer zu sagen, was der Film bedeutet. Ich glaube, es ist ein guter Film, dafür daß es ein Film-Erstling ist. Ich finde, es ist ein wirklich guter Film. Ich denke nicht, daß ich damit aussagen wollte, das Leben sei sinnlos. Aber klar: er setzt den Leuten eine Menge harter Brocken vor. Er ist nicht zur Unterhaltung gemacht worden. Ich gebe zu, ich habe ihn für mich selber gemacht. Was immer der Film auch sein mag: so habe ich mich eben gefühlt. Ich habe ihn für mich gemacht. Ich hatte noch nicht einmal irgend ein Script.

Haben dich die schlechten Kritiken danach noch überrascht?
Natürlich nicht. Die Film-Gemeinde will mich nicht in ihren Kreisen sehen. Was sollen die schon mit *Journey Through the Past* anfangen? (lacht) Er hat keine Handlungsstruktur, keine Pointe, keine Stars. Sowas wollen die nicht sehen. Aber das nächste mal, Mann, dann kriegen wir sie. Das nächste mal. Ich hab die ganze Ausrüstung, die Ideen und die Motivation, um noch einen Film zu machen. Ich hab mich sogar als Kameramann in

Übung gehalten, indem ich mich unter dem Namen Bernard Shakey anheuern ließ. Ich hab vor nicht allzu langer Zeit einen Werbespot für Hyatt House gefilmt. Ich bin im Geschäft. (lacht) Ich warte nur noch auf den richtigen Zeitpunkt.

Was ist mit der Idee für die Handlung?

Die ist echt simpel. Es steckt vielleicht nicht viel Action drin, aber es ist ein sehr starkes Feeling. Es dreht sich dabei um drei oder vier Leute, die zusammen leben. Keine Musik. Ich werd nie wieder einen Film machen, der etwas mit mir zu tun hat. Das kann ich dir sagen. Das war die einzige Art, wie ich den ersten Film finanzieren konnte. Ich wollte in einem Film sein, also habe ich das zugelassen. Ich opferte mich selbst als Musiker, um ihn zu machen.

Du betrachtest also das Soundtrack-Album nicht als offizielle Neil Young-Veröffentlichung?

Nein. Es gab da eine unglückliche Verknüpfung von Umständen, die sich um *Journey Through the Past* rankten. Die Leute von der Plattenfirma sagten mir, sie würden mich bei dem Film nur dann finanzieren, wenn ich ihnen das Soundtrack-Album überließe. Die nahmen das Ding (den Soundtrack) und brachten es prompt auf Platte heraus. Dann sagten sie mir, sie wollten den Film nicht herausbringen, weil er nicht – naja, sie wollten ihn mit einem Haufen anderer Filme zusammenschmeißen. Ich wollte ihn für sich alleine vors Publikum bringen. Also kniffen sie bei dem Film, weil sie ihn für bizarr hielten. Aber sie knöpften mir das Album ab. Das ist bei mir immer schon ein heikles Thema gewesen. Das ist der einzige Moment einer mangelnden Zusammenarbeit und Verwirrung, den ich je mit Warners erlebt habe. Irgendjemand hat bei der Sache echt den Dampfer verpaßt. Aber das ist auch nicht weiter schlimm. Wir fanden einen anderen Verleih. Der Film hat seine Unkosten wieder eingespielt. Auch wenn er in England verboten wurde. Die fanden, er sei unmoralisch. Es gab da Flüche und Fingerzeige auf Christus, womit sie sich schwer getan haben.

Warum hast du die Ranch wieder verlassen?

Es wurde einfach ein zu großer Trip. Es war zu viel los in den letzten beiden Jahren. Nichts davon hatte irgendwas mit Musik zu schaffen. Ich hatte einfach verdammt zu viele Leute um mich herumhängen, die mich nicht mal richtig kennen. Es waren Schmarotzer, ob sie das jetzt sein wollten oder nicht. Sie lebten von mir, benutzten mein Geld um Zeugs zu kaufen, benutzten mein Telefon, um ihre Anrufe zu tätigen. Allgemeine Blutsaugerei. Es tat mir ziemlich weh, als ich zu dieser Erkenntnis gelangte. Ich wollte es nicht glauben, daß ich ausgenutzt wurde. Es machte mir keinen Spaß, den Boss spielen zu müssen und ich mag's auch nicht, wenn ich den Leuten sagen muß, „Hebt euren Arsch weg hier." Das ist der Grund, warum ich jetzt verschiedene Häuser habe. Wenn sich die Leute um mich versammeln, zieh ich Leine. Ich meine, die Ranch ist schöner als je zuvor. Die ist auch ohne mich stark. Ich hab bloß nicht mehr das Gefühl, sie sei der einzige Ort, wo ich mich ungestört aufhalten und sicher sein kann. Ich fühle mich jetzt sehr viel stärker.

Hast du schon einen Namen für das neue Album?

Ich denke, ich werde es *My Old Neighborhood* nennen. Entweder das, oder *Ride My Llama*. Es ist merkwürdig, ich habe ein paar Songs über Peru, die Azteken und die Inkas. Zeitreise-Geschichten. Wir haben einen Song, der heißt „Marlon Brando, John Ehrlichman, Pocahontas and Me." Da ist viel E-Gitarre von mir dabei, und das ist auch, was mir am besten gefällt. Zwei Gitarren, Baß und Schlagzeug. Und es hebt auch wirklich gut ab. Verdammt unglaublich. Ich habe eine Wette laufen mit Elliot, daß es noch vor Ende September rauskommt. Danach werden wir wahrscheinlich auf eine Herbst-Tour durch die mittleren Hallen mit 3000 Sitzen ziehen. Ich und Crazy Horse mal wieder. Ich könnte nicht glücklicher sein. Das und dazu das Junggesellen-Leben – ich fühle mich blendend. Dies ist das erste Mal, daß ich aus einer Beziehung rauskomme und entschieden nicht das Bedürfnis habe, eine neue anzufangen. Ich sehe mich gar nicht erst um. Ich bin so glücklich über die Verfassung in der mich jetzt gerade befinde. Es ist wie im Frühling. (lacht) Ich verkauf dir zwei Flaschen davon für $1.50.

28. AUGUST 1975

DAVE MARSH

TONIGHT'S THE NIGHT

(Album-Kritik)

Die Nacht spannt ihre Flügel über Neils Seele

„Tut mir leid. Ihr kennt diese Leute nicht. Das wird euch nicht viel sagen."

– Neil Young, im Klappentext

TONIGHT'S THE NIGHT – Heute ist der besagte Abend, und Neil Young ist ganz oben angekommen, in die Knie gegangen und strampelt sich jetzt ab, um wieder auf die Beine zu kommen. Die musikalischen Schwierigkeiten von *On the Beach* aus dem letzten Jahr sind so direkt wie nur möglich behoben worden, und zwar durch eine Rückkehr zu Crazy Horse und Nils Lofgren.

Doch nicht einmal Crazy Horse ist das, was es einmal war. Lead-Gitarrist Danny Whitten starb vergangenes Jahr an einer Überdosis Drogen. Der eine Track, auf dem er zu hören ist, „Come on Baby, Let's Go Downtown", vor vier Jahren im Fillmore East aufgenommen, dient als Metapher für die gespenstischen, angsterfüllten emotionalen Themen des Albums. Musikalisch komplementierten Whittens Stimme und Gitarre Young, regten ihn an und inspirierten ihn. Der Rest des Albums müht sich ab, dabei mitzuhalten.

Es schafft diesen Sprung nur gelegentlich, doch die Bemühungen haben etwas von der erheiternden Art einer Don Quichotterie. Die Erfolge – das ironische „Tired Eyes", das täuschend süßliche „Albuquerque", das donnernde „Lookout Joe" und die zwei Versionen des Titelsongs – gehören zu Youngs bester Musik seit *After the Gold Rush*. Lofgrens Gitarre und Piano sind kraftvoll und direkt, Ralph Molinas Schlagzeug paßt sowohl zu den rockigen Fetznummern wie zu den Schmachtfetzen (die von Ben Keiths Steel-Gitarre vorangetrieben werden). Youngs Instrumentalspiel, auf Piano, Mundharmonika und Gitarre, ist einfach, aber stets energiegeladen.

Gemeinsam mit *On the Beach* ist dem Album ein vollentwickeltes Gefühl der Hoffnungslosigkeit. Der Sternenseher aus „Helpless" findet hier keinen Trost. Die Musik strömt ein Gefühl hemdsarmeliger First-Take-Krudität aus, wie man sie ähnlich in letzter Zeit nur noch auf Dylans *Blood on the Tracks* gehört hat. Es scheint fast, als hätte Young beabsichtigt, uns die letztlich majestätische Größe des Albums übersehen zu lassen, um seine ausgezackte Schnittkante der Verzweiflung stärker zu betonen. „Borrowed Tune" z.B. ist kontrastreich gegen Youngs scharf umrissenes Klavier- und Harmonikaspiel gesetzt. Das Tandem aus Gitarre und Bass auf der Version des Titelsongs am Beginn der Platte klingt wie die Posaunen des Jüngsten Gerichts persönlich, und Youngs Gesang – besonders auf der Schlußversion – wechselt zwischen schierer Panik und alttestamentarischer Drohung. „Tonight's the night" („Heute Nacht ist es soweit") schreit, bettelt, stöhnt und flucht er und erzählt die Geschichte des Roadies Bruce Berry, der sich den goldenen Schuß setzte, „direkt in die Hauptvene." Manchmal fühlt es sich an, als ob er noch immer damit beschäftigt ist, den Schock über den Tod seines Freundes zu absorbieren, manchmal scheint es, als ob er seinen Zorn über die Sterblichkeit an sich ausläßt, dann wieder, als ob er sie endlich als fakt akzeptiert hat. Aber nie, als ob er auch daran glaubt.

Mehr als jeder frühere Song und jedes andere Album Youngs – selbst das niedergeschlagene *On the Beach* und das bissige, verbitterte *Time Fades Away* – ist *Tonight's the Night* total *zu* mit Tiefsinn über Tod und Trauer. Gewidmet den Verstorbenen Berry und Whitten ist das gesamte Album vom Cover bis zum Innenlabel und dem Klappentext in krassem Schwarz/Weiß gehalten. Die Charaktere der Songs sind Traumatisierte, Verlierer, Kranke, Irre, Obdachlose – mit Ausnahme derer, die bereits ihre leibliche Hülle abgeschüttelt haben. Der Glücklichste unter ihnen allen, der Vater in „New Mama", muß zugeben, daß er in einem Traumland lebt. Und zuböserletzt wird auch er von den Geistern einer gnadenlosen Gesellschaft eingeholt, während er dasitzt und auf die glaziale Oberfläche seines erfrorenen Sees hinausstarrt.

Young wird von dieser bösartigen Landschaft in Schrecken versetzt und ist zugleich doch auch wieder fasziniert von dem Ekel und der Lust, die sie in ihm weckt. Die einzige Auflösung scheint sich im Angeödetsein, im *Ennui*, zu ergeben und im Ritual der Musik, die unaufhörlich pocht, bis zuletzt die Vernunft aller Dinge, einschließlich (oder besonders) des Sängers und des Hörers, in Zweifel gezogen werden muß. Heute Nacht ist die Nacht, klar, aber wofür? Bloß für irgendeinen weiteren Nervenkitzel?

Auf der Suche nach einem Sinn bietet eine verschüttete Raymond Chandler-Story einen Fingerzeig. In „Red Wind" liest man: „Es war einer jener heißen, trockenen Santa Anas, die durch die Bergpässe herabstoßen und einem die Haare kräuseln, bis man gereizt bis unter die Haut dasteht. An solchen Abenden endet jede Sauferei mit einer Schlägerei. Selbst zahme

Hausmütterchen lassen den Finger über den Wellenschliff des Vorlegemessers gleiten und blicken prüfend auf die Nackenfalten ihrer Gatten. Vorfallen kann da alles mögliche..." Dies ist Wüstenmusik, ganz sicher, und aus dem wildesten Teil der Einöde noch dazu.

Was schließlich auf „Tired Eyes" passiert, ist das Material für einen Roman; Tatsächlich verblüfft hier, wie Bud Scoppa aufgezeigt hat, die Ähnlichkeit mit Robert Stones *Dog Soldiers* – einem Roman, der Youngs Besessenheit mit Heroin und den Abfallprodukten des Krieges teilt. „Well, he shot four men in a cocaine deal" („Tja, er schoß vier Männer bei einem Kokain-Deal nieder") singt Young ungerührt, „He left 'em lyin' in an open field / Full of old cars with bullet holes in the mirrors" („Er ließ sie auf einem offenen Gelände liegen / Voller alter Autos mit Einschußlöchern in den Spiegeln").

Das ganze Album hat sich auf diese Stelle zubewegt, ein Song nach dem andern baut durch endlose Wiederholung von musikalischen und textlichen Phrasierungen Dichte auf, bis das Raspeln der Gitarren auf den harten und die Süßigkeit des Gesangs auf den zarten Nummern sich aneinander zu reiben beginnen und sich schmerzhaft nach Auflösung sehnen. Youngs gesamte Karriere könnte auf diesen Punkt hingedrängt haben – wer erinnert sich nicht an die sinistren schwarzen Limousinen, die in den Schatten von „Mr Soul" und „Broken Arrow" herumlungern? – aber erst jetzt hat er einen Weg gefunden, wie er die Geschichte so direkt erzählen kann.

Viel Aufhebens ist darum gemacht worden, daß Young sich auf den letzten drei Alben von den hübschen Melodien abgewandt hat. Auf diesem Album gibt es immer wieder Anflüge eben jener Schönheit, die, im Übermaß verwendet, schließlich *Harvest* anhand seiner eigenen Exzesse in Gärung übergehen ließ. „World on a String" und „Roll Another Number" hätten auf jenem Album nicht deplaziert geklungen, außer daß sie seine Prätention zum Platzen gebracht hätten.

Wenn die Songs hier nicht hübsch sind, so sind sie doch strapazierfähig und kraftvoll, mit einem metallischen Gitarren-Sound, der größere Verwandtschaft mit der Kratzbürstigkeit der Rolling Stones als mit den friedfertigen Harmonien der CSNY aufweisen. Die Melodien sind nicht verschwunden – wie es auf *On the Beach* der Fall zu sein schien – doch sind sie nur wie mit dem Bleistift eingezeichnet, Skizzen und Andeutungen dessen, was sein könnte.

Es gibt hier kein Gefühl des Rückzugs, keine Entschuldigung, es wird keine Ausrede angeboten und kein Pardon gegeben. Wenn überhaupt, sind es die alten Ideen mit einem neuen Gefühl von Aggressivität. Die Zittrigkeit der Musik, das Gefühl ihrer Schludderigkeit, Unarrangiertheit –

aber entschiedenen Strukturiertheit – sind eindeutig beabsichtigt, kalkuliert. Die Musik übt ihren Sog auf uns aus, zieht uns mit der wundervollen Gitarren-Linie, die durch das ominöse „Lookout Joe" kracht und mit dem Steel-Gitar-Solo auf „Albuquerque", der fast volksmusikhaften Andeutung einer Melodie, die „Tired Eyes" in Schwung hält an, aber – und das ist an dieser Stelle das Neue daran – die Musik spuckt uns auch wieder aus, sie läßt uns die Häßlichkeit an der Oberfläche und auch darunter sehen.

Doch die musikalische Veränderung reflektiert nicht eine vergleichbare Verhärtung in der Thematik, obgleich der nur oberflächliche Zuhörer leicht diesen Eindruck gewinnen könnte. Die Spannungen sind immer schon dagewesen, nur sind sie jetzt durch nichts abgeschwächt. Zu behaupten, wie es einige getan haben, daß Youngs derzeitige Musik eine Art Entschuldigung für die Süßigkeit seines Erfolgs ist – oder gar die Behauptung, er habe überhaupt erst vor kurzem entdeckt, daß es eine Welt außerhalb der Rock-Musik gibt, die zu ihr im Gegensatz steht – würde bedeuten, den Tenor seines Werks in seiner Gesamtheit zu ignorieren. Die Titel allein geben bereits beredte Auskunft: „Broken Arrow", „Out of My Mind", „Everybody Knows This Is Nowhere", „Only Love Can Break Your Heart" (ohne den geringsten Hinweis im Song, wie man das gebrochene Herz wieder kitten könnte), und auch sogar „Helpless". „Ohio", Youngs anderer großer Beitrag zum CSNY-Repertoire, spricht explizit von den gleichen Schrecknissen: „What if you knew her and found her dead on the ground / How can you run when you know?" („Was wäre, wenn du sie kennen würdest und fändest sie tot daliegen / Wie kannst du davonlaufen, wenn du es weißt?") Letzten Endes sind die vier Toten in „Ohio" das genaue Gegenstück in der Gleichung zu den vier toten Coke-Dealern in „Tired Eyes"; Gefallene in verschiedenen Schlachten des gleichen Krieges.

All dies bleibt zur Hälfte unzusammenhängend, unausgesprochen, weil all die Namen, die Young dem Ganzen geben könnte, doch bloß wieder Klischees wären. Es ist ein Maßstab für Youngs Leistung, daß, wenn er (so still, daß es geradezu gespenstisch wirkt), „Please take my advice / Open up the tired eyes" („Bitte, horche auf meinen Rat / Öffne deine müden Augen") singt – dies uns die Botschaft in neuer Weise nahe bringt. Mit einem Mal ist das Böse nicht mehr banal, sondern grauenhaft und ironisch, in der gleichzeitigen Erkenntnis, daß der Ratschlag albern ist, oder daß er, wenn man ihn befolgen wollte, nicht helfen würde oder nur dazu beitragen würde, die Wunden zu verschlimmern.

Im Weinen über den Tod seiner wirklichen und imaginären Freunde erscheint Young heroisch und zugleich komisch-heroisch, tapfer und zugleich absurd. Er verläßt uns so wie er uns antraf: ramponiert, aber – rockend.

27. AUGUST 1987

DIE TOP 100

DIE BESTEN ALBEN VON 1967-1987

Nr. 26 *Tonight's the Night*, Neil Young

Im Jahr 1987 bat Rolling Stone siebzehn Rock-Schreiber um ihre Nominierungen für die 100 besten Alben der letzten zwanzig Jahre – für Alben, die zwischen 1967 und 1987 erschienen waren. Neil Youngs Tonight's the Night *stieg mit der Nummer sechsundzwanzig ein.*

D AS EINEN UNWEIGERLICH IN SEINEN BANN schlagende *Tonight's the Night* ist Neil Youngs persönlichstes, ergreifendstes Werk. Der Crazy Horse-Gitarrist Danny Whitten war 1972 an einer Überdosis gestorben, und hatte Young damit in eine dumpfe Depression gestürzt. Die Sessions für dieses Album waren das erste Mal, daß Young und die Band danach wieder zusammen kamen. Das Album ist „wie ein Abschiedsbrief", erzählte Young dem Rolling Stone im Jahr 1975. Bruce Berry, ein Roadie von Crosby, Stills, Nash and Young, hatte gleichfalls tödlich überdosiert und Berrys Bruder Ken leitete das Studio, in dem nun die meisten der Tracks aufgezeichnet wurden.

Young erzählte, die Band – zu der auch der Schlagzeuger Ralph Molina, der Bassist Billy Talbot und die Gitarristen Nils Lofgren und Ben Keith gehörten – habe sich jeweils vollgedröhnt, Tequila getrunken bis Mitternacht Billard gespielt und dann zu musizieren begonnen. „Wir alle waren high", sagte Young, „ganz weit draußen an der Kante, wo wir uns voll dieser ganzen Stimmung aussetzen konnten. Es war gespenstisch. Ich *spüre* wahrscheinlich dieses Album mehr als alles andere, was ich je gemacht habe."

Obgleich das Ergebnis manchmal schlampig gespielt und oft eintönig wirkt, übt die düstere, Country-gestimmte Musik doch eine unbezweifelbar kathartische Kraft aus. Von dem nachlässigen Piano-Geklimper, mit dem der Titelsong anhebt, bis hin zum letzten wuchtigen Akkord seiner

Wiederaufnahme am Schluß des Albums wird der Zuhörer hineingezogen und zum Mitempfinden angeregt.

Youngs emotionale Aufgerauhtheit übersetzt sich dabei in eine Art lässige Kühnheit. Auf „Tired Eyes", in dem es um vier tote Kokain-Dealer geht, ist seine Stimme halb erzählender Sprechgesang, halb aufeinandergeschichtete Harmonien; auf „Borrowed Tune", gibt er unumwunden zu, sich die Melodie von „Lady Jane" von den Rolling Stones angeeignet zu haben weil er sich „zu erschlagen" fühlte, „um meine eigene zu schreiben." Wie Young selber sagte: „Wenn du morgens um elf eine Platte auflegen willst, leg nicht *Tonight's the Night* auf. Such dir lieber was von den Doobie Brothers raus."

Aufgenommen im Fillmore East, New York City, 1971, bei Studio Instrument Rentals, Hollywood, Kalifornien, und Broken Arrow, Kalifornien, Frühling 1973. **Produzenten**: David Briggs, Neil Young, Tim Milligan und Elliot Mazer. **Toningenieure**: Elliot Mazer, David Briggs, Tim Mulligan und Gabby Garcia. **Veröffentlicht**: Juni 1975. **Höchste Charts-Position**: Nummer fünfundzwanzig. **Gesamt-Verkaufszahlen USA** (bis 1987): 436.082. Reprise Records.

■ RANDNOTIZEN (20. NOVEMBER 1975)

Neil Young unterzog sich in L. A. am 13. Oktober einer Operation zur Entfernung „eines Objekts" an einem seiner Stimmbänder, wie sein Manager, Elliot Roberts verlauten ließ. Roberts bezeichnete die Operation als erfolgreich, wenngleich Pläne für eine Akustik Solo-Tour Youngs für den November ersatzlos gestrichen worden sind. „Neil hat derzeit keine anderen Pläne, außer wieder gesund zu werden und weitere Songs zu schreiben", sagte Roberts und fügte hinzu, daß Young bis zum nächsten Sommer nicht mehr auf Tour gehen würde. Young hatte im Verlauf des letzten Jahres wiederholt Probleme mit seiner Stimme gehabt; unlängst erst war er einen ganzen Monat lang unfähig gewesen zu sprechen und hatte am Telephon mit Pfeiftönen antworten müssen.

15. JANUAR 1976

BUD SCOPA

ZUMA

(Album-Kritik)

„*Es ist wieder ein Rock'n'Roll-Album, mit einer Menge langer Instrumental-Sachen...es geht dabei um die Inkas und Azteken. Es steigt in eine andere Wesensart hinein. Es ist so, als ob man in einer anderen Zivilisation ist. Es ist eine Art verlorengegangene Form, eine Art Soul-Form, die von einer geschichtlichen Szene zu nächsten schaltet, bei dem Versuch, sich selbst zu finden, Mann, in diesem Irrgarten. Ich hab schon alles fertig geschrieben und die Songs alle einstudiert. Morgen beginnen wir mit den Aufnahmen. Wir machen das einfach in der Frühe, ganz früh am Morgen, wenn die Sonne aufgeht...*"

– eine typisch ironischer Neil Young-Klappentext auf *Zuma*

NEIL YOUNGS NEUNTE Solo-Platte, *Zuma*, ist bei weitem das beste Album, das er gemacht hat. Es ist das zusammenhängendste (aber nicht das offensichtlichste) Konzept-Album, das mir je untergekommen ist. Und trotz seiner Tiefen ist *Zuma* so leichtverdaulich, daß es sein erstes Hit-Album seit *Harvest* werden dürfte.

Einer der faszinierendsten Aspekte von Youngs Meisterwerk ist der Kontext, in dem es erscheint. In den letzten paar Monaten ist der Rock'n'Roll wieder sagenhaft vital geworden, nicht allein, weil neue Künstler aufgetreten sind, sondern auch wegen der Wiedergeburt alter Helden. Trotz ihrer düsteren Szenarien knistern Dylans *Blood on the Tracks*, *The Who by Numbers* und Youngs umwerfender Doppel-Nelson aus *Tonight's the Night* und *Zuma* mit nackter, verzweifelter Energie in einer teils bekannten, teils neuartigen Form von Rock'n'Roll (einer Soul-Form, wie Young es nennt), die von diesen drei großen Künstlern zur gleichen Zeit, aus einer emotionalen und ästhetischen Notwendigkeit heraus, erfunden wurde. Und so ernst ihre Alben auch sein mögen, sind doch alle bis auf Youngs (von ihm selbst so genanntes) „Horror-Album" durch und durch zugänglich.

Wo *Tonight's the Night* düster, gespenstisch-schwarz war, ist *Zuma* – Youngs „Morgenröte"-Album – auch nicht gerade von Sonnenlicht durchflutet und von Blumen umrankt. Anscheinend ist eine gemäßigte Schummrigkeit das Hellste, was dieses von Liebe und Tod verfolgte epileptische Genie derzeit zustande bringen kann. Aber wenn, wie ein hartnäckig auf seinem Einsiedlerdasein beharrender Young in „Drive Back" beteuert, er „aufwachen möchte, ohne daß irgend jemand um ihn herum ist", so scheint er in „Lookin' for a Love" doch noch an einer gewissen Hoffnung festzuhalten, daß er jene zauberhafte, das Leben und ihn selbst bejahende Geliebte finden wird, die ihn „leben und das Beste aus dem, was ich sehe, machen" läßt. Young schreckt nicht vor der Paradoxie zurück, er umarmt sie ebenso wie die Geliebte, die er sich vorstellt.

Es gibt auch wirkliche Liebende, die über das ganze Album verteilt sind, doch sind sie alle Verlorene. Wie der von der Liebe zernarbte Dylan auf *Blood on the Tracks* und dem neuen „Sara", versucht auch Young sich selbst in den Griff zu bekommen, den „Nebel wegzubrennen", um zu erkennen, was in der Liebe schief gelaufen ist und warum seine Träume sich nicht erfüllt haben. Aus diesen leidenden, bitteren und schmerzhaft ehrlichen Bekenntnissen heraus gelingt es ihm, zu einer neuen, aufrichtigen Liebesfähigkeit zu finden und – wichtiger noch – zu der Eröffnung (die vor Jahren erstmals in ihren Grundzügen auf „The Loner" angesprochen wurde), daß weder seine Flügel noch seine Frauen ihn davontragen können. Für Young besitzt diese Einsicht sowohl ihre Schrecken als auch eine befreiende Kraft.

In diesem Kampf rollt Young seine bekannte schwere Artillerie hervor: an vorderster Stelle seine immer wiederkehrenden Metaphern von Vögeln im Flug und Booten auf dem Wasser, seine zwanghafte Wahrheitsliebe, sein exzentrisch-brillanter (und scheinbar intuitiver) narrativer Stil, seine leichtfüßig-liebenswerten Melodien und sein an rollige Katzen erinnernder maunziger Gesang. Anklänge an jedes einzelne von Youngs früheren Alben (insbesondere *Everybody Knows This Is Nowhere* und *After the Gold Rush*) drängen sich mit herein in *Zuma's* unruhige Synchronie.

Doch was dem Album den Extra-Schub zur wahren Größe verabreicht, ist die Anwesenheit der Crazy Hose, die endlich mit dem Rhythmusgitarristen Frank Sampedro einen gleichwertigen Nachfolger für Danny Whitten gefunden haben. Sampedros majestätische Rhythmus-Arbeit drängte Young zum powervollsten Gitarrenspiel, das er je auf Rille eingefahren hat. Seine Gitarrenlinien schlängeln sich durch Sampedros Akkordfolgen mit dem gefährlichen Spratzeln freigelegter elektrischer Kabel, die miteinander in Berührung gelangen. Youngs Solos sind der Beredsamkeit seiner Texte durchgehend mehr als ebenbürtig, strahlen

Angst, Gewalt, Freude und Sehnsucht aus.

Wenn Crazy Horse die Feuerkraft und Stabilität besorgen, ist Young am besten – grenzenlos erfindungsreich und entschlossen, gleichzeitig auf mehreren Ebenen zu funktionieren. Während er angreift, schafft es Young zugleich doch, seltsam verspielte Zitate von anderen Songs mit einzuarbeiten („with little reason to believe" auf „Pardon My Heart"; „Whatever gets you through the night / That's all right with me" in „Drive Back"); kryptische Kommentare („I don't believe this song" in „Pardon My Heart"; „I might live a thousand years / Before I know what that means" in „Barstool Blues"); dramatisch deplazierte Gekünsteltheiten (das frohgemute „la la"-Gesinge im Hintergrund Youngs vom Verlust erschütterten „Stupid Girl"), neuartige strukturelle Kunstgriffe (zwei gleichzeitig gesungene, aber völlig unterschiedliche Verse, die in „Danger Bird" um Aufmerksamkeit heischen; die unaufgelöst bleibenden Verse und Akkorde in „Pardon My Heart") und schließlich brillante, einzigartig ironische Ausdrucksweisen (der gesamte Text von „Lookin' for a Love" und „Barstool Blues").

VON DEN NEUN SONGS auf Zuma sind fünf heiße, harte Rock-Nummern, drei sind hinreißende, etwas nebulöse Balladen und der letzte, „Cortez the Killer", ist ein ausgedehntes Epos, das gleichermaßen als klassische Nacherzählung einer amerikanischen Legende wie als Lawrencesche erotische Traumlandschaft und als Youngs ultimative persönliche Metapher Schlagkraft besitzt. Dieser Song, vielleicht Youngs krönende Leistung, baut seine Intensität allmählich über mehrere Minuten dichten, bedächtigen Spielens hinweg auf, ehe Young den ersten Vers anstimmt:

He came dancing across the water
With his galleons and guns
Looking for a new world
And that palace in the sun

On the shore lay Montenzuma
With his coca leaves and pearls
In his halls he often wandered
With the secrets of the world.

(Er kam tänzelnd über das Wasser
Mit seinen Galeonen und Geschützen
Auf der Suche nach der neuen Welt
Und einem Palast in der Sonne

*Am Strand lag Montezuma
Neben ihm Coca-Blätter und Perlen
In seinen Räumen wandelte er oft
Mit den Geheimnissen der Welten)*

Das Geheimnis des Albums und des gesamten Werks von Young scheint in dieser Konfrontation eingekapselt – Gewalt und Weisheit, Unschuld und Aggression, Liebe und Tod sind die Themen, um die es geht und die den Einsatz bestimmen. Und der Höhepunkt ist unausweichlich – doch nicht, bevor sich Young wenigstens eine einzige Strophe lang der Versuchung hingibt, einen direkten Kommentar über den klassischen Kampf, den um die Liebe, abzugeben:

*And I know she's living there
And she loves me to this day
I still can't remember when
Or how I lost my way*

*(Und ich weiß, daß sie dort lebt
Und sie liebt mich noch bis heut
Doch ich weiß jetzt nicht mehr wann
Oder wie ich meinen Weg verlor)*

In der kurzen Abschlußballade „Through My Sails" schwebt Young (begleitet von Crosby, Stills und Nash) auf Flügeln, die „zu Stein geworden" sind auf einen Küstenstrand zu, wo er endlich landet und seine Flügel in Segel umwandelt und dabei „Know me / Show me / New things I'm knowin" („Kenn' mich / Zeig' mir / Neue Dinge, die ich kennenlerne") singt. Dann segelt er auf und davon.

Vielleicht zeigt sich an dieser Stelle doch ein kleiner Lichtblick, ein Sonnenstrahl, der die dichte Wolkendecke über Youngs Himmel durchbricht...

15. JANUAR 1976

MARSHALL KILDUFF

EINE SHOW IN MEINER WOHNGEGEND? – NEIL YOUNG SAGT NEIN

ALS AUSGERECHNET NEIL YOUNG, der zu den scheuesten unter den Stars zählt, bei einer Versammlung des Bezirksplanungsausschußes von San Mateo auftauchte – nun, da war etwas ganz entschieden schief gelaufen.

So dachte jedenfalls Monte Stern, der zurückhaltende dreiundzwanzigjährige Erbe des Sears-Roebuck-Vermögens. Er hatte ein Jahr und 13.000 Dollar drangesteckt, die Bezirksoberen und Nachbarn für seinen Plan zu gewinnen, auf einer 242-Hektar-Ranch, die er in den Bergen fünfzig Meilen südlich von San Francisco gepachtet hatte, Freiluft-Konzerte abzuhalten.

Die Einheimischen jedoch hatten sich gegen ihn gerichtet. Die Idee würde wirtschaftlich ein Flop werden, weissagten sie. Darüber hinaus würde es zu Besitzstörungen, Verkehrsproblemen und Feuergefahr kommen.

In all das hinein trat Neil Young – Besitzer der Broken Arrow Ranch, ein paar Bergtäler entfernt von Sterns Besitztum –, um den Altvorderen im Landkreis seine Gedanken zu dem Thema zu unterbreiten.

„Er hat mich wirklich überrascht", sagte Don Woolfe, der Bezirksplanungsleiter. „Da kommt dieser große Rockstar mit einer alten Jacke und in Levi's. Man denkt sich, der wird jetzt auch diese Idee unterstützen. Er verdient schließlich einen ganz anständigen Batzen bei diesen Freiluftkonzerten, hat mir meine Tochter erzählt."

„Also, er erläutert dem Ausschuß, daß Rock-Konzerte sein Business sind, und wie er bei fünfzig oder sechzig von ihnen in fünfzehn verschiedenen Ländern teilgenommen hat. Aber dann beschreibt er die Überdosierten, die er hinter der Bühne gesehen hat und außen vor in der Menge, und wie fünfzig Burschen, wenn sie reinwollen, eben auch reinkommen, ob man jetzt die Polizei dort eingesetzt hat oder nicht."

„Es war alles außerordentlich interessant", fügte Woolfe hinzu.

Paul Grushkin, ein Projektleiter bei Sterns Firma J. P. Productions der als Co-Promoter für den Konzertplan fungiert, meinte, ihm sei Youngs Auftritt „reichlich seltsam vorgekommen."

„Ich hab noch nie eine Situation erlebt, wo ein Mann sich gegen seinen eigenen Berufsstand derart massiert ausgesprochen hat. Es fällt einem ziemlich schwer, sich nochmal „Sugar Mountain" anzuhören, wenn man daran denkt, wie Young bei dieser Gelegenheit geklungen hat", sagte Grushkin.

Young war für einen Kommentar nicht erreichbar. Berichten zufolge leidet er an Grippe. Doch ein Freund namens David Klein sagte, daß Young dem Projekt entgegengetreten sei, weil er sich um den Verlust seiner Privatsphäre sorge. „Sie wissen nicht, wie das ist, hier auf der Ranch. Irgendwelche Leute fahren her und sitzen da und warten darauf, mit Neil über sein letztes Album zu quatschen oder daß sie ihn anhauen können wegen einem Job als Roadie. Neil will das nicht. Er will hier oben ungestört sein."

Andere sagten, die Ranch diene als Zufluchtsort für Young, wenn er sich nicht in Südkalifornien aufhalte. Auf der Ranch besitzt er ein Aufnahmestudio und eine Freiluftbühne, die außen mit Redwood-Borke verkleidet ist. Crosby, Stills, Nash and Young probten dort im vergangenen Sommer für ihre Tour.

■ RANDNOTIZEN (12. Februar 1976)

Rollt jetzt Zuma? Neil Young und Crazy Horse haben seit Dezember rund ein Dutzend unangekündigte Shows in Nordkalifornien durchgezogen. Doch anders als Bob Dylan auf seiner Rolling Thunder Revue hat Young unentgeltlich gespielt und sich auf Clubs in obskuren Ortschaften beschränkt, wie Cotati oder das küstennahe Marshall (Bevölkerung: 50). Einer unserer Korrespondenten unternahm den Dreißig-Meilen-Trip von San Francisco zur Taverne von Marshall. Sein Bericht: „Wir fuhren über Hügel, durch Nebel und Regen. Als wir um eine Wegbiegung kamen, sahen wir Marshall vor und gleich wieder hinter uns. Wir parkten im Matsch am Straßenrand und stapften zu Fuß durch die halbe Stadt (fünf Häuser) bis zu der Kneipe. Die Türen standen weit offen. Geld sammelte niemand ein. Drinnen war es warm und trocken, und alle Anwesenden hatten einen Drink vor sich. Das Lokal bietet Platz für 100 Leute, aber es war nicht voll.

Young und Crazy Horse kamen aus dem Hinterzimmer und stiegen die Treppe hinunter zur Bühne. Young eröffnete mit ‚Down by the River' und machte dann mit Sachen von *Zuma* weiter. ‚Don't Cry No Tears' brachte die Menge zum Orgasmus, als der Mixer die Lautstärke hochschraubte.

Neil kam dann nochmal zurück für eine Zugabe, ‚Take Me to the Country' und ‚Southern Man'. Obwohl die Band bei ‚Southern Man' ein bißchen schluderig drauf war (sonst spielten sie ganz besonders kompakt), war Neils Stimme kräftig und so klar wie nur eh und je."

Anschließend, so bemerkte unser Korrespondent weiter, setzte sich Young zu einigen Bierchen und einem Plausch mit dem Publikum zusammen – obgleich er keine Auskünfte darüber erteilte, wohin er als nächstes mit der Rolling Zuma Revue hinzufahren beabsichtigte.

■ RANDNOTIZEN – Profunde Zitate (20. Mai 1976)

Neil Young über seine Musik: „Eines Tages wird Neil Young einen Song schreiben, der echt happy ist. Aber dann werd ich ihn wahrscheinlich ans Fernsehen verkaufen, für eine Werbung."

CAMERON CROWE

CSNY: MAL AN, MAL AUS

DAS GERÜCHT SICKERTE DURCH, Anfang Mai: Crosby, Stills, Nash and Young seien wieder zusammengekommen und arbeiteten insgeheim an einem neuen Album. Aufnahmeort: die Criteria Recording Studios in Miami. Und tatsächlich: es war wahr! Steve Stills und Neil Young hatten nachdem sie eben eine gemeinsame LP fertiggestellt hatten, ihre alten Freunde herzu gebeten, um dem mythischen dritten CSNY-Studio-Album nochmal eine Chance zu geben.

Einen Monat später ist es so, als ob der Versuch nie gestartet worden wäre. Stills und Young sind wieder zur endgültigen Abmischung ihres Albums zurückgekehrt, während Crosby und Nash ihre bis dato noch unbetitelte dritte LP abwickeln. Wie aus einer Quelle verlautet, waren Nash und Crosby während einer Pause in den Sessions nach L. A. geflogen, um sich ein paar überhängiger Geschäftsverpflichtungen anzunehmen. Als die beiden dann Stills und Young anriefen, um sich über weitere Pläne für eine Neuformierung von CSNY zu unterhalten, erfuhren sie, daß das Projekt wieder zu einer Stills und Young-LP zurückgebaut worden war.

„Der Sache fehlte einfach der alte Zauber", meinte Michael John Bowen, Stills' Manager, der bei den Sessions mit dabei war. „Stills und Young standen sichtlich allzu klar identifizierbar im Vordergrund."

David Crosby bestätigte die Geschichte. „Ich war sehr überrascht und sehr enttäuscht, daß das Album für uns nicht zusammengekommen ist. Wir haben immer gesagt, wir würden jederzeit für Stephen und Neil da sein, und das waren wir auch. Ich dachte wirklich, es hätte auf dem Album für uns alle genug Platz gegeben. Aber ich bin ja immer schon Optimist gewesen."

„Also, die unterste Grenze liegt hier", fuhr Crosby fort. „Wir lieben gute Musik. Wir waren glücklich, mit den andern Jungs Aufnahmen zu machen, aber da läuft jetzt nichts mehr, also sind wir wieder dabei, gute Musik mit unserer eigenen Band (Craig Doerge, Keyboards; Danny Kortchmar,

Gitarre; Tim Drummond, Bass; und Russ Kunkel, Schlagzeug) zu machen. Und wir finden's toll."

Bowen nannte schlechtes Timing als weiteren Grund für die fehlgeschlagene Wiedervereinigung – es war der vierte derartige Versuch, der bekannt geworden ist. „Dieses Jahr ist es einfach noch zu früh für ein neues Auftauchen von Crosby, Stills, Nash and Young. „Diesen Sommer werden Steve und Neil auf Tournee gehen und ihr Album herausbringen. Es ist notwendig für sie, das zu machen. Das ist der nächste Schritt in diesem Zyklus. Dann, wenn sie das hinter sich haben, dürften die Umstände für eine Widerkehr von CSNY genau richtig sein. Nächstes Jahr wird dafür perfekt sein."

Als wir Stills letzte Woche bei Criteria erreichten, war er über seine neuerschienene *Illegal Stills*-LP und das fast fertige *Stills/Young*-Album, dessen Veröffentlichung für diesen Monat angesagt ist voll aus dem Häuschen. „Ich bin begeistert, wie alles hinhaut", sagte er. „Ich lag eine Zeitlang darnieder, aber ich bin dabei, wieder hochzukommen. Ich würd's allerdings kein Comeback nennen, denn ich bin ja nie irgendwohin weggegangen."

Es wird grundsätzlich Stills' Band sein – mit Young an der Gitarre – , die in diesem Sommer die Tournee bestreiten wird. „Die ganze Idee kam auf, als Neil bei ein paar Shows von mir in L. A. und San Francisco dazustieß. Wir wußten, es fühlte sich elektrisch an – und genau richtig."

Young hatte schon im letzten Frühjahr die Idee für ein Stills/Young-Projekt fest im Kopf: „Stills", sagte er damals, „ist ein Typ, mit dem ich *immer* gut kann. All dieser Quatsch darüber, wie sich Stills und Young ständig an die Gurgel kriegen...das ist alles nur ein Riesenhaufen Bockmist. Ich will wirklich dieses Album mit ihm machen."

Unterdessen werden Crosby und Nash in diesem Sommer ebenfalls auf Achse sein. „Nash und ich haben kein Verlangen danach, die großen Shows abzuziehen", sagte Crosby. „Wir werden die kleineren Hallen bespielen, nur die ausgesuchtesten Auftrittsorte."

■ RANDNOTIZEN (15. Juli 1976)

Lynyrd Skynyrd, jene Südstaaten-Männer, die einst davon sangen, daß sie Neil Young ohnehin nicht um sich herum bräuchten, werden mit Young und Stills bei einigen ihrer Freiluftkonzerte im Juli-August mitziehen. Im wirklichen Leben nämlich sind Skynyrd und Young gut befreundet. „Die spielen meine Art von Musik", sagt Young. „Sie klingen, als ob sie's ernst meinen."

26. AUGUST 1976

DAVE MARSH

STILLS UND YOUNG

(Konzertkritik)

Nassau Coliseum, New York, 1. Juli 1976

D ER MOMENT DER OFFENBARUNG in dieser fahrenden Geschichts-Revue trat ein, als Stephen Stills anfing, „Bluebird" zu singen, den schönsten und dynamischsten Song, den er je geschrieben hat. Als die Eröffnungsakkorde erklangen, ließ sich das Publikum zu einer der größten Ovationen des ganzen Abends hinreißen. Aber Stills reicht nicht mehr an die Noten heran, und am Schluß war das Ganze einfach nur noch daneben.

Diese Tour war wahrscheinlich unvermeidlich – David Crosbys und Graham Nashs Erfolg 1975 ließ die Kombination Stills/Young *allzu* lukrativ erscheinen, als daß man sie sich hätte entgehen lassen wollen. Aber es war von Anfang an nicht mehr als eine miese Idee, die dann in die Hosen ging. Obwohl beide, Young und Stills, in der Falle ihrer eigenen Entropie gefangen saßen, haben sie sich doch in auffallend unterschiedlicher Weise auseinander entwickelt. Young hat Mut und sogar Inspiration aus seinem Weltschmerz gezogen, während Stills, geht man einmal nach den Aufnahmen, die er in letzter Zeit gemacht hat, voll dem seinen erlegen zu sein scheint. Dieses Konzert tat nichts dazu, um diese Flachmanns-kategorien abzubauen, aber viel, um sie zu bekräftigen.

Young hat tatsächlich noch nie so aufgekratzt gewirkt, wie er von einem Ende der Bühne zum andern dotzt, die Band leitet, Gitarre und Klavier spielt, und scheinbar mit völliger Selbsthingabe singt. Trotzdem hat er sich nie völlig dieser Idee eines Duos verschrieben. Abgesehen von einem einzigen unveröffentlichten Song bestand das frischeste Material, das er aufbot, aus zwei Songs von *After the Gold Rush*. Einiges, was er brachte, war umwerfend: ein knisterndes Gitarren-Wechselspiel mit Stills bei „Southern Man", ein gespenstischer-als-übliches „Helpless", ein angenehm nostalgisches „Cowgirl in the Sand". Aber bei „Helpless" vermißte man die abstützenden Harmonien von Crosby und Nash, und der Versuch, den Geist der Buffalo Springfield wiedereinzufangen, insonderheit bei „For What

It's Worth", lief auf den Untiefen seiner eigenen Hochgestochenheiten bald auf Sand. Ein paar Songs aus *Time Fades Away, On the Beach, Tonight's the Night* oder *Zuma* hätten das Steuer nochmal herumwerfen können. Jene scharfkantigen, bitteren Songs hätten auch Stills während der wenigen umschichtigen Gitarren-Abschläge, die das Frontleute-Paar sich leistete, mehr zur Geltung bringen können.

Auf den krudesten Nenner gebracht, ist die Stills/Young-Tour ein Lückenbüßer, der eine Leerstelle auffüllt, während beide Männer auf lohnendere Projekte warten. Es wäre kaum fair, die Show als völlig wertlos zu bezeichnen. Doch sie steht mit Sicherheit als eine der großen Enttäuschungen der Saison im Raum.

STILLS UND YOUNG-TOUR STOLPERT ÜBER RAUHE KEHLE

EINEN MONAT, NACHDEM sie begonnen hatte, war die elfwöchige Tour der Stephen Stills / Neil Young-Band auch schon wieder zu Ende. Grund: Youngs stets wiederkehrende Kehlkopfbeschwerden, denen er erst letzten Sommer durch einen chirurgischen Eingriff beizukommen versuchte.

Obwohl die Manager und Promoter lieber den Ausdruck „verschoben" statt „abgesagt" benutzen wollten, ist die Show bisher noch nicht neu umgeplant worden. Stills wird die drei verbleibenden Freiluft-Shows der ersten Etappe in Florida allein bestreiten, wo er sich tapfer nach einem Heimspiel von Lynyrd Skynyrd auf die Bühne wagt. „Es ist das mindeste, was ich tun kann", sagte er in Jacksonville, „um noch etwas von der Tour zu retten." Gleich, wer sein Partner ist, Stills wird wahrscheinlich den ganzen Sommer über weiter auftreten. Young ließ bereits im Frühjahr 75 eine Tour mit Crazy Horse absagen, aus den gleichen Gründen. Sein erster öffentlicher Auftritt danach war der als Überraschungsgitarrist bei einem Stills-Konzert im Greek Theater in Berkeley, im darauffolgenden Juli. Zu jener Zeit konnte er sich einzig mit handgeschriebenen Zetteln verständigen. Die zwei Männer buchten nachher eine Zeitschiene in den Criteria Sound Studios, nahmen ein Album auf, *Long May You Run*, und sagten dann ihre Solo-Touren für den Sommer 1976 zugunsten einer gemeinsamen Tournee ab.

Nach etlichen Wochen des Probierens und Sortierens von Songs und Arrangements steuerte die Tour gerade eben auf ihren Gipfel zu. Die letzte Show der beiden fand in Columbia, Süd-Carolina statt, und war in den dortigen Medien gut angekommen. Mehreren Quellen zufolge fing es mit Youngs Stimmbänder während dieses Auftritts bereits zu hakeln an, und beim nächsten Konzert, drei Tage später in Atlanta, hatten die Rachenprobleme endgültig die Oberhand gewonnen. Young flog prompt in ärztliche Behandlung nach Los Angeles und erholt sich zur Zeit auf seiner Ranch in Nord-Kalifornien.

9. SEPTEMBER 1976

CAMERON CROWE

SCHNELLES ENDE EINES LANGEN RENNENS

VERGISS DIE SCHÜTTERNIS auf deinem Schädeldach und ach, die grauen Schläfen. Stephen Stills und Neil Young, mit ihrem sommerlich kurzgeschnittenen Haar, sahen gespenstischermaßen so aus wie auf dem Cover von *Buffalo Springfield Again*. Aber vergangen, zumindest vorübergehend, war die sorglose Unbefangenheit jener Tage. Das hier war ernsthaftes Business.

Die vorgesehene dreimonatige Stills/Young-Band-Tour war nur zwei Wochen gelaufen und als sie sich in Boston ihrem Stillstand näherte, schwankte die Show nur noch knapp am Rande des Zaubers, zu dem die beiden bekanntermaßen sonst fähig waren.

Schon bevor sie überhaupt mit ihrem Eröffnungssong „Love the One You're With" anfingen, ging die Zuschauermasse auf den 20 000 ausverkauften Sitzplätzen auf dem Capitol Hill in die Höhe, weil die beiden wieder gemeinsam auf der Bühne standen. In diesem Sommer, der von Aerosmith und ZZ Top dominiert wurde, war es nicht wenig verwunderlich, die anhaltende Zugkraft von zwei Musikkünstlern zu sehen, die seit Jahren keinen Hit oder ein goldenes Album mehr plaziert hatten.

Auf dem Papier war Stills' und Youngs Dramaturgie ein Traum für jeden Fan. „Love the One You're With" wurde von einer abwechselnd vorgetragenen Darbietung von „The Loner" gefolgt, dann kamen „Helpless", „For What It's Worth", der Titelsong ihres bevorstehenden Albums, *Long May You Run*, „Black Queen" und „Southern Man". Nach einer zehnminütigen Pause kam Young allein wieder auf die Bühne und brachte „Sugar Mountain", „Old Man", einen ausgezeichneten neuen Song mit dem Titel „Stringman" und „After the Gold Rush". Stills trug seinen eigenen Solo-Set mit „Helplessly Hoping", „49 Bye Byes", „Word Game" und „Four Days Gone" vor. Zusammen brachten sie eine akustische Version von „Ohio", dann „Buyin' Time" mit der Band und noch einen neuen Song, „Evening Coconut", sowie „Make Love to You", „Cowgirl in the Sand" und

„Mr. Soul". Als Zugabe boten sie dann noch eine elektrische Version von „Suite: Judy Blue Eyes".

Abgesehen von der Power, die von den Songs selber kam, war es eigentlich eine weniger starke Darbietung. Stills hatte Probleme, am Mikrophon zu singen, und manchmal auch Erinnerungsschwierigkeiten. Die Harmonien wirkten zerzaust. Young selbst wurde bei dem Bemühen, die Einsätze genau einzuhalten, viel zu verkrampft, um sich an der Gitarre gehen zu lassen. In für ihn typischer Weise hielt sich Young nach dem Konzert nicht lange auf. Er fuhr direkt von der Bühne zum Flugplatz, von wo ihn ein Lear Jet nach Miami beförderte, um dort einen Tag lang einige Vocals für *Long May You Run* neu abzumischen. „Wenn wir beide abrauschen", hatte er zu Stills gesagt, „dann hat keiner von uns mehr Bock, zurückzukehren."

Stills verbrachte den restlichen Abend in der Holiday Inn Bar, gab Drinks aus und unterhielt sich mit Fans. Irgendwann am frühen Morgen hatte er sich sogar überreden lassen, mit der Haus-Band auf der Bühne zu jammen, man übte sich an „The Thrill Is Gone". Noch nicht mal eine Stunde, nachdem er schließlich nach oben gegangen war, um sich abzurollen, kam die Zeitung mit ihrem Konzertbericht heraus. Die Beurteilung war eher bestürzt als negativ. So wie bei den meisten anderen Kritiken bis dahin wunderte man sich, wieso sich Young überhaupt auf dieses Unterfangen eingelassen hatte.

Neil Young weigerte sich, im Zusammenhang mit der Stills/Young Band-Tour irgendwelche Kommentare abzugeben. Er betonte den starken Wunsch, bloß diese Tournee zu machen, dem ganze Getue drumherum auszuweichen und in seiner Richtung weiterzugehen. Er war sich ihrer immer unterschiedlichen Wege bewußt, aber er respektiert Stills als Musiker ... und macht sich Sorgen um ihn. Wie es jemand einschätzte, wollte Young mit dieser Tour Stills wieder zu neuer musikalischer Kreativität verhelfen. „Das war etwas", sagte ein Kollege, „wo Young das Gefühl hatte, daß er es machen mußte."

Young, der jetzt dreißig ist, hat begonnen, mehr denn je zuvor sein künstlerisches Potential auszuschöpfen. Neben der Arbeit an einem Bühnenstück schreibt er jeden Tag mehrere Songs, hat ein paar komplette Alben in petto und verfügt noch über eine völlig eigenständige Karriere bei Crazy Horse.

Stills, inzwischen 31, ist sich voll bewußt, daß seine Solo-Leistungen in den zurückliegenden Jahren nichts Weltbewegendes waren. „Während der letzten paar Jahre", so sagte er, „habe ich mich auf das Gitarrespielen konzentriert. Ich möchte als einer von den besten gelten." Das Ergebnis war, daß das Schwergewicht dort verloren ging, worin einst Stills größte

Stärke lag, nämlich dem Songschreiben. Als sein letztes Album, *Illegal Stills*, weitgehend ignoriert wurde und auch in der Rolling Stone-Platten-Kür unbeachtet blieb, war er ziemlich enttäuscht, aber vor kurzem sagte er, „Das eine sage ich euch: Ich werde nicht eher Ruhe geben, als bis ich jeden einzelnen Fan wiedergewonnen habe.

Wenn ich selber nicht so gut drauf bin, dann nervt mich das noch nicht mal halb so sehr, als wenn ich 'nen Durchhänger habe, wenn ich mit Neil zusammenspiele. Eine Sache, die die Leute immer vermutet haben, ist, daß es zwischen Neil und mir irgendwie einen grundsätzlichen Wettstreit gäbe. Dabei ist es gerade der Unterschied zwischen uns, der die Sache in Schwung hält. Wenn er mit seinen Killer-Zeilen aufkracht, dann gehe ich genauso zu Boden wie alle anderen auch. Und wenn ich mal etwas spiele, was für ihn zu heavy ist, dann geht er nieder wie alle anderen. Das ist eine Beziehung, die sich bis zum äußersten gegenseitig ergänzt."

Die Wechsel, die dieser Beziehung bisweilen widerfahren, müssen Young manchmal schon ironisch vorkommen. Stills war derjenige, der ihn in die Buffalo Springfield Formation und später bei Crosby, Stills and Nash 'reinbrachte. Zu jener Zeit war Young nicht viel mehr als ein kleiner Handlanger – Zubehör zu einer zusätzlichen Elektrikgitarre, die dazu bestimmt war, CSN's Image von Lieblichkeit und Harmonie zu unterstreichen. Young hat schnell aufgeholt. Heute ist es dieser Handlanger, vom dem jeder die meisten Volltreffer erwartet. Jedesmal wenn CSNY sich an einer neuen Sache versuchen, liegt es in der Regel daran, daß Young es angeregt hat. Aber, und da ist der Haken bei der Geschichte, Neil Young steht nicht so gerne unter Erwartungsdruck. Was ihn die ganze Zeit über am meisten nervt ist, im Scheinwerferlicht stehen zu müssen.

„Ich hätte mich ja auch bei den Eagles als Gitarrist einarbeiten können", tönte Young eines Abends in seinem nach seinen Plänen spezialkonstruierten Bus. Er hatte drei Jahre zuvor bei einem Benefizkonzert in San Luis Obispo mit dieser Gruppe eine Jam-Session gemacht und konnte nie vergessen, wieviel Spaß ihm das gemacht hat. „Ich würde mit jeder Band spielen, mit der ich gut klar käme. Ich würde auch gerne mit den Rolling Stones spielen, aber wahrscheinlich kämen die mit meiner Auslegung von Rock'n'Roll nicht so recht klar."

Da war es wieder mal der Gitarrist in ihm, der ihn vorigen Sommer erneut zu Stills zurückbrachte. Young war gerade aus dem Krankenhaus entlassen, nach einer Operation am Kehlkopf, als er am 25. Juli bei einem Stills-Konzert im Griechischen Theater von Berkeley eintrudelte. Er konnte nicht sprechen, singen schon überhaupt nicht. „Das war echt stark", erinnerte sich Stills. „Er verteilte Noten an uns, und dann legte er tierisch los. Wir zwei haben gespielt wie die Säue."

Young vergaß das nicht. Vier Monate später kam er „zufällig mal vorbei", als Stills einen Auftritt bei der Stanford University hatte. Young schaute sich die Show an und schließlich kam er auf die Bühne um den Akustik Set zu übernehmen. Als er am nächsten Nachmittag in Los Angeles bei Stills' Konzert im Pauley Pavillion der University of California erschien – wieder ohne Vorankündigung –, war Young mit seiner elektrischen Les Paul ausgerüstet. Er und Stills duellierten sich mit ihren Gitarren bis in die tiefe Nacht, womit sie das Publikum und auch sich selber ohne Ende verblüfften. „Der Geist der Springfield ist wieder da", rief Stills ekstatisch aus. Und damit war eine Zusage gemacht worden.

Young tingelte danach durch einige Bars in Nordkalifornien, und besuchte anschließend Japan und Europa mit Crazy Horse. Nach allem was man hörte, übertraf die Tour Youngs verwegenste Hoffnungen. „Jeder Abend war unglaublich", erinnerte er sich. „Ich kann mich mit Crazy Horse wirklich freispielen. Sie gestatten es mir, davonzupreschen... und sie kennen mich gut genug, um wieder dazusein, wenn ich zurückkehre. Sie sind die amerikanischen Rolling Stones, da gibt es nichts zu deuteln."

Aber in Amerika wandte sich Young wieder Stills zu. Die beiden flogen nach Miami und begannen mit der Arbeit an einem Album. Auf halbem Wege durch die Sessions verspürte Young den Impuls, das Ganze in ein Crosby, Stills, Nash and Young-Projekt auszuweiten. Crosby und Nash fanden es den Versuch wert und flogen in die Criteria Sound Studios ein, um mit Hand anzulegen. Einige Wochen lang sah es so aus, als ob jenes dritte CSNY-Album endlich Wirklichkeit werden würde. Dann, als Crosby und Nash eine Pause einlegten und nach L. A. zurückkehrten, um termingerecht ihre eigenen Sessions für *Whistling Down the Wire* abzuschließen, machten Stills und Young mit der Arbeit weiter. Dabei faßten sie letztendlich den Entschluß, doch wieder zu ihrer ursprünglichen Idee einer Stills/Young-Band zurückzukehren. Crosby und Nashs mehrstimmiger Gesang wurde ersetzt durch Stills' Band.

Meinte Nash nach dem fast geglückten CSNY-Reunion-Versuch: „Wir waren dieses letzte Mal näher dran als je zuvor. Stills war erstaunlich locker drauf, Neil war 'ne Wucht. Ich will nur auch einfach feststellen, daß es mir zutiefst gegen den Strich gegangen ist, daß Davids und meine Vocals von dem Album runtergenommen wurden. Das hat mir echt weh getan. Wir vier zusammen haben einen eigenen Zauber...wir machen die Zuhörer mit unserer Musik glücklich. Die Tatsache, daß wir den Leuten dieses Glück beschneiden, indem wir uns wie Kinder aufführen, finde ich bisweilen schon echt ätzend. Es ist mir egal, was jetzt irgend jemand dazu sagt, für CSNY ist genauso Platz da wie für alles andere, was wir uns sonst noch vornehmen könnten."

Was einen neuerlichen Anlauf mit CSNY betrifft, räumte Nash ein, „Ich verschließe mich der Idee nicht."

Das gleiche gilt für Crosby. „Schau", sagte er, „er sieht so aus: Wenn du durch die Wüste kriechen würdest, und du wüßtest eine Stelle, wo einmal eine verdammt köstliche Quelle sprudelte...dann würdest du doch auch noch mal zurückgehen, um nachzusehen, ob sie noch da ist, oder?"

Stills hat ebenfalls die Tür noch nicht endgültig zugemacht; ein neuerliches Zusammenkommen der vier irgendwann in der Zukunft hält er weiterhin für möglich. „Das letzte, was ich will, ist, mir Graham Nash und David Crosby zu Feinden zu machen. Aber dieses Stills/Young-Album...ich weiß nicht, wir mußten das einfach zu zweit durchziehen, diesmal. Keine Richie Furays, keine Davids und Grahams, kein Niemand, der zwischen uns steht."

Nachdem alles abgemischt war, bis auf die Endfassung von *Long May You Run*, schmissen Stills und Young sich wieder zusammen auf die Straße. Beide kündigten ihre Soloverträge für den Sommer. Obwohl es Stills' Band war (George „Chocolate" Ferry am Baß, Joe Lola an den Congas, Jerry Aiello an den Keyboards und Joe Vitale an den Drums), war die Tournee genau dieselbe, die ursprünglich für Neil Young und Crazy Horse geplant war.

Die Show nach Washington D.C. – eine reichlich schwüle Open-Air Veranstaltung in Hartfort, Connecticut, war fraglos besser. Da das Album jetzt so gut wie fertig war, konnte die Band es jetzt ruhiger angehen. Die Harmonien waren immer noch so zerfleddert, aber gegen Ende der Veranstaltung kam Stills' und Youngs aufpeitschendes Gitarrenspiel fast fehlerfrei. Stills bekannte, kaum von der Bühne heruntergekommen: „Ich wüsste nicht, an welchem Ort ich lieber wäre als hier, um mit diesem Typ zu spielen!"

Young verpaßte ihm eine bärige Umarmung, sprang in seinen Bus und setzte sich in Bewegung nach Cleveland, um den Stoßverkehr zu vermeiden.

An Bord seines eigenen Buses – einem eher standardmäßigen Modell nur für Reisezwecke, das er von Young gemietet hat – verbrachte Stills die Zeit damit, sich *Long May You Run* anzuhören. Er war stolz auf das Album, und bezeichnete es ohne falsche Scheu als sein bestes Werk seit Jahren.

„Es gibt da einen ganz bestimmten Effekt, den Neil und ich aufeinander ausüben", lachte er. „Jedesmal wenn wir zusammen spielen, lerne ich ein wenig mehr, was es heißt, unverfälscht zu sein, und er lernt ein bißchen mehr über künstlerische Feinheiten."

Bis zum Abend der Show in Cleveland stand Stills schließlich voll unter

Strom. Er stürzte sich in „Love the One You're With" mit einer Dringlichkeit hinein, wie sie nicht mehr an die Oberfläche gebrodelt war, seitdem er den Song geschrieben hatte. Young antwortete mit einem feurigen Solo auf „The Loner". Stills seinerseits reagierte mit einer fröstelnmachenden Darbietung von „For What It's Worth" – und so ging es dahin. Mit einem Mal waren beide irgendwo jenseits allen Gelächels und freundlichen Rückenklopfens angelangt. Die Stills/Young-Band machte Ernst und bot in einer zähnefletschenden Nacht all das, worauf alle gewartet und gehofft hatten. Zauberei pur.

Stills, der während Youngs Solo-Akt am Bühnenrand stand, genoß den längst überfälligen Geschmack seines Sieges. Wie das passiert war? „Neil ist mir aufs Kreuz getrampelt", zwitscherte Stills. „Er hat das Licht wieder angeknipst. Ich hab mich wohl eine Zeitlang ziemlich gehen lassen, und er hat mich kräftig in den Hintern getreten."

Nach der Show war Young in ähnlicher Jubelstimmung. Alert und aufgekratzt erzählte er Stills, er solle die Cleveland-Show nicht als einen Höhepunkt ansehen. „Betrachte das jetzt mal" sagte er, „als einen neuen Standard. Als etwas, das nicht mehr unterschritten werden darf."

In der Hotelbar, kurz bevor er sich Richtung Cincinnati in Bewegung setzte, hob Young noch einmal sein Glas zu einem Trinkspruch. „Auf den neuen Höhenflug von Stephen Stills!"

Am nächsten Abend in Cincinnati, ließ Young seinen Weggefährten an den Ball und Stills punktete nach allen Regeln der Kunst. Selbst den schwierigsten Teil seines Auftritts – im Anschluß an Youngs Showstopper, „After the Gold Rush", mit seinem eigenen Akustik-Set – schaffte er mit Links. Stills setzte sich hin und begann leise zu spielen. Als nach den Anfangsakorden von „Helplessly Hoping" die Zeit kam, das Vocal zu bringen, war das weinerliche Whiskeygewimmer von früher mit einem Mal wie weggewischt. Stills sang langsam und voll ins Mikrophon hinein und ließ das Publikum die schwebeleichten Harmonien dazu selbst beisteuern.

Young führte sich den Anblick wie ein vor Stolz glühender Vater zu Gemüte. „Jetzt", teilte er mir mit, „hast du etwas, worüber du schreiben kannst."

Es schien der richtige Moment zu sein, um sich mit einer dezenten Verbeugung zurückzuziehen und eben dieser Aufforderung nachzukommen.

DREI KONZERTE SPÄTER war alles schon wieder vorbei. Die Shows in Pittsburgh, Greensboro und Charlotte waren gut gewesen – manchen Berichten zufolge sogar sehr gut – und Young, hieß es, habe sich über jede einzelne davon gefreut. Bis sie nach Atlanta kamen, hatte ihn jedoch eine immer wiederkehrende Halskrankheit zum Verstummen gebracht. Young flog heim nach Kalifornien, wo ihm seine Ärzte eine Ruhepause verordneten, und zog sich auf seine nordkalifornische Ranch zurück. Gerüchte wollten sofort das Abblasen der Tour als Absicht abstempeln, und Young hat sein Telefon seither nicht mehr abgehoben und auch keine Besucher empfangen.

Stills' Reaktion auf die abgebrochene Tour: „Ich hab viel gelernt und eine Menge Spaß gehabt dabei. Ich glaube nicht, daß es vorbei ist und werde mich durch das hier jetzt nicht unterkriegen lassen."

Unterdessen haben beide alle Termine für diesen Sommer abgesagt. Young hat vorläufig eine Zehn-Daten-Tour mit Crazy Horse für den November angesetzt, praktisch um die gleiche Zeit, wenn er sein nächstes Album herausbringen wird, das unter dem Titel *Chrome Dreams* geplant ist. Stills, dessen Frau Veronique Sanson unlängst die Scheidung eingereicht hat, plant eine Herbst-Tournee mit seinen langgedienten Gitarristen-Freunden Chris Hillman und George Terry.

Nach alledem könnte Stills gut und gerne ein paar Jahre Pause machen und ein Buch schreiben. „Mein Gehör hat sich zu einem entsetzlichen Problem ausgewachsen. Wenn ich so weiterspiele und toure wie bisher", zuckte Stills mit den Schultern, „werde ich noch taub werden. Ich möchte auf mich selber etwas besser aufpassen und nicht vorzeitig den Löffel abgeben..."

Ob Young den Ehrgeiz, seine Beziehung zu Stills neu zu beleben, erfüllt oder aufgegeben hat, ist derzeit unbekannt. Nach dem soeben erschienenen *Long May You Run* ist sich Stills jedenfalls sicher, daß er Young noch mal wiedersehen wird.

1. OKTOBER 1976

KEN TUCKER

LONG MAY YOU RUN

(Album-Kritik)

LONG MAY YOU RUN ist wie ein altes Comic-Heft aus der Serie *World's Finest*: der Zusammenschluß von Superman und Batman schien einen jeden der beiden immer gerade seiner interessantesten Eigenschaften zu berauben. Wie Superman ist auch Stephen Stills von der Persönlichkeit her ein ziemlich muskulöser Quadratschädel, Neil Youngs Batman dagegen ist weit weniger heroisch – eher im Schatten kauernd, von düsterer Sterblichkeit.

Die Musik auf *Long May You Run* ist eine Sammlung der aufgeblaseneren und weniger autobiographischen Songs beider Männer. Young trägt fünf Kompositionen dazu bei, Stills vier, und jeder Track ist einzig das Werk seines Schöpfers; es gibt wenig gemeinsames Arbeiten, oder gar gemeinsames Singen (wenngleich die Kombination aus Youngs Jaulen und Stills' sonorer Vollklangstimme ohnedies nicht gerade einen besonderen Ohrenschmaus bedeutet hätte.)

Für beide ist dies ein weniger persönliches Projekt, und die Geradlinigkeit, die durch solch eine Objektivität proviziert wird, macht es zu einem sehr zugänglichen Album. Weniger eine Serie von innerlichen Erkundungsfahrten als von Kalifornien-Beobachtungen, enthält *Long May You Run* eine ätzende Auslassung über ein Hotel „Fontainebleau", als Beweis dafür, daß Young über fast jedes Thema auf unterhaltsame Weise misanthropisch herziehen kann. Es gibt auch nicht weniger als drei Songs über den Meeresstrand, Youngs „Midnight on the Bay" und „Ocean Girl" und Stills' „Black Coral"; „Long May You Run" enthält sogar einen sarkastischen Kommentar über die Beach Boys. Zu den schwächeren Momenten zählen „Guardian Angel", Stills moralisierende Fabel über Schutzengel, musikalisch untermalt von Cocktail Jazz, und die streichweiche, eingängige Titelmelodie.

Beide Songschreiber leiden an aufgeblähten Selbsteinschätzungen und gelegentlicher Schlichtheit des Gemüts. Der skandierte Refrain zu Youngs

„Midnight on the Bay" besteht aus „Midnight on the bay...sure feels good to me" („Mitternacht an der Bucht...fühlt sich für mich echt gut an"); in „Black Coral" fühlt Stills sich glücklich und zufrieden „ ‚cause heaven might just be the sea" („weil der Himmel vielleicht durchaus das Meer sein könnte").

Aber Young baut etliches an feiner, aufgerauhter Gitarre in „Ocean Girl" und besonders auch in „Let It Shine" ein und erklärt, in diesem Song: „My Lyncoln ist still the best thing built by Ford" („Mein Lincoln ist das beste, was Ford gebaut hat"). Und „12/8 Blues (All the Same)", ein rücksichtloser Song obsessive Liebe – immer schon Stills' dankbarstes Thema – enthält seine besten Songschreiberbemühungen seit einer guten Weile.

Im Vergleich zu ihren jüngsten Solo-Arbeiten stellt *Long may You Run* für Young eine Verzögerungsaktion dar (hier gibt es nichts, was annähernd das Potential irgendeines Songs auf *Zuma* oder *Tonight's the Night* aufweist), und für Stills ist es ein ermutigender Tritt nach oben (all sein Zeugs hier ist dem kriminell schlechten *Illegal Stills* haushoch überlegen). Es ist keine wichtige Platte, aber sie ist sicher interessant.

■ RANDNOTIZEN (16. Juni 1977)

Neil Young wird in diesem Sommer einige Termine mit Linda Ronstadt, Waylon Jennings und Jesse Colter wahrnehmen. Young hat zudem ein neues Album namens *American Stars'n Bars* fertiggestellt, welches auch einen Neun-Minuten-Song, mit dem Titel „Will to Love" enthält, auf dem sich Young als einen Lachs portraitiert, der sich seinen Weg flußaufwärts bahnt. Er wird dabei von Crazy Horse und den Bullets (der Vokalistin Nicolette Larson und der Violinistin Carole Larson von Crystal Pistol, manchmal verstärkt um die Ronstadt) unterstützt.

„Ich habe einen Punkt erreicht, wo es sich gut anfühlt, mal wieder in Harmonien zu arbeiten", sagt Young. „Und diese Mädchen injizieren da eine ganze neue Spannung mit hinein. Ich und Crazy Horse werden uns von unserer besten Seite zeigen – als echte Gentlemen."

11. AUGUST 1977

PAUL NELSON

AMERICAN STARS'N BARS

(Album-Kritik)

Neil Young verfolgt weiter seinen einsamen Weg

GERADE JETZT, DENKE ICH, wäre es unmöglich, Neil Young zu überschätzen. In den letzten paar Jahren hat er die ausgefallensten avantgardistischen Stilarten mit den abgedroschensten inhaltlichen Archetypen vermählt – und dabei bewußt die Vorliebe des Publikums für pasteurisierte Produkte ignoriert, indem er sich mit Nachdruck die krude, aber spontane Aufnahmetechnik Bob Dylans samt all ihren Imperfektionen zu eigen gemacht hat. Sein rauhes und leidenschaftliches elektrisches Gitarrenspiel, das vor psychischem Dynamit geradezu überschäumt, weist eine Taktilität und Eigenständigkeit auf, wie sie seit Jimi Hendrix von niemandem mehr erreicht worden ist. Young hat Songs geschrieben, die so feinfühlig und wunderschön sind wie sonst nur die der allerzerbrechlichsten und ästhetischsten Liedermacher, doch hat er auch auf Leben und Tod Rock'n'Roll gespielt, mit der delirierenden Wüstheit der Rolling Stones in ihrer schmutzigsten und schlüpfrigsten Verfassung. Natürlich ist er rasch mißverstanden worden.

Seit *After the Gold Rush* (1970) und *Harvest* (1972) haben viele seiner früheren Bewunderer wegen morbider Selbstzerfleischung und Nabelbeschau und angeblich drogenvollgedröhnter Unverständlichkeit strengste Anklage gegen Youngs spätere LPs erhoben. In der *New York Times* charakterisierte ihn erst unlängst John Rockwell in einer sonst des Lobes vollen Rezension als „den im tiefsten Wesen einsamen Hippie-Cowboy, einen hoffnungslosen Romantiker, der sich abrackert, um aus seinem Inneren heraus Brücken zu Frauen zu schlagen und über diese zu kosmischen Archetypen der Vergangenheit und des Mythos zu gelangen." äh – also, nein.

Angenommen, man versteht die „On the Beach" / „Motion Pictures" / „Ambulance Blues"-Trilogie von *On the Beach* (und „Don't Be Denied" von *Time Fades Away*) nicht, kann man einfach nicht intelligent über Neil Young schreiben. Aber wenn man diese Songs versteht, beginnt man die erregende Möglichkeit wahrzunehmen, daß vielleicht Young der erste (und einzige) Post-Romantiker des Rock'n'Roll ist – daß er etwas weiß, was wir nicht wissen, aber wissen sollten. In der Tat hege ich den Verdacht, daß Young eine der längsten Reisen ohne Landkarte unternommen hat, die je aufgezeichnet wurden, wobei er nicht einmal einen kurzen Moment des Zögerns einlegte, als er den Punkt erreichte, jenseits dessen es keine Rückkehr mehr gibt – und dennoch irgendwie den Weg zurück geschafft hat, geläutert und noch immer im Vollbesitz all seiner Sinne. Als er nahezu überwältigt war von den Schwierigkeiten mit seiner Ehe und vom Tod seiner Freunde, hat er offenbar begonnen, in sich hineinzublicken, und es ist ihm dabei ein instinktiver oder auch beabsichtigter Akt einer Jungschen Selbstreinigung gelungen, der ihn einigermaßen sicher auf der abgewandten Seite des Paradieses, wenn nicht gar der Paradoxien, deponierte. Ich behaupte nicht, daß er nun glücklich ist – aber wer zum Teufel ist schon glücklich? Ein Post-Romantiker zu sein bedeutet für Young, daß er immer noch den Krieg der Geschlechter liebt, aber jetzt weiß, in welchen Scharmützeln sich eine Anlage lohnt. Es kann sein, daß er seine Investitionen dabei verliert, aber die Lage wird nie mehr völlig hoffnungslos sein. Die Romantik ist ein fremdes Land, in dem andere Gebräuche herrschen. Ein netter Ort, den man zu Besuchszwecken einmal bereist, aber ich würde dort nicht wohnen wollen. Zu gefährlich – lebensgefährlich.

Nachdem er die mehr selbstzerstörerischen Aspekte des Romantizismus mit heiler Haut hinter sich gelassen hat, macht Neil Young nun gern von seinem Wiederbesuchsrecht Gebrauch, zeigt denen, die es hören wollen, die Sehenswürdigkeiten und erklärt ihnen die Widersprüchlichkeiten seines Reiseweges. Vielleicht kann nur ein Mann, der die Antworten gekannt hat, auch beide Seiten der Fragen sehen. Jedenfalls ist Youngs Mona Lisa-Lächeln aus der Barstube auf dem wundersamen *American Bars'n Stars* nicht so sehr arrogant („If you can't cut it / Don't pick up the knife") („Wenn du nicht das Zeug dazu hast / Laß die Finger vom Messer") als alles umfassend („I know that all things pass / Let's try to make this last") („Ich weiß, daß alles vorüber geht / Versuchen wir, dies etwas dauern zu lassen"). So allumfassend ist dieses Album sogar, daß es fast als eine Art Sampler angesehen werden könnte, nicht aber als eine Summierung der verschiedenen Stile Youngs von *After the Gold Rush* und *Harvest* (ein Gutteil der Country Rock-Nummern) über *On the Beach* (das unglaubliche „Will to Love") bis hin zu *Zuma* („Like a Hurricane" ist, als Gitarren-Kraftprobe, ein vollwertiger Nachfolger auf „Cortez") mit einer Menge stilistischer Überschneidungen innerhalb der Songs.

Wenn man *American Stars'n Bars* in bedeutenderen und unbedeutenderen Neil Young aufteilen kann, dann würde ich meinen, verläuft die

Trennlinie in etwa so: „The Old Country Waltz", „Saddle Up the Palomino", „Hey Babe", „Bite the Bullet" und „Homegrown" sind sämtlich exzellente Beispiele eines Country Rock vom angenehmsten, durchwachsen mit kräftigem Muskelfleisch. Während diese Songs alle plombenziehende Süßlichkeit vermeiden, behalten sie doch die charakeristischen Eigenarten des Künstlers bei (Young ist schließlich mehr als nur ein bißchen schrullig). Dennoch fehlt ihnen die nötige Tiefenresonanz, um sich mit den vier Meisterwerken der LP messen zu können.

In „Hold Back the Tears" und „Star of Bethlehem", zwei Songs über das Gefühl, eben verlassen worden zu sein, wenn man nicht verlassen werden wollte, wandelt sich eine zersetzende Ansicht über die Liebe zu Hoffnungsfreudigkeit („Hold back the tears and keep on trying / Just around the next corner may be waiting your true love" („Halt die Tränen zurück und versuch es weiter / Deine wahre Liebe wartet vielleicht schon um die nächste Ecke")), wobei die letzte Metapher die Unausweichlichkeit der Suche nach einer bedeutsamen Beziehung mit der Apotheose einer religiösen Erfahrung gleichsetzt.

Was uns direkt auf das glänzende „Will to Love" hinführt – ein Song, der jeder Vernunft widerspricht, indem er das scheinbar Lächerliche zur Schau stellt – die Gedanken des Sängers, der in Gestalt eines Lachses flußaufwärts schwimmt – um auf diesem Weg zum wahrhaft Erhabenen zu gelangen. Und es funktioniert. (Wann hat man zuletzt schon mal *sowas* auf Platte gehört?) Nach dem Anfang mit einem typisch Youngschen Sinnspruch („It has often been my dream / To live with one who wasn't there") („Ich habe oft davon geträumt / Mit einer zu leben, die nicht da war"), bewegt sich der Song vom Manischen zum Depressiven (die zwei Zeilen über „ein Feuer in der Nacht") zu einer Kombination der beiden („Now my fins are in the air / And my belly's scraping on the rocks") („Jetzt sind meine Flossen in der Luft / Und mein Bauch reibt sich an den Felsen") bevor er sich auf das universelle Schicksal besinnt („I remember the ocean from where I came / Just one of millions all the same...") („Ich erinnere mich an den Ozean aus dem ich kam / Einer von Millionen, die sich alle gleichen...") und auf das universelle Versprechen („...but somewhere someone calls my name") („aber irgendwo ruft irgendjemand meinen Namen").

Wenn Youngs Triumph darin liegt, daß er nie den Pfad zur Liebe unter seinen Füßen verlieren wird, so kann ihm doch die Notwendigkeit, diesen ganz speziellen anderen Menschen zu finden, gewiß Troubles und Turbulenzen in den Weg legen. „Like a Hurricane", mit seinem Sturmwind-Gitarrenspiel ist eine perfekte weder/noch, entweder/oder-Beschreibung eines Gatsby's unserer Tage, der zwischen der greifbaren Idee einer transzendentalen Liebe und ihrer unfassbaren Realität befangen ist. Alles ist „undeutlich", „neblig", von „Mondstrahlen" beleuchet und „dem Licht von Stern zu Stern".

I am just a dreamer
But you are just a dream
And you could have been anyone to me
Before that moment you touched my lips
That perfect moment when time just slips
Away between us and our foggy trip

(Ich bin nur ein Träumer
Und du bist nur ein Traum
Du hättest irgendwer sein können für mich
Vor dem Moment, als du meine Lippen berührtest
Jenem perfekten Moment, als die Zeit wegrutschte
Zwischen uns auf unserer nebligen Reise)

Die ersten drei Zeilen lassen darauf schließen, daß das Bedürfnis des Sängers, jemandem zum Lieben zu erfinden, weit wichtiger sein mag als die Betreffende, die er schließlich finden wird. Man kann ebenso aus den letzteren drei Zeilen annehmen, daß das Gefühl, das er aus dieser Traumerschaffung und der damit verbundenen Risiken zieht, es zweifellos das Ganze wert sein läßt, egal was es kosten mag. Gibt es ein glückliches Ende? Ich glaube nicht. („I want to love you / but I'm getting blown away") („Ich will dich lieben / doch der Wind treibt mich weiter") singt Young. Es ist wie Key Largo mit lauter Rückkopplungen.

Obgleich er in einer merkwürdigen und scheinbar wahllosen Art seine Kreise ziehen mag (manche behaupten, er halte bis zu neun fertige Alben vor der Veröffentlichung zurück) so stehen die Chancen für Neil Young doch sehr gut, daß er der wichtigste Rock'n'Roll-Künstler der Siebziger ist. Bruce Springsteen, Jackson Browne und andere müssen natürlich mit in die engere Wahl gezogen werden, aber ich kenne niemanden, der mit solchem Wagemut dem wirklich Wesentlichen hinterher jagt wie Neil Young. Und ich kenne auch niemanden sonst, der es so aufspürt, wie er es tut.

■ **RANDNOTIZEN** (8. September 1977)

Während die Ex-Partner Crosby, Stills und Nash wieder einmal das Licht der Öffentlichkeit beanspruchten, zog Neil Young in die entgegengesetzte Richtung ab, um sich den „Enten" anzuschließen – eine Zeitlang wenigstens. Berichte in der Presse, die solches behaupteten, stießen Youngs regulärer Begleitband Crazy Horse ziemlich schwer auf, so daß eine Stimme aus dem Umkreis des öffentlichkeitsscheuen Young jetzt verlauten läßt, er würde „entschieden nicht auf permanenter Basis das Quaken".

Young war die Sache mit den Ducks ernst genug, um zu Übungszwecken ein Strandhaus in Santa Cruz zu mieten, circa siebzig Meilen südlich von San Francisco. Die Band, bestehend aus Youngs altem Freund Jeff Blackburn (von der einstigen Formation Blackburn and Snow) an der Rhythmus-Gitarre, Bob Mosley (ehedem bei Moby Grape) am Bass und Johnny Craviotto (der mit Ry Cooder und Arlo Guthrie getourt hat) am Schlagzeug, spielte in lokalen Bars, als Entree wurde nicht mehr als 2.50 Dollar verlangt.

Die Ducks spielten ein Set von etwa fünfzehn Songs, meistenteils von Blackburn und Mosley, mit knapp einer Handvoll Youngscher Komposition dazu: „Mr Soul", „Ready for the Country" und „Long May You Run".

„Diese Band besteht nicht nur aus mir und ein paar Typen, die mich begleiten", hatte Young gesagt, bevor er die Stadt verließ, um dem Strom der Neugierigen zu entkommen und auch um Crazy Horse wieder zu beruhigen. „Ich spiele einfach nur meinen Part. Es erinnert mich ein bißchen an die Zeit, als ich bei Buffalo Springfield war. Es fühlt sich gut an, ein Teil dieser Gruppe zu sein, so, als ob man zum ersten Mal in einer Band ist."

Und worauf sollte das Ganze hinzielen? „Wir wollen keine Pläne machen." Darauf hatte Young felsenfest bestanden. „Ich denke wir haben alle schon viel zu viel in die Zukunft hinein geplant. Wir geben der Sache ihre Chance und warten mal ab, was sich tut."

18. MAI 1978

YOUNG'S *GIVE TO THE WIND* ANGEKÜNDIGT

DAS NEUE NEIL YOUNG Album, *Give to the Wind*, soll nun endlich am 15. Mai erscheinen. Gegen Ende letzten Jahres in Nashville aufgenommen, werden auf der LP viele der gleichen Musiker zu hören sein wie schon auf *Harvest*. Größtenteils akustisch, ist das Album eine leidenschaftliche Heimkehr zu den Folk- und Country-Themen früherer Alben.

Young, der zuletzt in dem Film *The Last Waltz* zu hören war, wie er „Helpless" vortrug, hat seit seiner 76er Tour mit Crazy Horse ein geringes Erscheinungsprofil gezeigt. Sein einziger Auftritt war bei einem einmaligen Benefizkonzert im Bicentennial Park in Miami Beach letzten November, als er mit seinem gesamten vierundzwanzigköpfigen Gone-with-the-Wind-Orchester auftrat, das unter anderem Fiedel, Steel Gitarre, vier akustische Gitarren und Nicolette Larsons weibliche Begleitstimme aufbot. Nach einem anderthalbstündigen Set, der zumeist neues Material debüttierte, schloß Young mit einem Tribut an Lynyrd Skynyrd – seiner eigenen Version von „Sweet Home Alabama".

Die Veröffentlichung von *Give to the Wind* verzögerte sich durch Probleme bei der künstlerischen Cover-Gestaltung und der Anordnung der einzelnen Tracks, was für Young-*Aficionados* kaum als Überraschung gelten dürfte. Young bereiste in letzter Zeit in seinem speziell eingerichteten Wohnbus Amerika, stattete der Familie in Toronto einen Besuch ab und machte mit seinem Sohn Zeke ganz allgemein eine Besichtigungsreise. Pläne für eine größere Tour wurden unlängst abgesagt, statt dessen wird Young seine „Sommer-Tour" abhalten, ein Vier-Tages-Schicht im 200 Sitzplätze fassenden Boarding House in San Francisco.

Neue Song-Titel sind unter anderem „Already One", „Motorcycle Mama", und „Human Highway".

29. JUNI 1978

PEGGYLEE BELLAS

NEIL YOUNG'S *HUMAN HIGHWAY*

NEIL YOUNG HAT begonnen, einen modernen Western im Dokumentarstil, mit dem Titel *Human Highway* (was auch der Name eines neuen Songs von Young ist) zu drehen. Er wird neben Dean Stockwell (*Compulsion*) als Drehbuchautor und Regisseur genannt. Stockwell wird ebenfalls neben Young eine schauspielerische Rolle übernehmen; außerdem verpflichtet wurden Dennis Hopper, Sally Kirkland und die New Wave-Gruppe Devo.

Der Film wird eine Mischung aus Konzert-Mitschnitten und anderen Szenen bieten, die vor Ort auf Youngs Ranch und in Taos, New Mexiko, gefilmt wurden. Eine Sequenz involviert, Berichten zufolge, einen Angriff von Räubern auf Youngs Tour-Bus. Young wird in dem Film keine Begleitband einsetzen und nur akustische Instrumente spielen. Er wird ein drahtloses Mikrophon-System zur Verstärkung des Klangs benutzen, was ihm erlauben wird, die Bühne zu verlassen und mit dem Publikum in Interaktion zu treten oder etwa tonmäßig erfaßt zu werden, während er einen Highway entlang geht.

L. A. Johnson, der mit Young bereits bei *Journey Through the Past* zusammenarbeitete, wird den Film produzeren. Zu Johnsons anderen Produzenten-Ehren zählen *The Last Waltz, Woodstock,* und *Renaldo und Clara*. David Myers (*Journey Through the Past, Marjoe, Renaldo and Clara* und *The Last Waltz)* wird der Hauptkameramann sein. Der Film wird in 16mm gedreht.

Ein Veröffentlichungsdatum ist noch nicht angesetzt worden, und ob ein Soundtrack erscheinen wird, ist ebenfalls noch nicht gewiß.

27. JULI 1978

PAUL NELSON

NEIL YOUNG

(Konzertkritik)

The Boarding House, San Francisco, 26-27 Mai 1978

A LS NEIL YOUNG mit Crazy Horse vor nun bald zwei Jahren im New Yorker Palladium auftrat, machte er auf mich einen solchen Eindruck, daß mir irgendwann im Verlauf der Eröffnungs-Show (für die ich eine Eintrittskarte hatte) bewußt wurde, daß ich auch all die übrigen Shows sehen müßte. Zum ersten mal in meinem Leben suchte ich damals die Skalpierer auf, die Schwarzhändler, die einem das Fell über die Ohren ziehen. Obwohl die Tickets pro Stück über dreißig Dollar kosteten, war das doch der einzige Weg, um hineinzukommen, und ich konnte die Musik nicht einfach aufhören lassen. Hier gab es einen Rock'n' Roll, der so urtümlich und unerklärlich war, daß ich mich einfach darin baden wollte, ich wollte ihn durch mich hindurchpulsieren lassen. Als Young vortrat und anfing, Songs wie „Cortez the Killer" und „Like a Hurricane" auf seiner schwarzen elektrischen Gitarre anzustimmen, dachte ich, ich hätte nun endlich das perfekte Ziel für jenes überstrapazierteste aller Adjektive gefunden: *mythisch*. Erstmals waren alle Antworten gleichgültig, weil die Fragen selbst schon solch komplette und befriedigende Einheiten bildeten – Einheiten, die längst die Grenze zur Freudschen Logik überschritten hatten und jetzt unterwegs zu den fernsten der fernen Länder waren. *Neil Jung*, schrieb ich in mein Notizbuch. Ein nicht-unpassender Kalauer.

Bei seinem letzten fünf-Abende Gig in San Franciscos Boarding House (einem Club, der weniger als 300 Sitzplätze anzubieten hat), spielte Young vier akustische Gitarren, Mundharmonika und Klavier. Es gab keine Begleitband. Überraschenderweise verminderte der Mangel an Elektrizität weder seine Rock'n'Roll-Effektivität noch seine enorme geheimnisvolle Ausstrahlung, obwohl es seine Wurzeln in der Folk-Musik offen legte. „Sugar Mountain" klang tatsächlich wie eine Zusammenfassung, wie für manche die Folk-Musik zu der lethaleren Kunst des Rock'n' Roll führen kann. Nachdem er es gesungen hatte, sagte jemand im Publikum: „In dem

Lied geht's darum, wie es ist, wenn man zwanzig ist." Im Gegenteil, dachte ich, in dem Lied geht's darum, wie es ist, wenn man *nicht* zwanzig ist.) Wie auch immer, Neil Youngs „Welt Tournee 1978" – er plant, den Rest des Jahres mit der Arbeit an seinem zweiten Film, *Human Highway*, zu verbringen – legte den Beweis vor, daß er niemanden dort oben braucht, außer sich selbst, daß er eine Bühne beherrschen kann durch die schiere Kraft seines Willens. *Kraft*, schrieb ich in mein Notizheft. Pure Kraft.

VOR DEM ERSTEN Set bemerke ich, daß ich nicht der einzige Fanatiker bin, der quer über den amerikanischen Kontinent geflogen ist, bloß um Neil Young zu hören. John Rockwell von der New York Times ist hier, und der scheint genau so besessen zu sein, wie ich selbst. Und wie Cameron Crowe vom Los Angeleser Büro des *Rolling Stone*. Während wir warten, tauschen wir Stories aus, wovon die besten noch die sind, daß Young einmal ein ganzes Album geschrieben, aufgenommen, aber nicht herausgebracht haben soll, das vollständig aus Songs bestand, deren Titel von anderen Künstlern bekannt gemacht worden waren („Born to Run", „Sail Away", „Greensleeves", usw) und dann noch, daß er mehr als 175 Songs in fertiger Form hortet, mehr als auf zwanzig LPs passen würden. Es gibt drei große hölzerne Indianer auf der mäßig erleuchteten Bühne. Wir sitzen da und starren sie eine Zeitlang an. Sie scheinen alles nötige bereits gesagt zu haben.

Als Young plötzlich auf der Bühne erscheint – er scheint niemals aufzutreten, ganz plötzlich ist er einfach da – gibt er die Ansage durch: „Es ist gut, wieder auf den Brettern zu stehen, die die Welt bedeuten, wie Mick Jagger im Jahr 1967 einmal gesagt hat." Er pausiert einen Moment, blickt nieder, und fixiert dann die Menge mit einem wohlwollenden, hinter-blauen-Augen-Starren. Seine Augenbrauen sind so schwarz, daß er einen richtigen Mitguck-Blick bekommt, wie ein Trickfilm-Jerry, der den Doppellauf eines Jagdgewehrs zu imitieren versucht. „Denkt einfach an mich als einen, bei dem ihr euch nie ganz auskennt", sagt er. Mein Gott, denke ich, der Typ kann Gedanken lesen. Nicht nur das, er ist auch sein eigener bester Kritiker.

Und wirklich, wie er's gesagt hat, Young macht eine Menge Sachen, bei denen sich keiner auskennt. Technisch gesehen ist er buchstäblich auf drahtlose Sendung gepolt, mit einem Satz komplizierter Elektronik, die es ihm erlaubt, frei umherzuwandeln, ohne irgendwelche sichtbaren Mikrophone. (Einmal, als irgendwas in der Kontrollkabine daneben geht, sendet er statischen Leerlauf aus und spuckt und zischt wie der Sechs-Millionen-Dollar-Mann im Krankheitsstand.) Musikalisch spielt er einwandfrei – und klangrein. Und mit *Comes a Time,* seiner neuen Platte, die demnächst erscheinen soll, würde man doch erwarten, daß er eine ganze Reihe Songs davon spielen würde, hab ich recht? Pustekuchen. Er bringt drei – den Titelsong, das herzallerliebste „Already One" (über Carrie Snodgress und ihren gemeinsamen Sohn Zeke) und „Human Highway". Gar so viele alte Favoriten bringt er auch nicht gerade, obwohl „Bird", „After the Gold Rush", „Sugar Mountain", „Down by the River", „Cowgirl in the Sand", und eine Buffalo Springfield-Nummer namens „Out of My Mind", unweigerlich das Publikum in Beifallsstürme versetzen.

Stattdessen stolziert Young auf der Bühne herum wie ein etwas schäbiger James Stewart/Henry Fonda-Typ – bewegt sich in arhythmischem Auf-und-ab und Hin-und-her, tänzelt fast, als ob er irgendeinen Stammestanz vollführt, und führt uns durch einen ganzen Stapel neuen oder wenigstens nicht erschienenen Materials: „Out of the Blue and into the Black", „Thrasher", „Shots", „Pocahontas", „Powderfinger", „Sail Away", „Ride My Llama" („ein extraterrestrischer Folk-Song"), „The Ways of Love". Von allen diesen, wette ich sind mindestens zwei echte Meisterwerke. „Out of the Blue and into the Black" handelt von – nunja, hier sind mal ein paar Textzitate:

> *My my, hey hey, rock & roll is here to stay*
> *It's better to burn out than to fade away...*
> *The king is gone but he's not forgotten*
> *This is the story of Johnny Rotten...*
> *Hey hey, my my, rock & roll can never die*
> *There's more to the picture than meets the eye...*

Und „Thrasher", ein komplexer und unglaublich bewegender Song über Freundschaft, Pflichtbewußtsein, Arbeit und Tod, würde ich mal sagen, nachdem ich ihn jetzt viermal gehört habe – klang sogar noch besser, besonders auf der Zwölf-String-Gitarre.

In der Manier der besten traditionellen Blues-Sänger scheint Neil Young auf der Bühne vollkommen allein anwesend zu sein, wie es sonst kaum ein zeitgenössischer Bühnenkünstler jemals tut. Aber er wirkt nicht bedrohlich, und man hat nicht das Gefühl des Ausgeschlossenseins. Den Kopf nach unten, das Kinn eingezogen in seine Schultern wie ein Boxer, blickt er mit diesen alles-wissenden Augen, die voller Humor sind, hinaus und läßt dieses selige, alberne Grinsen aufblitzen. Wie Muhammad Ali mag auch er sehr wohl der Größte sein. Aber wir werden es nie wissen, bis wir diese 175 oder wieviel unherausgebrachten Songs zu hören kriegen, oder? Na, wie steht's damit? Ich jedenfalls warte schon voller Ungeduld und mit Feuereifer darauf.

16. NOVEMBER 1978

CAMERON CROWE

WIE MAN IN NEIL YOUNG's BIZARRE NUMMER EINSTEIGT

DAS SCHILD – VERRÜCKTER NEIL – hängt jetzt schon seit mehreren Tourneen draußen vor seiner Garderobentür. Ein Stückchen weiter den Gang entlang hängt noch eins: JUNGES PFERD. Fast zehn Jahre nach „Cinnamon Girl" sind Neil Young und Crazy Horse wieder zusammen auf Tour – mit einer Show, wie es sie sonst kein zweites Mal im Rock'n'Roll gibt.

Young hat immer schon das unpersönliche Gefühl kritisiert, das einem die großen Hallen vermitteln, und so hat er als teilweise Lösung die Größenverhältnisse auf dieser Tour geändert. Die Bühnenaufbauten bestehen aus einer riesigen Musikertribüne samt riesiger Verstärker, einem mannsgroßen Glas Wasser, einer eins-zwanzig großen Mundharmonika und einem turmhohen Mikrophonständer – die alle von scharrenden, herumsausenden, haubenbedeckten Heinzelmännchen mit glühenden roten Augen vor dem Publikum aufgebaut werden.

Die Beleuchtung im Saal verdunkelt sich, und wir hören über das Lautsprechersystem Jimi Hendrix' Woodstock-Version der amerikanischen Nationalhymne, dann „A Day in the Life" von den Beatles. Plötzlich springt Neil Young, der bisher oben auf einem der Verstärker „geschlafen" hat, hoch. Er hebt eine Gitarre auf und singt auf dem Weg über ein drahtloses Mikrophon, wandert kindlich auf der surrealen Bühne umher und spielt akustische Songs, die seine gesamte Karriere umspannen, von „I Am a Child" bis zu „Comes A Time". Er kriecht wieder in den Schlafsack, und die Road-Eyes, die Straßenaugen, wie er sie nennt, bereiten alles für den elektrischen Auftritt mit Crazy Horse vor.

Während das Rüstzeug dafür aufgestellt wird, dringen über das P. A.-System Ankündigungen von der Bühne in Woodstock (erinnert ihr euch an: „Es ist da draußen etwas braunes Acid im Umlauf, das nicht unbedingt gerade...übermäßig gut ist"). Die ganze, voll-durchinszenierte Show vermittelt den untrüglichen Eindruck einer traumartigen Retrospektive von

Youngs letzten zwölf Jahren. Ich erwische den stets ausweichenden Young schließlich in der Lobby seines New Yorker Hotels.

„Neil", sage ich, „zum ersten Mal scheinst du auf der Bühne alle Richtungen deiner Karriere in einer Art futuristisch-nostalgischen Aussage zu vereinigen..."

„Kann hier keine Zeitung finden, in dieser Stadt", sagt er.

Ich versuch's nochmal, backstage am Madison Square Garden, sofort nach seiner zweiten voll ausverkauften Vorstellung.

„Neil", wage ich mich vor, „Diese Show würde jeden überraschen, der von dir das alte gemütlich-zurückgelehnte Image erwartet."

„Die Songs passen alle in eine gewisse Stimmung. Frank, Billy und Ralphy (Crazy Horse) spielen wirklich toll."

Am nächsten Abend im Nassau Coliseum: „Neil, diese Ansagen aus Woodstock, die da auf der Bühne laufen..."

„Ich hab eine Idee für die Show", sagt er. „Es ist eine Parodie darauf, wie ich früher immer warten mußte, bis alle ruhig waren, bevor ich spielen konnte. Also, gerade als die Show eigentlich beginnen soll, fängt vorne vor der Bühne dieser Pop Corn-Verkäufer an, irrsinnig viel Krach zu machen: „He Leute, kauft euch euer Pop Corn, macht schon." Dann tritt der Bühnenansager auf und sagt, Neil Young kommt nicht raus, bis Ruhe ist und bis dieser Verkäufer hier verschwunden ist. Aber der Verkäufer geht nicht weg, der macht immer nur noch mehr Krach. Die Kids fangen an, sauer zu werden, und dann springt der Verkäufer auf die Bühne." Young lacht: „Ich bin dieser Verkäufer."

„Unglaublich", sage ich. „Aber was hat es mit dem Konzept dieser Show und mit den Straßenaugen auf sich?"

„Ach so, du brauchst ein bißchen Mitmach-Journalismus? Dann arbeitest du heute Abend mit. Larry, Jeannie...kümmert euch um ihn."

Meine Verwandlung in einen Road-Eye beansprucht einige Minuten. Young erklärt mir begeistert meine Pflichten. Als Straßenauge kann ich alles tun was mir beliebt, solange ich es nur in gebückter Haltung und mit „hingebungsvoller Inbrunst" tue. Für die zweite Hälfte des Sets soll ich mich in einen älteren Professor verwandeln, den frei herumstromernden Assistenten des „Dr. Taub" (Co-Produzent David Briggs). Auf die Weise kann ich mir Notizen machen, ohne aus der Rolle zu fallen.

Während einer Vorstellung auf der Bühne herumzulaufen ist ein Bildungserlebnis eigener Art. Man hört ohrenbetäubenden, widerhallenden Applaus, aber es ist unmöglich, das Publikum zu sehen, außer bis zu den ersten sieben Reihen. Diese Reihen sieht man dafür nur allzu deutlich. Man sieht den Typ mit seiner Freundin, der versucht, einen Joint anzuzünden, Ausgebombte auf Acid, die mit den Händen wedeln, Aufpasser, die jungen Mädchen, die auf die Bühne gestürmt sind, an die Wäsche greifen, und mesmerisierte Gesichter, die sich fragen, worauf eigentlich genau es Young wohl diesmal abgesehen haben könnte. Young, der grinst, als wäre er endlich zu Hause, hier auf der Bühne mit seinen Road Eyes, seinen Doktoren und Professoren, die um ihn herumwirbeln, hat noch nie mit so viel Leidenschaft gespielt.

Die einen Monat dauernde Tour wird in Youngs nächstem Film, *Human Highway*, eingefangen werden – was eine gute Sache ist, denn sie sollte nicht undokumentiert bleiben. Um die freundlichen Worte eines meiner Mit-Road-Eyes zu zitieren, als wir gerade das riesige Mikrophon vor 16.000 kreischenden Fans errichteten: „Er ist der einzige Mensch, für den ich diese gottverdammte Kapuze tragen würde…er ist auch der einzige, der es von einem verlangen würde."

30. NOVEMBER 1978

JOHN ROCKWELL

NEIL YOUNG UND CRAZY HORSE

(Konzertkritik)

Madison Square Garden, New York City,
28. September 1978

IM JAHR 1972 HATTE NEIL YOUNG mit *Harvest* ein Album an erster Stelle der Charts. Die Erfahrung erschreckte ihn, und er wandte sich einer trotzig aufgerauhten, persönlichen und kommerziell in einer Randstellung angesiedelten Musik zu. Doch was er an Verkaufszahlen eingebüßt hat, ist ihm an kritischer Reputation zugewachsen, so daß er heute für manche von uns als der wichtigste Künstler im Rock der Siebziger Jahre gilt.

In letzter Zeit hat Young sich etwas weniger kompromißlos gegenüber den weicheren Gefühlen gezeigt, was anzudeuten scheint, daß eine wiederbelebte kommerzielle Stärke ohne Verlust an Glaubwürdigkeit in den Bereich des Möglichen rutschen könnte. Die reine folkige Seite seiner Musik hat sich schon immer zentral mit der Liebe beschäftigt, gewiß, selbst wenn die sparsame Instrumentierung, diese zitterige Stimme und die wenig ausgefeilten Aufnahmetechniken ihn vom kommerziellen Mittelstreifen des Musik-Highways fernhielten. Doch das neue *Comes a Time* wurde großteils in Nashville aufgenommen, mit einem alles weichspülenden weiblichen Hintergrundgesang (Nicolette Larson), butterweichen Sessionmännern und sogar einer Streichersektion.

Eine Zeitlang überlegte sich Young im Frühling dieses Jahres eine großformatige Tour mit Larson und den Musikern aus Nashville. Aber es erwies sich als allzu klobig und kompliziert, die Sessionmusiker alle zu koordinieren, und so beschloß Young, mit Crazy Horse zu touren – und es war diese Kombination, die sich Ende September zwei Nächte lang im „Garden" zeigte.

Die Rückkehr zu Crazy Horse mag Youngs Befürchtungen gedämpft haben, daß er mit *Comes a Time* bereits allzu sehr in Richtung auf den Kommerzialismus von *Harvest* abgedriftet wäre, doch sie bot auch Probleme. Crazy Horse ist immer schon ein extrem kruder Haufen gewesen, und hat niemals, außer mit Young, irgendwelchen gesteigerten Erfolg erzielt. Kommt dazu, daß auf dieser Tour ein ungewöhnlich lautes und verzerrtes Sound System eingesetzt wurde, so daß die Band viele von Youngs besten Songs zu kaum wiedererkennbaren, stumpfen Reduktionen ihrer auf Platte gebannten Form zusammenstauchte – selbst dort, wo die Originale auch mit Crazy Horse aufgenommen worden waren. Es ist nur eine dünne Trennlinie, die den Unterschied zwischen edlem Primitivismus und schlichter Unfähigkeit markiert, und Crazy Horse überschritten diese Grenze leider allzu oft.

Es gab auch noch andere Probleme. Young hatte sich viele Gedanken über die Notwendigkeit gemacht, bei großformatigen Konzertveranstaltungen Elemente des Theaters miteinzubauen, und seine Wahl scheint eine gewiefte Vorausahnung zu reflektieren, just welche Sorte von Publikum seine gegenwärtige Tour anziehen würde – jung, männlich, und lautstark. Die Bühne wirkte durch die riesigen Requisiten, die sie bevölkerten und wie überdimensionierte Verstärker und Lautsprecherreihen aussehen sollten, während die Roadies in den braunen Roben murmelhaft leuchtenden roten Augen der Jawahs aus *Star Wars* eingekleidet waren zwergenhaft klein. Young wurde buchstäblich auf der Bühne auf einem Verstärker „schlafend" ent-deckt, und sein kindliches Kostüm und die größenverschobenen Requisiten verstärkten die Aura einer jungenhaften Verwunderung; seine ersten beiden Darbietungen waren dementsprechend „Sugar Mountain", und „I Am a Child". Das Konzert insgesamt spielte mit Ideen über das Erwachsenwerden, dem Idealismus der Sixties, und dem Verlust, der sich bei jedem Wachstum zwangsläufig miteinstellt.

Doch selbst wo man die Durchdachtheit der Youngschen Inszenierung beklatschen möchte, in ihrer tatsächlichen Darbietung wirkte sie ein bißchen albern und verlegen; wie sein Film *Journey Through the Past* bereits nahelegt, ist Young kein bißchen sicherer auf den Beinen als Dylan, wenn er versucht, seine Kunst vom musikalischen auch in den theatralischen und visuellen Bereich zu transferieren. Gerade die Bühnenmäßigkeit aller dieser umherflitzenden Jawahs untergraben die Ehrlichkeit, die das Herzstück seiner Musik ist.

Trotzdem, das Konzert war ein kommerzieller Erfolg und spürbar den Bemühungen Dylans aus letzter Zeit überlegen. Es gab immer noch genug Subtilität, und berührende Emotionalität im akustischen Material und genügend bissige Leidenschaft in den besten der elektrischen Songs, um Youngs unverrückbare Stellung im vergangenen Jahrzehnt des Rock'n'Roll neu zu bekräftigen.

4. JUNI 1987

DAVID FRICKE

DIE 20 GRÖSSTEN KONZERTE

Neil Young und Crazy Horse, Amerika-Tour, September-Oktober 1978

NEIL YOUNG WAR mit seiner Familie auf Segelurlaub. Er schlidderte gerade in einem Schoner über die Wellen des blauen Pazifiks, als ihm die Idee kam. „Ich begann mir zu überlegen", sagt er, „wie irgendein Junge diesen Traum hat, er könnte in einer Rock'n'Roll-Band sein. Er ist nur ein kleiner Junge, also ist alles überlebensgroß – alles ist so riesig. So, und nun schläft er auf diesem großen Verstärker und er wacht auf und singt ein paar akustische Songs über das Jungsein. Dann kommt er runter von dem Verstärker und fängt an rumzulaufen, er erwirbt mehr Kenntnisse, und denkt mehr über die Dinge nach, die in der Welt passieren."

Über zweiundzwanzig Vorstellungen hinweg wurde dieser Traum während des Herbstes 1978 Wirklichkeit – so ungefähr. Jeden Abend während Youngs *Rust Never Sleeps*-Tour erwachte jener gitarrenschwingende Wicht – von Young selbst dargestellt – oben auf seinem gigantischen Fender-Amp und fand sich auf einer Musikertribüne aus dem Märchen wieder, die von den „Straßenaugen", elfenartigen Wesen in überdimensionalen Mönchskutten und Kapuzen, die das überdimensionale Equipment herumschoben und unten in den Gängen wie wahnsinnig herumtanzten bevölkert waren. Bühnenanweisungen vom Woodstock-Festival kamen über das P. A.-System wie Stimmen aus einer mythischen Rock'n'Roll-Vergangenheit („Hey, wenn wir es uns alle ganz fest wünschen, vielleicht können wir dann diesen Regen stoppen!"). Und wenn der Winzling Neil nicht glücklich auf seiner Gitarre Lieder über Kindheit und Unschuld anstimmte, wie „Sugar Mountain" und „I Am a Child", machte er einen lebenslustigen Krach auf seiner elektrischen Gitarre mit Hilfe seines treuen Crunch-Rock-Trios, Crazy Horse und ließ megadezibelmäßige Verwüstungen auf „Cinnamon Girl", „Like a Hurricane" und „Cortez the Killer" los.

DIE 78ER *RUST NEVER SLEEPS*-Tour, die zwei Platten (die elektrische Hälfte von *Rust Never Sleeps* und das Doppel-Album *Live Rust*) und einen abendfüllenden Konzertfilm hervorbrachte, war eine hinreissende Kombination aus boshaftem Surrealismus und Neil Youngs größten Hits, eine dramatische Show sowohl der songwriterlichen Leistungen Youngs als auch seiner Liebe zum etwas schrägen Rock'n'Roll-Theater. Aber Youngs *Rust Never Sleeps*-Phantasie über einen kleinen Jungen, der von seinen wilden neuen Klängen verzaubert ist, symbolisiert auch zugleich alles, was am Rock richtig war zu einer Zeit als alles andere an der Musik falsch zu sein schien. In einer Pop-World, die mit Disco und luftköpfigem Arenen-Rock aufgebläht schien, schnitten Klein-Neil und seine Band den ganzen Dreck weg und genossen so richtig das, worauf es ankam. *Rust Never Sleeps* war Youngs Demonstration seines Glaubens an die wahre Kraft des Rock'n'Roll – daß mit einem großartigen Song und einer Gruppe guter Gefährten jedermann die Welt bewegen könne.

Es war leicht, das Wesentliche der Show zu übersehen, und einige Kritiker taten das damals auch. Die ursprüngliche *Rolling Stone* Rezension über Youngs Show vom 28. September in New York war THEATRALISCHE MÄTZCHEN SCHMÄLERN NEIL YOUNG UND CRAZY HORSE betitelt. Young besteht darauf, daß die Bühne grundwichtig war, um den Traum realisieren zu können. Die Woodstock-Ansagen beispielsweise, waren „also wie Teile aus einem Geschichtenbuch für den Jungen, wie Zitate aus einer Rock'n'Roll-Bibel", erklärt er. „Es war so, als ob all dieses geschichtliche Zeugs jetzt für ihn noch einmal abläuft." In der Tat ging Young mit diesem Szenario noch einen Schritt weiter als er Crazy Horse auf eine Tour mitnahm, die er In a Rusted-Out Garage nannte, wo wiederum Klein-Neil und Crazy Horse jede Nacht in einer fiktiven Vorstadt-Garage „probten", in der sogar noch einige der alten *Rust*-Requisiten rumlagen. „Wo *Rust Never Sleeps* der Traum war, war die Garage die Realität des gleichen Jungen, der schwer arbeitete, um an jenen großen Gig heranzukommen", sagt Young.

Und er gibt zu, daß das Motiv mit den wolkenkratzerhohen Amps in *Rust* durchaus einen praktischen Zweck verfolgte. Als er und Crazy Horse ihr Equipment erstmal während der Proben aufstellten, „konnten wir sehen, daß es wirklich häßlich war", sagt er. „Wir hatten so viel Mist auf der Bühne. Und ich dachte, Naja, es klingt wie ein einziger großer Verstärker. Warum sorgen wir nicht dafür, daß es auch wie einer aussieht?" Die „Straßenaugen" waren natürlich nach dem Schnittmuster der hobbitartigen Jawahs aus *Star Wars* gefertigt. „Das *Star Wars*-Ding hatte gerade erst begonnen, und das war eine große Sache für die Kids", sagt Young. „Ich nahm einfach alles, was einen Jungen zu der Zeit beeinflußen würde und schmiß es zusammen." Doch Youngs Lieblings-Part der *Rust*-Show war der, wenn Crazy Horse – Bassist Billy Talbot, Schlagwerker Ralph Molina und Gitarrist Frank Sampedro – auf einem Drittel des Wegs ihre Instrumente einstöpselten und Songs wie „The Loner" oder „Welfare Mothers" in gloriose Gitarren-Fuzzi-Feuerwerk-Darbietungen aufgehen ließen. „Was mich an *Rust* am glücklichsten macht, ist, daß es Crazy Horse endlich in die ihm gebührende wirkliche Perspektive rückte. Ich rede mit einer Menge Musiker, die zu mir sagen, „Warum nimmst du dir überhaupt die Zeit, mit diesen Typen zu spielen? Sie machen Fehler, ihr Rhythmus ist ungleichmäßig..." Das ist mir alles egal. Alles, worum es mir geht, ist die Groove, und ob wir dabei eine gute Zeit miteinander haben.

„Wir wollen gar nicht gut sein", fügt er hinzu, und meckert dazu mit koboldhaftem Vergnügen. Er zitiert aus Klein-Neils Titelsong von „In a Rusted-Out Garage". „Es gehört einfach nicht zu unserem Plan."

30. NOVEMBER 1978

GREIL MARCUS

COMES A TIME

(Album-Kritik)

Neil Young harvestet noch einen Gold Rush

EW MUSICAL EXPRESS berichtete kürzlich einmal, daß Neil Young allein für die Anzahl der Testpressungen eine Goldene Schallplatte verliehen bekommen hätte, die er für *Comes a Time* angesammelt hätte – nun ja, so genau weiß man nie, ob's nicht auch stimmt. Wie bei so vielen anderen Young-Produktion wurde *Comes a Time* weniger herausgebracht als viel mehr herausgezogen. Ich glaube mich zu erinnern, schon im Frühjahr Rundfunk-Werbungen dafür gehört zu haben, doch da niemand genau über den Titel Bescheid wußte (*Gone with the Wind* (Vom Winde verweht) stand eine Zeitlang zur Debatte), wurden die Song-Fetzen einfach angepriesen als vom „neuesten Neil Young-Album". Ich hab schließlich den Überblick verloren, wie oft dann in den Presseberichten erwähnt wurde, daß Young wieder einmal eine Vinyl-Fassung zurückgewiesen habe, die den Warner Communications-Oberen gut genug erschienen war, oder wieviele Veränderungen an der Cover-Gestaltung vorgenommen wurden, bis Young sich schließlich mit einem ganz hundsordinären Huckleberry Neil-Photo für die Vorderseite und mit einem aufgeklebten Blatt mit den Titel auf der Rückseite zufrieden zeigte. Und da sprechen wir noch nicht einmal davon, was die vier Producer (einschließlich Young) und zehn Toningenieure wahrscheinlich durchgemacht haben müssen. Es muß ewig gedauert haben, bis sie den Klang endlich asymmetrisch genug hinbalanciert hatten.

Was alles zusammen genommen sicherstellt, daß sich eine gewisse Enttäuschung breit macht – in *diesem* Fall – weil *Comes a Time* weder als ein K.O.-Schlag wie letztes Jahr *American Stars'n Bars* rüberkommt, noch als ein übertrieben eigenartiger, überkandidelter Fehlschlag/Erfolg wie *Zuma* oder *On the Beach*. *Comes a Time*, ein zurückhaltender und bescheidener Satz Liebeslieder, der eine lange Affäre von ihrem ersten Aufblinken bis zu den letzten bedauernden Rückblicken nachzeichnet, ist das musikalische Opfer eines Sängers/Songschreibers, mehr wie *After the*

Gold Rush oder *Harvest* als jede andere Young-LP – obgleich weitgehend ohne die klebrige Unschuld jener zwei enorm populären Platten. Es ist ein angenehmes, eindeutig kommerzielles Werkstück, das dadurch vor der Glattheit bewahrt wird, daß Young darauf besteht, schräg zu singen und auch die Tonhöhen der Vocals schief anzusetzen (Nicolette Larson erhält manchmal sogar ein echtes Kreischen zugeteilt) und dadurch, daß Young ohne Affektiertheit singt. *Comes a Time* ist nicht sonderlich tiefgründig, nicht bedrohlich, und Young kann nicht die Absicht gehabt haben, es das sein zu lassen; er kann nämlich tief tauchen und seine Drohungen auch durchaus wirksam rüberbringen. so daß sie haften bleiben. Das Album soll eher geradlinig und ehrlich sein – folkig, wie Young's kleinklubige „Welt-Tournee" im Boarding House in San Francisco letzten Mai. Das Knattern und Knallen bei Youngs bester Musik (von „Cowgirl in the Sand" bis „Like a Hurricane"), das scharfkantige, zerrissene Gefühl, das selbst noch aus den schmuddeligen Probenbändern von „Alabama" und „Word" durchscheint (zu hören auf *Journey Through the Past*), fehlt hier oder ist nur gedämpft zu hören.

Die Musik übt keinen Druck aus, sie ist gelassen, fühlt sich wohl. Es gibt da einen Augenblick auf halbem Wege durch „Look Out for My Love" wenn die Gitarre in die Fiedel übergeht und die Leidenschaft wie ein Omen aus der Tiefe hervorsteigt – doch es ist nur ein Augenblick, mehr nicht. „In the field of opportunity / It's plowing time again" („Auf dem Acker der Gelegenheit / Ist es wieder Zeit zum Pflügen") sind fabelhafte Verszeilen – ich mußte laut auflachen, als ein Freund sie mir vor einigen Monaten einmal zitierte –, doch hier hat Young alle Spaßigkeit aus ihnen herausgenommen. Ihre Anzüglichkeit wird durch ein schnulziges Hillbilly-Arrangement zugedeckt, und was eine unerhörte Zweideutigkeit hätte sein sollen, klingt einfach nur abgehoben, wenn Young sich nicht an sein musikalisches Konzept hält und etwa gewählt vom „plowing" singt, wenn die Country-Manier nach einem umgangssprachlichen „plowin'" verlangt. Die LP enthält eine traditionelle Menge der traditionellen Neil Young-Schwachheiten, beispielsweise wenn er sich fragt, warum die Bäume wohl nicht alle umfallen, wenn die Erde sich dreht.

Comes a Time kommt trotz alledem gut, teilweise weil wir wissen, daß Neil Young nie eine Platte gemacht und nie eine machen wird, die keine ins Auge stechenden Schwachpunkte hat (man denke nur an das nichtaufhörenwollende „Will to Love" auf *American Stars'n Bars*) und auch weil die Portion Persönlichkeit, die sie enthält, erfrischend ist. Young gab schon vor langer Zeit jeden Versuch auf, richtig zu singen; sein letzter derartiger Versuch (*Neil Young*, sein erstes Solo-Album) ist aus besseren Songs zusammengesetzt als *Comes a Time*. Aber es klingt im Vergleich hierzu steif und emotional kompromittiert. Hier, selbst auf den Standard-Kompositionen, liegt seine Stimme mit der Gesichtslosigkeit des Materials im Clinch. Seine Stimme bricht, schwebt davon, fällt in sich selbst zurück. Wenn die neue LP sich zunächst nur nach glatter Oberfläche anhört, so durchbricht Youngs Stimme diese Oberfläche und trägt einen hinüber zu der Geschichte, die er jeweils gerade erzählt, warnt an einer Stelle sogar, daß er einen jetzt bald langweilen wird – aber das ist ein Versprechen, das er nicht einlöst. Wenn Young seine Geschichte mit Ian Tysons „Four Strong Winds" abschließt, entsteht ein sehr reales Gefühl, das Zeit verstrichen ist, daß eine Wahl getroffen und Chancen verpaßt wurden. Die Wehmut, die in Tyson's Song steckt, überlebt Youngs Weigerung, sich ihrer anheimelnden Hübschigkeit auszuliefern, nicht.

Und doch ist der Song trotzdem noch hübsch – sogar Meatloaf könnte „Four Strong Winds" singen, und es wäre immer noch ein hübscher Song – aber er ist zugleich von dem Podest runtergeholt worden, das immer schon zur speziellen Verpackung dieser Melodie dazugehört hat. Young singt, als ob er sich an eine reale Gestalt wendet, nicht, als ob er sich in einer preziösen Träumerei mit sich selbst beschäftigt. Das Unangenehme, will heißen, die völlige Konventionalität der Komposition fällt ab, und die geschwollene Poesie-Albums-Lyrik mit den eingetrockneten Blümchen im Refrain löst sich auf zu etwas, das normaler Rede zu ähneln beginnt. Ich ertappte mich dabei, wie ich anfing, Vergleiche mit Bob Dylans „If You See Her, Say Hello" und „Shelter from the Storm" anzustellen.

Trotz all seiner Klischees sticht „Four Strong Winds" aber doch *hier* hervor, weil es ein sorgfältig gedrechselter Songs ist, hergestellt mit der Absicht, im Gedächtnis haften zu bleiben, während Youngs eigene Songs auf *Comes a Time* das nicht sind und nicht tun. Es sind Zwischen- und Zufälle auf einem Album und funktionieren als solche, aber würde man sie auf einem anderen Album abladen, wären sie unweigerlich dem Vergessen anheim gegeben – ausgenommen „Field of Opportunity", welches, allem was ich gegen seine Darbietung vorgebracht habe zum Trotz, einfach eine gar zu niedliche Idee ist, um völlig aus dem Gedächtnis zu entschwinden). Auf der Platte zeichnet sich eine entschlossene Abkehr von musikalischer Intensität ab, nichts, was dem Refrain von „Helpless" oder der gänsehautverursachenden Zögerlichkeit von „Tonight's the Night" den Löffel reichen könnte. Das schreckliche Drama der Gitarre Youngs – eine Qualität, die auf den uralten modalen Formen der Musik von Bergbewohnern basiert, die immer schon Furcht und Schrecken, aber auch Mut und Tapferkeit angedeutet haben – ist hier nur in Fragmenten und fernen Andeutungen präsent. Es sind diese nachhallenden Spurenelemente, die *Comes a Time* vor den kleiner-Junge-auf-verlorenem-Posten-Manierismen einer *Harvest* oder *After the Gold Rush* bewahren. Doch die Tatsache, daß es nur Echoes und nichts viel mehr sind, könnte diese LP genau so kommerziell potent werden lassen wie jene. Falls dem so ist, wird der kommerzielle Erfolg Young weiterhin die Freiheit gewähren, die er sich erkämpft und gewonnen und die er besser überstanden hat als jeder andere Rock'n'Roller des Jahrzehnts.

Covers und Testpressungen in den Abfalleimer zu kippen, neue künstlerische Gestaltung des Umschlags zu verlangen und die dann auch zu verwerfen, und schließlich mit phasenverschobenem Gesang und Schlimmerem zu enden, gehört alles zu dieser Freiheit – als eine Art, sie zu testen, an ihre Grenzen zu stoßen und zu sehen, was man sich sonst noch in dieser Firmenwelt, auf deren Strukturen Youngs Musik aufliegt herausnehmen kann. Obgleich *Comes a Time* aussieht wie ein Schachzug in Richtung leichte Akzeptanz und zugleich wie die Handlungsweise eines Mannes, der gemerkt hat, daß es an der Zeit ist, seine wirtschaftliche Basis in Ordnung zu bringen, können jene unaustarierten Vocals und schräg gesungenen Noten doch als die Kehrseite seines Herumgeplänkels mit der Plattenfirma angesehen werden. Als ein Weg, das Publikum zu testen und es nur eben ein bißchen in Sicherheit zu wiegen – und um diejenigen, die *Comes a Time* lieben werden, weil man dazu so schön träumerisch zum Mond hochblicken kann, daran zu erinnern, daß etwas sehr viel rauheres – wer weiß, was – mit Sicherheit hinterherkommen wird.

■ RANDNOTIZEN (28. Dezember 1978 – 11. Januar 1979)

Mehrere 1965 eingespielte Tonbänder einer Gruppe namens The Minah Birds – zu deren Mitgliedern damals auch Neil Young, sein Buffalo Springfield-Kumpan Bruce Palmer und Rick James gehörten – sind offenbar doch zu skizzenhaft, um sich zu einem Album zusammenzuaddieren, befand man bei Motown Records, wo die Tracks unlängst in einem Archiv aufgestöbert wurden.

14. DEZEMBER 1978

SAI LEY RAYL

MALIBU-FEUER FRISST ROCKSTAR-VILLEN

BEINAHE ZUVIEL ZUFALL – während Neil Young, bei einem Auftritt gemeinsam mit Crazy Horse, am 23. Oktober im Inglewood Forum sang, „I was standing in a burned-out basement" („Ich stand in einem ausgebrannten Keller") – war sein Haus am Zuma Beach gerade dabei, abzubrennen.

An dem Tag wurde Süd-Kalifornien von vier großen Feuersbrünsten und zwölf kleineren Buschfeuern in Schach gehalten, die mittlerweile als die Schwarzer-Montag-Feuer bekannt sind. Aber der Agoura/Malibu-Brand, der Youngs Haus in Schutt und Asche legte, war bei weitem der zerstörerischste von allen. Das Agoura/Malibu-Feuer, möglicherweise das schlimmste in der Gegend, was den Verlust an Eigentum betrifft, zerstörte auch die Häuser von Garth Hudson von der Band, der Schauspielerinnen Katharine Ross und Ali MacGraw und des Komödianten Buddy Hackett. Zusätzlich zu einem Feuersturm aufgeblasen durch Winde mit Windgeschwindigkeiten von sechzig-Meilen-pro-Stunde, spien die Flammen Feuerbälle und kleine Buschfeuer aus, die insgesamt mehr als 11.000 Hektar Land verwüsteten. Obwohl zwischen fünfzig und sechzig Verletzungen gemeldet wurden, war doch nur ein Todesfall zu verzeichnen.

Es ist länger als ein Jahr her, seit Neil Young in seinem zweistöckigen Haus am Zuma Beach gewohnt hat, das einst dem Schriftsteller F. Scott Fitzgerald gehörte und so etwas wie ein weithin sichtbares Wahrzeichen darbot. „Ausgesprochen schade, daß das passiert ist", sagt sein Nachbar Rick Danko, „Neil hat immer so viele Leute dort zu Besuch gehabt, in dem Haus. Es war einfach eines von diesen Bauwerken mit einem ganz eigenen Zauber." Aber irgendjemand hat die ursprünglichen Baupläne wiedergefunden, vielleicht kann man das Haus gemäß den damaligen Spezifikationen wieder aufbauen.

8. FEBRUAR 1979

CAMERON CROWE

NEIL YOUNG:
DER LETZTE AMERIKANISCHE HELD

Aber trotz dieser Menschenmengen war es ziemlich still, weil Ernie Klavier spielte. Es galt geradezu als heilige *Handlung, wenn er sich ans Klavier setzte... Wenn ich Pianist oder Schauspieler oder sonst etwas wäre und alle diese Esel mich für fabelhaft halten würden, könnte ich das nicht vertragen. Ich möchte nicht einmal, daß sie auch nur klatschen würden. Die Leute klatschen immer für das Verkehrte. Wenn ich Pianist wäre, würde ich im Klosett Klavier spielen.*

– HOLDEN CAULFIELD, *Der Fänger im Roggen*

MEINE ELTERN BEWOHNTEN das Schlafzimmer direkt über meinem Jugendzimmer. Zum Glück hatten sie einen gesunden Schlaf und laute Musik in der Nacht schien sie nicht allzusehr zu stören – ausgenommen natürlich, es handelte sich um die durchdringenden hohen Gitarren- oder Gesangstöne eines Neil Young. Bei solchen Gelegenheiten kam meine Mutter dann immer heruntergeschlapft, pochte an die Tür und stand da, mit jenem Ausdruck im Gesicht, der schon seit altersher den Zorn eines jeden um seinen Schlaf gebrachten Menschen zu kennzeichnen scheint.

„Werden wir uns noch die ganze Nacht über anhören müssen, wie dieser Mensch den Mond anjault?" fragte sie dann mit schöner Regelmäßigkeit, als Bittstellerin sowohl in eigener Sache, als auch im Auftrag meines Vaters. Es gab da eine Zeit, sicher, als ich noch versuchte, meinen Eltern zu stecken, was es eigentlich bedeutete, ein Neil Young-Fan zu sein: „Na, was ist denn schon dabei", sagte ich beispielsweise, „wenn einer mal'n bißchen falsch singt?" Oder: „Ist doch toll, wenn er auf „Down by the River" die gleiche Note achtunddreißig mal hintereinanderweg bringt." Schließlich hatten wir es hier mit einem *Künstler* zu tun, nicht mit einem Unterhalter. Das hier war jemand, der nie auf einer Talkshow mit seinem Krempel hausieren gehen würde.

Und Youngs Popularität sollte bald selbst für ihn sprechen. Meine Eltern hörten, wie man 1972 „Heart of Gold" sogar im Supermarkt spielte, fanden es melodiös und fingen an, die Dinge etwas anders zu sehen. Als Young wissen ließ, daß er auf einer seiner seltenen Konzerttouren auch in San Diego, meiner Heimatstadt, auftreten würde, nahmen wir das Konzert zum Anlaß für einen Familienausflug. Meine Schwester, meine beiden jungen Kusinen, die aus Kentucky zu Besuch gekommen waren, meine Eltern und ich besuchten das Konzert gemeinsam.

Young erschien pünktlich und stellte sich nervös vorn an der Rampe mit erhobenem Arm vor die kreischende Menge. Er wirkte etwas verschreckt und müde, wie er sich eine Gitarre griff und anfing, einen akustischen Song zu singen, einen der ersten, die er je geschrieben hatte, mit dem Titel „Sugar Mountain". Die Zuschauer drängten und schoben sich nach vorn, sie riefen lautstark nach den stromverstärkten Songs, und Young holte endlich seine Band auf die Bühne. Doch statt der sattsam bekannten Buffalo Springfield-Kamellen und alten Standards wie „Down by the River", spielten sie einen wahnwitzigen Set mit neuer Musik, der ganz schön für Spannungen in der Arena sorgte.

Dann, als er den letzten Song des Abends vortrug, schien auch Young den Druck nicht mehr länger auszuhalten. Er begann, ins Publikum hineinzuschreien: „Wach auf, San Diego. Komm schon, San Diego..." Einige Minuten später ging die Hausbeleuchtung an, und der ganze Saal war erfüllt von einer unheimlichen Stille.

„Er führt sich auf wie ein betrunkener Affe", sagte eine meiner Kusinen. Die übrige Familie hatte nicht viel zu sagen. Wir sprachen die nächsten paar Jahre nicht mehr über Neil Young.

Vor kurzem fand ich mich in dem selben alten Zimmer wieder, wo ich spät nachts diesen Artikel tippte und mir dazu Neil Young-Platten anhörte – als ein altbekanntes Klopfen an der Tür zu hören war.

„Tja", sagte meine Mutter mit einem Anflug von Sentimentalität in der Stimme. „Einer, der's *überlebt* hat."

DIE TATSACHE, DASS NEIL YOUNG schon kaum mehr einen Bezug zu seinem gegenwärtigen erfolgreichen Album *Comes a Time* verspürt, ist typisch für seine Karriere, und vielleicht einer der Gründe dafür, *weshalb* er einer ist, der bisher alles überlebt hat. Er ist dreiunddreißig und hat volle zwölf Jahre damit zugebracht, in der allerunberechenbarsten Branche an vorderster Front zu stehen und sämtliche Erwartungen über den Haufen zu werfen. „Das entstand an einem bestimmten Punkt, mitten in einer weichen Phase", sagt er von dem Album. „Es sollte schon vor einem Jahr erscheinen, aber dann verzögerte sich alles, weil es Probleme mit den

Pressungen gab. Ich hör es jetzt im Radio und es klingt nett… Aber ich bin mittlerweile schon wieder woanders. Ich stehe jetzt auf Rock'n'Roll."

Die Verzögerung ergab sich, weil Young eine fehlerhafte Testpressung zuerst durchgehen ließ, und dann für seinen Fehler bezahlte, indem er aus eigener Tasche für $160.000 bereits gedruckte Platten aufkaufte. *Comes a Time* ist ein gemächliches Album. In der Zwischenzeit, bis das Album erschien, hat sich etwas im allgemeinen Musikgeschmack geändert. Viel Musik von Künstlern, die in den Sechzigern und Siebzigern populär geworden waren, stieß mit einem Mal bei den jungen Leuten auf taube Ohren.

„Ich hab zum ersten Mal gemerkt, daß irgendwas Großes im Busch war, als wir vor anderthalb Jahren in England waren", sagt Young. Wir sitzen im Dämmerlicht seiner Ranchwohnung in Nordkalifornien. Er hat eben die *Rust Never Sleeps*-Tour über die Runden gebracht und spricht mit großem Nachdruck: „Die Kids waren es leid, sich die Rock-Heroen und ihre Limousinen, ihre All-Star-Allüren, ihren Mißbrauch von Bühnenprivilegien mitanzusehen. Es gab da eine neue Musik, auf die die Kids standen. Sobald ich meine Altersgenossen sagen hörte, „Gott, was ist das denn für eine Scheiße, das ist in spätestens drei Monaten vorbei", – da wußte ich gleich, die werden sich noch an ihren Worten verschlucken, wenn sie nicht aufpassen. Und viele haben ja schon in diesem Jahr ins Gras beißen müssen. Das Publikum kommt eben nicht, um sich ein ums andere Mal immer dasselbe anzusehen. Die Dinge müssen sich ändern. Es ist wie bei der Schlange, die sich selber auffrißt. Punk Musik, New Wave. Du kannst das nennen, wie du willst. Es ist einfach Rock'n'Roll und für mich ist das immer noch die Basis für all das, was da jetzt abläuft."

Young hatte genug vom Touren gehabt und sich der Arbeit an seinem zweiten Film zugewandt, – einem Comedy-Fantasy-Musical unter dem Titel *Human Highway*, in dem er einen Folk-Singer namens Neil Young spielt – als sein Freund Dean Stockwell (der im Film den Manager Otto darstellt) ihm von einer New Wave-Band erzählte, die Devo hieß. Young wußte sofort, daß dies die Band war, die er für eine Alptraum-Episode in seinem Film brauchte. Er hatte sogar schon den Song, den sie zusammen spielen würden – den neuen, „Out of the Blue", bei dem er sich im Geist die Sex Pistols („It's better to burn out / Than it is to rust") („Es ist besser auszubrennen/ Als zu verrosten") als Begleitband vorgestellt hatte.

Die Mitglieder von Devo wurden von ihrer Heimatbasis in Akron, Ohio, eingeflogen, um die Alptraum-Sequenz vor einem Live-Publikum im San Franciscoer Punk-Club Mabuhay Gardens zu filmen. Devo stellten Young als den „Müsli-Opa" vor, und spielten den Song dann Live und in einem Studio am Ort, bevor sie wieder nach Akron abzwitscherten. Später, als

Young sich das Tonband noch einmal genau anhörte, fiel ihm auf, daß zwei Gruppenmitglieder immer wieder im Chor den Spruch „Rust never sleeps" skandiert hatten.

Er rief sie in Akron an. „Was heißt „Rust never sleeps"?"

Zwei von den Mitgliedern von Devo waren, wie sich herausstellte, früher in der Werbung tätig gewesen. Sie hatten diesen Spruch im Verlauf einer Werbekampagne für den Rostentferner Rustoleum entwickelt gehabt, und fanden, er passe zu dem Song. Für Young paßte er erst recht auf seine eigene Karriere, und auf seinen Kampf gegen die verhaßte, schleichende Krankheit, die einen bei dem Versuch befiel, eine gute Sache endlos weiter fortführen zu wollen. Plötzlich spürte Young wieder das brennende Verlangen, auf Tour zu gehen, spürte das Bedürfnis, Rock'n'Roll zu spielen. Er buchte eine Sechs-Wochen-Tour mit Crazy Horse, arbeitete mit den beiden Filmemachern / Regisseuren L. A. Johnson und Jeanne Field eine vollständig durchgeplante Showaus und zog los mit *Rust Never Sleeps*.

„Ich wußte, ich mußte da hinaus und *rocken*", sagt er. „Aber ich wußte auch, daß ich mir nicht gut vorstellen konnte, wie ich da draußen auf der Bühne stehen würde, und alles so machen sollte, wie sonst immer, einfach rumstehen vor einem Mikrophon. Das Ganze muß eben, auch wenn es immerzu weitergeht, doch immer wieder so neu sein, wie es war, als alles anfing.

„Das Musik-Business ist so riesig heutzutage, ich fühle mich dabei ganz klein, wie ein Zwerg. Ich meine, ich bringe eine Platte raus und, verstehst du, sie verkauft sich ganz ordentlich. Jemand wie Foreigner oder Boston, die kommen mit einer Platte an, und verkaufen prompt zehn mal soviel wie ich. Ich meine, das ist großartig, megamäßig, für die, aber ich fühle mich dabei immer noch wie dieser...ganz kleine Kerl."

Ein Bühnenbild wurde entworfen, bei dem gigantische Verstärker und riesige Mikrophone vor den Augen des Publikums von Youngs Roadies aufgebaut wurden. Sie waren jetzt als sogenannte „Road-Eyes" („Straßenaugen") verkleidet, mit schwarzgeschminkten Gesichtern und Kapuzen, und sahen auf diese Weise den Jawas aus *Star Wars* nicht unähnlich. (Als Young seiner verwirrten Crew das Konzept erläuterte, trug er ihr auf, sich „für ein paar Stunden von sich selbst zu verabschieden und dann leidenschaftlich und zielgerichtet herumzuwuseln." Young selber würde ein Kind spielen, das vom Rock'n'Roll träumt.) Er begann das Konzert mit „Sugar Mountain", steuerte dann im wechselnden Kurs durch einen Querschnitt seiner älteren und neueren Songs, und beendete die Show mit einem phänomenal lauten Set mit Crazy Horse. „Ich wollte erreichen, daß die Leute beim Weggehen sagen konnten, die Neil Young-Show sei das lauteste verdammte Ding gewesen, was sie je gehört hätten." Es ware eine Heavy

Metal Tour de Force, und irgendwo in der Mitte der Tour kam auf einmal *Comes a Time* heraus, Youngs zahmstes Album seit *Harvest*.

„Weißt du", sagte Young selbstsicher, „ich mache dieselbe Sache immer und immer und immer wieder. Es sieht immer ein bißchen anders aus. Diese Tour schien irgendwas zu Ende zu bringen. Es war eine Retrospektive, aber es ist ein Rückblick auf die Jetztzeit. Ich glaube, ich bin in eine andere Arena durchgestoßen; jetzt werden die Leute sich nicht mehr wundern, wenn ich das Programm mit Schauspielern anreichere und völlig von der Musik abweiche, und dann da wieder aussteige und zur Musik zurückkehre. Für mich wird der Rock'n'Roll auf diese Weise sichtbarer."

Eine Idee beschäftigt ihn: „Ich habe Glück gehabt", sagt Young. „Irgendwie, indem ich das mache, was ich machen wollte, gebe ich den Leuten etwas, was sie nicht hören wollen, und *trotzdem* kommen sie immer wieder zurück. Ich hab mir das bisher noch nicht erklären können."

ICH TRAF NEIL YOUNG ERSTMALS 1973, in einem Bus nach San Luis Obispo. Er war mitgekommen, um bei einem kleinen Benefizkonzert für die dortige indianische Gemeinde mit den Eagles in die Saiten zu greifen. Young saß da und spielte Banjo, wie eine grinsende Chiffre in getönter Reflektorbrille. Mir war aufgetragen worden, nicht mit ihm zu reden, da er angeblich „nichts mitzuteilen" habe.

Nach der Show, die mit einem feurigen „Down by the River" ihren Höhepunkt erreichte (von dem Young und die Eagles noch heute schwärmen), ploppte sich Young in den Sitz neben meinen. Er hatte die Sonnenbrille abgenommen, und seine Augen waren dunkle, tief eingesunkene Schatten unter einer indianerartigen Stirn. Aber es waren verspielte, jugendliche Augen. Dennis the Menace-Augen.

„Hey", stellte er sich vor, „Bernard Shakey." Wir schüttelten die Hände, und er fing an, mir zu erzählen, er sei ein Amateurfilmer, der eben an seinem ersten Film arbeite (er war zu der Zeit gerade dabei, *Journey Through the Past* fertigzustellen) und daß er deswegen ein bißchen nervös sei. Er redete aufgeregt und akzentuierte seine Worte immer wieder durch breite Grinser: „Hartes Geschäft. Ich würde es wirklich hassen, wenn ich wieder zurück müßte, um Werbefilme für Hyatt House zu drehen."

Ich wandte den Kopf zur Seite, um aus dem Fenster zu blicken, und erinnerte mich an meinen Eindruck von Neil Young als einem deprimierten Eigenbrötler. Jetzt saß er hier und riß seine Witzchen. Ich drehte den Kopf zurück. Da hatte er sich schon auf und davon gemacht, wie nicht anders zu erwarten. Und ich war wieder dort, wo ich angefangen hatte.

Young mußte sich an das Gespräch erinnert oder meine Leichtgläubigkeit genossen haben. Zwei Jahre später, als er sein deutlichstes

Anti Pop-Album, *Tonight's the Night*, herausbrachte, erhielt ich einen Anruf, daß er bereit sei, mit mir ein Interview zu machen.

Es gab eine Party in Los Angeles, bei der das Album vorgestellt und vorgespielt wurde, das erste solche Medienereignis in Youngs Karriere, und wir machten beim Bier Pläne, daß wir uns im Büro seines Managers Elliot Roberts treffen wollten. Ich kam am nächsten Morgen vorbei und traf dort Young an, der eben herzlich und in bester Laune mit drei verkaterten Disk Jockeys über das Album diskutierte. „Ich wollte einfach alles, was ich vorher war, auslöschen, versteht ihr", sagte er, „und die Tafel leer wischen."

Nach der Konferenz blieb Young auf dem Sofa sitzen, trank Orangensaft und spielte mit seinem Hund Art („Art ist einfach nur ein Hund auf meiner Veranda"). Er versuchte, mich mit einem Blick einzuschätzen, und lächelte.

„Du mußt mehr an die Sonne", meinte er. „Du siehst so aus, wie die Leute immer meinen, daß ich aussehe. Fahren wir ein bißchen draußen rum." Wir überquerten den Sunset Strip und Young mietete sich für die besondere Gelegenheit seines ersten ausführlichen Interviews seit fünf Jahren ein rotes Mercedes-Cabrio mit Klappverdeck. Es war ein brütend heißer Nachmittag, und so fuhren wir hinaus auf den Highway, der an der Pazifikküste entlang führt. Nach ein paar Versuchen, etwas Small-Talk in Gang zu bringen, wandte Young sich mir zu und verkündete: „Mein Onkel spielte die Ukulele. Davon abgesehen, komme ich eigentlich nicht aus einer besonders musikalischen Familie."

Ein längeres Schweigen setzte ein. Ein mit Surfern beladenes Auto machte einen gefährlichen Schlenker durch den Verkehr hindurch, um für einen Blick auf gleiche Höhe zu ziehen. „Hippies", meinte Young scherzhaft.

Ich fragte ihn nach seiner Kindheit, eine Frage, auf die er gut zwei Minuten lang mit Schweigen antwortete. Ich fing schon an, mir zu überlegen, ob das Interview damit wohl beendet sei. Young kam in Toronto zur Welt, als Sohn eines Sportjournalisten für die *Toronto Sun*, Scott Young. Seine Eltern trennten sich, als er vierzehn war, und er zog mit seiner Mutter, Rassy, nach Winnipeg.

„Ich weiß Bescheid über das Zeitungs-Business", sagte Young – (der tatsächlich einmal als Austräger für die *Sun* arbeitete.) „Ich hab eine ziemlich gute Erziehung genossen. Ich erinnere mich an wirklich gute Sachen über meine Eltern, alle beide. Ich verspüre aber kein Bedürfnis, besonders viel mit ihnen zu kommunizieren. Wenn ich an meine Kindheit zurückdenke, erinnere ich mich, daß wir oft umgezogen sind. Ich kam ständig von einer Schule in die andere. Mußte immer wieder von vorne anfangen." Er blickte herüber zu mir. „Ich hab den Leuten gerne Streiche gespielt." Streiche?

„Ach, immer der selbe alte Scheiß", fuhr er aufgeräumt fort. „Einmal, da hatten so ein paar Schlägertypen in meiner Klasse sich mich als Opfer ausgesucht, sie quälten mich immer wieder. Kaum blickte ich auf, starrten mich diese drei beknackten Säcke an und mimten stumm mit den Lippen: ‚Du dreckiger Wichser, du!' Dann drehte sich der Typ, der vor mir saß, um und schmiß meine Bücher mit seinem Ellbogen von der Bank runter. Er machte das mehrere Mal hintereinander. Ich weiß nicht, vielleicht hat denen etwas an meinen Klamotten nicht gepaßt – die falsche Farbe, oder irgend sowas. Vielleicht sah ich auch für ihren Geschmack zu sehr nach einem Muttersöhnchen aus.

Jedenfalls, ich ging nach vorne zum Lehrer und fragte, ob ich mal das Wörterbuch haben könnte. Das war das erste Mal, daß ich mich überhaupt gemeldet hatte, seit ich in diese verdammte Schule gekommen war. Die dachten alle, ich spreche nie. Naja also, ich holte mir dieses Wörterbuch, das große Webster's mit dem Daumenregister unter jedem Buchstaben. Ich nahm's mit zu meiner Bank, blätterte ein bißchen drin rum. Dann stand ich einfach auf, da wo ich war, an meinem Platz, hob den Wälzer mit beiden Armen hoch über meinen Kopf, so hoch ich nur konnte, und donnerte ihn dem Typ, der vor mir saß, voll über den Detz. Schlug ihn k.o. Ich wurde natürlich suspendiert, für anderthalb Tage, aber ich habe diesen Leuten gezeigt, wo sie bei mir dran waren. Das ist die Art, wie ich kämpfe. Wenn du schon *kämpfen* mußt, kannst du gleich denjenigen oder was immer es ist *fertigmachen*. Oder es ganz bleiben lassen."

Er blickte wieder zu mir herüber und bot mir den Anblick meines eigenen Erstaunens, das sich in seinen Sonnenbrillengläsern spiegelte.

„Paar Jahre später hatte ich einfach dieses Gefühl", schloß er gutgelaunt. „Auf einmal wollte ich eine Gitarre haben, und das war's dann."

ALS HALBWÜCHSIGER TEENAGER begann Neil Young, den Kreis der Tanz-Bands in Winnipeg aufzumischen – mit seiner Band, den Squires, und mit seinen eigenen Songs: durchdringenden Instrumentals, die stark von den Shadows und den Ventures beeinflußt waren. Dann kamen die Beatles und Bob Dylan, und Young fing an, auch eigene Texte zu schreiben.

„Ich habe nie vergessen", sagt er, „wie man jedes Mal, wenn ein neues Beatles oder Dylan-Album herauskam, schon *wußte*, daß sie bereits weit darüber hinaus sein würden. Die machten immer schon was Neues, waren schon immer ganz woanders."

Als er nach Toronto zurückzog, begann Young recht bald, in den Kaffeehäusern mit einer zwölfsaitigen Akustik-Gitarre als Folk-Sänger aufzutreten. Er freundete sich mit anderen Musikern an, darunter Stephen

Stills, Joni Mitchell und Richie Furay, die auf den gleichen Pfaden wandelten. Mitchell schrieb „The Circle Game" für ihn, nachdem sie „Sugar Mountain" gehört hatte – ein Song, der davon handelte, wie jemand zu alt wurde, um in den lokalen Teenie-Club eingelassen zu werden.

Und währenddessen boomte der Rock'n'Roll. Eine der bedeutenderen Bands in der Gegend rund um Toronto war eine Gruppe, die Ricky James and the Mynah Birds hieß. „Wir spielten Rock und Blues", erinnert sich James, heute ein Disco-Star, in Los Angeles. „Als Neil sein erstes Solo spielte, war er so aufgeregt, daß er von der Bühne runtersprang. Der Stecker flog raus und keiner hörte mehr einen Ton."

Die Mynah Birds gingen nach einem kurzen Flirt mit Motown auseinander, als James, der bei der Navy unerlaubt Abschied genommen hatte, verhaftet wurde. Nachdem ihre junge Karriere damit zum Stillstand gekommen war, verbrachten James und Young einen tränenreichen Nachmittag damit, sich gegenseitig zu versprechen, daß sie eine neue Band gründen würden, sobald James zurückkehrte. „Es war heavy, Mann", erinnert sich James. „Ich war dem Typ echt nahegekommen. Er war nie besonders gesund – er kriegte manchmal üble epileptische Anfälle – aber er hatte Mumm, das kannste gar nicht glauben."

Nach einiger Zeit war das Geld alle, und Young mußte das Equipment der Mynah Birds versetzen. Typisch für seinen Sinn für Humor war, daß er das Geld benutzte, um einen langen, schwarzen Pontiac-Leichenwagen zu kaufen, mit dem er dann, in Begleitung des Mynah Birds-Bassisten Bruce Palmer, nach Los Angeles abdampfte. Keiner der beiden hatte eine Arbeitserlaubnis oder sonstige Papiere. „Aber wenn du deine Chance ergreifen wolltest", sagt Young, „dann hieß das damals, aus dem Land rauszukommen. Das war der große kanadische Traum. Also fuhren wir trotzdem runter, Richtung USA."

In Los Angeles zuckelten sie gerade schwerfällig den Sunset Boulevard entlang, als ihre Ontario-Nummernschilder zwei Folkies in die Augen stachen, denen Young oben in Kanada begegnet war. Stephen Stills und Richie Furay winkten Young und Palmer an den Straßenrand, wo sie sich an Ort und Stelle über ihre festgefahrenen Karrieren unterhielten. Stills' und Furays Folk-Gruppe hatte sich aufgelöst. Stills war sogar bei Probeauftritten für die Monkees durchgefallen – wegen seiner Zähne.

Sie beschlossen, eine Gruppe zu formen, der sich später Dewey Martin am Schlagzeug anschloß und nannten sich nach einer Dampfwalze – Buffalo Springfield.

Buffalo Springfield blieben während der meisten Zeit ihrer stürmischen, zweijährigen Existenz größtenteils ein Phänomen der Westküste. In der Gegend um Los Angeles, wo ihre Single, „For What It's Worth" zur Hymne für die angehende Hippie-Bewegung wurde, die sich mit den Bullen am Sunset Strip Schlachten lieferte, galt die Band als Sensation – als härtere jüngere Brüder der Byrds. Ihre Live-Shows zentrierten sich um unglaubliche Lead-Gitarren-Kämpfe zwischen Stills, dem blonden, bluesigen Südstaatler, und Young, dem dunklen, feurigen „Hollywood-Indianer", der ständig entweder dabei war, die Gruppe zu verlassen oder ihr neu beizutreten. Die Fans der Gruppe spalteten sich in verschiedene Lager auf, die noch Jahre später darüber streiten sollten, warum die Gruppe eigentlich auseinandergebrochen war.

„Stills und ich sind immer gut miteinander ausgekommen", erklärte Young an Bord seines Busses während seiner 1976er Tour, als wir zu einer Show in Madison, Wisconsin, unterwegs waren. „Ich hatte einfach nur zu viel Energie und zu viel kreativen Saft, der aus mir herausspritzte, sodaß, wenn ich etwas aufnehmen wollte, ich einfach das Gefühl hatte, ‚Das ist mein verdammter Trip, und ich muß mir nichts von irgendjemand anderem dreinreden lassen.' Ich machte ja, was die anderen wollten, bei ihrem Zeugs, aber ich brauchte mehr Bewegungsfreiheit mit meinen eigenen Sachen. Das war ein ständiges Problem in meinem Kopf. Also das war der Grund, warum ich abhauen mußte. Und dann kam ich immer wieder zurück, weil die Gruppe so gut klang. Ich war einfach nicht erwachsen genug, um damit fertig zu werden. Alles passierte viel zu schnell."

Gegen Ende 1968 hatte die intensive Chemie in der Gruppe bei jedem ihrer Mitglieder ein Feuer entzündet. Alle hatten sich in verschiedene Richtungen davongemacht. Einzig der Bassist und spätere Toningenieur Jim Messina war in den Sunset Sound Studios zurückgeblieben, um das dritte und letzte Album der Band, *Last Time Around*, zusammenzusetzen. Während der Aufnahmen, als Young noch dabei war, hatte Joni Mitchell gerade im gleichen Gebäude mit ihrem ersten Solo-Album angefangen, das von ihrem damaligen Liebhaber David Crosby produziert wurde.

„Ich will eigentlich nicht da runter gehen", hatte Crosby damals gesagt. „Dieser Typ, Neil Young, der ist mir nicht ganz geheuer."

Mitchell wandte sich ihrem Manager zu. „Elliott", sagte sie, „dann mußt eben du ihn kennenlernen. Sein Sinn für Humor wird dir gefallen."

Ausgestattet mit einem quecksilbrigen Witz, verstand sich der aus Brooklyn gebürtige Elliott Roberts auf Anhieb mit Young. „Jeder war von Neil eingeschüchtert", erzählt Roberts. „Ich hörte all diese Geschichten – Neil hatte die Band zweimal verlassen...alle gingen wie auf Eierschalen um ihn herum. Ein falsches Wort, und weg ist er. Das ist alles, was ich jemals zu hören bekam. Ja, und dann fand ich, daß es leichter war, mit ihm auszukommen, als mit Stephen. Ich erzählte immer die lustigen Sachen, die Neil gesagt hatte. Alle fragten immer nur: *„Neil* hat das gesagt?""

Nach der Auflösung der Springfield wurde Roberts zum Manager von Young, und lancierte seine Solo-Karriere. Roberts testete zunächst einmal Youngs Publikumswirkung, indem er ihm einen Gastauftritt bei einer Dave Van Ronk-Show in einem Nachtclub in Pasadena beschaffte. „Wir blieben die ganze Nacht über auf, weil wir so aufgedreht waren darüber, daß man ihn nicht gleich von der Bühne runtergepfiffen hatte", erinnert sich Roberts. „Er haßte seine eigene Stimme und meinte, alle seine Songs wirkten bloß deprimierend."

„NACH DEN SPRINGFIELD", sagte Young während der Fahrt damals in seinem Tour-Bus, „wollte ich mich nur noch aufs Land zurückziehen und über alles einmal gründlich nachdenken." Gemeinsam mit seiner Frau Susan zog Young in ein auf spindeligen Pfählen erbautes Haus hoch oben auf einem Hügel im Topanga Canyon. Nachdem er sein erstes Solo-Album, *Neil Young*, in einem dortigen Studio fertiggestellt hatte – das er heute gerne als „Overdub City" bezeichnet – richtete er sich ein eigenes Studio in seiner Garage ein.

„Das Problem war, ich brauchte wieder eine Band", sagte Young. „Ich traf diese Typen, die für mich die amerikanischen Rolling Stones waren. Es hat mit denen noch nie einen schlechten Abend gegeben – bis heute nicht. Crazy Horse."

Danny Whitten war der Leader der Crazy Horse. Whitten, ein äußerlich rauhbeiniger, blonder Gitarrist und Surfer, der innerlich äußerst sensibel war, schrieb alle seine Songs über ein und dasselbe sechzehnjährige Mädchen, das ihm sein Herz gebrochen hatte. Er stammte aus dem Osten der USA und war mit Ralph Molina und Billy Talbot nach Kalifornien gezogen – als Teil einer Gesangsgruppe, die Danny und die Memories hieß.

„Man gewann den Eindruck", erinnert sich Elliot Roberts, „daß er eine Menge durchgemacht hatte und sehr seelenvoll war. Was immer das sein mag, „voller Soul" – er hatte es. Ein äußerst kräftiger Typ, aber man konnte erkennen, daß ein einziges falsches Wort ihn wie ein Schlag ins Gesicht treffen würde. Wir alle haben Danny gern gehabt. Er war eindeutig sehr talentiert und Neil fühlte sich augenblicklich zu ihm hingezogen."

Young machte Whittens Bekanntschaft durch eine gemeinsame Freundin, während er noch bei den Buffalo Springfield war, und beide fingen an, miteinander zu musizieren. Whittens Gitarrenspiel schnitt scharfe Muster quer durch Neil. Young verfiel in die Gewohnheit, nachdem er tagsüber beim ersten Buffalo Springfield-Album gearbeitet hatte, abends noch im Haus von Talbot und Whitten in Laurel Canyon vorbeizuschauen. „Wir hatten eine gute Zeit", erinnert sich Talbot, „wir saßen herum und sangen zusammen „Mr. Soul" in offener D-Stimmung – zu viert, im mehrstimmigen Harmoniegesang."

Young gelang es schließlich, Whitten, Talbot und Molina dazu zu bewegen, ihn in seinem Haus/Studio im Topanga Canyon zu besuchen und ein paar „seltsame Songs" mit ihm aufzunehmen, die er geschrieben hatte, während er mit Grippe darniederlag. „An einem einzigen Tag", sagt Talbot, „nahmen wir ‚Cinnamon Girl', ‚Down by the River' und ‚Cowgirl in the Sand' auf. Da gab es nicht viel zu diskutieren..."

Everybody Knows This Is Nowhere – immer noch Youngs Favorit unter all seinen Alben – wurde in zwei Wochen abgeschlossen. Er und seine neue Band tourten als Neil Young und Crazy Horse durch kleine Hallen, und gemeinsam erarbeiteten sie sich einen Ruf für einen harten, metallischen Rock. Young ließ schneidende Gitarrensolos ab, bei denen er wie wild auf seinen Fersen nach vorn und nach hinten zu kippen schien. Weil er so schnell gehandelt hatte, wurde Young niemals besonders lange als ein Überbleibsel der Buffalo Springfield angesehen.

Das gleiche galt für Stephen Stills, der sich in der Zwischenzeit mit David Crosby und Graham Nash zusammengetan hatte um *Crosby, Stills, and Nash* aufzunehmen. Als das Trio sein Album fertig gestellt hatte und die Erkenntnis Raum griff, daß man einen weiteren Gitarristen benötigen würde, der die Dinge instrumental hochhalten könnte, wenn man auf Tournee ging, klopfte Stills bei Young an. Da er gerade seine Karriere mit Crazy Horse angeworfen hatte, wußte Young, daß er eine Entscheidung zu treffen haben würde.

„Ich beschloß, beides zu machen", berichtete Young. „Die Verpflichtungen bei Crosby, Stills und Nash würden nicht ganz so aufwendig sein, ein paar Songs und etwas Lead-Gitarre." Doch es wurde viel, viel mehr daraus. Oder, wie es Billy Talbot ausdrückt: „Neil schloß sich diesen Typen an, Mann, und alle Sicherungen glühten bei ihm durch."

Young mußte ein ganzes Jahr lang die Stechuhr täglich zweimal drücken; er tourte mit Crosby, Stills, Nash and Young, dann mit Crazy Horse, dann wieder mit CSNY. „Ich passte niemals wirklich so gut in CSNY hinein wie Joe Walsh bei den Eagles", erklärt er dazu. „Jeder hatte eine andere Ansicht über das, was gerade ablief, und es braucht echt viel, um sie alle unter einen Hut zu bringen. Es ist trotzdem eine tolle Gruppe. Vier völlig verschiedene Leute, die alle ganz genau wissen, wie *es* gemacht werden soll – was immer dieses *es* sein mag."

Young machte sich unmittelbar im Anschluß von *Deja Vu,* dem ersten CSNY-Album, an die Aufnahmen zu seinem eigenen, dritten Solo-Album, für das der Schauspieler Dean Stockwell die Inspiration lieferte, als er Young die Idee für ein Drehbuch auseinandersetzte, die ihm durch den Kopf gegangen war. Es handelte sich dabei um Geschichten aus dem Leben von drei verschiedenen Personen – eine davon war die eines zu Stimmungsumschwüngen neigenden Musikers – an dem Tag, als eine mythische Flutwelle den Topanga Canyon verschluckte. Das Ganze hieß *After the Gold Rush*, und das apokalyptische Thema beeinflußte den Großteil des Materials zu Youngs gleichnamigem Album.

„Der Film kam nicht zustande", sagt Young, „und so hatte ich nichts weiter in Händen als eine Platte. Also brachte ich sie heraus. Hätte aber einen tollen Film ergeben."

Es war ein poetischeres Album als *Everybody Knows This Is Nowhere*, was zum Teil daran lag, daß die aufdringliche schwarze Les Paul-Gitarre, die Young im Verlauf des gesamten vorausgegangenen Albums gespielt hatte, verloren gegangen war. „Ich brachte sie zu diesem Laden, um sie reparieren zu lassen", sagt Young. „Als ich eine Woche später hinging, um sie abzuholen, war der Laden wie vom Erdboden verschluckt."

Young wählte ein enigmatisches Cover für das Album, ein solarisiertes Foto, das ihn dabei zeigte, wie er auf dem Weg zu einer CSNY-Show in New York eben an einer alten Dame vorbeigeht. Es symbolisierte die Zeit des Übergangs in seinem eigenen Leben, das Zerwürfnis mit seiner Frau Susan und den Abschied von dem Haus in Topanga, das bereits von Fans überrannt wurde – („Ich kam nach Hause und fand Leute, die ich nicht kannte, in meinem eigenen Schlafzimmer.") Das Album gewann ein riesiges Publikum für Young als Solo-Künstler, und dieser Erfolg brachte mehr Veränderungen mit sich, als er je hätte vorausplanen können.

„Zu der Zeit, als Young *After the Gold Rush* aufnahm, hatte er uns bereits gefeuert", sagt Billy Talbot. „Danny war da schon...du verstehst."

Er stößt sich den Daumen in die Armbeuge.

„Es kam für mich völlig überraschend, daß Danny zum Junkie wurde. Es gab keinerlei Anlaß dafür. In jenen Tagen fingen die Leute ganz unvermittelt an, sich die Nadel zu geben. Er hat vorher nichts durch die Nase genommen. Er gab sich einfach ein bißchen Speed, dann am nächsten Tag etwas Smack, und ab dem Tag war er ein Junkie. Er war immer ein körperlich starker Mensch gewesen, und er war auch ein starker Junkie. Nahm mehr als jeder andere, wie man mir gesagt hat."

Trotz seiner abgewrackten äußerlichen Erscheinung und seiner Vielleicht-weiß-ich-wo-ich-bin-vielleicht-weiß-ich-es-auch-nicht-Bühnenpräsenz ist Neil Young dennoch kein Drogenfall. Lange Zeit, so berichten Freunde, hätte er immer gefragt, „Ist das hier hartes Gras?" bevor einen Joint akzeptierte. („Wenn ich high bin", sagt er, „kann man mich einmotten.") Er hat noch nie Acid genommen und niemals Heroin ausprobiert. Und Whittens starke Junk-Ausstrahlung bereitete Young regelrechte Angstzustände. Tatsache ist, daß Young „The Needle and the Damage Done" für Danny Whitten schrieb.

NACHDEM AFTER THE GOLD RUSH veröffentlicht war, machte sich Neil Young auf zu einer Solo-Akustik-Tour durch kleine Hallen, wo er das Beste aus seinen alten Sachen und eine Ladung neuer Songs vortrug, die er über seine neue Ranch in Nordkalifornien und eine neue Liebe geschrieben hatte. Während eines Zwischenstops in Nashville, wo er seinen Auftritt bei der *Johnny-Cash-Show* auf Band mitschneiden wollte, begann er mit den Aufnahmen für ein Nachfolge-Album zu *After the Gold Rush*. Er entführte die beiden anderen Gäste der Show, Linda Ronstadt und James Taylor, und nahm mit ihnen in einem dortigen Studio „Old Man" und „Heart of Gold" auf, bei denen Taylor das Banjo spielte. Aber ein hartnäckig anhaltendes Rückenleiden verschlimmerte sich zusehends im weiteren Verlauf der Tour, und nachdem sie zu Ende war, litt Young unter einem verrutschten Rückenwirbel auf der linken Seite. Er unterzog sich Operationen und einer langen Ruhepause auf seiner Ranch. Die ärztlichen Anordnungen erlaubten ihm nur, vier Stunden täglich auf den Beinen zu sein.

„Ich versuchte, so weit wie möglich vom Erfolg wegzubleiben", sagt Young. „Und da ich gezwungen war, im Bett zu liegen, hatte ich eine Menge Zeit zum Nachdenken über all das, was sich so abgespielt hatte. Ich dachte, die Popularität hatte ihre guten Seiten, aber ich wußte auch, daß etwas anderes am Absterben war. Ich zog mich wirklich sehr stark in mich selber zurück."

„Es gab eine lange Zeitspanne, wo ich mich mit der Außenwelt verbunden fühlte, weil ich noch auf der Suche nach etwas war. Dann kriegst du alles so hin, wie du es haben willst. Und du schaust nicht mehr so viel nach draußen, sondern mehr nach innen. Da spürte ich, wie sich in meinem Kopf etwas änderte. Ich dachte über all diese Dinge nach. Ich mußte eine lange Zeit auf dem Rücken liegen. Das wirkte sich auch auf meine Musik aus. Mein ganzer Geist war flachgelegt."

Der lethargische, abgeschlaffte Beat eines Großteils von *Harvest*, Youngs nächstem Album, war zum Teil ein Resultat der Ruhigstellung, unter der sich Young während eines Gutteils der Aufnahmen befand. Erschienen im Februar 1972, wurde es zum meistverkauften Album des Jahres und beeinflußte ein ganzes Genre von Country-Rockern.

Sein Rücken besserte sich allmählich und Young begann wieder zu schreiben und E-Gitarre zu spielen und benutzte einen Teil des durch *Harvest* erworbenen Wohlstands zur Finanzierung seines Films, *Journey Through the Past*. Im Herbst 1972 beschloß Young, daß es an der Zeit sei, seine Zurückgezogenheit aufzugeben und wieder auf Tour zu gehen – seine bis dahin größte, die drei Monate dauern sollte, und jeden Abend aufgezeichnet wurde, um ein Live-Album (*Time Fades Away*) mit neuem Material aufzunehmen. Jack Nitzsche, der Produzent seiner ersten Solo-Tracks, war am Piano; auch der Kern der Nashville-Rhythmus-Sektion von *Harvest* war mit von der Partie – Kenny Buttrey am Schlagzeug, Tim Drummond am Baß und Ben Keith auf der Steel-Gitarre; und der dem Vernehmen nach wieder gesundete Danny Whitten an der Lead-Gitarre. Eine riesige Techniker-Crew wurde angefahren, und die Mammut-Tour begann mit den Proben auf Youngs Broken Arrow-Ranch.

Danny Whitten war der letzte, der sich dazu gesellte – immer noch voll dabei, seine Entwöhnungskur im „City Style" durchzuziehen – mit einem beträchtlichen Quantum an Alk und sonstigen Drogen. Die Band fing an zu proben, und Whitten brach schon nach kurzer Zeit ab und baute sich mit seiner Gitarre vor den anderen auf. „Du liebe Zeit, ihr seid echt gut", brachte er voller Bewunderung hervor. Er starrte auf das Notenblatt, das Young fürsorglich für die Musiker geschrieben hatte. „Sag mal Neil, wo ist denn eigentlich mein Notenständer?" fragte er dann barsch und brach in abruptes Lachen aus. „Hey, Jack! Komm, spiel mir mal ‚Be My Baby' vor."

Whitten wurde schließlich wieder zum Flughafen gefahren und kriegte ein Ticket und fünfzig Dollar in die Hand gedrückt. Bei seiner Ankunft in L. A. benutzte er das Geld, um sich eine Dosis reines Heroin zu beschaffen. Danny Whitten gab sich den goldenen Schuß und starb noch in derselben Nacht.

„NEIL WAR ZIEMLICH SELTSAM auf seiner großen Tour", erinnert sich der frühere Tour-Manager Leo Makota. „Er hatte bereits die schweren Veränderungen mit Danny durchgemacht, dann sagt ihm Neil, er soll gehen, und Danny versteht das so, daß es einfach keinen Zweck mehr hat mit ihm…und bringt sich um. Es ist so, als ob man Gott spielt. Bist du etwa bereit, den Herrgott abzugeben? Aber das war bloß eine von den Sachen, die da passiert sind.

Neil versuchte, einen bestimmten Sound aus der Band herauszukriegen, den er scheinbar nie finden konnte. Die Band jammte bei den Sound Checks am Nachmittag, und alles klang prima. Dann kamen sie an und machten das Konzert am Abend, und kriegten es einfach nicht mehr so hin. Neils Stimmung rutschte auf den Nullpunkt, er wirkte überhaupt nicht mehr froh und ausgeglichen. Man hatte also eine Situation, wo jeder versuchte, es ihm recht zu machen, und wo keiner es ihm wirklich rechtmachen konnte."

Ein Grund dafür, mutmaßt Makota (der jetzt als Zimmermann arbeitet), war, daß beim Anblick der vollen Häuser jeden Abend alle ein bißchen *zu* geldgierig wurden. Die Band revoltierte und verlangte mehr Dollars und eine prozentuelle Gewinnbeteiligung. Makota selbst versuchte, mehr Gage für die Mannschaft herauszuschlagen. „Ich gebe zu", sagt Makota, „wir hätten einfach den Job machen sollen, der da anstand."

Die Revolte kam für Young völlig überraschend. „Das war dazu angetan, ihm alles zu verleiden", erinnert sich Elliot Roberts. „Er wußte nicht, wie er damit klar kommen sollte, daß seine Freunde ihn ständig um Geld angingen. Er wehrte sich gegen den Erfolg und fing an zu verstehen, wie er die Leute veränderte. Ich hatte Bedenken, wegzugehen. Ich wußte, wenn ich aussteigen würde, wäre Neil aufgeschmissen."

Unterdessen mußte sich das verwirrte Publikum allerorten mit einem Flickenteppich aus unausgegorenen Versionen seiner neuen Songs zufrieden geben. („Jedesmal, wenn ich draußen unterwegs bin", sagt Young heute, „liegt das soeben erschienene Album bereits hinter mir. Ich will den jeweiligen Zeitrahmen nicht an altes Material verlieren.") Young entwickelte einen Hang, seine Nerven mit Tequila zuzuschütten. All die erwartungsvollen Gesichter, die auf „Heart of Gold" warteten, fingen an, so auszusehen (wie er später schrieb), als wären sie ein Ozean aus zitternden Händen, die nach dem Himmel grabschten. Sie waren seine Dämonen. Und in Cleveland begann er damit, sie anzuschreien. „Wach auf, Cleveland. Steh auf..." Der Rest der Tour war Zeitschinderei.

Danach zog er sich in die Einsamkeit seiner Ranch zurück, verunsichert und belastet mit Problemen, die mit *Journey Through the Past* im Zusammenhang standen, ein zutiefst verstörter Mann. „Zum ersten Mal in meinem Leben", sagt er, „wollte schier gar nichts so klappen, wie ich mir das vorgestellt hatte." Es war der Beginn einer Zeit, die er später als seine dunkle Periode bezeichnen sollte.

IM SOMMER 1973 GAB ES kurz den Versuch einer CSNY-Wiedervereinigung in Hawaii , doch Young verließ die Veranstaltung, „weil er zu müde war, um den ganzen Tanz noch einmal anzufangen" – was innerhalb der Gruppe für nicht geringen Groll sorgte. Young kehrte nach Los Angeles zurück, wo er feststellen mußte, daß ein weiterer ihm nahestehender Mensch an einer Überdosis gestorben war – der CSNY-Gitarrenstimmer Bruce Berry. Zum ersten Mal seit Danny Whittens Tod rief Young die verbliebenen Mitglieder von Crazy Horse zusammen und sie fingen an, in einem kleinen Probenraum Aufnahmen zu machen. Die Sessions begannen nach Mitternacht, wenn alle genug Tequila getrunken und Billard gespielt hatten, um Songs im Gedenken an Whitten und Berry einzuspielen. „So entwickelte sich", Ralph Molina zufolge, „allmählich ein Bild...und was daraus entstand, war *Tonight's the Night*."

Ein Album, bei dem melodiöse Vocals, kommerzielle Refrains und künstlerische Bescheidenheit auf den Rücksitz verwiesen wurden. Was zählte, war naturbelassene Emotion. *Tonight's the Night* wurde 1974 von Warner Bros abgelehnt, als Young, mit einer Rundum-Sonnenbrille vor den Augen, die Bänder in die Chefetagen trug. „Mir ist schon früher immer aufgefallen, wie Otis Redding den Text auf seinen Platten ab und zu mal verpatzte, aber dann trotzdem einfach weitersang...wenn die Stimmung sonst richtig war", erläutert Young. „Allerdings ist nicht jeder mit dieser spezifischen Philosophie einverstanden."

Danach nahm Young ein etwas konventionelleres Album auf, *On the Beach,* doch nicht bevor er mit seinem abgelehnten Album durch ganz Europa getourt war. Er spielte dabei die Rolle eines schleimigen Moderators aus Miami Beach, der endlos quasselfreudig seine in Las Vegas-Manier gehaltenen kleinen Witzchen reißt und dirigierte die Band durch eine Tequila-getränkte Show.

„Ich schlüpfte aus mir selber heraus", erinnert sich Young, „und in eine Gestalt hinein, die ich leichter ertragen konnte – und die zerstören würde, wofür alle mich hielten. Ich mag's nicht, im voraus beurteilt zu werden, noch bevor ich etwas getan habe. Ich hab's nicht gerne, wenn die Leute sagen, es wird so werden, und sie behalten dann auch noch recht. Kann sein, daß ich manches Mal das Publikum buchstäblich ins Gesicht geschlagen habe mit manchen Shows, aber sie kriegten ihr Hirn dabei vollständig umgekrempelt, und das ist mehr, als man von den meisten Konzerten behaupten kann. Es war echt gesund für mich selber. Ich war allzulange Zeit die gleiche Person geblieben.

Wir versuchten, die gesamte Show für weniger als fünfzig Dollar zusammenzustellen. ‚Alles ist noch billiger, als es aussieht', lautete unser Motto. Wir hingen eine Glühbirne hinter die Bühne. Wir taten, was wir nur konnten, um uns so weit wie möglich aus dem Fenster zu hängen und zu versuchen, dabei unsere Musik zu spielen und sie aufzulockern. Ich nahm die Eagles mit auf Tour – die dachten, ich sei ziemlich überkandidelt. Die waren damals ja noch so eine gute, saubere Country-Gruppe, und sie klangen so, wie viele Leute sich wohl vorstellten, daß ich klingen müßte, nachdem sie sich *Harvest* angehört hatten. Die Leute erwarteten einen Abend mit richtig schönem, countrymäßig eingefärbtem Folk-Rock und dann kamen wir 'raus und nahmen sie alle mit nach Miami Beach."

Als Young aufgrund massiver Kritik in die Staaten zurückkehrte, stimmte er in einer für ihn typischen Weise einer großen CSNY-Sommertournee durch alle möglichen Stadien zu. Er reiste für sich separat in einem

Winnebago-Wohnmobil, mit dem er nach jedem Konzert unverzüglich abrauschte. Auf diese Weise blieb seine Teilnahme rein auf das Musizieren beschränkt. Es hieß ohnehin an allen Ecken und Enden, daß sich CSNY bloß wegen der Kohle wiederzusammengetan hätten.

„Logisch, daß wir dafür jede Menge Gage bekommen haben", sagt Young. „Aber auf der anderen Seite war auch klar, daß wir alle immer voll da sein und es jeden Abend bringen mußten. Und wir mußten eben auch diese riesigen, ätzenden Veranstaltungsorte in Kauf nehmen, wo die Leute wie das Vieh hereinströmten und uns aus einer Distanz von einer halben Meile sehen und kreischen hören konnten. Wenn mal der Wind in die verkehrte Richtung blies, dann war's mit dem Hören auch noch Pustekuchen. Das ist eigentlich bloß eine Tour für's ganz dicke Geld, und das ist haargenau das Gegenteil von dem, was sich die lieben Leutchen so als Ideal ausmalen, wenn sie sich entschließen, zu unserem Konzert zu kommen. Das ist das eigentliche Problem. Es kostet ein Heidengeld, solche Konzerte überhaupt in Gang zu bringen. Wie es nach den Shows weitergehen sollte, wußten wir nicht; nichts lief so richtig."

Der letzte CSNY-Auftritt fand im September 1974 im Wembley-Stadion in London statt. „Irgendwann mal", sagt Young, „werden wir irgendwie mal wieder was gemeinsam machen".

Nach einer kurzen Verschnaufpause kehrte Neil Young nach Los Angeles zurück, um ein neues Album anzufangen - es sollte diesmal „die andere Seite von *Harvest*" werden. Das Ergebnis waren dann genau jene schönen, melodischen Balladen, wie sie sich das Publikum schon lange gewünscht hatte. Aber die Songs waren hauptsächlich selbstmitleidige, metaphorische Schilderungen vom Schiffbruch seiner letzten Beziehung. Mit diesen Aufnahmen, die den Titel *Homegrown* tragen sollten, versetzte Young einen ganzen Saal voller Freunde in Schwermut. Irgendwer drehte das Band schließlich um und ließ die Rückseite laufen. Darauf befand sich eine umarrangierte Version von *Tonight's the Night*, die für ein eventuelles Broadway-Musical gedacht war. Daraufhin kehrte wieder Partystimmung ein. Rick Danko, ein Mitglied von The Band, bearbeitete Young, er sollte dieses Material veröffentlichen, und er tat es.

Am Anfang wurde *Tonight's the Night* von vielen Kritikern verhalten aufgenommen, aber gegen Jahresende rangierte das Album dann auf der Liste der zehn Besten, die ausgerechnet von jenen Kritikern erstellt wurde, für die Neil Young noch vor einiger Zeit das Symbol für den halb-komatischen, voll-laxen Typen schlechthin gewesen war.

Young heute: „Es hat zwei Jahre gebraucht, bis wir es so hingekriegt haben, daß es sich anhört, als ob wir es an einem Abend fabriziert hätten. Jeder dachte, wir hätten diese Wunderleistung vollbracht, und trotzdem ließ es sich schlecht verkaufen. Für mich jedenfalls ist es ein perfektes Album, echt!"

IM FRÜHJAHR 1975 schien sich ein Wandel in Neil Youngs künstlerischem Niedergang abzuzeichnen. Er trieb die verschollene Les Paul auf, die er auf *Everybody Knows This Is Nowhere* gespielt hatte, und Billy Talbot rief an, um mitzuteilen, er hätte eventuell einen Crazy Horse-Gitarristen aufgetrieben, der Danny Whitten ebenbürtig wäre. Young suchte Talbot in seiner Behausung am Silver Lake auf, mit der Gitarre in der Hand, und hörte dort Frank Sampedro zum ersten Mal. Young blieb gleich eine Woche bei den wiederhergestellten Crazy Horse und schrieb Material für *Zuma*.

„*Zuma* war der Durchbruch", sagt Young. „Meine besten Scheiben sind die mit Crazy Horse. Sie sind die durchgängigsten. Zuma war ein tolles elektrisches Album, das irgendwo dort zu Hause war, wo sich die Pop Musik vom Rock'n'Roll verabschiedet."

Als sie das Album fertig hatten, tourten Neil Young und Crazy Horse rund um die Erdkugel.

„Wir traten in England auf, in Japan, überall, außer in Amerika", sagt Talbot. „Es war eine traumhafte Zeit, Mensch, Neil hat geradezu geglitzert. Wir waren wieder eine Band. Ich hörte uns spielen und wußte, das kann sonst keiner so. Ich erinnere mich noch, wie ich mal in Rotterdam von der Bühne runterkam und Paul McCartney dort sah. Wir vier hatten gerade unseren Auftritt hinter uns und huschten durch den Windtunnel zur Garderobe, und da steht er dann einfach so da. Er nickte mir zu, weißt du, wie ein Musiker dem anderen. Ich dachte, ‚Wir sind zu viert, sie sind zu viert - sind wir jetzt eine Band, oder was?' Ich glaube, wir sind immer noch nicht von dieser Tour zurückgekehrt. Ich habe die Aufnahme von der Show in Japan. Verglichen mit diesem Tape hört sich *Zuma* an wie eine Horde von Typen, die in großen dicken Sesseln vor sich hindösen und Pfeife rauchen. Immer wenn ich mich etwas kaputt fühle, dann höre ich mir dieses Tape an."

Sampedro schüttelt den Kopf. „Bei manchen Shows dreht Neil mit seiner Gitarre durch." Er grinst. „Aber ziemlich."

Während einer Zwischenpause, bevor die Welt-Tour durch ganz Amerika fortgesetzt werden sollte, hatte Young noch Gelegenheit, in Miami ein Album mit Stills aufzunehmen, das sie schon lange miteinander machen wollten. Als sie dieses Projekt (*Long May You Run*) fertig hatten, nahm Young Stills und seine Band anschließend auf die Tour mit, für die ursprünglich Crazy Horse geplant gewesen waren.

„Stephen hatte Neil darum gebeten", sagt Elliot Roberts, „und Neil hat Ja gesagt. Er mag Stephen. Sie sind seit Jahren befreundet...und denk mal drüber nach. In zehn Jahren bist du auch froh, wenn du jemand triffst, den du schon so lange kennst."

Aber nach einigen durchwachsenen Kommentaren und mit einer beginnenden Halserkrankung setzte sich Young in Atlanta von der Tour ab und schickte noch ein Telegramm: „Lieber Stephen, es ist schon komisch, wie manche Dinge ebenso spontan aufhören, wie sie angefangen haben. Iß einen Pfirsich. Neil."

BEI NEIL YOUNG, DER BUCHSTÄBLICH ständig am Schreiben ist, kann man sich umsehen und entdecken, daß alles Hin und Her seines Lebens und seiner Karriere in seinen Songs dokumentiert ist, manchmal mehr, manchmal weniger verborgen. „Die Art, wie ich meine Songs schreibe, hat sich nie geändert", sagt er dazu knapp, geradeso als ob er die Muse verraten würde, wenn er zuviel darüber erzählt. „Ich probiere niemals, zu schreiben. Ich weiß, wann es soweit ist. Ich höre im Geiste ein Signal, und dann lege ich los... – aber rumprobieren, niemals. Manchmal können dazwischen schon drei Monate vergehen..."

Es gibt ja manche Künstler, erwidere ich, bei denen hält eine Schreibstörung bekanntlich mehrere Jahre an.

„Hm, wenn das mal bei mir so weit kommen sollte", antwortet Young, „dann gehe ich in 'ne Gärtnerei arbeiten."

An einem Nachmittag vor ein paar Jahren, es war während einer Tour, saß Young im Hotelzimmer seines Managers. Das Telefon läutete pausenlos, die Tourbegleiter wirbelten rein und raus ... und bei dem ganzen Trubel saß Young friedlich mit seinem Sohn Zeke auf dem Bett und schaute sich im Fernsehen die Nachrichten an.

Die Sendung wurde plötzlich wegen einer dringlichen Mitteilung unterbrochen. Pat Nixon hatte einen Schlaganfall erlitten, sagte ein Sprecher zu den Bildern eines traurigen, niedergeschlagenen und den Tränen nahen Richard Nixon, der durch die Drehtür eines Krankenhauses herauskam. Nach einer Weile stand Young auf und zog sich in seinen Bus auf dem Parkplatz zurück. Einige Stunden später brachte er den Song, den er geschrieben hatte, auf der Bühne:

Hospitals have made him cry
But there's always a freeway in his eye
Tough his beach got too crowded for a stroll.
Roads stretch out like healthy veins
And wild gift horses strain the reins
Where even Richard Nixon has got soul.

*(Krankenhäuser brachten ihn zum Weinen,
doch in seinen Augen, da liegt immer noch ein Ausweg,
auch wenn ihm sonst immer so viele im Weg rumstehen.
Landstraßen ziehen sich dahin, wie lebensspendende Adern,
und die unbändigen Pferde spannen die Riemen
Da wo auch mal Richard Nixon seine Gefühle nach außen trägt.)*

Der Song erhielt zunächst den Titel „Requiem for a President". Young änderte den Namen später in „Campaigner" („Wahlkämpfer") und setzte ihn auf das Rückschau-Album *Decade*. „Ich schätze, ich hatte Mitleid mit ihm an jenem Abend", sagte er über den Song ein Jahr später, als er wieder mit seinem Bus auf Tour war; just in jener Woche, als gerade 300.000 Exemplare von *Decade* zur Auslieferung vorbereitet wurden. „Das Album ist eine Chance, um endlich mal einiges von diesem unveröffentlichten Material herauszubringen. Hoffentlich klingt es wie ein Greatest Hits-Album und nicht wie einfach nur ein Album." Young lachte. „Es sollte zeitlos sein."

Ich fragte ihn, wann er wohl entschieden hätte, daß für ihn die erste Dekade um gewesen wäre. Er dachte darüber nach.

„Hm", sagte er, „ich bin mir nicht mal sicher, ob sie schon 'rum ist."

Er schwieg für eine beträchtliche Weile. Ich zog mich auf eine Couch zum Fernsehen zurück. Young gesellte sich nach ein paar Minuten zu mir und blickte angeregt auf den Bildschirm.

„Hör mal", sagte er, ohne seinen Blick vom Bildschirm zu wenden. „Was hieltest du davon, wenn ich *Decade* einfach noch ein Jahr lang rausschieben würde und lieber ein neues Album herausbrächte? Die neuen Sachen hören sich so gut an – ich hab da zum Beispiel diesen einen Song, „Hurricane", der hebt glatt ab – ich glaub', ich hätte eher Lust, etwas ganz Neues herauszubringen. Es ist noch zu früh, um eine Rückschau zu veranstalten."

Ich blickte zu Young hinüber, der ganz offensichtlich einen neuen Entschluß gefaßt hatte, und sich nun völlig in *The Boy in the Plastic Bubble* vertieft hatte. Ein paar Minuten später ging Young nach vorne im Bus und tätigte einen Anruf über ein Mobiltelefon. „Elliot?", hörte ich ihn sagen. „Das ist das Aus für's nächste Album ..."

Zwei Tage später flogen der Warner Brothers-Chef Mo Austin und der leitende Vizechef Ed Rosenblatt zur nächsten Station auf der Tour, um mit Young den Aufschub von *Decade* zu diskutieren. Neil spielte ihnen das meiste von einem Album vor, das er größtenteils schon aufgenommen und *American Stars 'n Bars* betitelte hatte („weil die eine Seite von amerikanischen Folkhelden handelt, und die andere davon, wie man in den Bars verschütt gehen kann"). Sie akzeptierten seinen Wunsch, *Decade* zugunsten des neuen Albums noch ein Jahr lang ruhen zu lassen.

Bis es schließlich vier Monate später soweit war und *American Stars 'n Bars* auf den Markt kam, hatte Young das Album schon wieder in der übersprudelnden Art eines kreativen Songschreibers völlig umgekrempelt, einschließlich einiger Neuzugänge von „schnell im Geiste von Country hingeschriebenen Songs", die mit Crazy Horse und den Saddlebags – den Sängerinnen Nicolette Larson und Linda Ronstadt – umgesetzt waren.

Zahlreiche der immer noch unveröffentlichten Originalsongs von *Stars 'n Bars* – „Powderfinger", „Captain Kennedy" und „Sedan Delivery" – wurden an Lynyrd Skynyrd geschickt, damit diese sie eventuell für ihr Album *Street Survivors* verwenden könnten. Keiner von den Songs passte klanglich so recht zum Gesamtbild des Albums, aber der Sänger Ronnie Van Zant hatte sich „Powderfinger" bereits für eine zukünftige LP reserviert, als ein Flugzeugabsturz sein Leben und seine Karriere jäh beendete. Van Zant und Young hatten sich gegenseitig wissen lassen, wie sehr jeder den anderen bewunderte, aber Young hat nie Gelegenheit gehabt, dem Mann, der geschrieben hatte, „Ich hoffe, Neil Young wird sich daran erinnern, daß der Southern Man ihn hier nirgendwo irgendwie brauchen kann" mitzuteilen, daß „Sweet Home Alabama" einer seiner Lieblingssongs gewesen war.

„Ich würde jederzeit lieber „Sweet Home Alabama" als „Southern Man" spielen", sagt Young. „Ich hörte es damals zum ersten Mal, und fand echt gut, wie die ihre Gitarren spielten. Dann hörte ich meinen eigenen Namen darin und dachte mir, ‚Na, *das* ist doch wirklich scharf...'"

IM SOMMER 1977 VERBREITETE sich lauffeuerartig in kalifornischen Musikerkreisen das Gerücht, daß Neil Young allabendlich in den Bars rund um Santa Cruz auftauchen würde. Von den meisten wurde es als leeres Gewäsch abgetan, aber bei einem Trip entlang der Küste fand ich eines Freitagabends eine Schar von Leuten, die sich um den Eingang einer kleinen Bar mit Namen The Catalyst drängelten. Auf der Programmtafel stand nichts weiter als: DUCKS. Im Schuppen drin erscholl bloß das öde Getöne von irgendwelchen Zoologen, die quakten und auf Lockpfeifen für Enten bliesen.

Nach einiger Zeit kamen vier Musiker herausspaziert. An der Lead-Gitarre hing Young, die Anstreicherkappe tief ins Gesicht gezogen. Die Ducks eröffneten ihre Vorstellung mit einer brandheißen Version von „Mr. Soul" und spielten dann eine gute Stunde lang harten Chuck-Berry-mäßigen Rock'n'Roll: Songs, die nur zum kleinsten Teil von Young stammten – malzundhopfenfreudige Hohelieder auf Brummis, Bräute und Bars. Die

Ducks entwickelten sich zu einer Art geheimen lokalen Institution. Für einen Dollar Eintritt tremolierte Neil Young mit einem Affenzahn den Gitarrenhals rauf und runter und setzte sich anschließend noch zu 'nem Bierchen an die Bar.

Young war nach Santa Cruz gekommen, um den Sänger und Songschreiber Jeff Blackburn, einen alten Freund aus Springfield-Tagen, zu besuchen. Nachdem er früher mal der eine Teil des San Franciscoer Duos Blackburn und Snow gewesen war, schlug er sich nun in dem ruhigen Küstenstädtchen mit einer Band durch, der auch der Ex-Moby-Grape-Gitarrist Bob Mosley und der Drummer Johnny C. Craviotto angehörten. Als die Guppe ihren Lead-Gitarristen einbüßte, sprang Neil Young in die Bresche. Sie beschlossen, sich die Ducks zu nennen, und binnen Wochen waren alle Enten-Lockpfeifen im weiten Umkreis ausverkauft.

„Diese Leute spielen irgendwie enorm gute Musik", sagte Neil Young einmal zu einem Einheimischen. „Klar, die wollen losziehen und was unternehmen, aber alles, was ich jetzt im Moment machen möchte, ist Musik spielen, und nicht, durch die Lande zu zuckeln und irgendwas machen. Verstehst Du, ich habe seit acht Jahren in keiner Stadt mehr gelebt. Vier Jahre lang war ich auf meiner Ranch und dann fing ich an, umherzureisen, ohne irgendwo länger zu bleiben. Mein Aufenthalt in Santa Cruz ist für mich wie ein Wiedereintritt in die Zivilisation. Ich mag diese Stadt. Wenn die Situation weiterhin so cool bleibt, können wir noch den ganzen Sommer über durchmachen."

Dieses Zitat erschien später in gedruckter Form auf der Titelseite einer Lokalzeitung. Menschenscharen kamen von überall herbei. Schallplattenfirmen schickten sogar ihre Scouts. Die Öffentlichkeit erfuhr, in welchem Haus die Band wohnte. Es kam zu einem Einbruchsdiebstahl. Und eines Tages war Neil Young wieder verschwunden.

„Er hat immer noch diesen Mannschaftsgeist", sagte Jeff Blackburn, als ich ihn vor kurzem anrief. „Es ist beinahe unglaublich, daß es sich je ereignet hat. Wir wußten alle, Neil hat alle möglichen Verpflichtungen und sowas alles... Ich glaube, wir fühlten uns alle wie im Märchen und waren nicht in der Lage, über unseren Horizont hinauszublicken."

Nach der Ducks-Episode nahm Neil Young seinen Sohn Zeke mit auf eine Überlandfahrt in seinem Reisebus. Sie trafen schließlich in Nashville ein und Young beschloß, dort mit seiner neuen Platte zu beginnen. Young scharte eine Crew von Begleitmusikern um sich, darunter Country-Studiomusiker, die noch nie auch nur annähernd Rockmusik gespielt hatten, eine Sängerin – Nicolette Larson –, die er bei der Arbeit an *American Stars 'n Bars* kennengelernt hatte, und sechs Akustikgitarristen. Young begann damit die Arbeit an seinem zugänglichsten und letzten Endes am meisten verkauften Album seit *Harvest*. „Ich fühlte mich ziemlich ausgeglichen", sagte er.

Nicolette Larson hatte noch ein Band mit Material von ihrer ersten Begegnung mit Young, als sie gemeinsam mit Linda Ronstadt gesungen hatten. Als der Anruf aus Nashville kam, war sie bereit. Young brauchte ihr nur noch die Songs zu zeigen und sie sangen die Duette, die auf dem Album zu hören sind.

Das *Vom-Winde-verwirrt-Orchester*, wie die Ansammlung der Musiker genannt wurde, blieb für die gesamte Dauer der Aufnahmen und für einen Live-Auftritt an Youngs zweiunddreissigstem Geburtstag bei einer Benefizveranstaltung in Miami Beach zugunsten von Kinderkrankenhäusern zusammen. Young checkte die technische Ausrüstung vor einem Laden in Nashville und nahm alles im Flugzeug mit nach Florida, wo er, zusammen mit Larson auf der windigen Bühne, so rein und notengetreu sang wie noch nie in seinem Leben. Das Konzert ging mit einer Version von Lynyrd Skynyrds „Sweet Home Alabama" zu Ende, das er „einigen Freunden im Himmel" widmete.

Bei einem Besuch in Youngs Haus in Zuma Beach einen Monat später konnte man ihn und Larson in schlabberigen Wohlfühlklamotten vor dem Kamin antreffen – wie Mama und Papa Pfeifenkessel zu Hause. Young machte etwas Kaffee, stellte das Tonband an, und sie begleiteten sich selbst, während „Comes a Time" erklang. Auf dem Wohnzimmertisch lag die aktuelle Ausgabe von *People* mit den wiederformierten Crosby, Stills and Nash auf der Titelseite.

„Komisch anzusehen, das", sagte Young, „die drei mit Jimmy Carter auf der Innenseite... das gibt mir zu denken. Es ist gut, daß sie zusammen sind, aber es ist auch gut, für sich allein zu sein. Jeder von ihnen muß doch mal große Lust verspüren, von der Sache loszukommen. Genauso wie ich, wenn ich irgendwo bin und entscheide, ‚Ich glaube, ich steige einfach in den Bus und fahre weg.' Ich brauche das, einfach abdampfen zu können..."

EIN JAHR SPÄTER BEFINDET SICH YOUNG in Elliot Roberts' Büro und reibt sich den Zweitagesbart, den er seit dem Ende der *Rust Never Sleeps*-Shows hat sprießen lassen. Die Tour war in L.A. zu Ende gegangen, eine Nacht, nachdem ein Feuer die Küste entlang durch Zuma Beach gerast war und auch Youngs Haus niedergebrannt hatte. Einzig der steinerne Kamin war übrig geblieben.

„Ein schönes Haus", sagt er. „Bis auf die Grundmauern niedergebrannt!"

Ich habe den Eindruck, daß wenn das Haus schon dahingehen mußte, die Szenerie irgendwie genau zu Young paßt. Jener Abend ein Jahr zuvor, als ich ihn und Larson zu *Comes a Time* singen hörte, war mir vorgekommen wie an einem völlig anderen Ort und aus einer ganz anderen Zeit.

„Die Leute verstehen manchmal einfach nicht," sagt er und spielt dabei mit einem Schreibstift, „wie ich so schnell einsteigen und wieder aussteigen kann, wie ich so schnell irgendwo sein kann und etwas tun und wenn es erledigt ist, ist es für mich auch schon wieder zu Ende. Für andere Leute wäre es gerade mal ein Beginn. Manche Leute tun sich hart damit, das zu akzeptieren. Ich kann mir vorstellen, wie alles ablaufen würde. Ich kann es einfach nicht ertragen, über längere Zeit an ein und demselben Ort zu bleiben. Ich ziehe umher, ich mache veschiedene Sachen..." Er blickt auf. „Einfach unterschiedliche Sachen."

Es muß doch schwierig sein zu entscheiden, welchem Impuls man jeweils folgen soll?

„Ich folge bloß den Eingebungen, die ich habe", sagt Young. „Und wenn es mich zum Lachen bringt, dann *weiß* ich, daß es gut ist. Im Grunde ist es mir wirklich sehr gut ergangen, auch wenn meine Songs meistens die untere Seite des Spektrums widergeben. Mir gefällt es sehr, daß jetzt neuerdings im Rock'n'Roll soviel Humor steckt. Eine Menge Leute nehmen mich so fürchterlich *ernst*. Sie wissen nichts mit mir anzufangen, wenn ich mich selber nicht mehr ganz so ernst nehme. Ich vermute, daß eine Reihe von Leuten aus den Sechzigern und frühen Siebzigern..." – (hier zeigt er wieder sein altes Grinsen...) – „einfach nicht besonders lustig sind."

Für viele seiner eigenen Fans ist Neil Young das genaue Gegenteil von Humor. Er ist der verlotterte Einzelgänger, ein Hirntoter, ein Drogenopfer.

„Ausgebrannt", ergänzt Young hilfsbereit. „Komisch. Mir kommt es so vor, als ob man mich vom Image her für ziemlich gesund hält. Das gibt mir gerade die Chance, alle auszuschmieren."

„Zweimal mußte ich mit Neil telefonieren, weil Nachrichten über seinen Tod verbreitet wurden", sagt Roberts. „Beim einen Mal rief mich sein Vater an. Er sagte, er hätte in den AP-Nachrichten gelesen, Neil sei gestorben, und ob es wahr wäre? Ein andermal bekam ich einen Anruf von Warner Bros, ob etwas dran sei, an der Nachricht von Neil Ableben in Paris? In beiden Fällen ging es um ‚drogenbezogene' Unfälle."

„Richtig", sagt Young. „Ich fuhr gerade auf der Autobahn und wurde von einem riesigen Sattelschlepper voller Drogen frontal gerammt."

Einer von Youngs ältesten Witzen ist der, daß er sein bestes Material für sein „Busunfall"-Album aufhebt. Die wenigen, die Kostproben aus Youngs Bändersammlung gehört haben – Songs, die nicht in den Fluß seiner Alben hineinpaßten, ganze unveröffentlichte Werke, Live-Aufnahmen, Buffalo Springfield-Bänder – stimmen zu, daß einige seiner hinreißendsten Darbietungen sich unter diesem unveröffentlichten Material befinden.

„All diese Songs", sagt er, „sind immer noch da. Sie sind da und sie stehen in einer bestimmten Reihenfolge. Sie sind nicht verschwunden. Aber weißt du, das sind alte Songs. Wer will die schon hören? Sie sind deprimierend, wirklich. Für mich ist das wie die Geschichte des Altertums. Aber ich möchte nichts zu tun haben mit der Herausgabe von dem Zeug."

„Erst, wenn du selber nicht mehr da bist, um dich damit befassen zu müssen?" frage ich.

„Richtig", sagt er. „Dann sind sie da. Ich glaube, jeder Künstler plant die Zukunft in dieser Weise. Ich habe die Sachen in einer bestimmten Anordnung, damit, falls mir irgendwas zustößt, es ziemlich klar wäre, was man damit zu tun hätte."

EIN PAAR TAGE SPÄTER sind der Fotograf Joel Bernstein und ich zu einer Begegnung mit Young und seiner neuen Frau Pegi in Elliot Roberts' Wohnung in der Wildnis von Nordkalifornien eingeladen. Die Schiebetür öffnet sich und ein verstört aussehender, wilde Blicke aussendender Young stürmt herein.

„Hast du gelesen", zischt er förmlich, „was das *Time* Magazin da in diesem Artikel über mich und Bob Dylan geschrieben hat? Ich würde dazu gerne einen *Kommentar* abgeben."

Der *Time*-Schreiber hatte sowohl Youngs wie Dylans Shows miterlebt, als sie unlängst kurz nacheinander im Madison Square Garden aufgetreten waren, und hatte die Künstler auf der Basis ihrer aktuellsten Tourneen miteinander verglichen. Das Urteil lautete, daß Dylan in die Rüschenärmel des gesetzteren Alters vorgerückt sei und jetzt „manchmal so aussieht, als ob er in der *Gong Show* debütieren wollte." Young hingegen, „blieb mehr auf dem Teppich als Dylan und schlich sich in die Ruhmeshalle des Rock ein wie ein Straßenräuber."

„Zeige mir doch mal diese Ruhmeshalle", sagt Neil Young, während er in der Küche seines Nachbarn auf und ab schreitet. Er fühlt sich auf den Schlips getreten, weil man ihn hier gegen seinen Lehrmeister ausspielen wollte. „Ich möchte nicht solchen Mumpitz im *Time*-Magazin lesen müssen, das ist unverantwortlicher Journalismus. Auf Disco-Niveau. Irgendwo glaubt das nachher auch noch irgendjemand. Ich hab Dylans Auftritt nicht gesehen – aber sich vorzustellen, daß alles was er gegeben hat, alles was er uns bedeutet hat – das kann man doch nicht an einem einzigen Abend alles ungeschehen machen...ich weiß gar nicht, was ich dazu sagen soll." Er setzt sich an den Tisch, ringt mit den Händen: „Ich glaube, ich will mich dazu überhaupt nicht äußern."

Im weiteren Verlauf des Abends sprechen wir noch über andere Sachen, aber dieser *Time*-Artikel scheint Young nicht loszulassen. Für ihn stellt er abermals eine Welle der Popularität dar, von der Art, die ihm schon einmal die Kontrolle über die Dinge aus der Hand gerissen hat. Ich erinnere ihn an etwas, was er einst in New York zu Peter Frampton gesagt hatte, als dieser Hiebe von der Kritik hatte einstecken müssen: Journalisten schreiben über das, was rüberkommt, und nicht über die Musik.

„Tja", sagt Young mit einem eigenartigen Blick auf den Kassettenrecorder, der in einiger Entfernung von ihm vor sich hinleiert, „sobald du über diese Wirkung zu sprechen anfängst, hast du auch schon gleich keine mehr."

Da ahnte ich schon, was als nächstes kommen würde. In ein paar Tagen würde Young anrufen und verlangen, daß dieser Artikel nicht gedruckt werden sollte.

Genau das war schon 1975 geschehen, aber da war ich außerhalb der Stadt, um den Artikel fertigzustellen und habe die nervösen Rückrufbotschaften nicht mitgekriegt. Das gleiche war auch nach der Stills and Young-Tour passiert, als Young anrief, um zu sagen, daß er sich eine Menge Gedanken gemacht hätte, ob man nicht die Veröffentlichung des Artikels unterlassen könne. Und nach der Tour von 1976 meinte er, daß es wieder „nicht der richtige Zeitpunkt" für eine Veröffentlichung wäre. Es ist natürlich schwer, mit einem Menschen zu hadern, dessen Intuition ihn so selten getäuscht hat.

„Ich habe eine Aufgabe zu erledigen", hatte Young auf seiner Ranch gesagt. „Wir gehen jetzt in die Achtziger. Ich muß den alten Kram begraben und etwas Neues aufbauen. Man hat diese Sache nur eine gewisse Zeit im Griff, bevor sie einem entgleitet. Dann wirst du ein Old-Timer...das könnte ich...auch werden...ich weiß es nicht.

Überleg' doch mal, schließlich ist außer mir nur noch Frank Sinatra auf Reprise Records vertreten."

18. OKTOBER 1979

PAUL NELSON

RUST NEVER SLEEPS – NEIL YOUNG ERFÜLLT ALLE VERSPRECHEN

(Album-Kritik)

Neil Young hat für jeden, der noch immer leidenschaftlich den Rock'n'Roll liebt, eine Platte gemacht, die das gesamte Territorium definiert. Es definiert, ausweitet, zum Explodieren bringt. Und bis auf die Grundfesten niederbrennt.

Rust Never Sleeps sagt mir mehr über mein Leben, mein Land und Rockmusik als jede andere Musik seit Jahren. Wie ein neugefundener Freund oder eine Geliebte, die Ehrlichkeit gelobt und gerne bereit ist, mit einem zu teilen, ist dies sowohl ein Sampler als eine Synopsis von allem: der Felsen und Bäume und der Schatten zwischen den Felsen und Bäumen. Youngs Texte bieten Kraft und Hoffnung, sprechen aber auch Warnungen aus und entbieten ihr Beileid. „Der Rost schläft nie" ist wahrscheinlich der perfekte Grabspruch für die meisten von uns; es kann aber auch als ein Aufruf zum Handeln dienen. Auf dem 1974er Album *On the Beach* faßte der Sänger einen Song („Ambulance Blues") und eine Stimmung mit dem täuschend nüchtern-faktoiden „I guess I'll call it sickness gone" („Ich denke, ich nenne es mal, die Krankheit ist vorbei") zusammen. Auf der gleichen LP empfand er eine solche Wiederkehr seiner Kräfte, daß er auf „Motion Pictures" die strunzigste und egoistischste Verszeile im ganzen Universum des Rock'n'Roll ablieferte: „I hear the mountains are doing fine" („Ich höre, den Bergen geht es soweit gut"). *Rust Never Sleeps* erfüllt alle Hoffnungen und Versprechen, die Young jemals abgegeben hat.

Wie man sieht, geht es hier um Allwissenheit, nicht um Ironie. Allzuoft ist Ironie nur die letzte billige Zuflucht für jene Klugscheißer, die einen Ohrwurm in der Musik bereits für ihr Herz halten, die nie das Zentrum einer Sache finden können, weil deren Ränder gar so modisch ausgefranst sind, und die einfach viel zu cool sind, um sich um irgendwas einen feuchten Kehrricht zu kümmern. Neil Young kennt diese Probleme nicht. Da er tatsächlich weiß, wer er ist und wofür er steht, da er sich seine Einsichten offensichtlich erarbeitet hat, und weil seine eigenwillige und gekonnt gemachte Musik durch Weisheit und eine umfassende Intelligenz gekennzeichnet ist, tritt Young einfach vor und sagt etwas – ohne Schwulst, Geschwätz, billige Moral-Lektionen oder irgendwelche von den neuesten Produktions-Dildos. Er braucht all diese Hundewächter nicht. Dieser Mann reduziert einen Song nie auf die bloße Bedeutung seiner Worte. Er gibt einem das ganze Ding in seiner Gesamtheit: mit Gefühlen und manchmal Widersprüchen, kontrolliert aber unbegrenzt. Für meinen Teil kann Neil Young heute jeden im Rock'n'Roll Tätigen ins Aus schicken. Er kann besser schreiben, singen, spielen, denken, fühlen als sie und wird sie auch alle überdauern. Von all den großen Rock-Künstlern, die in den Sechzigern anfingen (Bob Dylan, die Rolling Stones, die Who, und wie sie nicht alle heißen) ist er der einzige, der konsistent jetzt besser ist, als er es damals war.

Obwohl nicht wirklich als Konzept-Album gedacht, geht es auf *Rust Never Sleeps* doch um den Beruf und die Beschäftigung des Rock'n'Rollers mit seiner Musik, um das Ausbrennen, um zeitgenössische und historische Gewalt in Amerika, und um den Wunsch oder das Bedürfnis, dem ganzen manchmal zu entkommen. Es ist ein Aufruf an diejenigen unter uns, die noch die Chance haben, zurückzukommen – und ein elegischer Tribut an diejenigen, die diese Möglichkeit nicht mehr haben. So viel ist schon mal ziemlich klar. Aber anders als die meisten anderen Platten Youngs ist dies eine bewußt gemischte Wundertüte der verschiedensten Stilrichtungen, von sensibler Liedermacher-Ernsthaftigkeit („Thrasher") über charmante Science-fiction („Ride My Llama") und Country-Rock („Sail Away", ein bezaubernder *Comes a Time*-Outtake, gesungen mit Nicolette Larson) bis hin zu einer offenen Umarmung der aufreibenden Potenz des Punks (in den lachhaften und ätzenden gesellschaftlichen Kommentaren über „Welfare Mothers" („Sozialhilfe-Mütter"). Seite eins ist überwältigend akustisch: vorgeblich ein Folkie-Schaukästchen, ist es in Wirklichkeit eine virtuose Demonstration, wie ein Rock'n'Roller die Elektrizität ausknipsen kann und durch schiere persönliche Präsenz und Willensanstrengung es irgendwie schaffen kann, die Voltzahlen zu *steigern*. Seite zwei ist tosender Crazy Horse-Rock'n'Roll, aber der Eröffnungssong, „Powderfinger", ist merkwürdigerweise das reinste Folk-Epos auf der LP. Und, um zu zeigen, daß er im Ring nicht nur als Sandsack rumhängt, sondern sauber austeilen kann, puncht Young einen Song beidseitig: „My My Hey Hey (Out of the Blue)" akustisch, und „Hey Hey My My (Into the Black)" elektrisch.

Rust Never Sleeps setzt ein mit „My My Hey hey (Out of the Blue)" und man merkt innerhalb eines Moments – an diesen aus der Tiefe aufsteigenden, ominösen dunklen Noten, die auf den Baßsaiten der Gitarre angeschlagen werden, und an dem respektvollen, zurückhaltenden Vocal des Sängers, an den Wiederholungen im Text – daß dieser Song nicht weit vom Kern der Sache entfernt ist. Die Sache, um die es geht, ist Tod und Verzweiflung – und Kommerz. Denn, obwohl die Redewendung „out of the blue and into the black" eine mit tödlichem Verderben aufgeladene ist, so kann „into the black" doch auch „in die schwarzen Zahlen kommen" bedeuten, also Geld, Erfolg, und Ruhm erwerben, welche alle mit einem besonders hohen Preisschild ausgezeichnet sind. „My my, hey hey", singt Young, eine Zeile, die sowohl fatalistisch als auch mockant klingt, „rock & roll is here to stay". Elvis Presley und die Sex Pistols werden eingeführt:

The king is gone but he's not forgotten
This is the story of a Johnny Rotten
It's better to burn out than it is to rust
The king is gone but he's not forgotten

(Der King ist tot aber nicht vergessen
Dies ist die Geschichte eines Johnny Rotten
Es ist besser auszubrennen als zu rosten
Der King ist tot aber nicht vergessen)

Obwohl Young glaubt, „Rock'n'Roll kann niemals sterben", weiß er doch, daß eine Menge Leute von der Bühne des Rock abtreten können – und es auch tun. Zackbumm, das geht schnell. Daher die letzte Ermahnung: „There's more to the picture / Than meets the eye" („Es gibt mehr auf dem Bild / Als man mit bloßem Auge sehen kann").

Das autobiographische „Thrasher" (die Dreschmaschine als Todessymbol) folgt, und auch hier geht es um die Zerstörungskraft des Rock'n'Roll – diesmal in Verkleidung des leichten Lebens, das zu künstlerischer Stagnation führen kann. Doch noch während der Sänger den Niedergang vieler seiner Freunde und Mitmusiker auflistet, beschließt er bereits, daß ihm dies nicht zustoßen wird:

They had the best selection, they were poisoned with protection
There was nothing that they needed, they had nothing left to find
They were lost in rock formations or became park bench mutations
On the sidewalks and in the stations, they were waiting, waiting
So I got bored and left them there, they were just deadweight to me
It's better on the road without that load

(Sie hatten die beste Auswahl, sie wurden vergiftet mit Behütetheit
Es gab nichts, was sie brauchten, nichts, wonach sich zu suchen lohnte

Sie verloren sich in irgendwelchen Bands oder Drogen, saßen auf den Parkbänken
Auf Straßenrändern und in Bahnhöfen rum, und warteten, warteten
Mich langweilte das, ich ließ sie da, sie waren nur überflüssiger Ballast für mich
Besser allein unterwegs zu sein, ohne diese Bürde)

Geschrieben zum Teil in dem blumigen und überladenen Stil der Rock-Lyrik der Sechziger Jahre und wunderschön gespielt auf der zwölfsaitigen Gitarre mit Mundharmonika-Begleitung, ist „Thrasher" eine sehr komplexe Komposition, die sich tief einläßt auf die Bindungen und Grenzen von Loyalität, Kindheitserinnerungen, Angst, Drogen, auf das Musik-Busineß, das Einnehmen einer unnachgiebigen Position und schließlich auf die Kunst selbst. Wenn die bedroht ist, singt Young:

> It was then that I knew I'd had enough, burned my credit card for fuel
> Headed out to where the pavement turns to sand
> With a one-way ticket to the land of truth and my suitcase in my hand
> How I lost my friends I still don't understand

> *(Da wußte ich, daß ich genug hatte, tauschte meine Kreditkarte für Benzin*
> *Und fuhr hinaus, dorthin, wo der Asphalt in Sand übergeht*
> *Mit einer Einfach-Fahrkarte ins Land der Wahrheit und meinem Koffer in der Hand*
> *Wie ich all meine Freunde verlor, das hab ich bis heute noch nicht verstanden)*

Wenn diese Zeilen an „On the Beach" / „Motion Pictures" / „Ambulance Blues" von *On the Beach* erinnern, so sollen sie das auch. Denn in jenem Song-Zyklus ging es ja ebenso um ehrenhaftes Überleben.

Sieht man „My My, Hey Hey (Out of the Blue)" und „Thrasher" als Einheit, hört man hier fast eine weitere Paraphrase jener Warnung des Pionier-Vaters an seinen Sohn von „Powderfinger" auf Seite zwei: Rock bedeutet: Renn weg, Junge, und die Zahlen addieren sich weg zu garnichts. Aber solche Kanzelreden liegen Young nicht. Wenn er stark genug ist, abzuhauen, ist er auch stark genug, da zu bleiben und zu arbeiten. Er ist stark genug, sich anzupassen („I could live inside a tepee / I could die in Penthouse thirty-five" („Ich könnte in einem Tipi leben / oder sterben im Penthouse Nummer fünfunddreißig"). Er wird seine Toten begraben und vielleicht noch einen garstigen Witz darüber reißen: „Remember the Alamo when help was on the way / It's better here and now, I feel that good today" („Erinnert euch an die Alamo-Schlacht, als Hilfe unterwegs war / Hier und jetzt ist es besser, so gut fühle ich mich heute"). Obwohl sein Beruf gefährlich sein mag, kann er auch herrlich sein, und letztendlich ist er stolz darauf: „Sedan delivery is a job I know I'll keep / It sure was hard to find" („Limousinenservice ist ein Job, den ich mir bewahren werde / Er war schließlich schwer genug zu finden").

Mit Crazy Horse in „Hey Hey, My My (Into the Black"; dem furiosen Finale von *Rust Never Sleeps*, läßt Neil Young den Rock'n'Roll sowohl mörderisch als auch triumphal klingen. Die Trommeln knallen dabei wie Peitschen, die Gitarren krachen wie Kanonen und der Gesang schwebt über dem blutroten Getöse wie die Fahne, die hochgehalten wird. „*Ist dies die Geschichte von Johnny Rotten?*" fragt der Sänger. Ja und nein. Wenn wir das System schon nicht unterkriegen können, können wir es wenigstens versuchen zu Tode zu prügeln, scheint er zu sagen.

Ich wäre der letzte Mensch auf der Welt, der behaupten würde, daß „My My, Hey Hey (Into the Blue)" / „Hey Hey, My My (Into the Black)" und „Thrasher", zwei der besten Lieder des Albums und über den Rock'n'Roll, in irgendeinem direkten Bezug zu „Pocahontas" und „Powderfinger" stehen, jenem Songpaar auf *Rust Never Sleeps*, in dem das Thema Amerika aufgegriffen wird. Natürlich wäre ich aber auch der letzte Mensch, der es abstreiten würde.

„Pocahontas" ist schlichtweg erstaunlich, und niemand außer Neil Young hätte es schreiben können. Eine Epos über Indianer, das ruhig mit diesen herrlichen Zeilen beginnt:

Aurora borealis
The icy sky at night
Paddles cut the water
In a long and hurried flight

(*Nordlicht*
Der eisige Himmel bei Nacht
Paddel durchschneiden das Wasser
Auf der langen, eiligen Flucht)

Es springt dann rasch von Jamestown zur Kolonialzeit über Kavalleriegemetzel und städtische Slums zu den tragikomischen Absurditäten der Gegenwart:

And maybe Marlon Brando
Will be there by the fire
We'll sit and talk of Hollywood
And the good things there for hire
And the Astrodome and the first tepee
Marlon Brando, Pocahontas and me

(Und vielleicht wird Marlon Brando
Mit dabei sein beim Lagerfeuer
Wir sitzen rum und reden über Hollywood
Und was man da alles mieten kann
Und über den Astrodome und das erste Tipi
Marlon Brando, Pocahontas und ich)

Bei „Pocahontas" segelt Young durch Raum und Zeit, als ob sie sein Privateigentum wären. In einer einzigen Textzeile überspringt er gleich ein ganzes Jahrhundert: „They massacred the buffalo / Kitty corner from the bank" („Sie massakrierten die Büffel / Schräg gegenüber der Bank"). Und er baut sogar eine Rückblende ein – samt einem anzüglichen Wortspiel, das so abgehoben und zugleich bewegend ist, daß man nicht weiß, ob man lachen oder weinen soll:

I wish I was a trapper
I would give a thousand pelts
To sleep with Pocahontas
And find out how she felt
In the mornin' on the fields of green
In the homeland we've never seen

(Ich wünschte ich wär ein Trapper
Ich würde tausend Felle geben
Um mit Pocahontas zu schlafen
Und herauszufinden, wie sie sich anfühlte
Am Morgen auf den grünen Feldern
In dem nie gekannten Heimatland)

Versucht einmal, *das* auf eine einzige Gefühlsdimension zu reduzieren!

Wie der Hubschrauberangriff in Francis Coppolas *Apocalypse Now*, ist die Gewalt auf „Powderfinger" grauenvoll und zugleich aufregend – für uns wie für den Erzähler –, bis es zu spät ist. In dieser Geschichte aus dem alten Westen findet sich ein junger Mann, der als Bewachung für eine kleine Siedlung abgestellt wurde, unter Beschuß und kann nicht anders, als die Kugeln anzustarren, die auf ihn eindringen. „And I just turned twenty-two / I was wonderin' what to do" („Ich bin grad erst zweiundzwanzig geworden / Ich fragte mich, was ich wohl tun sollte"), sagt er. Zwischen jedem Vers dreht Young die Schraube um den Hals seines jugendlichen Helden mit seinen galvanisierenden Gitarrenintermezzos noch eine Spur enger, während Crazy Horse alles geben, was sie aufzubieten haben. Die Spannung wirkt traumatisierend, unser Mitleid und zugleich unsere Faszination werden ins Unerträgliche gesteigert. Und Young läßt nicht locker, er zwingt uns, hinzusehen...

„When the first shot hit the dock I saw it comin'" („Als der erste Schuß das Dock traf, sah ich ihn kommen"), sagt der Junge. Wir hängen mit ihm drin. Und unterhalb des Textes (in der klassischen Formulierung des Kritikers Greil Marcus), verläuft jener „Strang aufsteigender (Gitarren-) Noten, die von einem tödlichen absteigenden Akkord abgeschnitten werden – Fatalismus in einer einzigen Phrase." Der Held handelt: „Raised my rifle to my eye / Never stopped to wonder why" („Ich hob das Gewehr und zielte / Fragte mich keinen Moment lang, warum ich das tat"). Young zieht am Abzug. Der Erzähler sagt: „Then I saw black and my face splashed against the sky" („Dann sah ich schwarz und mein Gesicht spritzte gegen den Himmel").

Doch der Song endet noch nicht einmal an dieser Stelle. Stattdessen fügt der tote Junge einen weiteren Vers hinzu.

> *Shelter me from the powder and the finger*
> *Cover me with the thought that pulled the trigger*
> *Just think of me as one you never figured*
> *Would fade away so young*
> *With so much left undone*
> *Remember me to my love, I know I'll miss her*

> *(Bewahrt mich vor dem Schießpulver und dem Finger*
> *Bedeckt mich mit dem Gedanken, der den Abzug betätigte*
> *Denkt einfach an mich als einen, von dem ihr nicht glaubtet*
> *Daß er so jung entschwinden würde*
> *Mit so vielem, das ungetan bleiben wird*
> *Grüßt meine Geliebte, ich weiß, ich werde sie vermissen.)*

Der König ist fort, aber nicht vergessen. Auch dies könnte die Geschichte eines Johnny Rotten sein. Der Rock'n'Roll wird niemals sterben.

Neil Young soll das letzte Wort haben - über seine Zukunft und über *Rust Never Sleeps*. Die folgenden Zeilen aus „Thrasher" sind ein bedeutendes Glaubensbekenntnis:

> *But me, I'm not stopping there, got my own row left to hoe*
> *Just another line in the field of time*
> *When the thrashers come and I'm stuck in the sun like dinosaurs in shrines*
> *Then I'll know the time has come to give what's mine*
>
> *(Aber ich, ich bleibe da nicht stehn, muß meine eigene Furche weiter harken*
> *Es ist nur eine weitere Reihe auf dem Feld der Zeit*
> *Wenn der Drescher kommt, werde ich in der Sonne stecken wie die Dinosaurier in ihren Glaskästen*
> *Und ich werde wissen, daß die Zeit gekommen ist, das meinige hinzugeben.)*

24. JANUAR 1980

TOM CARSON

LIVE RUST

(Album-Kritik)

Neil Young läßt eine Live-LP abgehen.

Weil Neil Young so ehrgeizig ist, erschien seine Musik bisweilen auf frustrierende Weise unvollkommen. Er ist ein Meisterpolitiker wie David Bowie, der behende die Masken wechselt, vom sensiblen Folkie zum kreischenden Rock'n'Roller, vom Kind der Sechziger zum mürrischen Widerständler der Siebziger, vom leichtfertigen Romantiker zum süffisanten Kritiker seiner eigenen Kultur. Und sein Erfolg bei der Sache ist noch umso bemerkenswerter, alldieweil er mit einer folkie-hippiemäßigen, romantisch-sentimentalen Sprache arbeitet, in welcher jede Art, eine Rolle zu spielen, das Risiko birgt, wie bei einer Gratwanderung in den Verlust jeglicher emotionalen Glaubwürdigkeit tief hinabzustürzen. Gleichwohl hat es bisher noch nicht eine Schallplatte oder eine Show gegeben, die dazu geeignet gewesen wäre, alle dialektischen Gegensätze seines Charakters in einer einzigen Form zu vereinen – einer Form, in der sich außer dem Künstler auch dessen Zuhörerschaft wiederfände –, obgleich Young sich bei seiner heroischen Selbsteinschätzung mit nichts geringerem zufriedengeben dürfte.

In den vergangenen zwei Jahren hat Young seine bisher besten Arbeiten abgeliefert. Gegen Ende 1978 brachte *Comes a Time* seine Folk-Wurzeln so rein und veredelt zum Ausdruck, daß dieses Album nebenbei gleichsam zu einer miniaturisierten Stilschule wurde. Dann, Mitte 1979, kam *Rust Never Sleeps*, eine LP, die völlig individuell war: ruppig, chaotisch, intensiv und voll verzweifelter Notwendigkeit, wie man sie bei Young schon länger nicht mehr erlebt hatte. Indem er dann *Live Rust* so knapp auf *Rust Never Sleeps*' Fersen folgen ließ, erreichte er, daß er den Dampfdruck nochmals steigern konnte. Obgleich Young inzwischen hochgestecktere Ziele verfolgt, hat er auch hier wieder aus den selben Gründen wie schon bei *Tonight's the Night* 1975 zum Mittel der Liveaufnahme gegriffen. Er will erreichen, daß ihre aufrüttelnde, journalistische Wirkung seinen Zuhörern die historische Bedeutsamkeit der Gegenwart bewußt werden läßt.

Ganz offensichtlich macht sich Young viele fruchtbare Gedanken über die Geschichte – daß sich Woodstock zum zehnten Male jährt, ist für ihn von großer Wichtigkeit. Anfangs baute er sich seine Legende als Protestsänger der sechziger Jahre auf. Ein Grund, warum sein Werk während der langen Phase beabsichtigter Verdunkelung, die auf *Harvest* (1972) folgte, nicht so groß ankam wie es das eigentlich sollte, war der, daß er kein neues Thema von entsprechender Tragweite hatte finden können. Für Young bedeutet 1979 wiederum das Ende einer Epoche, und das scheint ihn zu neuer Aktivität angespornt zu haben. Was er mit *Live Rust* zu erreichen versucht, ist, sich als ein Rock'n'Roll-Teiresias darzustellen, der seine Warnungen für die Zukunft ausstößt und gleichzeitig seine Lieder der vergangenen zehn Jahre in eine große und einzigartige Zeitgeschichte einbinden möchte. *Live Rust* läßt fast keine Einzelheit aus Youngs Karriere unberücksichtigt und stellt sich insgesamt wie ein dahingebreitetes Epos von zerstörten Illusionen und Verlusten dar. Es ist Rock'n'Roll als emotionales Superspektakel – brennend engagiert und enorm erfolgreich.

Obwohl *Live Rust* wie *Rust Never Sleeps* mit einer akustischen Komponente beginnt und sich dann erst zum Rock'n'Roll steigert – was beim früheren Album kontrapunktiv war, wird jetzt zur Steigerung. Indem Young „Sugar Mountain" und „I Am a Child" „After the Gold Rush" folgen läßt, setzt er die wirkliche Kindheit in den zwei ersten Songs mit der symbolischen Kindheit der sechziger Jahre gleich. „Comes a Time", das zwar zeitlich aus der Reihe tanzt, fügt sich dennoch perfekt in diese Liederfolge ein, denn es ist der Antwortsong des Künstlers – acht Jahre später – auf „After the Gold Rush". Versöhnlich dort, wo der andere absolut ist, gereift gelassen, wo der andere zwischen jugendlicher Schöngeistigkeit und ebenfalls jugendlicher Erbitterung schwankt. Die Botschaft liegt auf der Hand: Unschuld ist eine vorübergehende Zeiterscheinung, und die härteren Anfechtungen kommen erst noch.

Das ganze Album hindurch feuert Young Gegensätze zwischen Alt und Jung, Zeit und Wandel ab. Er verknüpft äußerst persönliche Kompositionen mit weitergefaßten sozialen Themen und stellt seine eigene Vergangenheit in Frage, just in dem Moment, da er sie uns auch als unsere eigene vor Augen führen möchte. Allenthalben werden alte Songs durch ihr Nebeneinanderstellen mit späteren Stücken und durch den verbindenden mythischen Kontext mit neuer Aussage bestückt. Manchmal wird ein alter Song wie ein Versatzstück verwendet. Zum Beispiel ist „The Needle and the Damage Done" für sich betrachtet eine seichte, selbstgerechte kleine Aburteilung. Hier aber, eingebettet zwischen dem kriegerischen und hocherhitzten Romantizismus des „The Loner" und dem wehmütigen „Lotta Love" und von einem belanglosen Woodstock-Mitschnitt eingeleitet, wird es ganz einfach zu einem journalistischen Schnappschuß und dadurch auch aussagekräftiger.

Durch die Paarung von *Zuma*'s „Cortez the Killer" mit „Powderfinger" von *Rust Never Sleeps* unterbietet Young seine ausgesprochen romantische Empfindung für die amerikanische Grenze mit einem sauren Wissen darüber, wie die Grenze ursprünglich zustandekam. Im Song „Cortez the Killer" bringt Young eine erstaunlich wagemutige Abwandlung, indem er den Vers „He came dancing across the water" im Reggae-Patois einbringt, womit er nicht nur eine Geschichte aus der kolonialistischen Ausbeutung mit aktueller Dritte-Welt-Politik verknüpft, sondern auch sich selbst mit der einzigen politisch radikalen Musikform, die heutzutage existiert, in eine Reihe stellt. Ein anderes Mal wird die Aussage eines Songs durch eine neue Betonung beim Vortrag verändert: Dadurch, daß die Phrase „hard to find a job" in „Sedan Delivery" in den Brennpunkt der Aufmerksamkeit gerückt und immer wieder mit einem galvanisierenden Gitarrenriff aufs neue aufgeworfen wird, verwandelt der Künstler diese Komposition von einer Heinzelmännchenrevue in ein knallharten Abgesang auf die amerikanische Wirtschaft.

Young schaffte 1975 mit *Zuma* seinen Durchbruch mit reinem Rock'n'Roll-Sound, nachdem er zuerst auf *Tonight's the Night* gelernt hatte, mit dem bloßen Geräusch umzugehen, aber noch nicht einmal hierdurch ist man vorbereitet auf den Weitblick und den Tiefgang, die auf dieser Schallplatte zum Ausdruck kommen. Die Aufnahme ist machtvoll und erhaben, erfüllt von urtümlicher Stärke. Anstatt bei den Rave-ups das Tempo zu erhöhen, verlegen sich Young und Crazy Horse darauf, es fast bis zu begräbnismäßiger Langsamkeit herunterzubremsen, wodurch viel Raum zwischen den bröckelnd-langgezogenen Gitarrennoten und dem gedämpft tatzenden Schlagzeug freigelassen wird. Dann wird man wieder aufgeschreckt durch einen unerwarteten Ausbruch von ungeklärtem Lärm. Die beiden letzten Seiten von *Live Rust* werden so zu einem einzigen gewaltigen und düsteren Klagegesang verquickt. Das ganze ist so überwältigend massiv, daß man den Eindruck bekommt, als würde ein Gebirge in Bewegung geraten. Aber trotzdem, bei „Cortez the Killer" und dem schimmernden „Like a Hurricane" scheinen die Gitarren gleichsam nur zu treiben, für „Hey Hey, My My (Into the Black)" wälzen sie sich talabwärts wie eine Zunge flüssiger Lava.

Auf *Rust Never Sleeps* bricht „Hey Hey, My My (Into the Black)" mit der Nüchternheit eines Telegramms aus dem Nichts hervor. Hier jedoch ist es der logische Kulminationspunkt alldessen, woraufhin *Live Rust* hingearbeitet hat. Es ist Rock'n'Roll, der so behandelt worden ist, wie ein Südstaatler wohl den Bürgerkrieg sehen mag – in der Tat erinnert es im Geiste mehr

„The Night They Drove Old Dixie Down" von The Band als an Danny and the Juniors' „Rock and Roll Is Here to Stay".

„Hey Hey, My My (Into the Black)" ist sowohl ein fröstelndmachendes Tongedicht auf den Tod, bei dem Youngs Vocals tapfer bemüht sind, einen über lange Strecken luftleeren Raumes hinweg zu erreichen, als auch eine grimmig-entschlossene Ode an das Überleben. Wenn Young singt: „Der König ist fort, aber nicht vergessen / Ist das die Geschichte von Johnny Rotten?" – dann wird es klar, daß er um Rotten trauert, nicht um Elvis Presley: Rotten verkörperte den extremen Typ, von dem Elvis sich schon lange abgekehrt hatte, und den Young jetzt für sich selber zu verwirklichen sucht.

Es folgt „Tonight's the Night". Es kommt einem vor wie ein natürliches Anhängsel und nimmt noch etwas zusätzliche Resonanz auf. Anstatt nur von Bruce Berry und Danny Whitten zu handeln, hört und fühlt sich „Tonight's the Night" hier an wie ein Klagelied über all die Verstorbenen der siebziger Jahre.

Das Beschwören dieser Reise ist Youngs letzte Errungenschaft. Eine aktuelle Phrase unter den PR-Heinis aus der Musikindustrie lautet: „Eine Vorausschau auf die achtziger Jahre". Wahrscheinlich wird sie auch auf dieses Album angewandt werden, möglicherweise sogar mit einiger Berechtigung. Aber die eigentliche Botschaft von *Live Rust* ist, daß die Riten der Vergänglichkeit der letzten zehn Jahre, die eben auch heute und heute Nacht immer weiterlaufen, das Wichtige sind.

7. FEBRUAR 1980

MUSIC AWARDS 1979

Die vierte jährliche Leser-Umfrage erbrachte diesmal 6.500 Stimmzettel, zwanzig Prozent mehr als letztes Jahr. Und praktisch jeder Gewinner des Vorjahres wurde dabei vom Thron gestoßen. Der große Gewinner 1979 war Neil Young, der punktgleich mit The Who als Bester Künstler des Jahres nominiert wurde, und zudem in den Kategorien Bester Songwriter, Bester Männlicher Sänger, und Bestes Album (*Rust Never Sleeps*) den ersten Platz belegte. Die Who, die zwei Soundtrack-Alben vorlegten – *Quadrophenia* und *The Kids Are Alright* – und auf ihrer US-Tour sensationell einschlugen, gewannen auch in der Kategorie Beste Band des Jahres.

Leser-Nominierungen

Künstler des Jahres:

Neil Young
The Who
Supertramp
Bruce Springsteen
The Cars

Bestes Album:
Rust Never Sleeps (Neil Young)
Breakfast in America (Supertramp)
In Through the Out Door (Led Zeppelin)
Slow Train Coming (Bob Dylan)
Candy-O (The Cars)

Bester Songwriter:
Neil Young
Bob Dylan
Elvis Costello
Bruce Springsteen
Paul McCartney

Bester Männlicher Sänger:
Neil Young
Bruce Springsteen
Bob Dylan
Robert Plant
Van Morrison

Kritiker-Nominierungen

Künstler des Jahres:
Neil Young

Band des Jahres:
The Who

Bestes Album:
Rust Never Sleeps (Neil Young)
Armed Forces (Elvis Costello)
Into the Music (Van Morrison)
Tusk (Fleetwood Mac)
Squeezing Out Sparks (Graham Parker)
Fear of Music (Talking Heads)
Bad Girls (Donna Summer)
Labour of Lust (Nick Lowe)

25. DEZEMBER 1980

JOHN PICCARELLA

HAWKS & DOVES

(Album-Kritik)

Neil Young sieht sich Amerika mal genauer an

Damals, als die achtziger Jahre erst wenige Tage alt waren, stritt ich mich mit einem Freund, ob oder ob nicht die Gruppe Clash schon das Album des Jahres, *London Calling*, gemacht hätte. Ich sagte damals: „Mal sehen, vielleicht überrascht Neil Young uns wieder und bringt noch was besseres". Mein Freund sagte „Yeah, möglich wär's. Aber er müßte eine politische Scheibe machen, und da bin ich mir nicht so sicher, ob das zu dieser Zeit in diesem Land möglich ist."

Hawks & Doves ist zwar nicht gerade das Album des Jahres (es dauert nur dreißig Minuten!), aber es ist ein amerikanisches, ein politisches Album. Und wie die meisten Neil Young-Scheiben enthält sie nicht das, was man erwartet hat – beziehungsweise – wie üblich – nicht das, was er im vergangenen Jahr gemacht hat.

Obgleich es viele Superstars der sechziger Jahre gibt, die die siebziger Jahre unbeschadet überstanden haben – wer sonst hat sich in der Rockgeschichte mit zunehmendem Alter noch so gesteigert? Wer sonst ist lebensfähig geblieben, ohne glatt zu werden? Das Erstaunliche an Youngs neuerlicher Stärke ist seine zusätzliche Reichweite. 1978 machte er seine erste perfekte Schallplatte. Elegant und sorgfältig ausgearbeitet (es blieb bei dem einen Mal), zeigte *Comes a Time* auch Zeichen von Reife. Wenige amerikanische Künstler überstehen die Phase frühen Ruhms dadurch, sich später noch einmal selbst zu übertreffen, aber wie ein großer Schriftsteller mit vielen Meisterwerken im Rücken setzte Young auf das Vertrauen in sein Werk und hatte damit Erfolg. Damals hatte er schon fünf oder sechs Karrieren: die Buffalo Springfield, die ersten Superstar-Solojahre; Crosby, Stills, Nash & Young; die dunkle Phase, die in *Tonight's the Night* gipfelte; in den Mittsiebzigern Triumphe als wiederbelebter Rocker. Aber abgesehen von einer gelegentlichen, sozialpolitischen Erzählung („Southern Man", „Cortez the Killer"), war Youngs Songschreiberei bestenfalls klaustrophobisch - vor allem phobisch! Mit *Comes a Time* erreichte er Distanz und einen etwas leichteren Ausdruck. Und 1979, seinem besten Jahr überhaupt, führte er mehrere kühne Handstreiche gegen sein Publikum und rundete seine Karriere mit einem brilliant organisierten Konzert-Film (*Rust Never Sleeps*) und zwei damit eng verbundenen Alben (*Rust Never Sleeps* und *Live Rust*) ab.

„My my, Hey Hey (Out of the Blue)" oder „Hey Hey, My My (Into the Black)" war wahrscheinlich sein erstes Klagelied. Und *Rust Never Sleeps* war die erste Neil Young-LP, die sich mehr mit der Welt als mit dem Künstler befaßte. „Powderfinger" und „Pocahontas" verbinden persönliche Visionen von Furcht und Verlangen mit dem Bewußtsein der amerikanischen Geschichte, das in Neil Youngs Werken immer wieder sporadisch auftaucht. Aber noch wichtiger scheint, daß sich der Vorstellungsreichtum von „Trasher" und die frotzelnde Arbeiterklassen-Rockerpose von „Welfare Mothers" und „Sedan Delivery" seiner erzählerischen Gabe bedienten, um damit die Soziologie seiner Generation zu definieren.

Obwohl es in gewisser Hinsicht ein musikalischer Rückschlag ist (Young hat wiedermal Crazy Horse für einen Stall voller Countrymusiker verlassen), ist *Hawks & Doves* eine Fortsetzung zur Verbreitung der Vision von *Rust Never Sleeps*. Stilistisch aber ist sie, wie es auch schon der Titel und das Cover klar erkennen lassen, eine Fortsetzung zu *American Stars 'n Bars*. Wie dieses Album hat auch *Hawks & Doves* einen komisch gemixten Packen auf Seite eins und ein robustes Set von elektronischem Country-Rock auf der Rückseite, behält aber gleichzeitig die Unterteilung von akustisch und elektrisch wie bei *Rust Never Sleeps* und *Live Rust* bei.

Jeder Track auf *Hawks & Doves* hört sich an wie ein Sofort-Klassiker, der aus den reinsten Zutaten gebraut ist. Der Titel der Scheibe vermittelt eine Vorstellung, die sich fast mit dem Inhalt deckt. Anfangs scheint dieses Thema die Hauptcharakterzüge des Albums auseinanderzudividieren. „Little Wing", ein prachtvolles Fragment von einem Aufmacher, zählt unzweifelhaft zu den Tauben: „She comes to town when the children sing / And leaves the feathers if they fall" („Sie kommt in die Stadt, wenn die Kinder singen / und sie läßt ihnen ihre Federn, wo sie hinfallen"). „Captain Kennedy", der die Seite eins abschließt ist offensichtlich ein Falke: „And when I get to shore / I hope that I can kill good" („Und wenn ich an die Küste komme / Dann kann ich hoffentlich gut töten"). Musikalisch gesehen aber ist es wohl so, daß die Falken die elektrischen Nummern sind, hingegen die Tauben die akustischen – nur um alles richtig aufzumischen. In einer anderen Deutung der Titelmetaphorik lehnen sich die Songs der ersten Seite, zumindest hinsichtlich der Atmosphäre, an „Birds" von *After the Gold Rush* oder „Danger Bird" von *Zuma* an. Aber in *Hawks & Doves* zwei längsten und eigentümlichsten Kompositionen, „Homestead" und

„Lost in Space", wird die Metaphorik konsequent zunichtegemacht. Und just in diesem rätselhaften Chaos der Bilder beginnt sich die Schallplatte paradoxerweise wieder zusammenzufügen.

Als die langerwartete Fortsetzung zu „The Last Trip to Tulsa" ist „Homestead" eine gespenstische, elliptische und surreale Ballade, in welcher der Mond, der Schatten eines Mannes und eine Schar prähistorischer Vögel einen nackten Reiter auf seinem siebenminütigen Trip durch seinen Kopf auf der Suche nach irgendwelchen kosmischen Telefonnummern begleiten. Diese Bilder schweben über ihm wie die Omen eines Schicksals, das niemals eintritt. Der Hauptsong des Albums, „Homestead", wirft ein eigentümliches Licht auf den offensichtlich voll abgehobenen Schwof der Seite zwei. „Lost in Space" fängt an, als ob es die persönliche Melodie des Albums schlechthin wäre: „Lebe bei mir", singt Neil Young. Es endet auch ähnlich mit „Schau nur dies Blau / Das Blau der Tiefsee". Aber zwischen den Zeilen steht eine Traumszene, die das ungenannte Schicksal in „Homestead" andeutet. Die ruhige, akustische Stimmung von „Lost in Space" wird befremdlich, als ein wassergetränkter Kinderchor fragt: „What could be stranger than the unknown danger / That lies on the ocean floor?" („Was kann fremder sein als die unbekannte Gefahr / die auf dem Grunde des Ozeans liegt?")

Jeder Song auf Seite eins dreht sich um einen anderen Aufhänger, der einen kleinen Schnipsel sprichwörtlicher Arbeiterklassen-Stärke zum Ausdruck bringt. Durch Gitarren- und Geigenriffs, die von einem Cut zum anderen springen, bilden diese Kompositionen eine Suite über den zeitgenössischen Sittenspiegel des amerikanischen Mittelstandes. Das erste Stück heißt „Staying Power" („We got stayin' power you and I / Stayin' power through thick and thin") („Wir haben Standkraft, du und ich / wir stehn zusammen durch dick und dünn"); gefolgt wird es von „Coastline" („We don't back down from no trouble / We do get up in the morning") („Wir lassen uns durch nichts ins Bockshorn jagen / Wir stehen schon früh auf, am Morgen"). Im ausgelassenen „Union Man" verbündelt sich Young in spöttischem Ernst mit dem amerikanischen Arbeiter. Während er so tut, als ob er den Vorsitz bei einer Gewerkschafterversammlung führt, ruft er zur Stimmabgabe über einen wichtigen Punkt im neuen Busineß auf: „Bumper-Sticker mit LIVEMUSIK IST BESSER sollten herausgebracht werden!" Vergleichsweise ebenso weit von der Proletarierrealität entfernt wie die Anti-Atom-Bewegung, erinnert mich das an Ronald Reagans ironischen Aufruf um Unterstützung seitens der „Blaukrägen", als er erklärte, er führe den ersten Streik seiner Gewerkschaft unten in Hollywood an.

Die Violine von Rufus Thibodeaux leitet „Comin' Apart at Every Nail" mit demselben Riff ein, mit dem „Union Man" ausklingt:

It's awful hard to find a job
On one side the government, the other the mob
Hey hey, ain't that right
The workin' man's in for a helluva fight
Oh this country sure looks good to me
But these fences are comin' apart at every nail

(Es ist saumäßig schwer, nen Job zu finden
Hier steht die Regierung, dort das organisierte Verbrechen
Hey sag mal, ist das nicht wahr?
Dem Arbeiter steht noch ein höllischer Kampf bevor
Das Land selber kommt mir supergut vor,
Aber diese Zäune fallen schon bei jedem einzelnen Nagel
auseinander)

Mit „Comin' Apart at Every Nail" werden die Schockbotschaften der ersten Seite zu einer unmißverständlichen Warnung vor dem Krieg, und die Schallplatte schließt mit dem Titeltrack, der alle Widersprüche in sich vereinigt, die daher rühren, daß man selber ein Teil des Problems ist. Aufgebaut auf einem unwiderstehlichen „JUUH - ESS - ÄÄYH"-Aufhänger hört sich *Hawks & Doves* gleichermaßen feierlich wie auch schmerzerfüllt an: „Ain't gettin' old / Ain't gettin' younger though / Just gettin' used to the lay of the land" („Man wird nicht älter/ Jedoch auch keinesfalls jünger/ Man merkt bloß wie die Dinge liegen"). Mit einer Kette von harmlosen Ironien arbeitet Young das Feeling heraus, das in diesem Wahljahr mit den furchtbarsten Wahlmöglichkeiten seit Menschengedenken immerhin die Masse des Wahlvolkes ausmacht: „Got rock'n'roll / Got country music playin' / If you hate us / you just don't know what you're sayin'" („Wir haben Rock'n'Roll / und Country Music laufen / Wenn du da was dagegen hast / dann bist du abartig drauf!"). Und der Chor stimmt ein: „Ready to go / Willin' to stay and pay / U.S.A! U.S.A! / So my sweet love / Can dance another free day / U.S.A! U.S.A!" („Bereit zum Starten / Gewillt zu bleiben und zu zahlen / U.S.A! U.S.A! / Damit mein süßes Herzchen / Einen weiteren freien Tag zum Tanzen hat / U.S.A! U.S.A!") – und unterstreicht damit noch diese Selbstzufriedenheit.

In der flapsigen, halbgebildeten Rhetorik des Durchschnittsbürgers (zu dem auch du und ich und er gehören), hat Young den Grundton der Politik artikuliert. Wenn *Hawks & Doves* aber eine höhergefaßte Stellungnahme ist, dann ist es auch irgendwie ein Understatement. Wieder ein verschleudertes Meisterstück, in Windeseile rausgepfeffert wie die meisten seiner Werke – wie ein Brief, der dir mitteilt, was er sich so denkt im

Augenblick. Daher sieht es dieses Jahr so aus, als ob der zeitgenössische, auf die Kacke hauende Stadtcowboy nach den apokalyptischen Schrecknissen auf Seite eins zur aussterbensbedrohten Spezies geworden ist. Und wenn du glaubst, daß Youngs Schilderung eines Vorkriegs-Amerikas nicht die obligate Vitalität der New Wave hat, dann hängst du echt hintendran, denn Johnny Rottens Tod hat er bereits im vergangenen Jahr betrauert.

■ RANDNOTIZEN (16.April 1981)

Es war drei Uhr morgens im Ritz in New York, und der Schlagzeilenmacher Ian Lloyd und der Großteil des Musikpublikums (darunter Graham Parker und Cheap Trick-Sänger Robin Zander) hatten sich schon getrennt, als – wer sonst – Neil Young und seine Angetraute Pegi eintrudelten. Da die Danny Shea Band (zu der lokale Cracks wie Rob Stoner und G.E. Smith gehören) gerade auf der Bühne zugange waren und einen Stegreif-Tribute auf Mike Bloomfield runterpeitschten, hing sich Young fast zwangsläufig eine Gibson E-Gitarre um und zerrte die Gruppe durch einen beiläufigen, aber lebhaften Set über drei Songs – mit dabei der Jimmy Reed-Staple „Baby What Do You Want Me to Do?", wieder so eine Melodie, die in die Kategorie „langsamer Blues" schlägt, und dann ein ausgelassenes Chuck Berry-Potpourri aus „Sweet Little Rock'n'Roller" und „Maybellene". Young mag wohl eine unausgesprochene Widmung mit der Reed-Nummer verbunden haben: an die Schauspielerin Sally Kirkland, die ihm neulich eine Zwei-Millionen-Dollar-Klage reingewürgt hat, wegen angeblicher Verunglimpfungen, die sie im Set von Youngs noch unveröffentlichtem Film *Human Highway* erlitten hatte.

JOHN PICCARELLA

RE-AC-TOR

(Album-Kritik)

* * * *

UND WIEDER EIN undurchsichtiges Neil Young Album! Ohne sich je zu wiederholen, schüttelt Neil Young die Alben aus dem Ärmel wie Zeichnungen von einem Skizzenblock. Jede ein wenig schneller, etwas weniger ausgemalt, weniger mühsam bearbeitet als die vorangegangene, und doch gekennzeichnet von der Hand des Meisters und einer neuen Sichtweise.

Wie er es seit *Rust Never Sleeps* getan hat, fährt Young auch hier fort, Amerika zu beobachten, er beschreibt das Land in präzisen Medien-Kürzeln und Wortemblemen, die er dann an den allerfundamentalsten, bluesbasierten Formen verankert. Er liebt es immer noch, wie er es bereits zu Beginn seiner Solo-Karriere getan hat, jedes Mal ein neues Format zu entdecken. Neil Young hat immer drei grundsätzliche Stilrichtungen – bandloser Folkie, anheimelnder Country-Rocker und Hard-Rocker – mit der Unberechenbarkeit eines Büchsenschiebers durchgemischt, der fintenreich seine Bohne unter drei sich bewegenden Konservendosen versteckt. So ist es nur gerecht, daß die elektrische Crazy Horse-Session, die wir nach *Rust Never Sleeps* erwarteten, erst jetzt kommt, nach der Country-Folk-Kehrtwendung von *Hawks & Doves*. Wieder einmal hat er uns dabei erwischt, wie wir nicht aufgepaßt haben. Und natürlich ist *Re-ac-tor* wieder völlig anders als alles, was Young bisher gemacht hat.

Re-ac-tor ist die einundeinzige Neil Young-LP (ihr könnt mich klagen, wenn ich unrecht habe) auf der er durchgängig von Crazy Horse begleitet wird. Genauso wie *Hawks & Doves* sich thematisch an *Rust Never Sleeps* anschloß, aber zugleich ein Rückwurf auf *American Stars'n Bars* war, so fährt *Re-ac-tor* fort mit *Hawks & Doves*' Skizzen aus dem Leben der mittelamerikanischen Arbeiterklasse und seiner täuschenden Kürze und dem Cover-Design mit den Versatzstücken der amerikanischen Flagge. (*Re-ac-tor* ersetzt den rot-weiß-blauen, einzelnen Stern und die Querstreifen von *Hawks & Doves* durch rote und schwarze Dreiecke und Kreise in einer

Art atomare-Falken-und-solare-Tauben-Motiv.) *American Stars'n Bars, Rust Never Sleeps, Live Rust* und *Hawks & Doves* spielten jeweils eine Seite A gegen eine Seite B aus. *Re-ac-tor* besteht allerdings am Stück aus lärmhaft-elektrischem Polit-Kommentar, während *Comes a Time* durchgängig ruhigen akustischen persönlichen Ausdruck bot. Und obgleich *Re-ac-tor*, mit „Schüssen" als Finale, so lautstark klimaktisiert wie nur je eine der beiden *Rust*-Platten, besteht die Musik hier aus sorgfältig gedrechseltem Studio-Gedröhn, so wie *Comes a Time* sorgfältig geraspeltes Studio-Süßholz darbot.

Der Titel von *Re-ac-tor*, abgesehen von der eindeutig nuklearen Anspielung, scheint charakteristisch für Youngs Rolle als aufmerksamer aber flaneurhafter Beobachter und die Hingabe seiner Band zu sein, explosiven Rock abzischen zu lassen. Doch während Crazy Horse den gigantischen Live-Blues-Attacken der elektrischen *Rust*-Seiten folgt, ist die Produktion ordentlicher und die organisatorischen Werte sind etwas formalisierter. Der einzigartige professionelle Primitivismus dieser Gruppe verbindet Lautstärke- und Verzerrpegel, die Blue Cheer zur Ehre gereichen würden, mit der strukturierten Kompaktheit von Creedence Clearwater Revival. Neil Youngs Texte und seine Lead-Gitarre kommen in kleinen Dosierungen und dienen einem allgemeinen übergreifenden rhythmischen Konzept. Während frühere ausgedehnte Gitarrenstücke, von „Cowgirl in the Sand" bis „Like a Hurricane" freigängerische Solos Vers-und Refrain-Formen einsperrten, wechselt „T-Bone", der längste Track auf *Re-ac-tor*, schlichtweg seinen einzigen Vers mit kurzen Gitarren-Breaks ab – und das mehr als neun Minuten lang. „Got mashed potatoes / Ain't got no T-Bone" („Ich hab Kartoffelbrei / aber kein Kotlett dabei") mag bescheuert klingen, vor allem, wenn man es ständig wiederholt, doch das Sprüchlein klinkt sich fest in das umfassende Thema der Platte wie ein komisch rockendes Mantra ein.

Re-ak-tionäre Reaganomik spaltet die Bilder und Charaktere der Platte in zwei Lager: die Falken und die Tauben sind jetzt die Habenden und die Habenichtse – das Schwarz (Gewinn) und das Rot (Verlust) der Farben des Covers dieses Albums. Diese Dichotomie nimmt viele Formen an. In „Opera Star" sind es die gebildeten und kultivierten Geldsäcke gegen die dem Rock frönenden Habenichtse. In „Surfer Joe and Moe the Sleaze" sind es Gewinner gegen Verlierer, mit der Klasse der Freizeitmenschen, die keiner der beiden Gruppen angehören, als Zuschauer: „Wir machen uns alle auf zu 'ner Vergnügungskreuzfahrt." Der abschließende Cut der Seite eins, „Get Back on It", leitet dann über zu den Bildern und Rhythmen von Transport und Reise, die die zweite Seite dominieren. In „Southern Pacific" beraubt die Zwangspensionierung einen Herrn Jones – ob damit der mythische Lokomotivführer Casey Jones gemeint ist? – seines Jobs bei der Eisenbahnlinie, und läßt ihn sowohl als einen Habenden (Pension) als einen Habenichts (verlorene Würde) erscheinen. In „Motor City" denkt ein Habender, der drei Autos besitzt, er sei ein Habenichts, weil das eine einen Achsenbruch hat, das zweite gestohlen worden ist und das dritte, ein Armee-Jeep, nicht den gewohnten Komfort besitzt.

Durchzogen mit Maschinengewehrgeknatter und Gitarrensprüngen vom hohen Kreisch zum tiefen Brumm, die an Hendrix' „Machine Gun / Star Spangled Banner"-Stil erinnern, offeriert „Shot" ein Breitwandbild eines Amerikas, das sich aufbaut und dann wieder abbaut. Abgerissen von der Gewalttätigkeit der Musik versuchen die Männer, Frauen und Kinder hier ihre fliehenden Gewißheiten wie Sandburgen zusammenzuflicken, während die wirklichen Kräfte, die in der Gesellschaft wirksam sind – Schußwaffen, Maschinen und allerlei perverse Gelüste – an ihnen vorbeimarschieren. Jeder Vers endet mit den Worten „in der Nacht", und verleihen damit der ganzen furchteinflößenden Montage die schwankende psychologische Wirkung eines Traumes. Hier, in diesem ausgefransten Niemandsland zwischen Nachfrage und Angebot ist es, wo Young sein Gelassenheits-Gebet aufsagen möchte, das auf Lateinisch auf der Rückseite der Platte abgedruckt ist: „Gott, gib mir die Gelassenheit, die Dinge zu akzeptieren, die ich nicht ändern kann, den Mut, zu ändern, was ich ändern kann, und die Weisheit, den Unterschied zu erkennen." Es ist diese wichtige „Weisheit, den Unterschied zu erkennen", nach der der Sänger strebt, während er „immer wieder Schüsse hört".

Dies sind klare, harsche, niedrigster-gemeinsamer-Nenner-Visionen des Landes und seiner Schwierigkeiten. Ihr meint, Young rockt einfach nur in die Landschaft hinein? Vielleicht – aber gleich in der allerersten Melodie erscheint eine fatalistische Resignation: „Manche Dinge ändern sich nie". In *Re-ac-tor's* funkigstem Stück, „Rapid Transit", werden Medienschlagwörter wie „Mmmmmmelt-down" (durchschmelzende Brennstäbe) und „Ppppppublic enemy" (Staatsfeind) zu sinnverpfriemeltem reinem Klang hingestottert, doch allem voran schafft es Young mit Nachdruck und Genie immer wieder, machtvolle Stimmungen zu erzeugen. Diese im raschen Schnitt aufeinanderfolgenden Intensitäten, geformt aus den beschränkten Materialien, den zerbrochenen Scherben amerikanischer Sprache und amerikanischer Musik, sind Totems der gegenwärtigen Krise. Und wenn sie den Anschein erwecken, als wären sie nur zum Zeitvertreib erschaffen woden, dann wohl deswegen, weil in Neil Youngs apokalyptischen Nachtmahren der Zeit-Vertreib eine ebenso profunde wie schreckensvolle Tätigkeit darstellt.

3. FEBRUAR 1983

PARKE PUTERBAUGH

TRANS

(Album-Kritik)

* * * *

Neil Youngs Computerliebe

„Nun, Mister Wunderlich ist wieder mal am Werk", so lautete eine der ersten Reaktionen zu den synthetisierten Klängen und vokodierten Stimmen, die viel Raum von dem Material auf Neil Youngs neuem Album *Trans* einnehmen. Bei Young lernt man, sich auf unerwartete Effekte einzustellen, aber diese Scheibe ist ein dermaßen drastischer Bruch seiner Karriereform wie bei David Bowie der Abschiedskuss an seine *Thin White Duke*-Verkörperung mit dem Album *Low*. Und noch umso erstaunlicher ist dieses, alldieweil Young trotz seiner Neigung zum ungezügelten Hin- und Herschalten von LP zu LP seine Wurzeln quasi immer tief in den fruchtbaren Lehm, den guten Boden amerikanischer Sänger- und Songschreibertradition gebohrt hat. Wenn Young sich jetzt aber genötigt sieht, seine Lyrik durch computerisierte Morsecodes durchzuhäckseln, seine Stimme durch Vocoder und Oktaventrenner durchzujagen, was sollen wir dann noch von dieser schönen neuen Wirklichkeit, die uns da überholt und unsere unbeirrbarsten Gesangesschmiede in geklonte Computerwesen verwandelt, halten?

Hat der stets beeinflußbare Young vor lauter Bemühen, dem traurigten Schicksal der tourenden Tutanchamons (und früheren Bandkollegen) Crosby, Stills und Nash zu entkommen, es diesmal zu weit getrieben?

Nun, nicht ganz. Es scheint, daß Young den Anschluß an zahlreiche neue Veröffentlichungen rund um *Re-act-or* vollzogen hat, und insbesondere eine, nämlich *Computer World* von Kraftwerk, hat seine Phantasie wohl in Beschlag genommen. In der Tat gibt *Trans* viel von seinem Eindruck über die Computerwelt wieder, die Kraftwerk so eisig und schwerelos auf dieser LP von 1981 hochgefeiert hat. Aber irgendwann danach zog Young mit seiner gewohnten Band, den Crazy Horse-Absolventen Ben Keith, Nils Lofgren und anderen nach Hawaii und nahm einen ganzen Reigen neuer Melodien auf, die mehr in der herkömmlichen Art abgefaßt waren. Das Material von beiden Sessions brachte er in *Trans* ein, und dieses bewusste Zusammenprallen der Stilrichtungen – es steckt halt immer System in Youngs Wahnwitz – macht diese Scheibe zu dem faszinierenden Rätselwerk, als welches sie sich nun entpuppt. *Trans* fängt schon mit einem völlig irreführenden Stück an – ein gänzlich unschuldiges Liebesliedchen mit dem Titel „Little Thing Called Love". Die Musik dazu ist mitreissend und hell, und die Pointe besteht aus diesem hübschen Major-Sieben-Akkord am Ende des Refrains, der, selbst schon aus lauter süßen Nichtigkeiten bestehend, mit ironischer Regungslosigkeit serviert wird: „Only love puts a tear in your eye / Only love makes you hypnotized.." („Nur die Liebe verursacht dir Tränen / Nur die Liebe macht dich wie hypnotisiert..."), undsoweiter in diesem Stil. Es ist einer von der Sorte, die man im Schlaf summen könnte, und das ist vielleicht auch so beabsichtigt.

Aber kaum ist dieser Anflug von Scherzhaftigkeit ausgeklungen, da knattert auch schon das programmierte Bumm-Bumm einer Computertrommel hervor, untermalt von einer ätherischen Synthesizersuppe, die die Ankunft der Androiden ankündigt. Young singt mit elektronisch verfremdeter Stimme auf den vier Songs dieser Seite und bei „Sample and Hold" auf der Rückseite. Man könnte denken, es wäre seine Berufung, hierbei der binären Welt Leben einzuflößen. Kompositionen in der Art von „Computer Age" und „Transformer Man" klingen wie Hymnen auf ein Mikrochip-Utopia der Zukunft. Und Youngs Computerkadetten, die uns mit einer kostbaren kleinen Plärrstimme ihren Gesang vortragen, wirken in einzigartiger Weise unbedrohlich. Es ist so, als ob wir, indem wir die menschliche Intelligenz von den emotionalen Störfaktoren, die uns so oft irreführen, abscheiden, dadurch ein höheres Ideal der Vollkommenheit erreichen können – zumindest elektronisch.

So vertraut Young mit seinem neuen Spielzeug auch ist und so vollkommen er sich auch seine Gedanken darüber gemacht hat, es ist trotzdem noch ein weiter Weg von den endlosen Weiten seiner kalifornischen Ranch zur hochindustrialisierten Umwelt vom Westdeutschland von Kraftwerk. Zusammenfassend kann man sagen, daß bei aller Nachahmung, der *Trans* stilmäßig unterworfen ist – Kraftwerk schreiben „Computer World" und „Computer Love", Young schreibt „Computer Age" und „Computer Cowboy" –, es sich zumindest um drei Songs unterscheidet, bei denen Young ziemlich forsch loslegt. „Like an Inca" ist nun wirklich eines der am wenigsten ironischen und am freimütigsten visionären Stücke, das er bis dato je geschrieben hat, auf der selben Ebene mit solchen Bravourstücken wie „Last Trip to Tulsa", „The Old Homestead" und „Like A Hurricane".

Diese fehlende Übereinstimmung zwischen alten und neuen Webarten ist das auffälligste Merkmal bei *Trans* – so, als würde man eine Satellitenschüssel außen auf einer Blockhütte sehen. Läßt man die drei nichtkodierten, naturbelassenen Songs hier weg – „Little Thing Called Love", „Hold on to Your Love" und „Like an Inca" – dann kriegt man eine Vorstellung davon, wie das Album sonst geworden wäre: schwungvoll, strahlend, sehr sänger- und songschreibermäßig, seinem Solodebüt von 1969, *Neil Young*, recht ähnlich. (Einen weiteren Love-Song, „If You Got Love", hat Young noch im letzten Augenblick von der Platte runtergekippt – bereits zu spät, als daß man ihn von der Auflistung der Titel auf der Plattenhülle hätte streichen können). Die fünf Computermelodien verkörpern indessen einen völlig anderen Weg. Man spinne die beiden zusammen und überspanne sie mit einer neuen Version von „Mr. Soul" (entstaubt von den Zeiten, als Young mit Buffalo Springfield zusammen war), als Brücke zwischen der unsterblichen Vergangenheit und der digitalen Gegenwart und man erhält ein Album voll kollidierender Wirklichkeiten, das irgendwie unser modernes Zeitalter widerspiegelt. Es ist die Welt im Umbruch (Transition – kommt von daher der Titel?), ein einzigartiger Augenblick in der Geschichte der Menschheit, in dem alte Technologien neuen weichen und menschliche Werte darum kämpfen, ihr Gleichgewicht im beschleunigten Wandel zu behaupten.

Young scheint von alledem unbeeindruckt zu sein; er hat keine Probleme damit, diese zwei Welten auf einer Vinylscheibe zusammenzuklatschen (und darüberhinaus ist er wahrscheinlich belustigt, wenn er daran denkt, welches Unbehagen diese neue Musik den wildlederbewehrten Folkies verursachen mag, die ihn wegen *Harvest* mögen.)

In Wirklichkeit ist es so: wenn man erst mal durch die klanglich radikale Oberfläche hindurchgedrungen ist, dann stellt sich *Trans* als eine ziemlich versponnene Abhandlung über das Thema „ Mensch trifft auf Maschine" dar, bei der Young sich seinen Weg durch die High-Tech-Nummern hindurchwitzelt – man denke da an die Kojoten, die da in Hörweite des Computercowboys heulen, und den Roboter auf Partnersuche, der singt „I need a unit to sample and hold / But not the angry one, new design, new design" („Ich brauche eine Einheit zum sammeln und behalten / Aber nicht die schlechte, ein neues Design, neues Design") – und den Zuckerguß der aufrichtigen Love Songs mit gebührender Verachtung hinwegschmettert. Unterwegs kriegt er noch ein paar gute Gitarren-Licks zusammen – das absteigende Riff in „Computer Cowboy" ist umwerfend und mit „We Are in Control", einem Abzähllappell von Computeraufmüpfigkeit, bei der selbst Kraftwerk nicht mehr mithalten können, hätte er sich einen Tanzklubhit verdient.

Aber da ja Young selbst gesungen hat, kommt nach und nach alles wieder auf den Teppich, und mit *Trans*' letztem Track „Like an Inca" geht er wieder zur normalen Tagesordnung über. Der Song ist eine Don Quichotte-Reise mit den apokalyptischen Reitern durch eine Landschaft, über der schon eine Aura bevorstehenden Unheils schwebt. Aufgebaut ist der Song auf einem zierlichen, jazzigen Riff, gespielt auf einer Phalanx von Gitarren, denen Schlagzeug und Congas die rhythmische Würze geben; sein beschwingter Latino-artiger Charakter erinnert an den frühen Santana. Doch die luftige Behendigkeit der Melodie wird untergraben von einem düsteren Synthesizermotiv aus nur zwei Noten und Youngs rabenschwarzen Prophezeiungen: „Said the condor to the praying mantis / We're gonna lose this place / Just like we lost Atlantis" („Es sagte der Condor zu der Gottesanbeterin / Wir werden dieses Stück Erde verlieren / So wie wir auch Atlantis verloren haben"). Mit vor Empörung bebender Stimme beschwört Young das Gespenst einer atomaren Zerstörung („Wer legte die Bombe auf den geheiligten Altar?"), aber die Würfel sind gefallen, und als der Zigeuner ihm die Zukunft weissagen will, stellt sich diese als leer heraus.

Das ganze Album hindurch hat Young Propaganda für die musikalische Neue Welle und die technologisch nächste Welle gemacht, wie er das auch schon bei *Rust Never Sleeps, Live Rust* und *Re-act-or* getan hat. Bei „Like an Inca" aber hört er sich an, als würde er in jeder anderen Zeit und an jedem anderen Ort lieber leben als es gegenwärtig der Fall ist, und die Glorie antiker Zivilisationen erfüllt seine Phantasie mit Sehnsucht: „I wish I was an aztec / Or a runner in Peru / I would build such beautiful buildings / To house the chosen few" („Ich wünschte, ich wäre ein Azteke / Oder ein Läufer in Peru / Ich würde solch phänomenale Häuser bauen / Für die wenigen Erwählten". Aber wie es nun mal so ist, wenn das Ende der Odyssee naht – er findet einen eigenartig friedlichen Weg zu Trost und Lösung:

> *I feel sad, but I feel happy*
> *'Cause I'm coming back to home*
> *There's a bridge across the river*
> *That I have to cross alone*
> *Like a skipping rolling stone*
>
> *(Ich bin traurig aber auch froh,*
> *Denn ich kehre wieder nach Hause zurück.*
> *Es gibt da eine Brücke über den Fluß,*
> *Die ich alleine überqueren muß,*
> *Wie ein hüpfender, rollender Stein)*

Aus dem allem ersehe ich, daß Young trotz seines ganzen Herumklamaukens mit der Hardware des Computerzeitalters immer noch wie eine Schwungraduhr von früher im digitalen Zeitalter steckt, ein einsamer Sucher der Wahrheit. Und er tickt weiter für die unumstößlichen Werte: Liebe, Menschlichkeit, Würde, Kraft und Überzeugung. Für die gute Sache.

■ RANDNOTIZEN (17. März 1983) – Neil Youngs Trans-Tour

Es hat selten eine Bühnen-Show gegeben, die mit dem Computer-Video-Akustik-Ausstattungskunststück mithalten könnte, das derzeit als die Neil Young-Tour seine Runden macht. Young hat bei jedem Konzert zwei Sets gespielt, zuerst einen mit akustischem Material, das er nicht oft live bringt – inklusive „Heart of Gold" und „The Old Laughing Lady" und einigem Video-Filmmaterial, das auf eine riesige Leinwand hinter der Bühne projiziert wird. Die zweite Hälfte wird von Youngs *Trans*-artiger Synthesizer-Musik bestimmt.

Noch eine Nummer bizarrer ist „Dan Clear", der amüsant-anbiederische Zeremonienmeister, der sich sofort auf der Video-Leinwand zeigt, sobald Young einmal die Bühne verläßt. In Los Angeles interviewte er Young sogar: „Was meinst du, wie die erste Runde gelaufen ist?" „Ja, zu Beginn habe ich eine starke Phase gehabt, dann hatte ich einen kleinen Durchhänger, aber zum Schluß hab' ich dann wieder sehr gut ins Spiel zurückgefunden..."

Und noch ein kurliges Detail: Young hat bereits neun Tracks für ein Country-Album aufgenommen, aber er geht nur ins Studio, heißt es, wenn draußen Vollmond ist.

■ **RANDNOTIZEN** (28. April 1983) – Neil bricht zusammen, Show abgesagt

Neil Youngs Amerika-Tournee kam vergangenen Monat in Louisville, Kentucky, zu einem frühzeitigen, wenngleich spektakulären Ende, als Young während der Pause vor Erschöpfung zusammenbrach und die Konzertbesucher auf die Ankündigung des Abbruchs der Show derart verärgert reagierten, daß sie Klappstühle auf die Bühne schleuderten. Young hatte sich geweigert, sich vor der Show am 4. März im Louisville Commonwealth Convention Center ärztlich untersuchen zu lassen, aber er erschien während des Eröffnungs-Sets geistesabwesend und unruhig. Nachdem er etwa fünfundsiebzig Minuten gespielt hatte, ging Young hinter die Bühne, wo er, dem amtlichen Leichenbeschauer des Distrikts Jefferson, Richard Greathouse zufolge, in Ohnmacht fiel. „Er war einfach total erschöpft", sagte Greathouse. „Er versuchte, einen Virus abzuschütteln, und er hatte vier Shows hintereinander gegeben. Also habe ich ihm geraten, vollkommen auszuspannen – und sich irgendwo in seinem Wohnwagen zu verkriechen." Young sagte den Rest seiner Tour ab.

■ **RANDNOTIZEN** (18. August 1983) – Neil Young rockt weiter, aber die Show rockt nicht richtig

Neil Young ist wieder zurück bei seinen Chamäleon-Tricks. Die Fans, die letzthin bei seiner High-Tech *Trans*-Tour (die im März abrupt zum Stillstand kam) ausstiegen, werden bei Youngs neuester Bühnenrolle als einem pomadisierten, geleckten Rockabilly-Frontmann noch mehr zu rätseln beginnen. Auf seiner gegenwärtigen Tour hat Young jeweils in der Mitte seine Show unterbrochen, um kurz darauf als der Lead-Sänger einer Band namens The Shocking Pinks wieder auf die Bühne zurückzukehren. Mit pinkfarbener Krawatte, schwarzem Hemd und weißem Anzug sieht Young eher wie Slim Whitman als wie Gene Vincent aus. Und obgleich er auf einem weißen Klavier herumpumpt und mit der Hingabe der fünfziger Jahre singt, ist das Ergebnis nicht unbedingt elektrisierend – Youngs Versionen von „That's Alright, Mama" und „Bright Lights, Big City" waren lauwarm, ebenso auch seine auf retro gestylten Eigenkompositionen. Das Publikum zeigte sich wenig angetan bis abweisend, nichtsdestoweniger schien Young es zu genießen, seine Idole nachzuäffen und er schloß die Show, indem er in einen alten Cadillac stieg. Youngs neuester Sound wird demnächst auch auf seinem neuen Album *Everybody's Rockin'* auf Platte zu hören sein.

15. SEPTEMBER 1983

DAVID FRICKE

EVERYBODY'S ROCKIN'

(Album-Kritik)

* * * *

KAUM, DASS MAN SICH an Neil Youngs schöne neue Welt des Synthie-Pop und der Computer-Liebe gewöhnt hat, springt er schon in die nächstgelegene Telefonzelle, reißt sich den Weltraumanzug vom Leib und erscheint als...die Stray Cats? Mit *Everybody's Rockin'* hat sich der entnervendste Verwandlungskünstler des Rock'n'Roll aus der New Wave hinauskatapultiert und sucht jetzt Trost bei seinen alten Wurzeln, indem er voller Verehrung für die Sun Sessions zehn zutiefst urtümliche Rockabilly- und Country-Blues-Weisen ins Vinyl hat schneiden lassen.

Everybody's Rockin' ist ein beherzter Protest gegen die humorlose Kälte eines Großteils der Pop-Elektronik (einmal ganz unbeschadet der Tatsache, daß Young selber mit *Trans* auf beredteste Weise das Argument *dafür* dargelegt hat) und eine Zelebration der Tanzwut der Achtziger. Acht der Tracks sind wildwütige Party-Gefälligkeiten, von dem angesäuselten Stelzgang der ollen Bobby Freeman-Kamelle „Betty Lou's Got a New Pair of Shoes" bis zum manischen Chuck Berry-Swing des Titel-Tracks. Und keiner davon könnte authentischer klingen. Tim Drummond prügelt seinen Kontrabaß mit muskulöser Einfachheit, Karl Himmel rührt auf seiner Snare einen Lokomotiven-Shuffle zusammen und Young, der nun gewiß kein Jerry Lee Lewis am Klavier ist, schafft es, mit seinen rollenden Boogie-Rhythmen und der schlampigen Verve seines dröhnenden Killer-Breaks auf „Kinda Fonda Wanda" durchaus noch seine eigene Latte hochzuhalten.

Sogar Youngs kratziges Stimmgebaren funktioniert hier, sanft eingebettet in vernünftig portionierte Dosen eines traditionellen Hall-Echos und dem sonnigen Gospel-Bop-Schuh-Bop des Hintergrund-Gesangstrios im Stil der Jordanaires. Young bringt eine unverschnörkelte, aber energiereiche Version von „Mystery Train" in einem treffenden bluesigen Jaulton, aber ohne jede Spur des sonst so verbreiteten Schluckauf-Pipifax. Er hält sich auch mit klugem Bedacht davor zurück, seinen zärtlichen Schöngesang auf der seelenvollen Ballade „Rainin' In My Heart" durch übertriebene Mätzchen aufzudonnern, einzig in dem kurzen Anmache-Monolog (mit tiefer Pomadenheini-Seufzstimme) und dem schnaufigen, wie-hinten-auf-der-Terrasse-gespielten Mundharmonika-Solo erlaubt er sich kleine parodistische Einlagen.

Everybody's Rockin' ist eine solche Witzpille, die man so mühelos runterschluckt, daß einem die darauf enthaltenen gelegentlichen Widerhaken moralischer Entrüstung mitunter gar nicht im Hals stecken bleiben. „When Ron und Nancy do the bop on the lawn / They're rockin' in the White House all night long" („Wenn Ron und Nancy auf dem Rasen boppen / Rocken sie im Weißen Haus die ganze Nacht hindurch") läßt Young in dem sonst so euphorischen Titel-Stück verlauten, ohne auch nur im Leisesten mit einem Gesichtsmuskel zu zucken. Und „Payola Blues" ist kein Witz. Young widmet den Song dem Diskjockey-Pionier Alan Freed, der in den Fünfzigern in Ungnade fiel, weil er von den Plattenfirmen für jede gespielte Platte Geld nahm. Der Skandal von gestern ist vergessen und „im Vergleich zu den Sachen, die sie heute machen, wärst du ein Heiliger", singt Young. Danach wickelt er, über einem stolzen Rock'n'Roll Spreizschritt, den ganzen Zynismus, die doppelzüngige Falschheit und künstlerische Schmalspur-Besetzung des amerikanischen Rock-Radios zu einem einzigen bitterbösen Mitsing-Päckchen zusammen. „Wenn ein Mann Musik macht", bellt er an einer Stelle hervor, „sollte man auch seine Platten spielen."

Kaum anzunehmen, daß sie diese hier spielen werden. Aber, was solls, auch wenn es kommerzieller Selbstmord ist – man muß *Everybody's Rockin'* einfach für seine Kaltschnäuzigkeit bewundern. Und zuletzt kommt man dann zu dem Punkt, wo man die Platte einfach wegen ihres wahnwitzigen Sounds und ihrem verspielten Humor ins Herz schließen muß.

■ **RANDNOTIZEN** (7. Juni 1984) – Registerarien in Rock & Roll

Geffen Records hat ein geharnischtes Drei-Millionen-Dollar-Verfahren gegen Neil Young angestrengt, angeblich, weil der Bizarro Rocker dem Label zwei „nichtkommerzielle" Alben abgeliefert hätte – das techno-orientierte *Trans* und das retro-orientierte *Everybody's Rockin'* – die „musikalisch uncharakteristisch" für seine frühere Arbeiten seien. Das Verfahren wirft Young weiterhin vor, mehr als 2.9 Mio Dollar als Vorschüsse erhalten zu haben, sich aber zu weigern, mit dem Label einen offiziellen Vertrag abzuschließen.

6. DEZEMBER 1984

STEVE POND

NEIL YOUNG IN L.A.

(Konzertkritik)

**UNIVERSAL AMPHITHEATER, LOS ANGELES
23. Oktober 1984**

NEIL YOUNG HAT EINEN NEUEN Jubelgesang, einen, der all diejenigen schockieren wird, die sich noch mit warmen Gefühlen in der Magengegend an sein „Hey hey, my my / Rock & roll will never die" zurückerinnern. Jetzt heißt es: „Geh zurück auf's Land"; er beschließt seine Shows damit und es beginnt so:

*When I was a younger man
Got lucky with a rock & roll band
Struck gold in Hollywood
All the time I knew I would
Get back to the country*

*(Ich war noch ein jüngerer Mann
Machte mein Glück bei einer Rock'n'Roll-Band
Stieß auf Gold in Hollywood
Aber ich wußte die ganze Zeit ich würde
Wieder zurückgehn aufs Land)*

Das beschreibt so ungefähr, was Neil Young im Sommer und Herbst des Jahres getrieben hat – er war unterwegs mit einer Band, genannt die International Harvesters – reich bestückt mit Fiedeln, Banjos und Pedal-Steels – und füllte seine Sets mit Country-Songs, wabernden Folk-Songs und sogar Rock-Songs, die in neuem, ländlichen Kleid daherkamen.

Die jüngste Geschichte läßt vermuten, daß auch dies nur eine Phase sein wird. In den letzten zwei Jahren ist Young unbekümmert von einem Stil zum andern gesprungen. Nach seiner Show bestand er jedoch felsenfest darauf, daß er von nun an beim Country-Stil bleiben wolle: „Country-Musik ist etwas, wobei ich mich sehr wohl fühle", sagt er, „und das ist es, was ich von jetzt ab machen werde."

Während der zweistündigen Show im Amphitheater fanden Young und seine Band bald in einen leichtflüßigen Groove, der ebensogut auf die Veranda hinterm Haus irgendwo in Tennessee hingepaßt hätte. Seine Neuorientierung schloß natürlich die Darbietung solcher Brennsätze wie „My My, Hey Hey" oder „Like a Hurricane" aus. Aber er fügte ein bißchen Flaggezeigen, ein bißchen Tränen-im-Bier und andere Kitsch-Elemente hinzu und wickelte das ganze zu einem Päckchen, das die countrymäßigen Züge von Young-Kompositionen wie „Flying on the Ground Is Wrong", „Helpless", „Heart of Gold", „Sugar Mountain", „Old Man" und einigen neuen, vibrierenderen Melodien in den Vordergrund rückte.

Manches von dem Material kam in der neuen Umgebung nicht sonderlich vorteilhaft zur Geltung – ohne den Anti-Drogen-Kontext der *Tonight's the Night*-LP klingt „Roll Another Number" wie der Versammlungsaufruf eines Dope-Verkäufers. Doch Young schaffte seine wohl verblüffendste Verwandlung an diesem Abend, als er „Powderfinger", einen seiner erschreckendsten und lebendigsten Rock-Songs, sich als ein beschwingtes und doch beunruhigendes Country-Jamboree verausgaben ließ.

Obwohl Youngs Wechsel zur Country Musik seiner Leidenschaft entgegenkommt, sich auf den Rücken zu legen und die Dinge leicht zu nehmen – statt seine anstrengende, wechselhafte Brillanz wirklich herauszufordern – sieht diese Show doch danach aus, als ob sich die Dinge ändern könnten, wenn er länger in dieser Art weitermacht.

Und Young besteht darauf, daß er das will. „Es scheint, als ob der Rock'n'Roll in letzter Zeit sich mehr mit Mode und Mätzchen abgibt", sagte er. „Ich vermisse das Gefühl der Gemeinsamkeit, das der Rock in den Sechzigern noch vermittelte. Aber ich habe dieses Gefühl wieder gefunden, als ich anfing, mit ein paar Country-Musikern herumzuhängen."

■ **RANDNOTIZEN** (9. Mai 1985) – Bruce Covert Neil

Bruce Springsteen erscheint öfters auf der Bühne, um mit neueren Gruppen zusammen zu jammen, aber diesmal stieg er in Sydney, Australien, aus der Versenkung, um zwanzig Minuten lang gemeinsam mit Neil Young eine Version von „Down by the River" aufzumischen. Die Verbindung entstand durch Springsteens Gitarristen Nils Lofgren, der bei Youngs alter Band Crazy Horse mitgespielt hatte.

24. OKTOBER 1985

PARKE PUTERBAUGH

OLD WAYS

(Album-Kritik)

SEID IHR BEREIT, auf's Land zu ziehen? Neil Young stellte diese Frage, lang ist's her, auf *Harvest*. Jetzt, dreizehn Jahre später, hat er sie zum Befehl umgeformt: „Ab auf's Land mit euch", rät er uns auf *Old Ways* und Waylon Jennings sekundiert ihm bei dieser Gefühlsäußerung. Jennings schleppt für Young auf *Old Ways* den legitimisierenden Country & Western-Ballast herbei und spielt oder singt daher auf sechs der zehn Tracks. Willie Nelson fügt auf einem weiteren Titel, einem Klagelied mit dem kaum glaublichen Titel „Are There Any More Real Cowboys?" sein unüberhörbares nasales Plärren hinzu.

Gott weiß, Neil könnte die Glaubwürdigkeit gebrauchen, wenigstens beim Country-Publikum, das wahrscheinlich dieser seiner neuesten Wiedergeburt gegenüber ein wenig mißtrauisch sein dürfte. Trotzdem, entscheidend ist letztlich das, was man hört, und da entpuppt es sich dann doch als sein am sorgfältigsten gearbeitetes Album seit *Comes a Time*. Auf manchen Ebenen, so könnte man sogar argumentieren, trägt es Aspekte eines Konzept-Albums zur Schau, obwohl man Youngs tieferliegende Überlegungen verpaßt, wenn man nur auf die polierte Oberfläche dieser augenscheinlich puristischen C&W-Fingerübung achtet. „Get Back to the Country" beispielsweise ist mehr als nur ein die Menge aufwiegelnder Bluegrass-Kracher, auf dem Young beteuert, daß seine Rückkehr zu den Wurzeln nach seinem überspannten Rock'n'Roll-Ruhm unvermeidlich gewesen sei. Jetzt singt er mit einem hörbaren Schmunzeln in der Stimme, daß er wieder „zurück in der Scheune" sei, während eine Maultrommel im Hintergrund ihr idiotisches boingo-boingo-boing ertönen läßt. Man fragt sich, wie ernst man das nehmen soll? Nicht allzu sehr, würde ich mal meinen. Young eröffnet das Album mit „The Wayward Wind", einem Nummer-eins Pop-*Schlock*-Hit aus dem Jahr 1956, den er in geschniegelte Nashville-Klamotten gesteckt hat, bis hin zu den wasserfallartig herabplätschernden Streichern und den kitschigen, im Duett gesungenen Vocals.

Aber wenn das eine Parodie sein soll, warum klingen dann so viele Textstellen so echt? Was ist Neil Young denn selbst, wenn nicht, wie es im Lied heißt, „ein ruheloser Wind, zum Wandern geboren"?

Beide Songs beziehen sich auf „jüngere Tage" und das Leben als „jüngerer Mann", und in „My Boy" spricht Young in seiner zärtlichsten Stimmlage und mit einer fast verzweifelnden Fassungslosigkeit das Thema der schwindenden Jugend seines eigenen Sohnes an. Könnte es sein, daß ihm sein Alter zu schaffen macht? Und daß die Country-Musik, mit ihrer soliden Basis in erwachsenen Werten und Wahrheiten, die das Feuer der Jugend überdauern, ihm ein Forum bietet, um über solche Dinge nachzugrübeln? So besehen ist „California Sunset" nicht bloß eine weitere schmalzige, fidel-gefiedelte Ode an Youngs kalifornische Wahlheimat, sondern das kraftvolle Bild eines Sohnes der Heimat, dessen Wandertage hinter ihm liegen. Und „Where Is the Highway Tonight?", mit zurückhaltendem Ensemble-Spiel und einem anheimelnden Anflug einer Pop-Melodie aus den fünfziger Jahren, trifft Young dabei an, wie er zurückblickt und sich fragt: „Wo sind jene alten Tage und verrückten Nächte?"

Aber kaum hat man gedacht, jetzt ist er reif fürs Heim der Rocker im Ruhestand, da schmettert er einem ein paar scharfe Schnittbälle dazwischen. Im Titeltrack, während Young über bluesiger Begleitung langsam und hart an seiner Akustik zupft, gibt er zu: „Die alten Lebensweisen können ein rechter Klotz am Bein sein." Wenn man sich's recht überlegt, klingt auch Willie Nelson so, als ob er sich bei „Are There Any More Real Cowboys?" nicht ganz wohlfühlt – was noch etwas ironischer gemeint sein könnte, als es zunächst den Anschein haben mag. „Bound for Glory", die Geschichte einer Romanze zwischen einer Tramperin und einem Lastwagenfahrer, ist deutlich eine Parodie auf „Me and Bobby McGee"; und „Misfits" ist so merkwürdig wie ein Meteor, der irgendwo auf einer Farm niedergeplumpst ist. Es ist eine Art Weltraum-Zeitalter-Parabel, als Indianer-Sage nacherzählt zur Begleitung eines rumpelnden Kontrabaßes, dem urtümlichen Stammesklopfen einer einzelnen Trommel, und dem gelegentlichen apokalyptischen Wimmern einer Frauenstimme. So entwaffnend ist dieses „Misfits", daß man die Violinen gar nicht bemerkt. Oder gar Waylon Jennings. Ganz schön verblüffend, das Ganze.

25. SEPTEMBER 1986

JIM FARBER

LANDING ON WATER

(Album-Kritik)

NACH EINER SERIE MUSIKALISCHER Sumpfnächte scheint Neil Young es jetzt wieder ernst zu meinen. Seine letzten drei Alben waren bloßes Geplänkel – mit elektronischer (*Trans*), Rockabilly (*Everybody's Rockin'*) und Country (*Old Ways*) Musik – von denen keines besonders bedeutsam oder tief empfunden war. Diesmal allerdings hat sich Young einem Sound verschrieben, der wahrhaft neu ist. Er arbeitet wieder mit der Elektronik, doch während *Trans* konventionelle Computer Tanz-Beats einsetzte und mit dicken, öligen Synthie-Effekten umgab, läßt *Landing on Water* seine Elektronik in der Garage erstehen. Statt die Technologie in Richtung High-Tech einzusetzen, erschafft Young einen billig scheppernden Synth-Sound, den er gegen überraschend sparsame, knisternd-frische Arrangements absetzt.

Auf dieser Platte hat Young dem Vocoder von *Trans*, der ihn wie einen singenden Mikrowellenherd klingen ließ, die Brixe gegeben. Hier gibt es jetzt auch wieder mehr von seinen ungeschliffenen, blutvollen Gitarren-Leads. Aber was wirklich am Trommelfell zerrt, ist der Klang von Steve Jordans Schlagzeug. Die Drums sind ganz nach vorne gemischt, und der Effekt ist heiter-belebend: auf „I Got a Problem" sind die Trommeln umwerfend forsch, und auf „People in the Street" klingt es so, als ob Jordan gleich die Lautsprecher eintreten würde.

Mit den Pop-Anstrichen auf „Violent Side" und „Hard Luck Stories" bringt Young einen leichteren Touch in die Sache hinein. Um auch wirklich seine patentierte Ironie abzusichern, hat er die fröhlichsten Pop-Melodien mit einigen der ödesten Texten vermählt. Young beginnt zwar das Album mit einer optimistischen Note, indem er das Gewicht der Welt abschüttelt („Weight of the World"), der Rest schlägt dann aber zu wie ein Orkan. Natürlich schreibt Young bittere Songs am besten, doch wenn es auch schön zu hören ist, daß er gerade nach der Hängemattigkeit seiner letzten beiden Alben die Nase wieder in den Wind hängt, so sind seine schütteren

Texte doch nicht gerade die starke Seite des Albums. Keiner davon hat die brüchige Erfindungsgabe von Youngs besten Arbeiten, und noch die interessantesten scheinen offenbar die gesamte Bewegung der sechziger Jahre auf einen „Hippie Dream" reduzieren zu wollen.

Doch was es Youngs Texten an Eigenart ermangelt, kompensiert die Musik durch ihre Frische. Es stimmt zwar, daß *Landing on Water* nicht die epische Breite von *Rust Never Sleeps* oder *Tonight's the Night* aufweist, doch es ist entschieden sein konsistentestes Album der Achtziger. Und, was noch wichtiger ist: Young hat Mittel und Wege gefunden, seinem Sound wieder eine gesunde, frische Dosis Neurotik einzuimpfen.

4. NOVEMBER 1986

DAVID FRICKE

NEIL YOUNG IM GARAGENLAND

(Konzertkritik)

Madison Square Garden, New York City
7. Oktober 1986

FÜR DIE MEISTEN JUNGEN Rock'n'Roll-Musiker beginnt das Leben in einer Garage. Für viele endet es auch dort. Neil Young war einer von den Glücklichen. Aber er hat nicht vergessen, wie es ist, jeden Abend Musik jenseits der Nachtlärmgrenze zu spielen – für ein undankbares Publikum aus Ratten, Motten und beschwerdeführenden Nachbarn, während man sich das Kohlenmonoxid von der Rostlaube des alten Herrn in die Lungen preßt. Youngs Marathon-Knochenarbeit mit Crazy Horse, seinem ihm seit siebzehn Jahren treuergebenen Donner-Punk-Trio, im New Yorker Madison Square Garden war ein genialer, ernster, oft freilich auch ungemein erheiternder Tribut an den ewigen Kampf ums Überleben, den Garagenbands überall auf der Welt führen.

Die Show, Teil einer „Neil Young und Crazy Horse in einer verrosteten Garage" genannten Tour, war realistisch genau bis in jedes Detail inszeniert – ausgenommen die Größenverhältnisse. Alles an Youngs Phantasie-Garage im Garden schien in großer und signifikanter Skala aus dem Land der Riesen importiert worden zu sein. Ein gigantischer Rasenmäher lehnte gegen einen Koloß von einer Gitarren-Verstärker-Attrappe. Eine Spinne im King-Size-Format hing von der Scheinwerfer-Aufhängung herab und eine mechanische Kakerlake zischte auf der Bühne hin und her.

Die „Widrigkeiten", die Young und seine hoffnungsvolle Combo während des gesamten Abends erdulden mußten, waren dann schon lebensechter dargeboten – der grantelnde Nachbar, der sich über den Lärm beschwerte, der schmierige Talente-Scout, der über große Pläne sprach und bloß kleine Scheine rausrückte. Noch ehe die Show auch nur angefangen hatte, beschwerte sich bereits Neils „Mom", während sie die Wäsche abnahm, die auf der Bühne links zum Trocknen aufgehängt war, über den Krach. „Ich hab' sie bei den Proben gehört", sagte sie, „und ich weiß schon jetzt, das wird nix."

Nun, das ist die Meinung *einer* Mutti. Doch als „die drittbeste Garagenband der Welt", wie sie sich selber nannten, mit dem martialischen Stomp des „Mr Soul" auf die Bühne krachte, klangen sie wie eine fickrig-nervöse Version von Hüsker Dü. In trommelfeuerartiger Reihenfolge fetzten sich Young und Crazy Horse (Gitarrist / Keyboarder Frank Sampedro, Bassist Billy Talbot und Drummer Frank Molina) mit gewebezersetzenden Verzerrungen und Rückkoppelungen, die wie die Schreie abgestochener Schweine klangen, durch „Cinnamon Girl", „When You Dance I Can Really Love", „Touch the Night" und „Down by the River" hindurch.

Young, abgehoben in irgendeiner Art irrwitziger Gitarrenträumerei, stampfte mitten im Solo donnernd auf den Fußboden, wie ein Pferd, das schnaubend versucht, aus seiner Box auszubrechen.

Die ruhigeren Passagen übten eine ganz eigene geisterhafte Macht aus. Youngs Solo-Träumereien auf „Heart of Gold" und „Only Love Can Break Your Heart" – letzteres mit bewegenden aber ungleichmäßigen Harmonien der Überraschungsgäste Graham Nash und David Crosby – waren eine Rückblende auf eine Hippie-Unschuld, die längst angesäuert ist.

Später, während auf einer Leinwand im Hintergrund düster und ernst eine Bilder-Parade von toten bzw. untoten Rock-Stars (Joplin, Hendrix, Presley, Jagger, Dylan) vorüberzog, dröhnte Young mit nicht nachlassender Vehemenz in eine Lesart von „Hey Hey, My My (Into the Black)" hinein, und ließ die Rückkoppelungen auch dann noch volle Pulle flirren, als bereits eine Brigade „Cops" – von den „Nachbarn" herbeigerufen – Young von der Bühne jagte. Als er und Crazy Horse sich danach noch einmal für eine letzte Nummer auf die Bretter zurückschlichen, kurbelten sie abermals eine lautstarke Melodie an, eine potentielle Nationalhymne aller Garagenbands, mit einem witzigen, aber inspirierenden Refrain: „That's why we don't want to be good" – eine ausverkaufswidrige Einstellung, die im Herzen jedes Rock'n'Roll-Traumes ruht. Und immer ruhen wird. Fakt ist, daß ein noch besserer Titel für den gesamten Abend hätte lauten können: Wir geben niemals auf.

26. MÄRZ 1987

MICHAEL GOLDBERG

YOUNG TUT SICH WIEDER MIT CSN ZUSAMMEN

„Crosby, Stills, Nash and Young sind am Leben", rief Young aus, von der ersten gemeinsamen Voll-Stoff-Performance der Gruppe nach dreizehn Jahren vor Aufregung gerötet. Nach einem beeindruckenden, reinakustischen Greenpeace-Benefizkonzert im Vormonat in Santa Barbara, Kalifornien, enthüllte Young, daß er entschlossen wäre, wieder mit der Gruppe zusammenzuarbeiten, vor allem deshalb, weil David Crosby Schluß mit den Drogen gemacht hat und nun wieder ernsthaft Musik machen will. Die vier haben auch schon angefangen, ein neues Album aufzunehmen, und seiner Veröffentlichung wird höchstwahrscheinlich ab dem Sommer eine größere Tournee folgen.

„Wir werden ein echt gutes Album herausbringen", sagt der fünfundvierzigjährige David Crosby hinter der Bühne im Arlington Theater. „Das wird die Leute echt aufrütteln!"

„Jetzt sind alle da", stellt Young, 41, fest, als er gemeinsam mit Stephen Stills in seiner Garderobe eine Pause zwischen den Auftritten macht. „Es kann nicht Crosby, Stills, Nash and Young sein, wenn du nicht Crosby dabei hast...er war immer das spirituelle Haupt der Gruppe. Jetzt ist er wieder da. Vor sechs Jahren habe ich schon zu Crosby gesagt: „Junge schau zu, daß du das mit dem Zeug auf die Reihe bringst, dann bin ich für dich da." „ Er blickte hinüber zu Stills (42), der hinzufügte, „Es kommt mir vor, als wären wir wieder eine Band".

Obschon immer noch übergewichtig (er fing gerade mit Youngs Trainer an, Fitness zu machen), wirkte David Crosby wie ein neuer Mensch – alert, zielstrebig, glücklich –, sowohl auf der Bühne als auch sonst. Als er sang, war seine Stimme kräftig und sicher und traf jede Note mit solch präziser Intensität, wie schon seit Jahren nicht mehr. In markantem Gegensatz zu seinen schludrigen Zeiten, wo er sich in irgendwelchen Garderoben oder im Tourbus, genannt das „Laboratorium", verkroch, mischte sich Crosby jetzt frei zwischen den Sets unter die Gäste hinter der Bühne, unterhielt sich mit Leuten, klopfte alten Freunden auf die Schultern, wobei sich sein Gesicht stets zu einem breiten Lächeln verzog. „Ich schätze, David lebte einmal für die Musik und für die Drogen", sagte Bill Siddons, der Crosby und Nash managt. „Jetzt aber lebt er nur für die Musik". Laut Young wird Crosby auch bald seine langjährige Freundin Jan Dance heiraten.

Crosby mußte im vergangenen Jahr wegen Drogen- und unerlaubten Waffenbesitzes acht Monate im Bezirksgefängnis von Dallas und in der texanischen Justizvollzugsanstalt in Huntsville abbrummen. Seit jener Zeit hat er seine Abhängigkeit von Kokain erfolgreich überwunden. Er wurde am 8. August 1986 wieder auf freien Fuß gesetzt. Eine Bedingung für seine Bewährung: Crosby muß einmal wöchentlich zum Drogentest. „Wir haben David fast von den Toten zurückgeholt", sagte Graham Nash (45) in einem anderen Interview. „Wir haben ihn buchstäblich aus dem Rachen der Hölle herausgerissen. Ich kenne ihn zwanzig Jahre, aber ich habe ihn noch nie so straight erlebt wie jetzt. Wie wird sich ein straighter Crosby machen, dachte ich mir. Aber er ist spitzenmäßig, und lustig, und kreativ... dieses erste Jahr war die große Probezeit. Bisher hat er's mit Bravour gepackt".

Am 6. Februar gaben Crosby, Stills, Nash and Young in Santa Barbara zwei getrennte Konzerte, jeweils anderthalb Stunden lang, vor ausverkauftem Publikum, insgesamt mehr als 4000 Leute. Dies waren die ersten „vollständigen" Shows, wie Young sich ausdrückte; die vier Musiker waren seit ihrer Trennung Ende 1974 mehrmals gemeinsam aufgetreten. Da sie einen Tag zu früh da waren (Crosby war gerade mit einer neuerworbenen Harley Davidson in die Stadt unterwegs), zogen sie eine Probe im Hotelzimmer bis in den frühen Morgen ab, anschließend trafen sie sich für ein zweistündiges Rehearsal am Nachmittag vor der Show wieder. „Alle die Benefizkonzerte, die wir gegeben haben (Live Aid, das Bridge Konzert), haben wir ohne Proben, sehr spontan gemacht", enthüllt Young am Tag nach dem Konzert während eines fünfundvierzigminütigen Interviews auf dem Flug zurück nach San Francisco. „Manche von denen waren echt nicht gut. Live Aid war 'ne glatte Katastrophe...diesmal war das erste Mal, daß wir ernsthaft miteinander probten und unseren Text lernten."

Der Erfolg zeigte sich. Sie besiegten die Menge im Nu mit einem betörenden Eröffnungsset von „Wasted on the Way", „Change Partners", „Long May You Run" und „Long Time Coming", bei dem sich ihre Stimmen derart ineinander verwoben, daß dabei die kristallinen Harmonien entstanden, die sie zur einer der bekanntesten Rockgruppen in den frühen Siebzigern gemacht hatten. Schließlich blieb Crosby alleine auf der Bühne zurück. Auf einem Stuhl sitzend brach er das Eis, indem er Witze darüber machte, wie er in Santa Barbara aufwuchs und „aus jeder Schule der Stadt rausgeschmissen wurde". Dann sprach er seine näher zurückliegenden

Probleme an. „Eigentlich denke ich, daß ihr das alle wißt", sprach er, „es war ja auch zu öffentlich. Ihr wißt alle, daß ich eine ziemliche Zeit vollgepumpt war und schließlich ziemlich ekelhaft dran, den harten Drogen willenlos ausgeliefert. Nun, ich will euch hier keine Andacht über Drogen halten. Ehrlich, das muß jeder mit sich selbst ausmachen. Wenn ihr euch an meinem Leben orientieren wollt, könnt ihr euch in zwei Sekunden darüber klar werden."

Sich selbst auf der Akustikgitarre begleitend, spielte Crosby „Compass", eine wunderschöne Ballade darüber, wie man „seinen Weg findet" – er hatte sie im Knast geschrieben. „Ich habe zehn Jahre in geistiger Umnachtung verbracht", hob er an, wobei seine dunkle Stimme besonders zerbrechlich klang.

Mit seinen Bandkollegen wiedervereint, legt Crosby noch einen Neuen auf, „He's an American". Weitere neue Songs folgten, einige von Young („Nothing Is Perfect", „This Old House", „Long Walk Home"), einer von Nash („Try to Find Me"), zusammen mit einer zwölf Jahre alten Stills-Weise („As I Come of Age"). Andere Highlights waren „Daylight Again", „Southern Cross", „Suite: Judy Blue Eyes", „Southern Man", „Teach Your Children" und, gegen Ende der zweiten Show, eine leidenschaftliche Version von „Ohio" und ein weiterer neuer Song von Neil Young mit dem Titel „Mideast Vacation".

„Es ist unterschiedlich", sagte Crosby, als er über die Aufregung und das Engagement bei ihren Auftritten sprach. „Ich glaube, meine Rückkehr hat etwas damit zu tun. Wir haben heute Abend all diesen neuen Songs durchgepowert. Ich glaub' es gar nicht. Ich bin ja dermaßen froh!"

Mitte Februar begann die Band mit dem Produzenten Bill Szymczyk in L.A. die Aufnahmen für ein Album, das, wenn alles wie geplant vonstatten geht, das zweite Crosby, Stills, Nash and Young Studioalbum darstellen wird. *Deja Vu* von 1970 ist bisher das einzige Studioalbum, das die vier gemeinsam gemacht haben. (Ein Liveset, *4 Way Street*, und eine Sampler-LP, *So Far*, sind auch entstanden.) Versuche im Jahr 1974, ein Nachfolge-Album zu produzieren, endeten abrupt, als Neil Young, genervt von der Rumstreiterei mit den anderen Gruppenmitgliedern, einfach abzog, und wie Crosby es mal ausdrückte, „nie mehr wiederkam".

„Um ganz ehrlich zu sein, als ich mich von der Gruppe zurückzog, da hatte David eigentlich noch kein Drogenproblem", bekannte Young. „Zumindest wußte ich nichts davon, wenn es so gewesen wäre". David hat immer erzählt, er würde sich all diese Dinge da reintun, bei seiner Musik und dem ganzen, aber ich glaubte das nicht. Wenn es doch so war, dann war ich unglaublich naiv gewesen. Klar, ich war enorm naiv, von daher ist das schon möglich". Er lachte. „Ich hab mich noch nie so richtig ausgekannt mit dem Drogenzeug. Hab auch noch nie Acid geschluckt oder sonstwas, auch jetzt nicht. Die Leute betrachten uns mit Augen, die mit der Wirklichkeit absolut nichts zu tun haben. Das basiert eher darauf, was sie und ihre Freunde selbst machen, wenn sie uns zuhören".

Es gibt mehr als genug neues Material für eine Schallplatte. Außer den Songs, die sie vorgetragen haben, hat Crosby noch einen weiteren, „The Monkey and the Underdog", während Nash noch mindestens zwei weitere hat, „Clear Blue Skies" und „Before the Moon is Full". Auch Stills hat angekündigt, er hätte ein paar neue Melodien und würde sie ins Studio mitbringen.

Möglicherweise aber kam ein großer Dämpfer für die Pläne der Gruppe von David Geffen. Young ist zur Zeit bei Geffen Records unter Vertrag, und Geffen duldet nicht, daß er auf einer CSNY-LP mitwirkt, wenn sie nicht unter seinem Label herauskommt. Crosby, Stills und Nash sind noch bei Atlantic. Das veranlaßte Young zu folgender Äußerung: „Als er (Geffen) die CSNY-Scheibe haben wollte und wir nein sagten, antwortete er, ‚Das ist mein Ball, und den kann ich mir nehmen, und ich brauch mit euch nicht lange zu diskutieren, ihr könnt mich mal!'"

Obwohl Geffen abstreitet, solche Worte gebraucht zu haben, verharrt er weiter unerbittlich auf seinen Bedingungen, wie eine CSNY-LP zu veröffentlichen sei. „Wenn die mit Neil Young eine Platte rausbringen wollen, dann können die das nur bei mir machen", beharrt Geffen. „Ich kann Neil Young nicht gestatten, bei irgendjemandem eine Platte zu machen, während er bei mir den Exklusivvertrag hat. Schließlich habe ich ihn ja dafür bezahlt, und das nicht zu knapp."

„Ich weiß auch noch nicht, wie das alles ausgehen wird", sagte Young ironisch, „aber ich bin zuversichtlich, daß die Plattenfirmen in ihrer höheren Vernunft schon noch einen Weg finden werden, damit Crosby, Stills, Nash und Young nochmal eine Scheibe machen dürfen. Es ist nicht mein Problem. Wir machen die Scheibe sowieso, da kann uns keiner dran hindern, wenn wir das machen wollen. Und wenn sie dann erst gemacht ist, dann ist sie da. Was dann mit ihr geschieht, ist nur noch eine geschäftliche Frage.

Nash glaubt, daß Geffen einlenken wird, weil Young nur noch zwei Alben abzuliefern braucht, um seinen Vertrag zu erfüllen: „Neil ist gerade dabei, ein Album mit Crazy Horse einzuspielen, und wenn du nur noch eine LP abzuliefern brauchst, dann hast du bei Verhandlungen schon ein paar Trümpfe in der Hand, weil dein Vertrag ja praktisch abgegolten ist. Neil könnte hingehen und „My Way" auf sechs verschiedenen Arten einreichen. Ich glaube, wenn Geffen ihm auf den Sender ginge, dann wäre er dazu fähig".

Aber woran Young jetzt dachte, als er aus dem Flugzeugfenster auf die Küste Kaliforniens herabblickte, waren nicht die pillepalle Probleme mit Geffen, sondern die strahlende Zukunft von CSNY. „Die Aussicht ist wirklich sehr gut, daß die Gruppe besser und stärker und vielleicht auch größer wird denn je zuvor", sprach er. Es gibt draußen ein echtes Publikum für CSNY. Wir könnten eine Riesentournee machen, und wenn wir ein Super-Album machen...Wir glauben eigentlich nicht, daß *Deja Vu* und das erste Album (*Crosby, Stills & Nash*) schon das beste waren, wozu wir in der Lage sind. In uns steckt noch viel mehr Tiefe und Kantigkeit, noch viel mehr Funk und Soul, als man es je auf einer Schallplatte gehört hat."

„Wir gehen mal davon aus, daß wir so nochmal zwanzig Jahre weitermachen könnten", sagte Young später. „Wir können noch kein Ende absehen. Bei uns ist das so, wir könnten uns vier oder fünf Jahre lang absetzen, und wenn wir dann wiederkämen, dann wäre unser Publikum immer noch da. Wir brauchen nicht unbedingt da zu sein, wo es gerade abgeht, weil wir sind selber die Attraktion. Wir brauchen nicht am Rennen teilzunehmen, wir haben da unsere Nische. Ich hab' auch nicht das Gefühl, daß es irgendwo Konkurrenz für uns gäbe – wer sollte das wohl sein? Wenn jetzt noch die Beatles spielen würden, das wär dann was, wo wir darüber nachdenken müßten: Hm, machen wir etwas so Spitzenmäßiges, wie das die Beatles machen? Aber sonst?"

MICHAEL GOLDBERG

CSNY WIEDERVEREINIGUNGS-ALBUM ABGEWÜRGT

DAS SEHNLICHST ERWARTETE neue Album der wieder vereinten Crosby, Stills, Nash and Young liegt vorerst einmal auf Eis. Neil Young wird nicht in der Lage sein, an dem Album mitzuwirken, ehe nicht eine gütliche Einigung mit seinem gegenwärtigen Label, Geffen Records, ausgehandelt werden kann.

David Crosby, Stephen Stills und Graham Nash haben rund zehn Tage im Studio zugebracht; bis September werden sie nun die Aufnahmearbeiten ruhen lassen. Vorerst wird noch eine ausgedehnte Sommertournee eingeschoben. Das Management von CSN erwartet, daß ein neues Album bis zum Jahresende erscheinen wird, auch wenn Youngs Mitwirkung alles andere als gesichert ist. „Ich würde mal schätzen, daß, wenn wir im September ins Studio gehen, daß dann das Album bis Weihnachten abgeschlossen ist", meint Bill Siddons, Manager von Crosby und Nash. „Die einzige noch offene Frage ist, wie weit sich Neils Beteiligung daran erstrecken wird, wenn überhaupt."

David Geffen, oberster Befehlsherr von Geffen Records, bleibt felsenfest dabei, daß er die Zusage für Youngs Mitwirken nur dann geben wird, wenn die Platte auf seinem Label herauskommt. Young schuldet Geffen noch zwei Platten, Crosby, Stills und Nash stehen aber bei Atlantic unter Vertrag. „Ich würde sagen, es steht siebzig zu dreißig dagegen (daß Young mitmacht)", meint Siddons. „Es ist möglich, daß Elliot (Roberts, Youngs Manager) noch persönlich eine Abmachung mit David aushandelt. Ich muß einfach glauben, daß so intelligente Menschen es schaffen werden, einen Weg zu finden, um etwas auf die Beine zu stellen, was für alle Beteiligten so viel Potential bietet."

Daneben besteht eine leise Möglichkeit, daß Young bei einigen Auftritten der CSN-Sommer-Tour mitwirken wird, die am 2. Juli in Binghampton im Bundesstaat New York ihren Auftakt nimmt.

24. SEPTEMBER 1987

STEVE HOCHMAN

LIFE

(Album-Kritik)

WÄHREND DES GESAMTEN VERLAUFS der sprunghaften Solo-Karriere Neil Youngs gab es immer wieder die eine Konstante – Crazy Horse. Trotz all seiner Experimente mit Country-Musik, Techno-Pop, Rockabilly und was sonst noch zu irgendeinem Zeitpunkt phantasietreibend auf Young gewirkt haben mag, gab es immer etwas Handfestes, an das man sich halten konnte, in Form des soliden Rocks, den er mit seiner heimischen Mannschaft hinlegte. Es sind die Alben mit Crazy Horse – *Everybody Knows This Is Nowhere, After the Gold Rush, Tonight's the Night, Zuma*, Seite zwei von *Rust Never Sleeps, Live Rust* und das unterschätzte *Re-ac-tor* – die das Herzstück eines beeindruckenden, wenn auch nicht durchgehend erfolgreichen Werkekatalogs darstellen.

Life, das erste gemeinsame Album von Young und Crazy Horse seit *Re-ac-tor* aus dem Jahr 1981, bestätigt einmal mehr die explosive Potenz dieser chemischen Verbindung. Abgesehen von einigen Entgleisungen – dem überlangen „Inca Queen" und das trassenführende Paar grungiger Garagen-Hymnen auf Seite zwei („Too Lonely" und das absichtlich ostentativ schlechte „Prisoners of Rock'n'Roll") – spielen Young und Co. mit einer Leidenschaftlichkeit und Schlüssigkeit, die bei der wechselhaftigen Art ihrer Zusammenarbeit kaum zu glauben ist. (Abgesehen davon: was wäre ein Neil Young-Album ohne Patzer – besonders solchen, bei denen Youngs Markenzeichen, seine schlampigen Arrangements und peinlichen lyrischen oder vokalen Entgleisungen, in den Vordergrund kommen?)

„Long Walk Home", das dort anhebt wo „After the Gold Rush" aufhört, das rockende „Cryin' Eyes" und die abschließenden, elegischen Balladen, „When Your Lonely Heart Breaks" und „We Never Danced", rangieren unter Youngs besten Songs. Selbst die etwas politisch verwirrten Nummern – „Mideast Vacation", „Around the World" und „Long Walk Home" (mit seinen nervigen Bomben-Effekten) – passieren noch mit Bravour den musikalischen TÜV und nähern sich mit ihrer Power und Eleganz zuweilen sogar den Gefilden eines Pete Townshend an. Blanker Zorn, jugendlicher Übermut und unverfälschte Zärtlichkeit sind die Merkmale der musikalischen Sprache von *Life*.

Diese Platte ein Comeback zu nennen, würde bedeuten, unfairerweise die vier Alben zu verwerfen, die Young seit *Re-ac-tor* im Alleingang aufgenommen hat. Doch alles in allem ist *Life* sein bisher beeindruckendstes Werk in dieser Dekade und ein weiterer beachtlicher Eintrag im Katalog eines der eigenwilligsten und wichtigsten Rocker Amerikas.

14. JANUAR 1988

MICHAEL GOLDBERG

NEIL YOUNG VERBEUGT SICH VOR DEM BLUES

DIE NEUESTE UMLEITUNG auf Neil Youngs musikalischem Karrierepfad – der sich bisher vom Folk zum Hard Rock, von Psychedelik made in Los Angeles zum Rockabilly, vom Techno-Pop zum Country, von Hippie-Gitarren-Jams bis zum Punk hin- und herwand – ist eine scharf genommene Kurve in Richtung Blues. Der ikonoklastische Rocker betrat dieses musikalische Neuland bei seiner Tournee an der Westküste (zehn Abende zu jeweils zwei Sets) mit den Bluenotes, einer mordsmäßig aufregenden, zehnköpfigen elektrischen Bluesband.

Im Lauf der Jahre hat Young fallweise den Arenen-Rundkurs zugunsten von kurzen Klub-Tourneen aufgegeben, die ihm einige Streckübungen in punkto Material gestatteten. „Es ist einfach eine Sache, die Spaß macht", gestand Young in einem Interview für die Rundfunkstation KSJO dem langgedienten Bay Area-Disk Jockey Paul „Languste" Wells – einem Freund von ihm, der bei den Shows als Zeremonienmeister auftrat.

„Wir waren zwei Jahre lang auf Achse", sagte Young, „und ich kam zu dem Schluß: So, das war's jetzt. Ich war fest entschlossen, daß ich nicht alle meine Hits abmusizieren würde, und ich wollte in keinen Stadien mehr auftreten. Also haben wir die Bluenotes zusammengetan – sechs Bläser und Crazy Horse – und wir spielen jetzt in diesen Cabarets und Klubs." Young bestand darauf, daß die Anzeigen für die Shows nur die Bluenotes ankündigten, ohne seinen eigenen Namen irgendwo zu erwähnen.

Wenn man nach einer Neunzig-Minuten-Show im alten Fillmore in San Francisco urteilen kann, so wurden die Glanzlichter beim Auftritt der Bluenotes durch Youngs meisterhafte Blues-Gitarre gesetzt. Unter Verwendung des Spitznamens Shakey Deal – und angetan wie ein Hippie-Bluesmann im Stil von Robert Crumb mit schwarzem Filzhut, Sonnenbrille, strizzimäßigem Sportjackett, weißem Hemd und Schlips –, verwarf Young die Rolle des Hard-Rock-Primitiven, die für seine Shows in den Arenen charakteristisch geworden ist, und verwandelte sich in ein kultiviertes Blues-Chamäleon. Er erwies seine stilistischen Reverenzen gegenüber Albert King, Jimmy Reed, B. B. King, Buddy Guy, Freddy King und Michael Bloomfield. Doch die Show erwies sich als mehr denn nur eine Stilübung in Musikgeschichte, da Young die für seine Rock-Auftritte typische Leidenschaft auch auf den Blues übertrug.

Young offerierte ein abergläubisches Dutzend (dreizehn Stück) praktisch unbekannter Blues-Songs, die, wie er sagt, alle im Laufe seiner Karriere geschrieben worden sind, einer davon bereits in seiner Teenagerzeit. Neben der Eröffnungsnummer „Big Room" stachen in den Shows der Bluenotes vor allem „Find Another Shoulder", „High Heels", „Hello Lonely Woman", „Ain't It the Truth", und „Your Love" heraus. Die Band brachte außerdem noch: „One Thing", „Bad News", „Don't Take your Love Away", „Sunny Inside", „Life in the City" und „Soul of a Woman". Der Publikums-Favorit war jedoch eine Protest-Nummer gegen das Firmen-Sponsoring, „This Note's for You", worin Young Zeilen wie diese ausspuckte: „Ain't singin' for Miller / Don't sing for Bud / Don't sing for politicians / Ain't singin' for Spuds" („Ich singe nicht für Miller Bier / Singe nicht für Budweiser / Ich singe nicht für Politiker / Und ich sing nicht für Kartoffelchips").

Sämtliche Shows wurden vom Vierundzwanzig-Spur-Mobilstudio der Record Plant aufgezeichnet. Ob von den Darbietungen jedoch etwas auf Platte auftauchen wird, ist noch ungewiß, da Young habituell alle seine Shows selber aufnimmt.

Youngs Manager Elliott Roberts sagt, Youngs nächstes Album wird keine rein bluesige Angelegenheit sein, obwohl ein paar Songs aus dem Repertoire der Bluenotes darauf enthalten sein könnten. Young hat unlängst eine stürmische Beziehung mit Geffen Records beendet und ist aus seinem Vertrag mit der Firma entlassen worden. Roberts sagt, die Verhandlungen, um Young wieder bei Reprise unter Vertrag zu bringen – der Plattenfirma, bei der er mit *Everybody Knows This Is Nowhere, After the Gold Rush* und *Harvest* seine größten Erfolge zu verzeichnen hatte – sind nahezu abgeschlossen.

Youngs neuer Vertrag wird ihm auch gestatten, dieses Jahr ein neues Crosby, Stills, Nash and Young-Album aufzunehmen – was ihm unter seinem Kontrakt mit Geffen nicht möglich gewesen war. Letztes Jahr bestand Young felsenfest darauf, daß er mit CSNY Aufnahmen machen und auf Tournee gehen wolle, und er könnte mit ihnen im kommenden Sommer auf Tour gehen.

„Es steckt noch sehr viel mehr Tiefe und Kantigkeit und eine Menge mehr Funk und Soul in dieser Band, als man je auf Platte zu hören bekam", sagte Young letzten Februar, im Anschluß an einen lebhaften CSNY-Auftritt in Santa Barbara, Kalifornien. „Die Chancen stehen mehr als gut, daß die Gruppe besser und stärker und vielleicht sogar erfolgreicher sein wird als je zuvor."

Aber zuerst möchte Young noch ein weiteres Solo-Album aufzunehmen. „Es wird ein Rock'n'Roll-Album sein, weil er es mit Crazy Horse macht", sagt Roberts. „Er hat eine Menge neue Songs zur Hand und er ist begeistert, wieder eine Platte für Reprise zu machen."

Was die Bluenotes betrifft, so wäre es gerade eben denkbar, daß Young doch noch mit ihnen für einige zusätzliche Auftritte wieder loszieht. Wie er dem Publikum in einem Klub in San Jose, Kalifornien, mitteilte: „Die Notes werden wiederkommen!"

5. MAI 1988

DAVID BROWNE

THIS NOTE'S FOR YOU

(Album-Kritik)

* * * 1/2

Bis tief in den Osten hinein konnte man das Aufstöhnen vernehmen. Neil Young ließ im letzten Herbst eine Kette von nichtangekündigten Gigs in kalifornischen Klubs vom Stapel, mit denen er die Auftritte einer großen, bläsergewaltigen Kapelle – ausgerechnet den Bluenotes – anführte. Es mochte einem wie die letzte Beleidigung vorkommen, wie der letzte deprimierende Tupfer auf ein Jahrzehnt, in welchem einer der führenden Sänger und Songschreiber seine Karriere auf eine Kette unablässig aufeinanderfolgender reißerischer Gags beschränkt hatte: Im einen Moment noch Sythesizer-Rock, im nächsten Rockabilly-Cat oder rechtslastiger Nachtklub-Barde. Da er es müde war, sich über die bitteren und oft vernichtenden Aspekte des Starlebens und der Musikindustrie Gedanken zu machen, wie es für sein Werk aus den siebziger Jahren kennzeichnend gewesen war, entschied sich der Neil Young der Achtziger stattdessen dafür, sich als Inbegriff aller Verrücktheiten seiner Generation zu produzieren, wodurch er seine eigenen hervorragenden Leistungen bagatellisierte und seine musikalische Zukunft ziemlich gefährdete.

This Note's for You, das Album, das aus diesem plötzlichen Aktivierungsschub entstand, erweckt beim ersten Anhören den Eindruck eines weiteren Schrittes in die falsche Richtung, eines weiteren Umweges, den Young einschlägt, um sich der drängenden Frage nach künstlerischem Engagement zu entziehen. Am Anfang hört man einen schreitenden Bass im Grundmotiv und stolz schmetternde Blechbläser, die nicht schlecht zu „The Tonight Show" passen würden – „Ten Men Workin'" (Zehn Mann bei der Arbeit) stellt sowohl die Band als auch das Motiv der Platte vor. „We are men at work, we got a job to do" („Wir sind zehn Leute bei der Arbeit, wir haben hier einen Auftrag zu erledigen"), singt Young. „We gotta keep you rockin' to keep your soul from the blues" („Wir müssen euch am Rocken halten, damit ihr nicht den Blues in der Seele kriegt"). Im Vergleich zu dem halbbekifften Nuscheln mit dem *Tonight's the Night* und die schmachtenden Streicher bei „The Wayward Wind" (Der verwegene Wind) eingeleitet wurden, erscheint der Eröffnungscut von *Old Ways* nachgerade orthodox.

An dieser Stelle werden eingefleischte Young-Fans, die sich noch an *Everybody's Rockin'*, seinem Neo Rockabilly-Kracher von 1983 erinnern, womöglich das Bedürfnis verspüren, den Raum zu verlassen. Wenn sie das tun, dann geschieht das aber auf eigene Gefahr. *This Note's for You* ist nämlich nicht nur Youngs belebtestes Werk seit langer Zeit, es ist auch eine Neuauflage seiner beachtlichen Stärke und daher seine erste von der Konzeption her erfolgreiche Aufnahme der achtziger Jahre. (Es mag vielleicht ein Zufall sein, aber das Album bezeichnet auch Youngs Rückkehr zum wiederbelebten Reprise-Label, bei dem er seine größten künstlerischen und geschäftlichen Erfolge erlebt hat.) Neben den energiegeladenen Gitarreneinsätzen und den Jukebox-mäßigen Stomps der Bluenotes – einer Neuner-Band mit sechs Bläsern und zwei langjährigen Young-Mitspielern, Ben Keith am Altsaxophon und Frank Sampedro am Schlagzeug – fällt sofort auf: *This Note's for You* ist eine Wiederentdeckung der Freude an der Spontaneität und speziell der Vorteile, die es mit sich bringt, wenn man Neil Young ist.

Diese Elemente waren in Youngs jüngsten Arbeiten seltener anzutreffen. Das nachdenkliche *Landing on Water* (1986) konzentrierte sich auf menschliche Probleme wie Zusammenbruch, Versagen und Erneuerung, aber der Klang des Albums, der auf Radio-Spielbarkeit abgestimmt war, entpersönlichte diese Bemühungen. *Life*, seine Wiedervereinigung mit der treuen Crazy Horse aus dem letzten Jahr, ging mehr global-orientierte Probleme an, aber die trübseligen Arrangements schütteten die Wirkung der Band fast vollständig zu. Wie seine vorherigen Streifzüge in musikalische Randgebiete waren auch diese zum Scheitern verurteilt.

Bei *This Note's for You* kann man sich einfach genüßlich dem scharfen, robusten Big Band-Swing und den Blues Band-Gesten des Albums hingeben – schräge Frage-und-Antwort-Vokals der Band, solide Shuffle-Rhythmen und die kitschigsten Saxophon-Solos, die man sich denken kann. Die Songs, allesamt Original Young-Kompositionen, schneidern Standard-Klischees um: „Well, I lost my job, thinkin' about you / Now there's another man workin' in my place" („Tja, ich hab meinen Job verloren weil ich in Gedanken bei dir war / Jetzt arbeitet ein anderer Mann an meiner Stelle"); „Well, my money's gone / And so are you" („Ja, mein Geld ist weg / Und du auch"). Aber Youngs glorreiches Gitarrenspiel zeigt, daß dies keine Archivstudie im Stil eines Ry Cooder ist. Mit seinen sehnigen Leads, die er auf „Ten Men Workin'" und „Married Man" abfeuert, erweist sich Young als beeindruckender Blues-Gitarrist; der Kneipen-Rocker „Hey Hey" setzt eine nichtnachlassende schlampige Slide-Guitar ein, die es mit der ganzen Bläsersektion aufnimmt und zuletzt den Sieg davonträgt.

Young hat bei dem Blues-Konzept eindeutig sein Vergnügen, beispielsweise wenn er auf „Married Man" eine Verführerin an der Bar abfahren läßt, oder wenn er auf „Hey Hey" gutgelaunt singt, „Get off that couch / Turn off that MTV" („Heb dich von der Couch / Stell dieses Musik-TV ab"). Das ausgemacht federnde und unerwartet sentimentale „Sunny Inside" bietet ein Anschwellen der Hörner, das Blood, Sweat and Tears hätten erröten lassen. Allermindestens beweist das Album, daß Young seinen exzentrischen Sinn für Humor wiedergefunden hat. Auf „This Note's for You", einer Breitseite gegen Konzern-Sponsoring und zugleich der dringlichste Rocker des Albums, spuckt er aus: „Ain't singin' for Pepsi / Ain't singin' for Coke / I don't sing for nobody / Makes me feel like a joke" („Ich sing nicht für Pepsi / Ich sing nicht für Coke / Ich singe für niemanden / Ich käm mir vor wie'n Idiot"). Mit leicht verdrehter Schadenfreude in der Stimme fügt er auf dem nächsten Vers hinzu: „Ich sing' nicht für Politiker / Und auch nicht für Kartoffel-Chips".

Doch das Album beginnt erst wahrhaft zu glänzen, wenn Young das Tempo verlangsamt und den Blick nach innen kehrt. Sowohl „Coupe de Ville" wie „Can't Believe Your Lyin'" verzichten auf das Schnaufen und Schnauben und geben sich stattdessen einer intimen Stimmung später Stunden hin, mit leicht rührenden Besen am Schlagzeug, gedämpften Trompeten und Youngs eigenem leichten Picking an der Gitarre. „Coupe de Ville", das Erinnerungen an die etwas sauerpöttische Stimmung solch Youngscher Angst-Chroniken wie „On the Beach" anklingen läßt, ist eine beschwingte, melancholische Ballade, in der er sich ruhig einer früheren Geliebten gegenüber verteidigt: „I got a right in this crazy world / To live my life like anyone else" („Ich hab' ein Recht drauf in dieser verrückten Welt / Mein Leben zu leben wie jeder andere auch"). „Twilight", eine träumerische Geschichte über eine Heimkehr, mit bedrohlich tickenden Trommeln und einem stark unterkühlten Vocal, ist sogar noch besser.

Momente wie diese machen es einem leicht, über die Schwachpunkte des Albums hinwegzusehen. Mit seiner zaghaften Tenorstimme ist Young – der sicher zu den weißesten unter unseren Rock'n'Rollern gezählt werden muß – als Bluessänger nur wenig effektiver als er es als Synthie-Popper auf *Trans* oder als Honky-Tonker auf *Old Ways* war. Und wer sich wegen seiner rechtsgestrickten Tendenzen sorgt, wird von „Life in the City" nicht gerade beruhigt werden – einer alarmierend paranoiden Darstellung der gesellschaftlichen Probleme Amerikas:
„People sleepin' on the sidewalks on a rainy day / Families livin' under freeways, it's the American way" („Leute schlafen auf den Gehsteigen, auch

an regnerischen Tagen / Familien wohnen unter den Brücken, das ist eben die amerikanische Art").

Wie jede von Neil Youngs abrupten musikalischen Kursänderungen hinterläßt auch diese nagende Zweifel. Ist alles nur Schabernack und Schwindel? Vielleicht; wer weiß. Jetzt, wo eine Wiedervereinigung von Crosby, Stills, Nash and Young in greifbare Nähe gerückt ist – werden da die Bluenotes den gleichen Weg nehmen wie vordem schon die Ducks, die Shocking Pinks, die International Harvesters und andere Ad-hoc-Bands Youngs? Wahrscheinlich. Und doch lassen die erneuerte Energie und Zielstrebigkeit, die auf *This Note's for You* zu hören sind, für die Zukunft berechtigte Hoffnungen aufkommen. Ob das Album eine neue goldene Ära für diesen so frustrierend wechselhaften Musiker einläutet, steht noch dahin. Doch zum erstenmal seit langem stellt sich die Frage überhaupt wieder – und das ist schon mal ein positives Zeichen.

■ **RANDNOTIZEN** (19. Mai 1988) – Neil Youngs Ein-Mann-Show

Neil Young beschießt die gemütliche Beziehung zwischen dem Rock 'n'Roll und der Hochfinanz von der Madison Avenue auf dem rebellischen Titel-Track seines neuen Albums, *This Note's for You*. „Es ist einfach eine Stellungnahme über mein Verhältnis zu den großen Konzernen", sagt Young. „Ich kann nicht meine Stimme und meine Melodien an irgendeine Firma verkaufen, dann eine Kehrtwendung machen und irgendeinen Song aus tiefstem Herzen singen und erwarten, daß mir das irgend jemand abnimmt." Youngs Publikum scheint seine Meinung jedenfalls zu teilen, denn es hat den Song bei seinen Shows immer wieder enthusiastisch begrüßt. „Die Leute fangen einfach an zu jubeln und zu singen, wenn wir ihn spielen. Alle finden ihn gut."

Seit er *This Note's for You* abgeschlossen hat, ist Young mit einem neuen Crosby, Stills, Nash and Young-Album beschäftigt. Bisher hat die Band acht Songs aufgenommen – in einem Heuschober auf Youngs Farm außerhalb von San Francisco. „Es klingt großartig – ich bin ganz hingerissen", sagt er. „Es kommt da zu einer unglaublichen Energieentwicklung zwischen uns vieren." Eine Sommer-Tour mit seiner neuen Band, den Bluenotes; ein Kabel-TV-Special namens *Muddy Track* über eine 1987er Crazy Horse-Tour; und *Decade 2*, eine Fortsetzung seiner früheren Karriere-Chronik, sind zusätzlich angekündigt.

2. JUNI 1988

JAMES HENKE

NEIL YOUNG:

Das *Rolling Stone* Interview

„Es stört dich doch nicht, wenn wir das unterwegs machen, oder?" fragt Neil Young, während er sich hinter das Steuerrad seines 1950er Plymouth Special Deluxe klemmt, eines der rund fünfunddreißig Autos aus seiner immer weiter wachsenden Sammlung. Der Frühling hat sich noch kaum eingestellt, aber die Temperaturen auf den Hügeln südlich von San Francisco sind bereits auf über 30 Grad geklettert und Young ist dementsprechend gekleidet – mit offenem Hemd, ausgefransten, abgeschnittenen Jeans, Turnschuhen und blauer Sonnenbrille. Spuren von Grau durchziehen seine gewohnten Koteletten und das schulterlange Haar, aber Young sieht immer noch fast genau so aus wie vor siebzehn Jahren, als er hier herauf ins Land der Redwoods zog und sich das kaufte, was er heute die Broken Arrow Ranch nennt.

Die Ranch war eine der Belohnungen aus Youngs erstem Erfolgsdurchbruch. *After the Gold Rush*, das dritte Solo-Album, das er aufnahm, nachdem er Buffalo Springfield verlassen hatte, erreichte 1970 die Top Ten, und sowohl *Deja Vu* wie *4 Way Street*, aufgenommen mit David Crosby, Stephen Stills und Graham Nash, landeten auf Platz eins. Eine Zeitlang sah es so aus, als wären CSNY die amerikanischen Beatles, und Young war ihr John Lennon, der leidenschaftliche, leicht exzentrische Rocker, der der Gruppe ihren Biss gab.

Aber CSNY fielen der Selbstzerstörung anheim, und nachdem er 1972 mit *Harvest* und der Single „Heart of Gold" die Nummer eins erreicht hatte, entfernte sich Young zusehends vom Mainstream. „Dieser Song placierte mich im Middle-of-the-road", schrieb Young in den Liner Notes zu seiner 3-LP Retrospektive, *Decade*. „Die Reise im sicheren Mittelfeld ödete mich bald an, deshalb schlug ich mich seitwärts in die Gosse. Es war ein mühsameres Fortkommen, aber ich traf interessantere Leute unterwegs."

Bis 1979, als Young sich das letzte Mal zu einem ausführlichen *Rolling Stone*-Interview bereit fand, hatte er, sowohl kritisch wie kommerziell gesehen, mit dem Country-gefärbten *Comes a Time* und dem Punk-inspirierten *Rust Never Sleeps* einen neuen Gipfel erreicht. *The Village Voice* ernannte ihn zum „Künstler des Jahrzehnts", und es bestand jeder nur erdenkliche Grund zu der Annahme, daß er seinen hohen Grad an Erfolg auch in den Achtzigern weiterführen würde.

Aber Young unterschrieb Anfang des Jahrzehnts einen Vertrag mit David Geffens neugegründeten Geffen Records, der sich als eine für beide Seiten frustrierende Verbindung erweisen sollte. Die fünf Alben, die Young für das Label aufnahm, rangieren unter den schlechtest verkauften seiner Karriere. Seine zeitweilig brillanten, aber allzu launigen Stil-Experimente – Techno-Rock auf *Trans* (1982), Rockabilly auf *Everybody's Rockin'* (1983) und Country auf *Old Ways* (1985) – raubten selbst seinen eingefleischtesten Fans den Nerv.

Young besteht darauf, daß die Plattenfirma der wirkliche Bösewicht hinter diesem Popularitätsabfall ist, und er behauptet sogar, daß seine besten Arbeiten während dieser Periode nicht veröffentlicht wurden. Geffen weigert sich, auf Youngs Anschuldigungen Kommentare abzugeben. „Ich möchte nicht in einen Piss-Wettkampf mit ihm einsteigen", meint Firmenchef Ed Rosenblatt dazu.

Egal, wen nun die Schuld trifft, Young ist jedenfalls deutlich erleichtert darüber, daß er wieder zu Reprise, dem Warner Bros.- Ableger, bei dem er schon in den Siebzigern war, zurückgekehrt ist. Er ist darüberhinaus auch entschlossen, zu beweisen, daß Geffen – die ihn einmal sogar mit der Begründung vor den Kadi schleppten, daß er bewußt keine kommerziellen Alben produziere – im Unrecht war. Aber, typisch für Neil Young, ist sein erstes Album für Reprise – obwohl sein stärkster und konsistentester Versuch seit Jahren – kaum etwas, worüber man eine todsichere kommerzielle Wette abschließen könnte. Auf *This Note's for You* serviert Young mit den Bluenotes, einer Bläser-getriebenen Neuner-Formation, zehn schweißtreibende Blues-Melodien, die von Helden aus Youngs Frühzeit wie Jimmy Reed und John Lee Hooker inspiriert sind. Und auf der Titel-Nummer findet man einen Young vor, der gegen die zunehmende Verflechtung von Rock'n'Roll und Madison Avenue vom Leder zieht.

„Es gibt da eine Trennlinie", sagt Young, „eine der allerersten verdammten Trennlinien, die je gezogen wurden, wo Pop-Stars wirklich Farbe bekennen und zeigen müssen, wo sie eigentlich herkommen. Ich meine, wenn du für ein Produkt singst, dann singst du für's Geld. Punktum. Schluß. Damit hat sich's. Geld ist das, was du haben willst. Und auf diese Weise kriegst du es."

Im Verlauf der zwei Sitzungen, aus denen sich das nachfolgende

Interview zusammensetzt – die zweite wurde ebenfalls unterwegs geführt, in Youngs 1954er Cadillac Limousine – gab Young, der jetzt zweiundvierzig ist, gleichermaßen emphatisch seiner Loyalität gegenüber den Bluenotes Ausdruck und deutete sogar an, daß der gedärmedurchschüttelnde Rock 'n'Roll, den er mit Crazy Horse gespielt hat, der Vergangenheit angehören könnte.

Aber Young war noch nie eine Ein-Mann-Band, und er ist bereits wieder dabei, oben auf seiner Ranch ein neues Crosby, Stills, Nash und Young-Album aufzunehmen. Die LP wird für diesen Herbst erwartet, und in der Zwischenzeit werden Young und die Bluenotes sich zu einer ausgedehnten Tour durch die Vereinigten Staaten aufmachen. Was die fernere Zukunft betrifft, so wird uns Young zweifellos auch weiterhin Rätsel aufgeben – genauso, wie er es in den vergangenen zwei Jahrzehnten gemacht hat.

Was hat dich dazu bewegt, wieder mit Crosby, Stills und Nash zusammenzukommen?
Also, da gibt es so eine gewiße Energie, die du tankst, wenn du mit Leuten singst, die du seit fünfundzwanzig Jahren kennst. Leute, die alle die Veränderungen mit dir durchgemacht haben. Die rauf und runter mit dir gegangen sind. Die gesehen haben, wie du Sachen machst, die falsch sind, und andere Sachen, die brillant sind. Die dich gesehen haben, wie du beschissen drauf warst bis zum Abwinken, verstehst du? Und du hast ihnen dabei zugesehen, wie sie all diese Sachen gemacht haben. Und doch sind wir alle noch da. Einfach nur zu hören, wie es klingt, wenn wir zusammen singen, nach all den Jahren – darauf war ich neugierig. Ich wollte es seit zwei, drei Jahren schon machen. Und jetzt ist es möglich geworden. Ich glaube, CSNY haben eine Menge zu sagen. Besonders Crosby. Seine Präsenz ist sehr stark. Daß er stark ist und überlebt hat und tolle Songs schreibt und Teil eines Gewinnerteams ist, das ist wirklich ein gutes Rollenmodell für eine Menge Leute, die im gleichen Boot sitzen.

Also ist er jetzt wirklich clean?
Er kommt schon klar. Seine Emotionen sind etwas angekratzt, weil er sie eben so lange Zeit mißbraucht hat, indem er sie abgewürgt hat. Aber jetzt, wo er auf dem Damm ist und seine Gefühle rauslassen kann, sind seine Highs echte Gipfel und seine Tiefs echte Untiefen. Das sind einfach die Extreme seiner Persönlichkeit. Aber er schafft es, sich aus seinen Tiefstimmungen wieder rauszuziehen, und sie drängen ihn auch nicht ab in irgendwelche Problemzonen oder dergleichen.

Wie ist es mit Stills?
Er ist entschieden der Zügelloseste von uns vieren, was Substanzen-Mißbrauch und solche Sachen angeht. Aber er steht an einem wichtigen

Punkt in seinem Leben. Er hat gerade geheiratet und seine Frau ist schwanger. Es laufen eine Menge neue Sachen bei ihm. Und, daß er und ich zusammenspielen, ist ein netter Neuanfang.

Er sah nicht besonders gut aus in dem CSN-Portrait auf „West 57th".

Was mich dabei überraschte, war die Tasache, daß CSN der Show überhaupt zugestimmt haben. Ich meine, was wollen sie als nächstes machen, vielleicht „Geraldo"? Und sie haben ganz offensichtlich nicht besonders klar darüber nachgedacht, denn bei jeder Tour, die CSN bisher gemacht haben, hing Stephen nachher weit aus dem Fenster. Er zieht sich immer schwer einen rein, bevor er auf Tour geht. Die volle Dröhnung. Und was machen sie dann? Sie stellen einen TV-Typen hin, der das aufzeichnet, wenn's soweit ist. Was für eine bescheuerte Masche soll das denn sein?

Ihr zwei habt immer eine stürmische Beziehung gehabt.

Wir sind wie Brüder, verstehst du? Wir haben einander sehr gern, und wir haben auch einen Haß aufeinander. Wir gehen uns gegenseitig auf den Nerv, aber wir haben's echt gern, miteinander zu spielen. Ich sehe und höre so vieles in Stephen, daß ich nachher frustriert bin, wenn ich's nicht auf der Platte höre, oder sowas. Es hat viele Frustrationen gegeben während unseres Lebens miteinander, aber auch eine Menge großartige Musik. Er beeindruckt mich ständig mit den Ideen, die er für meine Songs hat. Er ist einer der größten Musiker, die ich je kennengelernt habe. Ein toller Sänger. Ein unglaublicher Songschreiber.

Aber wie ist er persönlich? Bei dieser Show wirkte er wie ein Knallkopf.

Er ist ein von der Kunst Besessener. Er ist der Inbegriff des gequälten Künstlers. Und er ist ein verdammt großartiger Bluesmusiker. Aber er hat eine Menge Affen auf dem Buckel, und die lassen ihn nicht sein Ding machen. Ich hoffe nur, er kommt da durch.

Und wie ist Nash so?

Nash ist einer von diesen ganz geradlinigen, völlig aufrichtigen Typen, sehr auf Qualität bedacht und sehr zuverlässig. Und er ist ein außerordentlich guter Sänger. Erstaunliche Intonation. Er hat gerne alles genau im Griff. Er legt seinen Stolz hinein, alles zu vollbringen, was gerade ansteht. Ohne Nash gäbe es Crosby, Stills und Nash gar nicht. Dann wäre es schon lange mit ihnen vorbei gewesen.

Gibt es Pläne für eine CSNY-Tour?

Sie wollten eine Tour buchen, und ich sagte, kommt nicht in Frage. Ich möchte nichts mit einer Tour zu tun haben. Wenn die Scheibe fertig ist und wir wissen, was Sache ist, dann ist es immer noch früh genug, um über eine Tour zu sprechen.

Außerdem muß jeder erst mal richtig in Form kommen, wenn wir touren wollen. Man kommt nicht um die Tatsache herum, daß eine CSNY-Tour großtenteils ein Nostalgie-Trip sein würde. CSNY ist Woodstock – diese Ära, diese ganze Generation. Also warum sollten wir da hinaus ziehen, wenn wir physisch nicht in der besten Verfassung sind? Wenn die Leute uns als ihre Brüder betrachten, mit denen sie alle diese Veränderungen durchgemacht haben – wollen sie dann jemand sehen, der nicht richtig beisammen ist? Nein, die wollen jemand sehen, der superstark ist, der überlebt hat und immer noch kreativ ist und besser aussieht als je zuvor.

Wenn wir da raus gehen und auf den Arsch fallen, was sind wir dann? Dean Martin? All die Alkoholiker, die hingegangen sind, um ihn zu sehen, die haben nicht gesagt, „Wau, kuck dir den Dean an. Der hat früher immer so viel gesoffen, aber er hat sich zusammengenommen und jetzt ist er stark, da oben mit Frank und Sammy." Mir tut der Kerl leid. Er liegt jetzt im Krankenhaus.

Das ist ein merkwürdiger Vergleich, aber in gewisser Weise stimmt er haargenau. Die sind einfach nur die Helden einer anderen Generation. Also denke ich, wir haben eine Verantwortung, und bisher sind wir der noch nicht gerecht geworden.

Crosby ist bis zu einem gewissen Grad wieder auf den Beinen. Aber er muß erst noch seine körperlichen Kräfte sammeln und seine Ausdauer zurückgewinnen. Seine Ausdauer ist gering, weil er sehr massiv ist. Und er bewegt sich sehr langsam. Das ist ein Problem, das man lösen muß. Du kannst nicht nur auf Tour gehen mit dem stärksten Willen der Welt. Du mußt erst physisch in der Verfassung sein, die Anstrengungen einer Welt-Tour aushalten zu können.

Von Zeit zu Zeit hört man auch Gerüchte von einer Buffalo Springfield-Wiedervereinigung. Ist da was Wahres dran?

Naja, tatsächlich sind die Buffalo Springfield in den letzten zwei Jahren mehrfach wieder zusammengekommen. Bei Stills zu Hause. Wir treffen uns einfach alle paar Monate und machen Musik. Die ursprüngliche Gruppe – Richie (Furay), Dewey (Martin), Bruce (Palmer), Stephen und ich. Wir haben das jetzt drei-bis viermal gemacht und ich bin sicher, wir werden's wieder machen.

Besteht eine Chance, daß du mit ihnen Aufnahmen machen wirst?

Es ist mir schon mal durch den Kopf gegangen, aber ich fühle mich jetzt als Teil von CSNY und es ist ausgeschlossen, daß ich CSNY und Buffalo zugleich mache.

Wenn du auf jene Zeit zurückblickst – Buffalo Springfield, CSNY, die Sechziger – wie kommt dir das jetzt alles vor?

Ich hatte eine tolle Zeit. Ich glaube, viele von uns hatten eine tolle Zeit, damals. Aber ich sehe mich nicht als jemand, der in den Sechzigern stecken geblieben ist, oder irgendsowas – außer, daß ich immer noch lange Haare trage.

Was ist mit dem Idealismus jener Periode? In „Hippie Dream" hast du gesungen, „The wooden ships are a hippie dream, capsized in excess." („Die hölzernen Schiffe sind ein Hippie-Traum, abgesoffen im Exzess.")

Ich hab den Song für Crosby geschrieben. Aber ich schätze, er hätte auch auf mich zutreffen können, oder sonstjemanden. Es geht darin wirklich um die Exzesse unserer ganzen Generation. Vom Hippie bis zum Yuppie – ich meine, das ist eine ganz schöne Entwicklung.

Was hältst du von Drogen? Eine Menge Leute haben dieses Bild von dir, daß du ein großer Drogeneinschmeißer warst.

Das ist ein Mythos. Ich meine, wie hätte ich dies alles so lange zusammenhalten können, wenn ich auf Droge gewesen wäre? Es wäre unmöglich. Du könntest nicht das tun, was ich getan habe, wenn du auf Drogen abfährst. Ich meine, ich habe einige Drogen genommen. Ich hab' viel Marihuana geraucht in den Sechzigern und bis in die Siebziger hinein, und auch andere Drogen ausprobiert. Aber ich war nie abhängig – verstehst du, ich habe nie harte Drogen im Übermaß konsumiert. Ich habe damit experimentiert, aber ich glaube, ich bin im Grunde genommen ein Überlebenskünstler. Ich bin nie Alkoholiker gewesen. Hab' nie Heroin genommen.

Es muß doch viel Heroin um dich herum gegeben haben. Zwei deiner Freunde – Danny Whitten, ein Gitarrist bei Crazy Horse, und Bruce Berry, ein Roadie – sind an einer Überdosis gestorben. Und dann war da natürlich noch Crosby.

Es hat nie irgendwelches Heroin direkt um mich herum gegeben, weil die Leute wußten, wie ich darüber dachte. Ich wollte nichts in meiner Nähe haben, was Leute umbringen würde. Nichts, was man haben mußte, weil es größer war als man selber. Da bin ich dagegen.

„The Needle and the Damage Done", aus Harvest war einer der ersten Anti-Drogen-Songs.

Den schrieb ich über Danny Whitten. Er war so abgeschraubt, so fix und fertig, daß er eine Überdosis nahm und beinahe dran gestorben ist.

Am Ende hat er ja tatsächlich eine Überdosis genommen an der starb, kurz nachdem Harvest *veröffentlicht wurde. Hat er gewußt, daß der Song von ihm handelte?*

Das muß er gewußt haben. Ich hab mich nie mit ihm hingesetzt und gesagt, „Danny, hör dir das mal an." Ich glaube nicht daran, daß ein Lied nur für eine Person sein sollte. Ich habe einfach versucht, etwas zu machen, worauf sich jeder beziehen kann.

Was ist mit dem Kokain? Bei Last Waltz *bist du mit einem Klumpen*

Kokain unter der Nase auf die Bühne gekommen.
Ich bin über die heißen Kohlen gezogen worden für *Last Waltz*. Ich war gerade auf dem Weg zu meinem Auftritt, stolperte auf die Bühne, und irgendjemand sagte, „Hier, pfeif dir ein bißchen Frischluft in die Nase." Ich war seit zwei Tagen auf den Beinen, also schnupfte ich was. Und ich war voll hinüber, verstehst du. Ich bin nicht stolz darauf. Ich meine, die Leute sollten sich das nicht ansehen und denken, „Wow, ist das cool."

Als sie den Film am Schneidetisch hatten, fragten sie mich, ob sie das rausnehmen sollten. Und Robbie Robertson sagte, „Die Art, wie du da auftrittst, ist in gewisser Weise so wie das, worum es in dem Film insgesamt geht – wenn du so wie bisher weitermachst, wirst du dir dein eigenes Grab schaufeln. Deswegen hören wir auf damit." Sie haben mich einfach in einem schlechten Moment erwischt. Ich war fünfundvierzig Tage lang auf Tour gewesen, ich hatte am Abend zuvor zwei Shows in Atlanta gegeben. Wir waren ganz schön gelöffelt, und ich ließ mich einfach dazu verleiten. Aber wenigstens war ich immer noch auf den Beinen.

Doch das mache ich nicht mehr. Ich war einer der glücklichen, die das machen konnten und fähig waren, damit wieder aufzuhören. Aber es war nicht leicht, diesen Lebensstil aufzugeben. Ich mußte etwas Zeit darauf verwenden. Das Monster kehrte immer wieder mal zurück. Ich konnte drei oder vier Wochen lang die Hände davon lassen, oder für zwei Monate, und rutschte dann wieder hinein, nur so für ein oder zwei Nächte. Dann ließ ich es wieder bleiben. Es brauchte eine lange Zeit. Ich weiß noch nicht mal genau, ob ich es jetzt endgültig hinter mir habe.

Rauchst du noch immer Marihuana?
Ich habe seit dem 7. Oktober nichts mehr geraucht. Der Hauptgrund dafür ist der, daß mich an diesem Tag Elliot Roberts, mein Manager, anrief und mir sagte, es sähe so aus, als ob ich aus dem Vertrag mit Geffen Records entlassen würde. Und ich hatte gerade diesen riesigen Bomber geraucht und kriegte fast einen Herzanfall. Ich war so glücklich, aber ich war zu high, um mich wirklich darüber freuen zu können. Also hörte ich auf. Ich hatte einfach nicht meine Sinne, meine geistigen Fähigkeiten, genügend beisammen, um den Moment genießen zu können.

Du hattest schon seit langem versucht, von Geffen loszukommen.
Die hatten eine sehr negative Einstellung zu allem, was ich machen wollte, ausgenommen reine Pop-Platten, die genau dem entsprachen, was sie hören wollten. Sie sahen in mir ein Produkt, das sich nicht ihren Erwartungen gemäß entwickelte. Sie betrachteten mich nicht als Künstler.

Tatsächlich verklagten Geffen dich sogar, so um die Zeit von Old Ways, *daß du keine kommerziellen Platten machst.*
Es gab da noch eine vollständig andere Platte, die ursprüngliche Version

von *Old Ways*, die von Geffen abgelehnt wurde. Das war sowas wie *Harvest II*, eine Kombination der Musiker aus *Harvest* und *Comes a Time*. Die entstand in Nashville in nur ganz wenigen Tagen, im Grunde genommen in der gleichen Art wie Harvest gemacht wurde, und sie wurde auch koproduziert von Elliot Mazer, der schon *Harvest* produziert hatte.

Das sind also *Harvest, Comes a Time* und *Old Ways I*, welche mehr eine Neil Young-Platte ist als *Old Ways II*. *Old Ways II* war mehr so eine Country-Platte – und zwar als direktes Resulat dessen, daß man mich verklagt hat, daß ich Country Musik spielte. Je mehr sie versuchten, mich daran zu hindern, umso mehr tat ich es. Bloß damit sie wissen, daß ich mir von niemandem vorschreiben lasse, was ich zu tun hätte.

Ich hätte gedacht, daß Geffen sich freuen würden, ein weiteres Comes a Time *oder* Harvest *zu bekommen.*

Das dachten wir auch. Ich war so richtig aufgepeppt wegen der Platte. Ich schickte ihnen ein Band davon, mit acht Songs drauf. Eine Woche später rief ich bei ihnen an, weil ich noch immer nichts gehört hatte, und sie meinten, „Also, ehrlich gesagt, Neil, diese Platte macht uns eine Heidenangst. Wir glauben nicht, daß das die Richtung ist, in der du dich weiterbewegen solltest."

Damals lief gerade dieses Technopop-Ding, und sie hatten Peter Gabriel und sie standen voll auf *diesem* ganzen Trip. Ich nehme an, die sahen in mir einfach so einen alten Hippie aus den Sechzigern, der immer noch versuchte, akustische Musik zu machen, oder sowas ähnliches. Die sahen mich nicht als Künstler, sondern als ein Produkt, und dieses Produkt paßte nicht in ihre Marktstrategie.

Wenn du auf die fünf Alben zurückblickst, die du für Geffen gemacht hast, wie halten die deiner Meinung nach dem Vergleich stand?

Es fällt mir schwer, die Frustrationen die ich in dieser Periode durchmachte, von den Werken, die ich tatsächlich zu Wege bringen konnte, loszulösen. Ich versuchte wirklich, mein bestes zu geben während dieser Periode, aber ich hatte das Gefühl, unter Zwang zu arbeiten.

In meiner gesamten Zeit bei Warner Bros., haben sie mir nie eine Session gestrichen. Aus keinem Grund. Und das passierte bei Geffen mehrmals. Es war unverhüllte Manipulation. Es war einfach so ganz anders, als alles, was ich jemals zuvor erlebt hatte.

Sie haben *Everybody's Rockin'* begraben. Sie taten weniger als gar nichts. Sie beschlossen, „Die Platte wird sowieso kein Aufsehen erregen. Also pressen wir so wenig davon, wie möglich und tun gar nichts."

Dann gab's da noch eine andere Platte von mir, *Island in the Sun*, die man wahrscheinlich niemals zu Gehör bekommen wird. Es war die erste Platte, die ich für Geffen machte. Die drei akustischen Songs auf *Trans* stammen davon. Aber die Firma riet mir, die Platte nicht rauszubringen. Weil es meine erste Platte für Geffen war, dachte ich, Naja, das ist eben eine ganz frische, neue Sache. Er hat ein paar neue Ideen. Es ist mir nicht wirklich zu Bewußtsein gekommen, daß ich manipuliert wurde. Bis zur zweiten Platte. Dann ist mir aufgegangen, So geht das jetzt jedes Mal. Was immer ich mache, es ist nicht das, was sie haben wollen.

Ich werde versuchen, die Sachen doch noch herauszubringen, die ich auf *Decade II* machen wollte, was dann nächstes Jahr rauskommen sollte. Jetzt, wo ich wieder zu Reprise zurückgekehrt bin, kann ich machen, was ich will. Also kann ich *Decade II* angehen. Bei Geffen wäre *Decade II* unmöglich gewesen, weil es ein 3-LP-Set ist, und den würden sie nie machen. Sie könnten nie das Geld dabei hereinholen, das sie sich davon erhoffen würden.

Trans überraschte eine Menge Leute. Ich glaube nicht, daß irgendjemand erwartet hatte, daß du ein Album mit Synthesizern machen würdest.

Trans war das Resultat meiner Faszination damit, daß Maschinen und Computer unser Leben zu bestimmen beginnen. Dieses Bild von den Aufzügen mit den ständig wechselnden digitalen Nummern und den Leuten, die rauf und runter von einem Stockwerk zum andern fahren – verstehst du, Leute, die den Level wechseln, alles unter der Kontrolle von Maschinen. Und die Drum-Maschinen, die ganze Sache. Und hier war ich, wie ein alter Hippie im Gestrüpp, mit all diesem elektronischen Equipment. Ich meine, ich war erstaunt.

Ich hatte für die Platte ein komplettes Video-Ding im Kopf. Ich hatte alle möglichen Figuren und Vorstellungen von Gestalten, die mit den einzelnen Stimmen zusammengingen. Da gab es einen Typ den ich Tabulon nannte, der „Computer Age" sang. Er hatte einen großen Lautsprecher auf der Brust und sein Gesicht war eine Tabulatur und er schlug sich immer selber ins Gesicht. (Er demonstriert den Vorgang mit einem raschen Haken vor sein Gesicht.) Aber ich konnte niemanden dazu bewegen, die verdammten Videos herzustellen. Ich konnte nie jemanden dazu bringen, mir zu glauben, daß die verdammte Idee was taugte.

Was ist mit Landing on Water *aus dem Jahr 1986. Das Album bewährt sich doch ganz gut.*

Das Album war wie eine Wiedergeburt, einfach indem ich nach L. A. zurückkehrte nach so langer Zeit der Zurückgezogenheit. Ich war dabei, meine Rock'n'Roll-Wurzeln neu zu entdecken. Und dazu meine Lebendigkeit als Musiker. Irgendwas in mir wurde zu neuem Leben erweckt; es war wie das Wiedererwachen bei einem Bären.

Und was hattest du getan während deines Winterschlafs?

Ich war bloß dort oben in den Wäldern gewesen. Und ich hatte an einem Programm gearbeitet mit meinem Sohn Ben, der zerebrale Kinderlähmung hat. Es hat mich sozusagen einfach eine Zeitlang aus dem Verkehr gezogen, ließ mich über andere Dinge nachdenken. Ich hab nie wirklich das Interesse an der Musik verloren, aber da gab es eben andere Dinge in meinem Leben, die wirklich wichtig waren. Meine tiefere Seele war mit Dingen angefüllt, über die ich nicht singen mochte.

Obwohl, wenn du dir *Trans* anhörst, wenn du dir die Texte zu „Transformer Man" und „Computer Age" und „We R in Control" anhörst, dann werden dir eine Menge Anspielungen auf meinen Sohn auffallen, und auf Leute, die ihr Leben zu leben versuchen, indem sie auf Knöpfe drücken, die versuchen, die Dinge in ihrer Umgebung zu kontrollieren und mit Leuten zu reden, die nicht sprechen können und deshalb Computerstimmen benutzen, und lauter solche Sachen.

Es ist nur in Andeutungen da, aber nicht zu überhören. Doch das bezieht sich auf einen Teil meines Lebens, mit dem praktisch niemand etwas anfangen kann. So wurde auch meine Musik, die eine Reflektion meines inneren Ichs ist, etwas, womit praktisch niemand etwas anfangen konnte. Und dann begann ich, mich hinter verschiedenen Stilrichtungen zu verbergen, und nur ganz kleine Anhaltspunkte darüber reinzusetzen, worum es mir eigentlich ging. Ich wollte mich einfach nicht offen über all diese Sachen auslassen, wollte keine Songs bringen, die genau das ausdrückten, was ich sagen wollte, in einer so lauten Stimme, daß jeder sie verstehen könnte.

Deine Söhne haben alle beide zerebrale Kinderlähmung. Wie stark behindert sind sie?

Nun ja, Ben, der jetzt neun ist, ist ein toller kleiner Bursche, ein wunderbares kleines Menschenwesen. Er hat ein wirklich hübsches kleines Gesicht, und ein großes Herz, und es macht eine Menge Spaß, mit ihm zu spielen. Wir haben eine echt sagenhafte Eisenbahnanlage, mit der wir spielen, eine riesige Spielzeugeisenbahn, die er mit allen möglichen Knöpfen und solchem Zeugs bedienen kann.

Er lernt jetzt, wie er mit Hilfe eines Computers kommunizieren und Spiele spielen und Probleme lösen kann. Und er ist behindert in der Weise, daß er zerebrale Kinderlähmung hat und ganzkörpergelähmt ist und ein nonorales Kind ist. Also er hat eine Menge Behinderungen. Zerebrale Kinderlähmung ist etwas Angeborenes, nicht eine Krankheit. Er ist in dieser Form auf die Welt gekommen, und so ist er nun eben mal. Eine Menge Dinge, die wir als ganz natürlich hinnehmen, die wir tun können, kann er nicht tun. Aber seine Seele ist da, und ich bin sicher, daß er eine Sicht der Welt hat, wie wir sie nicht haben, wegen seiner Behinderungen.

Mein Sohn Zeke hat eine sehr milde Form von zerebraler Kinderlähmung. Er ist ein wundervoller Junge, und er wächst stark und gesund auf. Er wird im September sechzehn, und etwas, was er jetzt unbedingt erreichen will ist, seinen Führerschein zu machen. Er ist ein toller Typ, ein großartiger Junge, und er hat ein großes Herz.
Was verursacht eigentlich zerebrale Kinderlähmung?
Niemand weiß es. Das ist es eben. Warum sie ausgerechnet mit zerebraler Kinderlähmung geboren wurden, ist eine Frage, die Pegi (Youngs Frau) und ich uns stellen und die Carrie (Snodgress, Zekes Mutter) und ich uns gestellt haben. Es gibt keine Möglichkeit, das festzustellen. Mein drittes Kind, Amber, ist einfach eine kleine Blüte, die heranwächst, so wie eine kleine Blüte heranwachsen sollte. Es kostete Pegi eine Menge Überwindung sich darauf einzustellen, noch mal ein Kind zu haben, weil es uns wirklich schwer fiel, ein weiteres Mal der Möglichkeit ins Auge zu blicken, daß sich die Dinge nicht richtig entwickeln würden. Aber die Ärzte sagten uns alle, daß es keinerlei Grund dafür gibt. Ich bin hingegangen und hab mich untersuchen lassen, weil ich der Vater beider Kinder war. Und die Ärzte sagten, „Es wird Ihnen schwerfallen, das zu glauben, aber sie hatten zwei Kinder, und es gibt überhaupt keinen Zusammenhang zwischen den beiden. Es ist ein unglücklicher Zufall, daß alle beide zerebrale Kinderlähmung haben."

Ich habe oft in meinem Leben das Gefühl gehabt, daß ich aus dem einen oder andern Grund dazu ausersehen war, daß mir extreme Dinge zustoßen. Mit dieser Sache klar zu kommen, war schwer. Aber wir haben gelernt, damit umzugehen, und es ins Positive zu wenden und weiterzumachen. Es war etwas, was Pegi und mich eng zusammen gebracht hat, einfach die Kraft aufzubringen, noch ein Kind zu haben, und daß sie so ein hübsches kleines Mädchen geworden ist und daß alles sich zum Guten gewendet hat. Einfach den Glauben aufzubringen. Daß wir uns durchgerungen haben, daran zu glauben, daß es okay ist, wenn wir es noch mal versuchen.

1986 hast du ein Konzert organisiert um Geld für eine Schule für Behinderte aufzutreiben.
Die Bridge School. Wir haben sie jetzt in Gang gekriegt. Ben geht auch dorthin. Man lernt dort wie man kommuniziert, das ist im Grunde genommen der Hauptzweck der Schule.

Wir haben zwei Jahre mit einem anderen Programm zugebracht. Es war fast so eine Art Nazi-Programm. Die brachten uns dazu, all diese Sachen zu machen, die unserem Kind nicht geholfen haben, aber sie versetzten uns in den Glauben, daß wir dem Kind schaden würden, wenn wir nicht genau das Programm befolgten. Und es hielt uns auf Trab, von früh bis spät, sieben Tage die Woche, auf ewig – bis es dem Kind besser ginge. Wir hatten keine Zeit mehr für uns. Kannst du dir vorstellen, wie das ist? Wir konnten das Haus nicht verlassen. Wir mußten da sein, um dieses Programm durchzuziehen, und für das Kind war es qualvoll schwer, das zu ertragen, denn er weinte fast den ganzen Tag, so hart ging ihn das an. Wir haben es zwei Jahre lang durchgestanden, dann konnten wir einfach nicht mehr weitermachen.

Als wir das aufgaben, wechselten wir zu einem leichteren Programm, und wir beschlossen, uns nicht mehr so sehr auf die physische Seite zu konzentrieren, sondern das Kind dazu zu bringen, zu kommunizieren. Es ist jetzt fast unsere Lebensaufgabe.

Es war, glaube ich, das Schwierigste, was ich jemals gemacht habe. Das ist der Grund warum ich stinksauer werde, wenn mir jemand sagt, er kann etwas nicht tun, weil es zu schwer ist. Darüber kann ich mich echt aufregen.

Wie stark hat der Zustand deiner Kinder deine politischen Ansichten beeinflußt?

Ich denke, sie sind zum guten Teil davon beeinflußt worden. Ich mußte mich sehr viel mehr in die Familie einbringen, um die Familie kümmern, dafür sorgen, daß die Familie versorgt war. Und ich konnte Reagans ursprünglichem Konzept einiges abgewinnen, wonach die großen Regierungs- und Bundesstaatenprogramme wegfallen sollten, damit die Gemeinden ihre eigenen Programme aufbauen könnten, beispielsweise Kindertagesstätten. Das war der Kern seiner innenpolitischen Botschaft, und ich fand die Idee gut. Ich dachte, das würde die Menschen näher zusammenbringen. Aber es war eine sehr idealistische Sache, und die Leute sind sich nicht wirklich näher gekommen.

Du hast eine Menge Flak dafür abgekriegt, als du dich 1984 für Reagan ausgesprochen hast. Gab es andere Gründe, warum er dir zugesagt hat?

Ich war sehr enttäuscht über Jimmy Carter. Auf einer politischen Ebene, denke ich, hätten wir niemals den Panama Kanal zurückgeben sollen. Ich hab so ein Gefühl im Bauch, daß das ein Riesenfehler war, den wir aus Schuldgefühlen heraus begangen haben, nicht aus Vernunftsgründen. Carter wollte eine Wiedergutmachung leisten für all die anderen schlechten Sachen, die wir in der Welt gemacht haben, indem er den Panama Kanal zurückgab. Außerdem glaube ich, daß es falsch war, die Streitkräfte auf einen Punkt herunter absinken zu lassen, wo unsere Streitmacht schwächer wurde, als sie vorher gewesen war, genau zu einer Zeit, als die andere Supermächte im Anwachsen begriffen waren. Ich meine einfach, das war kein sonderlich cleveres Spiel mit dem Ball. Ich bin bestimmt kein Falke. Ich bin nicht einer, der in den Krieg ziehen und die Muskeln spielen lassen will, und all sowas. Aber ich glaube einfach nicht, daß man aus einer Position der Schwäche heraus Politik machen kann. Ich denke, so einfach ist das Ganze tatsächlich. Jeder in der Welt spielt mit dem harten Ball, und wenn wir sagen, wir spielen nicht mehr Hartball, wir spielen jetzt mit der Puderquaste und legen den harten Ball beiseite, das wird einfach nicht funktionieren. Die Leute werden das als Schwäche auslegen und ausnutzen.

Mondale, was mich betrifft, hätte es nicht viel anders gemacht als Carter. Deshalb war ich für Reagan, und ich hielt es für ein wichtiges Thema. Aber bloß weil man für einen Präsidenten stimmt heißt das noch nicht, daß man mit allem einverstanden ist, was dieser Präsident macht. Aber ich hielt das für ein wichtiges Thema und ich dachte, das wäre die richtige Richtung, und ich stehe immer noch dazu.

Was denkst du darüber, wie sich die Dinge nachher entwickelt haben?

Naja, so viele Dinge sind passiert. Ich denke, er wollte wirklich das machen was er angekündigt hatte. Ich war enttäuscht von vielem, was während seiner Regierungszeit passierte. Aber ich fand, daß die Ideen hinter vielen Dingen, die er zu machen versuchte, Dinge waren, zu denen ich einen Bezug haben konnte. Davon möchte ich mich gar nicht lossagen.

Wen unterstützt du im gegenwärtigen Rennen um die Präsidentschaft?

Nun, ich würde nicht gern George Bush als Präsidenten der Vereinigten Staaten sehen. Ich glaube nicht, daß der frühere Leiter der CIA Präsident werden sollte. Wir brauchen jemanden mit Mitgefühl, jemanden der eine Menge Gefühl und eine Menge Chuzpe hat. Deshalb sehe ich im Moment keine einzelne Person. Ich denke, wenn es jemanden gäbe, den ich gern als Präsidenten der Vereinigten Staaten sehen würde, dann wäre das Bill Bradley. Aber der wird nicht kandidieren. Leider meine ich, daß die Demokraten niemanden haben, der Bush schlagen könnte. Ich mag Jackson, und in gewisser Weise auch Dukakis. Aber Jackson ist, wie ich meine, der beste. Er ist der Typ, den ich im Amt sehen möchte, einfach nur interessehalber. Ich möchte gern sehen, was passieren würde, denn es würde eine Menge Veränderungen geben.

Musikalisch scheinst du von Veränderungen besessen zu sein. Bei Geffen bist du durch Synth-Rock, Country und Rockabilly gezogen, und dein erstes Album bei Reprise ist eine Blues-Platte.

Das ist einfach meine Art. Als ich zur Schule ging, trug ich auch manchmal sechs Monate lang immer die gleiche Sorte Klamotten. Dann auf einmal trug ich wieder ganz andere Sachen. Man ändert sich eben. Das war schon immer so.

Du hast ganz schön Hitze ausstehen müssen für all deine stilistischen Wandlungen.

Wenn die Leute meinen, ich mach das nur aus einer Laune heraus, dann unterschätzen sie die Musik. Musik ist für mich etwas ganz ursprüngliches. Etwas, das sich sogar jetzt in diesem Moment abspielt, und sie spiegelt Ereignisse im Leben jener Leute wieder, von denen sie gemacht wird. Es hat nichts damit zu tun, was die früher mal gemacht haben oder später mal machen werden.

Weißt du, ich hab mich immer furchtbar geärgert über Bobby Darin, weil er so oft seinen Stil änderte. Jetzt schau ich ihn mir an und denke er war ein verdammtes Genie. Ich meine, von „Queen of the Hop" bis „Mack the Knife". Stell dir das mal vor. Und das heißt ja nicht, daß er nicht an „Queen of the Hop" geglaubt hat, bloß weil er sich nachher umdrehte und ein Frank Sinatra-Ding hinlegte.

Und doch, ich laufe damit immer wieder auf, weil ich herumexperimentiere und verschiedene Arten von Musik spiele. In meinen Augen wird das, was ich mache, dadurch um kein bißchen weniger relevant. Eben jetzt steh ich voll auf den Bluenotes, bis hin zu einem Punkt, wo sich das für mich genau richtig anhört. Ich werd noch andere Sachen machen, aber ich glaube, ich werde immer wieder von neuem zu dieser Musik zurückkehren. Ich meine, mit einer Bläsergruppe und mit dieser Band zu spielen, das ist einfach supergut.

Ich glaube, das war die beste Unterstützung, die ich je gehabt habe, für die Art Musik, die mir am Herzen lag. Alles ist dafür zur richtigen Zeit zusammen gekommen. Es gibt da eine ganz bestimmte Sache, die passiert, wenn die Musik genau richtig ist. Wenn sie nicht schwer zu machen ist. Wenn die Dinge keine Probleme bieten. Und du spielst einfach nur, und jeder findet es gut, und fängt an, darauf zu grooven. Das bringt mich dann an den Punkt, wo ich jeden Morgen beim Aufstehen einen neuen Song schreibe, ohne zu denken, Also, wenn ich das jetzt schreibe, werden die Typen das nachher auch spielen können, oder habe ich die richtige Band, oder kenne ich irgendjemanden, der wirklich versteht, wer ich bin, mit dem ich tatsächlich zusammen Musik machen kann?

Und doch hast du etwas Ähnliches gesagt, als du die Old Ways-*Platte machtest und mit den International Harvesters auf Tour gingst – daß du glücklich wärst, und daß Country das sein würde, was du von da an machen wolltest.*

Zu dem Zeitpunkt habe ich mich tatsächlich sehr gut dabei gefühlt, wie ich das gemacht habe. Und es hat eine Menge Spaß gemacht. Und dann eines morgens wachte ich auf und alles was ich hören konnte war dieser massive verdammte Beat. Und meine Gitarre stieg geradezu daraus empor. Ich hörte einfach Rock'n'Roll in meinem Kopf drinnen, so verdammt laut, daß ich es nicht ignorieren konnte.

Und so bist du dann zu Crazy Horse zurückgekehrt – etwas, was du ja während deiner ganzen Karriere immer wieder gemacht hast.

Das stimmt, und ich könnte möglicherweise eines Tages wieder auf Crazy Horse zurückkommen, aber es scheint mir mehr und mehr zweifelhaft. Die Sorte Musik, die ich mit Crazy Horse spielte, war eine jüngere Art von Musik. Und ich bin nicht jünger – ich bin älter. Und die Erfahrung, die ich vom Spielen all dieser verschiedenen Arten von Musik erworben habe, die ich so intensiv gespielt habe, findet einen Platz zu dem sie kommen kann, bei den Bluenotes. Ich kann in diese Band alles einbauen, was ich in meinem Leben gemacht habe – Blues, Country, Rock'n'Roll. Nichts, was ich in der Vergangenheit gemacht habe, hatte diese Art von Leidenschaft die Crazy Horse hatte, aber die Bluenotes haben sie. Also das sit der Grund warum ich mir Gedanken mache, was mit Crazy Horse geschehen soll.

Du hast gerade ein Video in Filmlänge herausgebracht, betitelt Muddy Track, *in dem es um eine deiner letzten Touren mit Crazy Horse geht.*

Ich hatte zwei kleine Video-8 Kameras, die ich die ganze Zeit über laufen ließ. Ich kam einfach so ins Zimmer rein und legte sie dann auf den Tisch. Und der Blickwinkel ist wirklich der von der Kamera. Die Kamera nimmt eine Identität an – mit Namen Otto – und die Leute fangen an, zur Kamera zu sprechen. Und diese Kamera sah eine Menge Sachen, die echt auf so einer Tour passieren, und die überhaupt nicht lustig oder lieb und schnuckelig sind. Das ist nicht wie bei dem Ding mit der Pop-Band-unterwegs-auf-Tournee. Es gibt da eine Menge Härte drin, eine Menge Feeling.

Das tolle an Crazy Horse ist ja, daß sie nicht eigentlich technisch megamäßige Spieler sind, aber eine Menge Leidenschaft zeigen.

Naja, das ist es eben, worum es bei Crazy Horse geht. Und sie bringen einen Teil von mir zum Vorschein, der sehr elementar ist. Wir feuern wirklich eine Menge Gefühl hinaus – was den Kids leichtfällt, darauf abzufahren. So kommt's daß das sehr kinderartig ist. Ich habe etliche tolle Zeiten mit Crazy Horse erlebt.

Wie fühlst du dich dabei, diese Art von Rock'n'Roll zu spielen, wo du jetzt in deinen Vierzigern bist?

Muddy Track bezieht sich stark darauf. Beschreibt dieses Gefühl, verstehst du? Es gibt da einige wilde Sachen, wo wir Speed Metal machen. Bei einem Gutteil der Musik ist immer nur der Anfang und das Ende von den Songs da. Die Songs selbst fehlen. Es ist so, als ob man beim Interview nur den Interviewer hört. Und mich sieht man so gut wie gar nicht. Man hört nur Fragen. Das Video gibt einen guten Eindruck von den Anliegen, die einen so bewegen, und spricht darüber, wie es ist, einundvierzig zu sein, zweiundvierzig, und immer noch diese Art von Musik zu machen.

Und die Frage ist, wie lange kannst du es noch weiter machen? Und es tatsächlich auch *machen?* Oder wirst du zu einer Wiederaufführung eines früheren Geschehens? Das ist eine Frage, die ich mir selber stelle.

Meinst du, daß Crazy Horse anfingen, zu einer solchen Wiederaufführung zu werden?

Gegen Ende hin, da fing es an damit. Ich konnte spüren, wie es allmählich den Bach ab ging. Und ich habe es noch nie gemocht, vor Leuten zu stehen und sie dafür zahlen lassen, daß sie mich sehen, wenn ich nicht 100 Prozent auf Sendung bin. Und wenn du spürst, wie dir diese Energie entgleitet, dann kannst du eben den ganzen Zirkus wieder einpacken, verstehst du, und dich zurückziehen.

Also, meinst du damit, daß Rock'n'Roll in Wirklichkeit eher das Medium für jüngere Leute ist?

Da bin ich mir nicht ganz sicher. Es gibt keinen Zweifel darüber, daß er das Medium für jüngere Menschen ist. Die Frage ist, ob er auch das Medium älterer Menschen sein kann. Das ist der Grund, warum ich so an den Bluenotes hänge. Die bieten mir die gleiche Leidenschaft und Ausdruckskraft, wie der Rock'n'Roll, aber in einer erfahreneren und entwickelteren Art.

Also das ist der Grund, warum ich bei der Musik, die ich jetzt spiele, ein wirklich gutes Gefühl habe. Es ist etwas, an das ich glaube, und mit dem ich mich im Einklang befinde. Es ist real; es ist das, was wirklich jetzt passiert in meinem Leben.

11. AUGUST 1988

FRED GOODMAN

MTV MACHT NEIL YOUNG's VIDEO „THIS NOTE'S FOR YOU" NIEDER

Neil Youngs neues Musikvideo hat bei MTV eine angesäuerte Note angeschlagen. „This Note's for You", der Titelsong des neuesten Albums des Rockveteranen, ist eine schonungslose Anklage gegen Künstler, die ihren Namen für Produkte aus der Werbung hergeben. Das Video entstand unter der Regie von Julien Temple, der die Filme *Absolute Beginners* und *Earth Girls Are Easy* sowie Videos für die Rolling Stones und David Bowie gemacht hat, und nimmt weidlich Anleihen bei von Eric Clapton, Whitney Houston und Michael Jackson musikalisch unterstützten Werbekampagnen. Ein Sprecher von MTV kündigt an, daß der Musikvideokanal diesen Clip nicht zeigen wird.

Das Video, das mit einem Ausschnitt aus Eric Claptons Fernsehwerbung für Michelob Bier beginnt, zeigt Young auf dem Weg zu einer mitternächtlichen Jam Session. Dann bringt es in der Parallelmontage Filmaufnahmen von Auftritten im Continental Club in Hollywood mit Verulkungen von Werbespots für Budweiser und Miller Bier, Pepsi, Diät-Cola und Calvin Kleins Obsession-Parfum.

Der Text mit der Strophe „Ain't singin' for Pepsi / Ain't singin' for Coke / I don't sing for nobody / Makes me look like a joke", („Ich sing nicht für Pepsi / Ich sing nicht für Coke / Ich singe für niemanden / Ich bin schließlich kein Hampelmann") erwähnt auch Miller Bier und Budweisers Spud MacKenzie. Die Parodien, nehmen bisweilen auch eine etwas böswillige Wendung, zum Beispiel, wenn das Haar des Michael Jackson-Darstellers Feuer fängt, der berühmt-berüchtigte Budweiser Säufer-Hund drei weibliche Models abschlabbert oder eine Frau ihr verschüttetes Parfüm vom Fußboden schleckt – das alles ging für MTV zu weit.

„Die Programmabteilung war von dem Video schon angetan", sagt Barry Kluger, der Vizepräsident für Presse- und Öffentlichkeitsfragen bei MTV. „Aber unsere Rechtsabteilung sagte, wir würden Schwierigkeiten wegen Verletzung der Markenzeichen bekommen."

Young, der absolut nichts mit Produktwerbung zu tun haben will, kauft MTV dieses Argument nicht ab. „Wir dachten, die hätten Angst, das zu zeigen, und das hat sich auch als die Wahrheit herausgestellt", sagt Young. „Sie zeichnen eine Linie vor, und wir wußten, daß sich die Leute entscheiden mußten, ob sie davor oder dahinter stehen wollten". Young fügt hinzu, daß er sich persönlich durch die Entscheidung gekränkt fühlt, denn ursprünglich hatten die MTV-Chefs zugesichert, es gäbe keine Probleme, als ihnen die Drehbuchunterlagen zum Videoclip vor den Aufnahmen vorgelegt wurden. „Als wir es ihnen dann ablieferten", sagt Young, „da sagten sie, daß sie es nicht zeigen würden, da es ihre Sponsoren beleidigen würde, und weil sie befürchten müßten, verklagt zu werden."

In einem ungewöhnlichen Versuch, diese Ängste zu bannen, berichtet Young, hätten Warner Bros.,zu denen seinen Label Reprise Records gehört, angeboten, MTV gegen alle Klagen in Schutz zu nehmen. Kluger von MTV bestätigt dieses Angebot, aber er sagt, das wäre „noch nicht ausreichend" gewesen. Young und Direktor Temple boten an, das Video neu zu schneiden, als bloße Performance, und die ganzen Parodien wegzulassen. „Da kamen sie wieder und sagten, der ganze Song mache ihnen Kopfzerbrechen" berichtet Young. „Das ist so, als würde man mit rückgratlosen Dumpfhubern verhandeln".

Young, der sagt, daß dieser Song live mehr an „Reaktion und Echo in der Menge erntet, als irgendetwas, was ich sonst je geschrieben habe", will das Video immer noch bei MTV gesendet sehen. „Wir verschickten es an die Fernsehanstalten und sprachen mit der David Letterman-Show. Aber MTV bildet die Ausnahme; sie haben immer noch mehr Rock'n'Roll als General Hospital. Sie sollen eigentlich rebellisch sein, aber sie haben einfach zu wenig drauf, um etwas zu zeigen, was nicht bloß mittelprächtig ist."

Young erwähnt auch noch, daß MTV sein neuestes Video „Mideast Vacation" abgewiesen habe (ein Sprecher des Senders sagt, MTV habe den Clip nie erhalten), und daß seit „Wonderin'" (1983) überhaupt keines seiner Videos dort häufiger gespielt worden wäre. „Ich glaube, ich passe bei denen einfach nicht ins Konzept", schlußfolgert Young.

1. DEZEMBER 1988

MICHAEL GOLDBERG

CSNY BRINGEN *AMERICAN DREAM* AUF DEN MARKT

Das erste Studioalbum seit *Deja Vu*

Achtzehn Jahre nach dem Erscheinen ihres klassischen Albums *Deja Vu* haben Crosby, Stills, Nash und Young schließlich ein zweites Studioalbum veröffentlicht. Unter dem Titel *American Dream* wird die Aufnahme ab Anfang November im Handel sein.

„Thema des Albums ist der amerikanische Traum", sagt Graham Nash. „Und es gibt so vielfältige Ansichten darüber, was er ist oder was er sein könnte. Aus diesem Grund finden sich darin Songs über das Verlieben und Ent-Lieben, über das Zornigsein und das In-Frage-Stellen. Das ist CSNY im Jahr '88."

Größtenteils auf der Broken Arrow Ranch – Neil Youngs Domizil im nördlichen Kalifornien – zwischen Februar und Mai dieses Jahres aufgenommen, stellt *American Dream* ein Potpourri musikalischer Stilarten und Inhalte dar. Das Album ist von der Band und Niko Bolas (dem Produzenten von sowohl Youngs als auch Warren Zevons neuesten Aufnahmen) produziert worden und umfaßt vierzehn Originaltitel.

Der Titelsong befaßt sich mit dem Scheitern einiger öffentlicher Größen, den amerikanischen Traum zu verwirklichen: „I used to see you on every TV / Your smiling face looked back at me / Then they caught you with the girl next door / People's money piled on the floor" (Ich sah dich in jedem TV / Dein Gesicht lächelte mich an / Dann erwischte man dich mit dem Mädchen von nebenan / Bei dir stapelten sich fremde Gelder"). Es gibt aber auch Liebeslieder – Youngs Folkie „Feel Your Love", Stephen Stills' bluesartiger „Lose That Girl" und Nashs herbsüße Ballade „Don't Say Goodbye" – sowie zielgerichteten sozialen und politischen Kommentar, wie z. B. „Nighttime for the Generals", „Name of Love" und „Soldier of Peace". Ebenfalls enthalten sind ein unverfälschter Countrysong von Young, „This Old House", und zwei Stills-Young Gemeinschaftsprodukte: „Drivin' Thunder" und „Night Song".

Young leitete die *American Dream* Sessions – von Nash als „wahnsinnig spannungsfrei" beschrieben. Nash sagt, das Young und Stills vorher eine Woche zusammen auf der Ranch verbracht hatten, um sicher zu gehen, daß, „falls es mit den beiden nicht klappe, Neil genug Zeit gehabt hätte, um alles abzublasen. Ich glaube, er wollte sicher gehen, daß es funktioniert. Und zum Glück war es auch so."

„Neil war der Champion", sagt Nash. „Er ist eine Führernatur. Es ist schwer, wenn du zu Hause eine Truppe hast, die aus drei oder vier Verrückten besteht. Neil war der Quarterback – aber dennoch brauchst du auch den Rest von dem Team."

Und was denkt Nash, wie *American Dream* neben *Deja Vu* bestehen kann?

„Ich vergleiche sie überhaupt nicht miteinander", sagt er. *„Deja Vu* wurde von Einzelindividuen geschaffen, die ihre Tracks aufnahmen, sie mit zur Party brachten, damit sie besungen wurden, sie zum Abmixen wegbrachten und sie dann wieder mitbrachten, damit sie zu einer Platte zusammengesetzt wurden. Diesmal aber waren wir alle die ganze Zeit über da und waren am Singen und Spielen. Eigentlich ist es die erste CSNY Platte überhaupt."

Für eine Crosby, Stills. Nash and Young-Tour gibt es derzeit noch keine konkreten Pläne.

■ ALBUMKRITIK Im Jahresrückblick (15. Dezember 1988)

This Note's for You

Also, Young schießt uns einen mit weißem Blues angeschnittenen Ball herein; der Schock wäre größer gewesen, wenn er etwas höchstgradig kommerzielles getan hätte, etwa eine '88er *Harvest* losgelassen hätte. Tatsächlich sind die besten „Blues"-Nummern auf diesem Album diejenigen, die am nächsten am wirklichen Neil dran sind – „Twilight", das sich wie ein gedämpftes „Down by the River" anhört, mit Memphis Soul-Hörnern versehen, und das sauer-spritzige „Life in the City", das alle Attribute eines Crazy Horse Stompers besitzt. Was den Titelsong anbelangt, der ist mit seiner sprühenden Unkompliziertheit gleich lustig und kraftvoll, was sich auch durch den Krawall den er bei der Firmenfinanzierung heraufbeschwor, bestätigte. Es ist gut zu wissen, daß es immerhin mindestens einen bedeutenden „night"-Song gibt („Tonight's the Night"), der nie in einer Michelob Werbesendung zu hören sein wird.

12. JANUAR 1989

ANTHONY DeCURTIS

AMERICAN DREAM

(Album-Kritik)

AMERICAN DREAM KLINGT mit der Zeile „Warum soll man nicht sowieso einfach weitersingen?" aus – und dieser wurschtige Slogan scheint die Verfassung wiederzugeben, in der das erste Crosby, Stills, Nash and Young-Studioalbum seit *Deja Vu* (1970) gemacht wurde. Trotz lieblicher Melodien, dem gelegentlich interessanten Gesang und der charakteristischen Harmonien ist *American Dream* im großen und ganzen ein Schnarcherfolg.

Die Nervenzerrüttung im Herzen dieses Albums legt den Schluß nahe, daß die vier Veteranen sich an die Gestade der späten Achziger gespült fanden – nach endlosen Neugruppierungen, Solostreifzügen und, wie im Fall Crosby, Haft und Berührungen mit dem Tod – entschlossen ihre Schicksale zusammenzuschmeißen und abzuwarten, was daraus wird. Die Neugruppierung hat keinem von ihnen viel gebracht. Sogar Neil Young, das einzige Mitglied dieses Quartetts, das in der zurückliegenden Dekade nennenswerte Aufnahmen zustandegebracht hat, gibt sich seinen schlimmsten Neigungen hin. Seine populistischen Proteste (der Titelsong und „This Old House") setzen zu unterschiedlichen Graden Schmus, Sentimentalität und Launenhaftigkeit anstelle von Überzeugung und Einsicht, während seine Balladen („Feel Your Love" und „Name of Love") bedenklich in die Klischeehaftigkeit und bloße Hübschheit abgleiten.

Bei einer Reihe von Aufnahmen gelingt es der Gruppe, ein bißchen Muskelspiel zu zeigen. „Drivin Thunder", das an Stills und Youngs Version von „I Can't Drive 55" heranreicht – bedient sich eines galoppierenden Boogie-Beats, und Crosbys „Nighttime for the Generals" inspiriert Stills und Young dazu, Funken auf der Gitarre zu versprühen. Stills unbeschwertes „Got It Made" und Nashs atmosphärisches „Shadowland" gewinnen auf die ihnen eigene beschauliche Weise.

Unglücklicherweise tritt *American Dream*'s schaudererregendster Moment ausgerechnet an der Stelle ein, wo es die größten Ambitionen zeigt. „Compass" – Crosbys fünfminütige akustische Ballade von seinem Kampf mit der Sucht – erweist sich als dermaßen krampfhaft um Poesie bemüht, daß es eher Gelächter als Sympathie erweckt. Markige Zeilen wie „I have seized death's door handle / Like a fish out of water / Waiting for the mercy of the cat" („Ich habe den Griff zur Tür des Todes ergriffen/ Wie ein Fisch auf dem Trockenen / Der Gnade von der Katze erwartet") belegen die anhaltenden Nach-Wirkung der Drogen, die Crosby so tapfer bekämpft hat.

Als Ko-Produktion der Band mit Niko Bolas erweist sich *American Dream* klanglich klar, wenngleich die Synthesizer, die dem Album einen zeitgenössischen Glanz verleihen, schräg und gezwungen, ja sogar – merkwürdigerweise – etwas altmodisch wirken. Schließlich jedoch ist der Hauptfehler der Platte ihre Banalität. Außer rechtslastigen Verallgemeinerungen und trägen Beschwörungen der „Liebe" hat *American Dream* nichts zu bieten. Am Ende des sendungsbewußten, bombastischen „Soldier of Peace" brüllen Nash und Young „No more". Das denke ich mir auch.

13-27 JULI 1989

DAVID FRICKE

TRIBUTE ALBUM FÜR NEIL YOUNG

Terry Tolkin war dreizehn Jahre alt, als er 1972 sein erstes Neil Young Album, *After the Gold Rush*, kaufte. „Lyrisch sprach es mich wirklich als Heranwachsenden an", sagt er, „und seit der Zeit war ich ein Anhänger seiner Musik". Siebzehn Jahre später zahlt Tolkin – ein glühender Young-Jünger, der außerdem ein eigenes unabhängiges Label, No. 6 Records, betreibt, seine Schulden für die Inspiration zurück. *The Bridge: A Tribute to Neil Young* ist ein Album mit einer Zusammenstellung von Neil Young-Covers, die von elf anderen Spitzen-Rockstars beigesteuert werden, darunter Nick Cave („Helpless"), the Pixies („Winterlong"), Sonic Youth („Computer Age"), Gitarrist Henry Kaiser („The Needle and the Damage Done" und „Tonight's the Night") und Dinosaur Jr. („Lotta Love"). Jeder einzelne Track (insgesamt sind es 14 auf der CD) war speziell von Tolkin in Auftrag gegeben, und ein Teil der Erträge geht an die Bridge School in San Francisco, die Sonderschuleinrichtung, für die auch schon Neil Young zwei größere Benefizkonzerte gegeben hat. *The Bridge* wird in America von Caroline Records vertrieben.

Tolkin sagt, er wurde durch Youngs *Rolling Stone*-Interview von 1988 zu *The Bridge* angeregt. „Ich wußte, daß zwei seiner Kinder zerebrale Kinderlähmung hatten", sagt er. „Aber ich wußte überhaupt nichts über die Bridge School, und bei dieser Gelegenheit habe ich zum ersten Mal etwas darüber erfahren. Mein eigener Onkel und meine Tante haben ebenfalls zwei Kinder mit dieser Krankheit. Als er in diesem Artikel von Ben und Zeke sprach, mußte ich sofort an meine beiden eigenen Cousins denken."

Tolkin wußte durch seine eigenen Erfahrungen beim Managen und Buchen von Undergroundbands auch Bescheid über den großen Einfluß Youngs auf die Post-Punk-Generation. „Alle Bands, die auf dieser Scheibe sind, sind auch selber große Neil Young-Fans", sagt er.

Als Tolkin mit den Pixies Kontakt aufnahm, um sie für ihre Teilnahme an der LP zu gewinnen, sagte der Sänger-Gitarrist Black Francis, „Wow, das ist ja fantastisch. Einer der wichtigstens Songs in meinem Leben ist „Winterlong". Ich habe ihn mir ein Jahr lang immer beim Aufstehen angehört."

Tolkin erzählt weiter: „Es war schon eine Großaufgabe an Koordination, zu entscheiden, wer welchen Neil Young-Song spielen sollte. Viele Bands wollten Songs spielen, die andere auch schon spielen wollten. So lag es schließlich an mir zu entscheiden, wer für welchen Track der bessere wäre.

Obwohl Tolkin nicht direkt mit Young über das Album gesprochen hat, stand er immerhin mit Youngs Managementfirma, dem Lookout Management und mit Youngs Ehefrau Pegi, der Leiterin der Bridge School, in Kontakt. „Sie stand der Sache aufgeschlossen und empfänglich gegenüber", stellt Tolkin fest. „Ich schätze, daß Neil Young recht gut über dieses Projekt Bescheid weiß und daß er es stillschweigend befürwortet."

19. OKTOBER 1989

SHEILA ROGERS

NEIL YOUNG FINDET *FREEDOM*

Mit dem neuen Album kehrt er zu seinem klassischen Stil zurück

„Neil, mach das nicht, finde dich nicht damit ab", murmelt Nora Dunn, Stammgast in *Saturday Night Live*. Nur wenige Meter weiter, auf einem Balkon von New Yorks Palladium, steht Neil Young flankiert von Daryl Hannah, Chevy Chase und Tim Hutton. Hannah hält sich nervös an einer MTV-Musikvideotrophäe fest, die sie dem Sänger überreichen soll. Obwohl die Preisverleihung live aus Los Angeles übertragen wird – und Youngs Kategorie, Bestes Video des Jahres noch gar nicht angekündigt worden ist – sind die Kameras schon schußbereit, sollte Youngs Video „This Note's for You" den Gewinn davontragen. Young ist bereit, den Preis anzunehmen, aber die Tonübertragung kommt zum Erliegen, und seine Worte bei der Entgegennahme verwandeln sich zu ein paar tonlosen Sekunden.

Minuten später ist Young in seinem Umkleideraum hinter der Bühne und schüttelt immer noch ungläubig seinen Kopf. „Es ist schon merkwürdig, diesen Preis zu gewinnen" sagt er (MTV hatte sich ursprünglich aus Angst, Werbekunden zu verstimmen, geweigert, diesen Clip zu spielen). „Das ist einfach etwas, was ich für schlicht unmöglich gehalten habe".

In diesen Tagen scheint Young mit vielen Dingen in seinem Leben seinen Frieden zu schließen. Zuvor an diesem Abend hatte er seinen zweiten Palladium-Auftritt seiner Akustik-Tour gegeben. Sein Set, das er mit „Hey Hey, My My" eröffnete und das solche Liebhaberstücke wie „Helpless", „Heart of Gold" und „Sugar Mountain" enthielt, brachte auch Songs von seinem neuen Album *Freedom*. Das neue Material paßte ausgezeichnet mit den älteren Klassikern zusammen: Stücke wie „Rockin in the Free World", „Crime in the City" und „Someday" markieren eine bewußte Hinwendung zu Youngs originärem Solostil.

Was war es, das ihn wieder an seine Wurzeln zurückbrachte? „Die Zeit", sagt er. „Ich habe mit vielen Gefühlen und vielem, was ich in meinem Leben nicht verstand, abgeschlossen. Und nun habe ich das Gefühl, daß die Zeit vieles geheilt hat, was immer es auch war, das mich verletzt hat. Ich weiß nicht, aber ich fühle mich jetzt einfach offener und ich bin in der Lage, Songs zu schreiben, die unmittelbarer mit dem was ich denke in Zusammenhang stehen."

Freedom ging noch etliche Wandlungen durch, bevor Young die endgültigen elf Songs plaziert hatte. Ursprünglich hatte er mit Aufnahmen in New York an einem Album zu arbeiten begonnen, das *Times Square* heißen sollte. Einige Tracks hat er auch auf seiner Ranch in Kalifornien eingespielt. Beide Sessions wurden schließlich zusammengeworfen und sollten auf einem Album mit Namen *Eldorado* erscheinen. Aber als es soweit war, überlegte er es sich noch einmal anders.

„Ich dachte, es wäre wirklich gut, aber ich habe nicht erwartet, daß es dem Publikum gefällt", sagt er. „Es steckte vom Anfang bis zum Ende voller Schärfe". Vier rockige Tracks wurden in Australien, Neuseeland und Japan als eine EP namens *Eldorado* auf den Markt gebracht.

Young kehrte dann ins Studio zurück, um die Tracks für *Freedom* perfekt zu machen. „Ich habe die Stücke einfach so lange hin und hergedreht, bis ich schließlich etwas in Händen hielt, das mehr nach einem Album und weniger nach einem Angriff aussah", erzählt Young. „Es ist das erste Mal seit Jahren, daß ich Lust habe, ein solches Album herauszubringen. Bei den anderen Alben war ich mehr auf den Stil fixiert. Aber ich war dabei, meine eigenen Ziele etwas aus den Augen zu verlieren."

2. NOVEMBER 1989

DAVID FRICKE

NEIL YOUNG LÄSST DIE FREIHEIT ERKLINGEN

Freedom ***** The Bridge ****

WENN EIN JAHRZEHNT ZU ENDE GEHT, scheint das bei Neil Young Furcht und Abscheu auszulösen. 1969 entbot er den Love and Peace-Versprechungen der bewegten Sechziger Jahre mit den gereizten Gitarren und der bekennenden Verzweiflung auf *Everybody Knows This Is Nowhere* ein verbittertes Lebewohl. Zehn Jahre später, auf *Rust Never Sleeps*, geißelte er die fortschreitende Arthritis und Superstar-Selbstgefälligkeit des Rocks der Siebziger Jahre mit schäumenden Versen und rostfressender Gitarrenviolenz, ganz zu schweigen von der bewußt provokanten Beschwörung von Elvis Presley und Johnny Rotten in ein- und demselben Song.

Freedom ist nun, wieder eine Dekade später, der Sound von Neil Young, der wieder mit Wut und Trauer zurückblickt. Die Songs stecken wieder voll von weidwund Wandelnden und sind übersät von zunichtegewordnen Hoffnungen und Drogengedöns. Die verbindenden Bande wie Treue, Liebe, Sorge um den Mitmenschen geraten ins Hintertreffen, stattdessen ist die Betrügerei zur Norm geworden. Dann schleudert Young all diesen Schmerz auf dich, und er trifft dich wie ein Eimer voll Eiswasser ins Gesicht. Zuerst empfindest du einen großen Schreck, dann Unwillen und zuletzt eine Art rachsüchtigen Hochgefühls. Wie bei *Rust* und *Everybody Knows* und bei anderen streitbaren Klassikern wie *On the Beach*, *Tonight's the Night* und *Re-act-or* auch, läßt dich Neil Youngs *Freedom's* Ödland gleichermaßen erschöpft wie belebt, betrübt über das, woran wir bisher gearbeitet haben, um es richtig zu machen.

Es ist kein Zufall, daß „Rockin' in the Free World", der De facto-Leitsong des Albums, *Freedom* in getrennte live-akustische und studio-elektrische Abschnitte unterteilt. Wie auch „My My, Hey Hey ...", sein Zwilling auf *Rust Never Sleeps*, wird dieser Song im Singsang dahergetrieben und tanzt dabei wie ein Ball auf einer Achse der tödlichen Ironie fürbaß, wobei sein oberflächlicher fröhlicher Charme von Youngs „Parade der Opfer" vergällt wird: Die Obdachlosen „Sleepin' in their shoes" („die in ihren Schuhen schlafen"), eine junge Drogenabhängige, ihr verlassenes Baby („That's one more kid / That will never go to school / Never get to fall in love / Never get to be cool") („Das ist wieder ein Kind mehr / das nie in die Schule gehen wird / das sich nie verlieben wird / das niemals über den Dingen stehen wird"). Und mit dem akustischen Track am Anfang der Aufnahme spielt Young seinen Part wie einen Blues zum Opferabzählen, und dabei erklingt sein hoher, einsamer Kontratenor voll schwermütiger Verzweiflung.

Der akustische Track klingt jedoch vor der entscheidenden letzten Strophe aus, die dann in der hitzigen elektrischen Version dargeboten wird. Über eine donnergrollende Attacke, die sich anhört wie *Rust* hoch zehn, geht Young zielstrebig zur Attacke auf billige Präsident-Amtseinführungs-Rhetorik über („We got a thousand points of light / For the homeless man / We got a kinder, gentler, machine gun hand") („Wir haben tausend Punkte aus Licht / für den obdachlosen Mann / Wir haben einen sanftere, menschlichere Hand am Maschinengewehrgriff"), dann schwenkt er um und leistet einen anderen Fahneneid: „Got a man of the people / Says keep hope alive", heult er, „Got fuel to burn / Got roads to drive." („Wir haben da einen Mann aus dem Volk / Er sagt, er gibt die Hoffnung nicht auf / Wir haben Sprit zum Verbrennen / Wir haben Straßen um darauf zu fahren".)

Die ganze Platte wibbelt auf diese Weise hin und her, zwischen nachdenklichem akustischem Kummer und geharnischter elektrischer Heftigkeit. Zum Teil liegt das aber an der unterschiedlichen Herkunft dieser Songs. Die Balladen „Ways of Love" (eines von zwei Duetten mit Linda Ronstadt) und das schmerzlich schöne „Too Far Gone" stammen noch aus den späten Siebzigern. „Don't Cry", „Eldorado" und eine beschleunigte Neuversion von „On Broadway" kommen von einer neueren Killer-EP, *Eldorado*, letztes Jahr aus Sessions in New York mit einem Basis-Trio zusammengestellt: die Amps waren dabei auf 11 hochgeschraubt. Leider kam diese EP nur in Japan, Australien und Neuseeland auf den Markt. *Freedom* enthält außerdem noch Material, das aus Youngs Blues'n Grass-Gang, den Bluenotes mitgeschnitten war.

Die buntgescheckte Machart des Albums erhöht ihren thematischen Kick. Während eine Menge Leute von *Freedom* begeistert sein werden, weil sein schizomäßiges Hin- und Her-Dellern zwischen Folkieballaden und dezibelträchtiger Urgenz eine tröstliche Ähnlichkeit zu den sanfteren Stimmungsumschwüngen seiner großen Erfolge der Siebziger Jahre – *After the Gold Rush* und *Harvest* – aufweist, hat *Freedom's* vermischtes Menü von Sound und Empfindung viel mehr mit dem zyklischen Wirbel von Schmerz, Zwang und Freude im wirklichen Leben gemeinsam. Vor zwei

Jahren hat Young ein Album mit dem Namen *Life* herausgebracht, aber dieses hier würde den Namen weit eher verdienen.

Es kann einem schon schwerfallen, durch die sich verdichtenden Wolken des Albums das Sonnenlicht zu sehen. „Crime in the City" ist eine fröstelndmachende Litanei von Zynismus und Resignation, eingespielt in einem fast skelettalen, jazzmäßigem Galopp und verbrämt mit Ben Keiths eisiger Steelgitarre und dem erdverbundenen Muhen der Bluenotes-Bläser. In „Don't Cry" gibt Young einen zwar sanften, aber entschiedenen Abschiedskuß zweier Liebender wieder, mit abwechselnden Gesten von stiller Schuld und boshafter Feuersturmgitarre. „No More" ist ein Ich-Form-Update von „The Needle and the Damage Done", den Bekenntnissen eines früheren Junkies, der in das immergleiche müde Raunen verfällt: „No more, no more, no more".

Aber wenn dieses Album von der Illusion der Freiheit handelt, so handelt es auch von Youngs Weigerung, diese als das letzte Wort in der Angelegenheit zu akzeptieren. Er ist zumindest entschlossen, in „Wrecking Ball" tanzen zu gehen. Er ist bereit zu glauben, daß „Smog sich in Sterne verwandeln kann" – in „Someday", einer trockenen, warmen Ballade mit leichter R&B-Würze. Das Mega-Metall-Cover von „On Broadway" ist köstlich pervers, Young stranguliert seine Gitarre mit dramatischer Überzeugung. Der Crazy Horse-mäßige Young, mit hoher Oktanzahl, fährt in die ursprüngliche Straßeneckenhymne der Drifters hinein, und Draufgängertum erfaßt kühn die wetteifernden Züge von Agonie und Ekstatik, die das ganze *Freedom* Album durchziehen. Allerdings, am Ende bricht er in einen ekligen vokalen Anfall aus und brüllt „Give me that crack/ Give me some of that crack!" („Gib mir das Crack / Gib mir was von dem Crack!") und schreit, als hätte er sich gerade am Times Square auf die U-Bahnschienen geworfen. Das wär's, zum Thema Ausgänge von Märchen.

Was Young dem Titel „On Broadway" antut, ist noch gar nichts verglichen mit dem garagenpunkartigen Gemetzel an seinem eigenen „Lotta Love" durch Dinosaur Jr. oder die Art und Weise, wie Sonic Youth „Computer Age", seine Ode an das digitale Zeitalter, in eine naive Gitarrendrescherei verwandeln. Aber gerade deswegen ist *The Bridge: A Tribute to Neil Young* solch ein Renner. Als eine Zusammenstellung von elf Young-Covers (vierzehn auf der CD) von einer Starbesetzung aus Post-Punk und College-Radio Akteuren feiert *The Bridge* nicht nur Youngs ausdauernde Songschreiberei, sondern auch den bilderstürmerischen Geist und die anarchische Freude, mit der er fortgesetzt Rockmythen in Frage stellt und sich den Konventionen des Rock widersetzt. Die besten Interpretationen auf dem Album überschreiten die ursprünglichen musikalischen Parameter der Songs, ohne sie dabei in ihrem emotionalen Bereich zu beeinträchtigen:

Das pulsierende, liebende „Winterlong" der Pixies; Soul Asylums Hooliganprügelei beim „Barstool Blues"; Nick Caves Version von „Helpless", verlangsamt zu einem begräbnismäßigen Deutsches-Cabaret-Gekrieche.

Das Geistesprodukt von Terry Tolkin, einem glühenden Young-Fan, der sich das Projekt ausgedacht, die Tracks in Auftrag gegeben und sich verpflichtet hat, einen Teil der Erträge an Youngs bevorzugte Fürsorgeeinrichtung abzuführen (der Bridge School für behinderte Kinder in Nordkalifornien) – hat *The Bridge* ihren kleinen Anteil an Fehlschlägen, am auffallendsten Psychic TV's überlanges, überzogenes „Only Love Can Break Your Heart". Aber die Spannweite der künstlerischen Besetzung des Albums, die auch die düstere Südstaaten-Chanteuse Victoria Williams, den Avant-Rock Gitarristen Henry Kaiser und die Acid-Dementia Spezialisten Flaming Lips umfaßt, gibt beredtes Zeugnis ab über das außergewöhnliche Ausmaß von Youngs Einfluß auf den Rock der Achtziger. *Freedom* hingegen ist Youngs Andacht für die Neunziger, eine rauhe Erinnerung, daß man für alles seinen Preis bezahlen muß. Rocken in einer freien Welt nicht ausgenommen.

DIE TOP 100

DIE 100 BESTEN ALBEN DER ACHTZIGER
Nr. 85 *Freedom*, Neil Young

ALS DAS JAHRZEHNT ZU ENDE ging, wählten die Rolling Stone-Redakteure die besten Alben der Achtziger Jahre aus. Neil Youngs *Freedom* bekam dabei die Nummer Fünfundachtzig.

„Ich wußte, ich wollte wieder ein echtes Album machen, das ausdrückt, was ich fühle", erklärt Neil Young zu seinem jüngsten Album *Freedom*. „Ich wollte eine spezielle Neil Young-Scheibe machen; etwas, was nur ich bin, ohne daß ich in eine bestimmte Rolle gedrängt werde, ohne ein Image wie etwa der Typ von den Bluenotes oder der Macker in *Everybody's Rockin'*. Seit Jahren ist es das erste Mal, daß ich das Gefühl habe, solch ein Album zu machen."

Freedom kreuzt zwischen Folkie-Balladen („Ways of Love", „Someday" und „Too Far Gone") und kreischenden Rockstücken („Eldorado" und eine wildfunkelnde Cover-Version von „On Broadway") hin und her. Es ist eingebunden in sich abhebende Versionen des bitter-ironischen „Rockin' in the Free World". Der Eingangssong ist live und akustisch, wobei das Publikum den Chor singt, wohingegen das Finale eine zornige, elektrische Version mit einer zusätzlichen Strophe ist (Young verwendete schon bei *Rust Never Sleeps* eine ähnliche Machart).

„Dies ist das längste Album, das ich je gemacht habe", sagt Young. „Es ist ein echter Brocken. Wenn ich es mir anhöre, kommt es mir fast vor wie im Radio – es ändert sich ständig und wechselt von einem Thema zum anderen."

Ursprünglich als rein elektrisches Rockalbum mit in New York aufgenommenen Songs geplant – „Nur Hartes, nichts Zartes, vom Anfang bis zum Ende", wie er sich ausdrückt – hat er dem Album, das schließlich herausgekommen ist, auf Gleichgewicht bedacht Material von etlichen nachfolgenden Akustiksessions hinzugefügt. Das Resultat dabei ist Youngs persönlichster und am wenigsten hinter dem Berg haltender Set von Songs seit Jahren.

„Musik kann wie Therapie sein", stellt er fest. „Es ist, als ob man Teilbereiche seiner selbst hervorholen würde, was ich immer schon getan habe. Aber ich war an einem Punkt in meinem Leben, wo ich meine Gefühle gegenüber einer Menge von Sachen, die ich nicht verstand, abgeschottet hatte. Ich habe einfach die ganze Sache weggesteckt und mich mehr mit oberflächlicheren Dingen beschäftigt; das war sicherer. Jetzt aber habe ich das Gefühl, daß die Zeit all das geheilt hat, was mich einst so sehr quälte. Ich fühle mich offener, und ich kann Songs schreiben, die näher an dem sind, was ich momentan denke".

Produzenten: Neil Young und Niko Bolas. **Erschienen**: Oktober 1989. **Höchste Charts-Position:** Nummer Fünfunddreißig. Reprise Records.

11. JANUAR 1990

JIMMY GUTERMAN

NEIL YOUNG ZIEHT DEN STECKER AUS DER JEANS-WERBUNG

NEIL YOUNG, DER SEINE EINSTELLUNG gegenüber dem Mäzenatentum im Rock'n'Roll von seiten großer Firmen und die Bereitschaft von Rockmusikern, in Werbespots zu erscheinen, schon 1988 in seinem bissigen Song „This Note's for You" samt dazugehörigem Video zum Ausdruck gebracht hatte, mußte erleben, daß seine Musik in Europa ohne seine Einwilligung für eine Werbekampagne mißbraucht wurde.

Anfang November fing Lee damit an, Werbespots loszulassen, die sich des Neil Young Songs „Hey Hey, My My (Into the Black)" auf CNN International und MTV Europe bedienten. In dem Spot war niemals der Original-Sound zu hören, jedoch produzierte sich dort ein Sänger, der sich wie NY anhörte und so ähnlich aussah. Er wurde nie in den USA gezeigt.

Young, dessen Silver Fiddle Verlagsgesellschaft die Rechte an dem Song besitzt, war niemals um seine Zustimmung gefragt worden – auch nicht EG Music, die die Musikrechte für Silver Fiddle verwaltet. Im November strengte Youngs Lookout Management eine einstweilige Verfügung gegen CNN, MTV und Lee Jeans an. Daraufhin wurde der Werbespot umgehend zurückgezogen.

Trotz der schnellen Aktion distanziert sich die Jeans Firma von der Werbung, und es bleibt im Grunde unklar, woher die Reklame überhaupt stammt. „Lee International ist völlig unabhängig von der amerikanischen Firma", heißt es von Lees Firmensprecherseite. „Wir sind für unsere internationale Abteilung nicht verantwortlich. Wir fungieren als völlig getrennte Firmen. Das einzige, was wir machen, ist, den Namen zu lizensieren. "Sogar diejenigen, die eigentlich etwas von der Anzeige wissen müßten, schützen Unwissenheit vor. „Wir haben keine solchermaßen geartete Werbung", sagt Jaime Moreno, der Leiter der Lee International Lizensierungsgesellschaft.

„Ich habe sie nie gesehen", sagt Buzz Ahrens, der Managing Director von Lee Europa/Großbritannien. „Ich bin ganz erstaunt. Ich frage mich, wo die Sache überhaupt herkommt."

Laut Ahrens hat Lee Europa/Großbritannien eine hausinterne Werbeabteilung, die mit Agenturen auf dem Markt zusammenarbeitet. Es bleibt ungeklärt, ob der Raub von Youngs Song im Hause oder irgendwo außerhalb vollzogen wurde. „Uns wurde von denen, die die Anzeige in Gang gesetzt haben, aufgetragen, daß wir nie und unter keinen Umständen auch nur irgendetwas verlauten lassen dürfen", sagte ein zuständiger Mitarbeiter aus CNNs Marketingabteilung. Bei der Pressekonferenz erwog Youngs Management noch weitere rechtliche Schritte.

17. MAI 1990

JEFFREY RESSNER

CSNY EHREN IHREN FRÜHEREN DRUMMER

WÄHREND EINES BENEFIZKONZERTS im vorigen Monat für den kränkelnden Rockdrummer Dallas Taylor gaben die Musiker einer nach dem anderen für den Schlagzeugerveteran ihr Autogramm auf einem großen Trommelfell ab. „Ist das hier die Stelle, wo das Pedal auftrifft?" schrieb Don Henley in die Mitte des Trommelfells, wogegen Taylors alter Bandgenosse Neil Young seine Message mit einer etwas persönlicheren Widmung versah: „Sea of Madness Big Sur Folk Festival. Waren das Zeiten!"

Die Stimmung auf der Bühne mag wohl festlich gewesen sein, aber der Anlaß für das Konzert war eher traurig: Taylor, der Originaldrummer von Crosby, Stills, Nash and Young, leidet aufgrund jahrelangen Alkohol- und Drogenmißbrauchs an einer Lebererkrankung im Endstadium. Das Benefizkonzert in der Stadthalle von Santa Monica vom 31. März, bei dem CSNY, Henley und die Desert Rose Band auftraten, trug dazu bei, Gelder für eine Stiftung zur Förderung Suchtkranker aufzubringen und schärfte gleichzeitig das öffentliche Bewußtsein für die Notwendigkeit von Organspenden.

Am folgenden Abend hielten die gleichen Musiker wieder einen neuen Geldeintrieb ab, der diesmal die kalifornische Umweltschutzinitiative begünstigen sollte, eine umfassende Gesetzesvorlage, die sich gegen den Einsatz von Pestiziden und gegen Luft- und Wasserverschmutzung richtete. Beide Vier-Stunden-Shows gipfelten in Neil Youngs mitreißendem Solo-Set und in Henleys Auftritt.

Das Benefizkonzert für den früheren CSNY Drummer weckte noch die tiefgreifendsten Emotionen. „Jeder hilf jedem", sagte Taylor nach dem Konzert. „Das ist es, was einen Musiker ausmacht". Taylor, 42 Jahre alt, muß sterben, wenn er nicht in absehbarer Zukunft eine Lebertransplantation bekommt. Trotz seines schlechten Gesundheitszustands war der Musiker am Konzertabend gut drauf und kam zu CSNY auf die Bühne, um bei den

Zugaben aus „Wooden Ship" und „Teach Your Children" mitzuspielen, wobeidas das erste Mal in zwanzig Jahren war, an dem er mit allen auf der Bühne gestanden war.

Taylor spielte in den späten 60ern mit der Band Clear Light. Danach tauchte er bei Crosby, Stills und Nashs erstem Album im Jahr 1969 und danach bei ihrem klassischen Follow-up Album *Deja-Vu* mit Young auf. Wenn man bedenkt, daß Taylor nur eine nebengeordnete Rolle in der Gruppe innehatte, so genoß er durch seine Abmachung mit CSNY dennoch eine einmalige finanzielle Beteiligung , wodurch er bei jedem verkauften Album ein Vermögen verdiente. Durch diese Abmachung wurde er mit einundzwanzig Jahren schon zum Millionär, aber am Ende verschleuderte er sein Vermögen doch bloß für Drogen, Sportautos und andere leichtfertige Vergnügungen.

Taylor war später bei Solo-Alben von Stephen Stills und Graham Nash mit von der Partie und drummte für Stills Band Manassas. Während der Siebziger Jahre nahm Taylor Alben mit dem Rolling Stones-Bassisten Bill Wyman und dem Rocksänger Sammy Hagar auf. In den Achtzigern jedoch hatte er Schwierigkeiten, regelmäßige Arbeit zu finden, zum Teil wegen seines schweren Alkoholismus und seiner Drogenabhängigkeit. Schließlich räumte er 1984 endgültig damit auf, mußte aber im letzten November erfahren, daß seine langjährigen Exzesse seine Leber zerstört haben.

Jetzt wartet Taylor geduldig auf eine Spenderleber, die seine Lebensspanne um etliche Jahre verlängern könnte. Er trägt einen Piepser bei sich, damit man ihm ein Signal geben kann, wenn ein geeigneter Spender gefunden ist. Seit er wieder clean ist, hat Taylor viel Zeit darauf verwandt, Beratungen in einer Rehabilitationsklinik in Van Nuys in Kalifornien zu leisten.

Neben den Auswirkungen, die die Drogen auf sein Drummen hatten, sagt Taylor, sei er bei CSNY rausgeschmissen worden, weil er sich bei den „anhaltenden Streitereien zwischen Stephen und Neil" auf Stills' Seite geschlagen hätte, und so war dieses Konzert auch eine Art Versöhnung zwischen Taylor und Young. Bevor sie miteinander „Wooden Ships" spielten, ergriff Young die Hände seines früheren Begleitmannes und sie lächelten sich herzlich an. „Neil war echt liebenswürdig", sagt Taylor. „Er sagte mir, er wollte dies um nichts in der Welt missen müssen".

20. SEPTEMBER 1990

KURT LODER

RAGGED GLORY

(Album-Kritik)

✱ ✱ ✱ ✱ 1/2

Neil Youngs Gitarrenekstase

ICH HALTE NEIL YOUNG FÜR DEN KÖNIG des Rock'n'Roll. Zum gegenwärtigen Zeitpunkt sehe ich sonst niemand in der Szene auch nur annähernd so hoch stehen. Der Titel von Youngs neuer Scheibe beinhaltet passenderweise auch gleichzeitig ihren Charme. Neun der zehn Tracks auf *Ragged Glory* – ein Youngscher Instant-Klassiker, übrigens, geht und holt ihn euch – wurden auf seiner Ranch im nördlichen Kalifornien aufgenommen. Vor einigen Jahren machte ich dort einen kurzen journalistischen Besuch und fand ein sehr großes Areal vor. Mittendrin hatte Young eine vollständig ausgerüstete Open-Air Bühne aufgebaut, auf die er und seine Bandjungs ab und an für einen Abend raufkraxeln und dort ihre Ampäres ankurbeln.

Dieses Album hört sich an, als wäre es an einem echt guten Abend auf dieser Bühne aufgenommen worden. Es ist locker und natürlich und weiß Gott auch laut und steigt ruhmreich von einem brausenden Cut zum nächsten. Es enthält keine akustischen Balladen. Alles – sogar die Öko-Hymne am Ende des Albums – ist durch und durch stromverstärkt. Young steigt bei „Country Home", dem Eröffnungssong, mit seiner Gitarre und den bis zum Anschlag hochgekurbelten Lautstärkereglern ein, und läßt sie dort eine geschlagene Stunde wie angenagelt stehen bleiben. Überall bringt er seine Solos ein – schäumende Schwälle schlingernden Knirschens und Kreischens – und seine Soli sind lang. Zwei der Tracks auf dem Album (übrigens, zwei der besten, „Love to Burn" und „Love and Only Love") dauern jeder länger als zehn Minuten. (Es gibt dann auch noch einige mehrminütige Feedback-Fadeouts.) Und dann treibt ihn zum ersten Mal nach über einem Jahrzehnt auf einer Schallplatte ständig Crazy Horse an (Gitarrist Frank Sampedro, Bassist Billy Talbot und der Drummer Ralph Molina), vielleicht die letzte große Garagenband unserer Zeit und eindeutig Youngs beste Gruppe.

Ragged Glory ist ein Denkmal für den Geist in der Garage, den Sieg der Leidenschaft über die Präzision, rohe Gewalt und unbeschönigten Soul.

Young und die Jungs lassen sogar einen atomaren Angriff auf einen echten Garagenklassiker los – den R&B-Alt-Hit, „Farmer John", dargeboten im Stil der Surfer-Stomp-Version der Premiers von 1964. Dies ist frank und frei gesagt ein beknackter Song, und eingedenk dessen, daß sein schwerfälliges, punkmäßiges Grundsegment schon das Thema ist, gelingt es der Band doch, mit dem was man als Schadenfreude bezeichnen könnte, ihn zu einem respektheischenden Moloch aufzublähen, der erbarmungslos und doch faszinierend ist.

Ja Kinderchen, hier ist ein Typ, der schon grau genug ist, um euer eigener uriger Ex-Hippie Pappi zu sein, und der und seine gleichermaßen uralten Kumpels scheppern da eine Melodie raus, die „Fuckin' Up" heißt, und die jedem firmenmäßig eingetragenen Metal-Akt, der derzeit in den Charts ist, die Locken vom Haupt sengen würde. Es ist wirklich faszinierend. Aber Young ist kein inhaftierter Heranwachsender. Die Statur seiner Musik hat sich stets von seiner Fähigkeit abgeleitet, die einfachen Formen seiner Grundeinflüsse – Folk, Rock, Country und Rhythm & Blues – als Vehikel für seine musikalische Ehrlichkeit herzunehmen. Und auf *Ragged Glory* sind die Gefühle, die er darlegt, die eines Mannes, der fünfundvierzig wird – eines Mannes, für den Rock'n'Roll noch immer genauso ehrlich klingt wie in seiner Jugend, aber auch ein Mann mit einer hohen Kilometerleistung auf dem Tacho und mit der Erinnerung an etwas, was uns heute als etwas glanzvollere Zeiten erscheinen mag.

Im lässig-eleganten „Mansion on the Hill" – ein Landspaziergang, begraben unter einer LKW-Ladung überlasteter Gitarren – blickt Young zurück auf die glücklichen Tage der sechziger Jahre, als wären sie ein jugendliches Paradies, das in der Zeit eingefroren ist. „Psychedelic music fills the air / Peace and Love live there still" („Psychedelische Musik erfüllt die Luft / Frieden und Liebe sind dort noch immer lebendig"). Aber er ist kein Narr. Er weiß daß diese Tage unwiederbringlich vorbei sind, jedenfalls für seine Generation; daß „Besitzstände und Rechtstitel" die Menschen im Laufe der Jahre verändern, und daß, wie er es auf dem folgenden Track besingt (in einem Song, der in Melodie und Klang teilweise Bob Dylans „My Back Pages" nachempfunden zu sein scheint). „We never had to make those deals / In the days that used to be" („Wir hätten niemals diese Verträge zu machen brauchen / in den damaligen Zeiten").

Young denkt auch über seinen eigenen späteren politischen Rückzug und dessen offensichtlich korrosiven Effekt auf alte Freundschasften nach: „Ideas that once seemed so right / Now have gotten hard to say / I wish that I could talk to you / And you could talk to me" („Ideen die einmal so richtig erschienen / auf einmal sind sie schwer auszusprechen / ich wünschte ich könnte offen mit dir reden / und du mit mir").

Und im düsteren, gitarrenverhangenen „Love to Burn" bringt er eine qualvolle Szene einer zerbrechenden Ehe: „Why'd you ruin my life? / Where you takin' my kid? / And they hold each other, sayin' / How did it come to this?" („Warum machst du mein Leben kaputt? / Wo gehst du hin mit meinem Kind? / Und man faßt sich an und fragt / Wie konnt es soweit kommen?").

Das Album ist aber selten einmal niedergeschlagen. Es gibt Hoffnung in dem beinahe psychedelischen „Love and Only Love" und im erdigen „Over and Over" („I love the way you open up when you let me in") („Ich liebe es, wie du dich öffnest, wenn du mich reinläßt"), und ein Gefühl von schlichter Zufriedenheit im melodischen „Country Home". Und das von scharfen Gitarrentönen getriebene „White Line", ein Ramblin' Man-Ableger mit Anklängen an die *Deja-Vu*-Ära von Crosby, Stills, Nash und Young, ist ein Tribut an die unvergänglichen Möglichkeiten einiger weniger schrottiger Akkorde und eines wohlgemuten Herzens.

Aber *Ragged Glory* erreicht seinen Gipfelpunkt mit dem hitzigen und höchst reuevollen „Fuckin Up", mit seinem schneidenden Riff und seinen heulenden Gitarrenleads wie von einem Eimer voller Aale und Young dazu – in seinem gewohnt mikrotonal-abenteuerlichen Vokalstil – wehklagend, (und das muß bestimmt ein ganz umfassendes Lamento sein): „Why do I keep fuckin' up?" („Warum baue ich nur immer wieder so viel Scheiß?").

Am Ende des Albums wendet sich Young mit „Mother Earth" (Natural Anthem) der Zukunft zu, einer reinen und prachtvollen Nummer, die etwas früher in diesem Jahr beim Farm Aid IV Benefizkonzert in Indiana live aufgenommen wurde, mit zusätzlichen Harmonien, die die Band dann später auf Youngs Ranch aufgenommen hat. Vom Aufbau her ein Stück aus aufrechten Folkakkorden, gewinnt dieser potentiell schwachsinnige Lobgesang auf den Planeten durch seine ansehnliche Melodie und bezieht Kraft aus Youngs einsamer, heulender Gitarrenbegleitung; erst bringt er das Thema in Hendrix-artigem Getöse, dann rumpelt er weiter unter den Strophen zu der vorsichtig belehrenden Feststellung: „Respect Mother Earth, and her healing ways / Or trade away our children's days" („Respektiert Mutter Erde und ihre heilsamen Wege / oder ihr müßt die Tage unserer Kinder hergeben"). Es ist ein unerwartetes und aufwühlendes Ende für ein fröhlich-erhebendes Album mit hartem Gitarren-Rock. *Ragged Glory* ist von den großen Alben ein ganz großes.

4. OKTOBER 1990

JAMES HENKE

WIEDER IM SATTEL

VOR EINIGEN MONATEN, etwa um den Dreh herum, als die Performance für Farm Aid IV stattfand, trommelte Neil Young die Mitglieder von Crazy Horse – Gitarrist Frank Sampedro, Bassist Billy Talbot und den Drummer Ralph Molina – auf seiner Broken Arrow Ranch in Nordkalifornien zusammen. Dort nahmen sie in nur ein paar Wochen die Hauptsache von *Ragged Glory* auf. Von Young und David Briggs produziert, ist es ein klassisches Crazy Horse-Album, mit massenhaft rauhen Ecken und Kanten, kreischenden Gitarren und Feedback. In einer völlig angebrachten Manier seitens der Natur erschütterten drei oder vier Erdstöße am letzten Aufnahmetag die Gegend um Youngs Ranch herum. „An diesem Tag nahmen wir vier Tracks auf, und beim Schlußakkord eines der Songs, während des Feedbacks, wurde es richtig laut, und man spürte, daß ringsherum alles erzitterte", berichtet Young. „Und alle sagten „Oh, wow, was für ein Abschluß!" Aber es stellte sich heraus, daß es das Erdbeben gewesen war. Wir ritten quasi auf den Wellen, wie man hier so sagt. Wir surften auf dem Erdbeben".

Was hat dich dazu gebracht, wieder eine Platte mit Crazy Horse zu machen?

Mir schien der richtige Augenblick dafür gekommen. Ich bemühe mich, die Zeiten, wenn ich mit Crazy Horse spiele, auszukosten, und ich lege sie so weit auseinander, damit wir uns nicht abnützen. Aber dieses Mal hatte jeder etwas zu beweisen, besonders die Rhythmusabteilung. Die spielen richtig aggressiv. Ich bin damit echt zufrieden.

Vor etlichen Jahren hast du ja gesagt, du würdest nie wieder mit Crazy Horse zusammenspielen. Was war passiert?

Wir waren gerade von einer echt harten Europatournee zurückgekehrt. Bei uns lief nichts mehr so, wie es sollte, es war so etwas wie ein "Spinal Tap syndrome" – nun, jetzt ist ja Nigel wieder bei der Gruppe dabei, weißt du? (er lacht). Das sind so Zyklen. Du nützt irgendetwas ab, und du kannst es in den Boden hineinrammen, oder du kannst es auch gehen lassen und den Regen darauf fallen lassen und die Sonne drauf scheinen, und dann kannst du abwarten, ob es wieder hochkommt. So haben wir das immer gemacht. Während der letzten zwanzig Jahre hatten wir ständig musikalische Tiefpunkte und auch Höhepunkte. Ich finde, dies ist jetzt ein Höhepunkt.

Das Album erinnert mich an Everybody Knows This Is Nowhere, *deine erste Schallplatte mit Crazy Horse.*

Wahrscheinlich ist sie näher an dieser Platte dran als sonst irgendwas, was ich gemacht habe. Wir schnitten schon einen akustischen Track für dieses Album, aber es war keiner, den ich in demselben Zeitrahmen schrieb, in dem ich auch die Mehrzahl der Songs verfaßt hatte. Er wollte einfach nicht dazupassen – das Feeling paßte auch nicht – da haben wir ihn weggelassen.

Es ist komisch, ich schrieb sieben der Songs in einer Woche. Das war zwei Wochen vor Farm Aid. Das sind jetzt die sieben letzten Songs auf dem Album. Die beiden ersten Titel „Country Home" und „White Line", schrieb ich vor vielen, vielen Jahren, das waren Songs, die wir damals nie richtig hingekriegt haben. Und ich schrieb „Fuckin' Up" gegen Ende der *Freedom* Periode, als ich *Saturday Night Live* machte. Wir brauchten den Song zum Aufheizen.

Was hat dich veranlaßt, „Farmer John" zu covern?

Das war echt spontan. Das hat sich einfach ereignet, als wir mal an einem Tag beim Üben waren. Nun, wir waren beim Aufnehmen, weil Üben und Aufnehmen, das ist bei uns dasselbe. Wir ließen das Band mitlaufen, erledigten unsere Sachen, aber wir hatten gerade das Album soweit fertig, und dann haben wir noch dieses Stück gemacht.

Erzähl mir noch etwas zu „Mother Earth". Der Gitarrenpart hört sich enorm nach Jimi Hendrix' „Star Spangled Banner" an.

„Mother Earth" war ein Trip. Den Gitarrenpart nahm ich by Farm Aid auf. Ich schrieb „Mother Earth" gleichzeitig mit den anderen Songs, aber ich hörte es nur an einem riesigen Platz – in meiner Phantasie konnte ich mir nur vorstellen, ihn vor einer riesigen Menge zu spielen, wobei der Sound so laut herumschwurbeln mußte, wie es nur möglich ist. So stellte ich alles darauf ein, und das dritte Mal, wo ich ihn durchgängig spielte war, als ich ihn bei „Farm Aid" spielte. Dieser Song basiert auf einer alten Hymne. Deren Namen kenne ich zwar nicht, aber es handelt sich um eine traditionelle Melodie aus längst vergangenen Jahren, die ich abgewandelt habe. Ich verwendete andere Akkorde und schraubte an ihm herum. Der Folk-Prozeß. Ich bin eben nur ein alter Folkie – ich kann nur meine Gitarre nicht finden, das ist das Problem (er lacht).

Ein Song, den du aufgenommen hast, „Don't Spook the Horse" wird als „besonders profaner Bonus Track" gebrandmarkt. Was hat es damit auf sich?

Wir sind wie in der Geschichte des Altertums. Wenn wir eine Single herausbringen, dann sehen wir im Geist immer noch eine Platte mit 45 UpM. Und in der Regel gab es da eine A- und eine B-Seite. Aber inzwischen ist es nicht mehr bloß eine B-Seite, sondern ein „Bonus Track". Und auf einer CD kann er so lange sein, wie du ihn haben magst. Deswegen ist „Don't Spook the Horse" unser Spezial-Bonus Track. Er ist über sieben Minuten lang, und wenn wir ihn mit auf das Album gepackt hätten, hätten wir daraus eine Doppel CD machen müssen.

Dieser Song ist wie die Dinger, die sie heutzutage in den Schulen verwenden, wo man nicht mehr das ganze Buch liest ,sondern eine kleine konzentrierte Fassung des Buches, um zu erfahren, was überhaupt drinsteht. Das ist die Methode, wie heute den Kids Literatur nahegebracht wird (er lacht). Nun, und das ist die Art, wie auch „Spook the Horse" ist. Wenn du das kaufst, dann brauchst du das Album eigentlich nicht mehr zu kaufen. Es ist alles schon da drin. Es ist eine konzentrierte Fassung des ganzen Albums. Insbesondere für Rezensenten, die mich überhaupt nicht mögen, sei es gesagt. Hört euch bloß die eine Scheibe an, und ihr bekommt alles, was ihr braucht.

Viele der anderen Songs auf dem Album sind auch sieben Minuten lang.

Ich wollte absichtlich lange Instrumentals spielen, weil ich auf anderen Aufnahmen überhaupt kein Jamming höre. Heutzutage geht nichts Spontanes mehr auf Schallplatten vonstatten, außer bei Blues und Funky Music. Rock'n'Roll hatte das alles mal. Die Leute schweifen eben in den instrumentalen Passagen nicht aus und lassen sie nicht spontan so lange dauern, wie sie können. Ich mache so etwas sehr gerne, aber ich kann das auch nur mit einer Band richtig gut machen. Ich versuchte es ein bißchen bei *Freedom*. Aber jene Art von Musik ist für mich mit Crazy Horse besser zu machen.

Wir spielten einfach wie eine Band. Da war niemand in einem Kontrollraum mit einer Menge von Maschinen – mit einer MIDI und Synthesizern und einem automatischen Schlagzeug und Producern und Technikern. Du kannst einfach nicht dieses althergebrachte Vibrating Feeling mit Maschinen erzeugen. Das passiert mit Musikern, die bloß gerne gemeinsam spielen und improvisieren. Ich wußte, daß das nicht viele Leute tun, daher wollte ich es richtig machen.

Was ist los mit der CD-Anthologie, an der du gearbeitet hast? Wird die noch herausgebracht?

Shit, das ist eine Heidenarbeit. Da arbeite ich immer noch dran. Es ist lächerlich. Ich habe alles aufgenommen, was ich die Jahre über gemacht habe, und ich habe auch jede Tournee auf Video aufgenommen. Irgendwo habe ich an die hundert unveröffentlichter Melodien, und viele von denen sind auf Video aufgenommen. Da ist einiges an richtigem Funky Zeugs dabei, richtig obskurer Mist. So wie die Ducks in Santa Cruz und Crazy Horse beim Catalyst in Santa Cruz 1982 bzw. 1984 einen ganzen Reigen von Liedern zum besten gaben, die wir niemals aufnehmen konnten. Wir gingen nach New York und versuchten drei Wochen lang, diese Songs aufzunehmen, und wir schafften nicht einen Track. Wir haben bloß jede Menge Zeit vertan. Damals habe ich zum ersten Mal die Hörner mit eingeführt. Wir hatten eine Bläser-Passage bei Crazy Horse. Wir konnten es bloß niemals so richtig umsetzen.

Ich dachte, ich sei dafür verantwortlich, dies alles in Ordnung zu bringen und alles auszusortieren, sodaß, falls mir irgendwann mal etwas zustoßen sollte, ich nicht auf irgendjemand anderen angewiesen sein bräuchte, der für mich die Sachen in Ordnung bringen müßte. Denn ich weiß, wo alles hingehört und wo alles hinpaßt.

Die Anthologie kommt als Multi-CD Set und gleichzeitig als ein Multi-Video-Set heraus, mit Beibüchern, die die Songs beschreiben, ihren Platz im zeitlichen Ablauf, und was sich damals abgespielt hat, und wer alles beteiligt war. Kleine Stories über jeden einzelnen Song und Meinungen von unterschiedlichen Leuten. Es wird richtig interessant, und ich bin da wirklich hinterher, aber so etwas kann man nicht einfach in einem Jahr hinkriegen.

Soweit ich weiß, planst du mit Crazy Horse auf Tournee zu gehen, unmittelbar nach dem Jahreswechsel?

Yeah, ich träume jetzt schon davon, wie großartig es sein wird, mit den Horse zu spielen. Wir werden in den Sporthallen spielen, in den scheußlichen Drecklöchern, bei denen keiner auf die Idee kommt, sie zu sponsern, denn ich hab die hochgesponserten Schuppen satt. Das ist so, wie wenn du in diesen großen Laden mit dem Markennamen gehst und für diese Leute spielst, die horrende Preise bezahlen. Jeder hat diese großen Shows, weil sie alle die dicke Kohle vom Sponsor kassiert haben. Und so geht das mit diesem aufgeplusterten Krimskrams immer weiter. Deswegen will ich etwas Geradliniges machen und in den Arenen spielen – mit dem hallenden, donnernden Sound der Horse.

21 MÄRZ 1991

MICHAEL CORCORAN

NEIL YOUNG

(Konzertkritik)

Rosemont Horizon, Rosemont, Illinois,
29. Januar 1991

DIE LICHTER GINGEN AN, und die Tonbandmusik schepperte, aber keiner ging nach Hause. Etliche der Zuschauer standen auf den Sitzen und krischen, während einige der achtsameren Leute die Bewegungen der Roadies verfolgten, um zu sehen, ob wenigstens noch eine Zugabe kommen würde. Ein Amp Jockey zog die Mikrofonstecker heraus, ein anderer fing an, am Mischpult Schalter umzulegen – es sah nicht gut aus für einen weiteren Song. Da Neil Young und Crazy Horse nur elf Songs gespielt hatten, schien die Show zu kurz zu sein, aber in Wirklichkeit waren seit dem Eröffnungscouplet – einem Hendrixischen „Star Spangled Banner" und „Hey Hey, My My (Into the Black)" – und der vorgeplanten Zugabe „Like a Hurricane" – fast zwei Stunden vergangen. Die Zeit schien jedesmal stehenzubleiben, wenn Young kopfüber in seine entrückenden Gitarrensoli verfiel, die bei jedem Song einen festen Bezugspunkt bildeten.

Wie es bei Young die Regel ist (eine der wenigen), hielt sich die Liveshow im großen und ganzen an den Geist seines neuesten Albums. Obgleich vorangegangene Tourneen von Young und den Shocking Pinks, International Harvesters und den Bluenotes nur mit durchwachsenem Erfolg gekrönt waren, haben seine Shows mit Crazy Horse, dieser übertüchtigen Garagenband, bisher beständig Youngs kühnste Vocals und seine tödlichsten Akkorde hervorgebracht.

Ragged Glory, das letzte Gemeinschaftsprodukt ihrer zwanzigjährigen An-Aus-Beziehung, könnte den Untertitel tragen „Die Elektrogitarre und der angerichtete Schaden"; die ungeschlachte Intensität des Albums und seine feedbackgetränkten Solid-Body Anschläge schufen das Vorbild für eine lodernde Gitarrenshow. Obgleich die Band nur drei Songs von *Ragged Glory* aufführte – „Love to Burn", „Mansion on the Hill" und „Fuckin' Up" – gewannen ältere Songs wie z. B. „Cortez the Killer", „Cinnamon Girl" und „Rockin' in the Free World" doch an Feuer durch die *Ragged Glory*-

Behandlung. „Crime in the City" wandelte sich von hintergründig zu dämonisch in den Händen des erbarmunslosen Quartetts. Sogar Youngs gespenstische Version von Bob Dylans Standard-Kriegssong „Blowin' in the Wind" bekam gegen Ende einen elektrischen Stoß, als Young es seinem anderen größeren Vorbild, Jimi Hendrix, nachmachte und eine raketenmäßig rotglühende Ablegerin der Melodielinie abfliegen ließ.

Mit der Rhythmus-Sektion des Drummers Ralph Molina, des Bassisten Billy Talbot und des Gitarristen Frank „Poncho" Sampedro hatte Young die Möglichkeit, seine eigene Vision vom Gitarrenhimmel auszukosten, wie er es schon so brillant auf *Ragged Glory* getan hatte.

Obwohl Young kaum einmal zu seinen Band-Kameraden hinüberblickte und kein einziges Mal das Publikum ansprach, drückte seine große, leicht bescheuerte Grinse im Gesicht doch viel über die spezielle Chemie im Saal aus, während er sein durchdringendes Lead auf „Cinnamon Girl" hinter den riesigen Verstärker-Attrappen spazieren führte.

Zu sagen, daß Musik die Luft erfüllte, ist ein müdes Klischee, aber während Youngs Set standen die Noten buchstäblich zum Greifen dicht im Raum, dick wie Funken. Zuweilen wirbelte die Musik spürbar über die Köpfe hinweg. Tatsache ist, als das Licht anging, daß die Leute in den oberen Rängen genauso tobten, wie die unten vor der Bühne.

Nach ungefähr fünfzehn Minuten unausgesetztem Gekreische, Sprechchören und wildrhythmischem Händeklatschen versank das Auditorium plötzlich in Dunkelheit und ein Schrei aus 10.000 erfüllten Träumen erhob sich über der Menge. Young hatte sich entschlossen, noch einen Draufschlag nachzusetzen. Unvorbereitet auf dieses seltene, spontane Dreingabe, flitzten die Roadies auf der Bühne umher wie Matrosen, die ein Dutzend Lecks gleichzeitig stopfen wollten. Die Fans riefen ihre Wünsche ab – „This Note's for You", „Mr Soul", „Tonight's the Night", „Heart of Gold", „After the Gold Rush" und andere Favoriten – aber was Neil Young wählen würde, um die Menge zufrieden zu stellen, blieb ein Ratespiel für jeden. Nach ein paar lautstarken Gitarren-Schrammlern stieg die Band dann voll ein in..."Welfare Mothers". „Welfare Mothers"? Diese Wegwerf-Nummer aus *Rust Never Sleeps?* Es war so, als ob Springsteen beschlossen hätte, eine Drei-Stunden-Show mit „(Ooh Ooh, I've Got a) Crush on You" abzuschließen.

Reich könnte keiner werden, der versuchen wollte, die Launen eines Neil Young im voraus abzuschätzen. Seine eigenartige Zwiespältigkeit – als bestes Beispiel ließe sich dafür seine Bemühungen im Rahmen von Farm Aid nennen, bei gleichzeitiger politischer Unterstützung von Ronald Reagan – zeigte sich hier auf der Rampe des Rosemont wieder. Das die Bühne dominierende Bild war der riesige Hintergrund mit dem Friedenszeichen und den darüberfliegenden Tauben, während Youngs überdimensionales Mikrophon mit einer gelben Schleife umwickelt war – dem Symbol der Kriegsheimkehrer in den südlichen Staaten zur Zeit des amerikanischen Bürgerkriegs – das Ganze war also ein verwirrendes Gewimmel freiflottierender Signifikanten.

Zu seiner Ehre muß gesagt werden, daß Young nicht mit jenen sein Brot teilt, die es von ihm erwarten. Wenn er das tun wollte, könnte er in einem Konzert die ultimativste Drei-Stunden-Retrospektive abfeuern, jedes Meisterwerk zu dröhnendem Applaus gespielt, und die vier größten Hits aufgespart für die Zugabe. Aber Neil Young, der ewig-unkorrumpierbare Hippie, hat immer schon nur die Musik gespielt, die *ihm* am meisten bedeutet. Von seinen Jedermann-Vocals bis zu seiner anderweltlichen Gitarren-Spielart hat er sich noch zu keiner Zeit in die Karten blicken lassen.

Mit zwei Bands von ähnlicher Ausrichtung im Vorprogramm – Social Distortion und Sonic Youth – versprach dies ein starkes Dreier-Programm abzugeben. Aber wie so viele großartige Gegenüberstellungen (Tyson und Spinks, Jeff Goldblum und Geena Davis) sah auch diese auf dem Papier besser aus, als sie sich nachher in der Praxis erwies. Mit ihrem tätowierten Sänger Mike Ness, der aussah wie Harry Connick Jr.'s bösartiger Zwilling, traten Social D. einen schnaubenden Set los, als die meisten Besitzer von Eintrittskarten noch nach der richtigen Autobahnausfahrt Ausschau hielten. Sonic Youth versuchten ebenfalls, aus ihrer halben Stunde das meiste herauszuschinden, indem sie „Hits" wie „Mary-Christ", „Kill Yr. Idols" und „Tunic" spielten, aber die Band erreichte dabei meistens nicht allzuviel Zuspruch; erst als Thurston Moore sein sarkastisch gemeintes Hippie-Sprüchlein von sich gab: „Wenn das hier vorbei ist, geh ich hinter die Bühne, um mir einen dicken Bomber reinzuziehen", johlte die Menge freudig – mindestens ebensosehr wegen der Anspielung auf Dope wie dafür, daß Sonic Youth nun bald von der Bühne runter sein würden.

14. NOVEMBER 1991

DON McLEESE

WELD

(Album-Kritik)

✻ ✻ ✻ ✻ 1/2

OBWOHL NEIL YOUNG sie als seine Garagenband bezeichnet, spielen die Crazy Horse immer noch auf der freien Landstraße am besten dort, wo sie die Studiosongs auspacken und richtig krachen lassen können.

Für alle, die dachten, daß Young und die Band ihr Feedback mit *Ragged Glory* vom letzten Jahr aufs äußerste getrieben hätten, eröffnete *Weld* nun wieder eine neue Dimension klanglicher Turbulenz.

Gewiß, dieses Doppelkonzert-Album ist in gewisser Weise überflüssig – stammt doch das meiste Material von *Ragged Glory* und dem Vorläufer *Freedom*, und dazu eben das übliche vorhersehbare Konzert-Menü – aber immerhin ist das Ganze eine rühmliche Überflüssigkeit. „Crime in the City" kam im Studio nicht so richtig heraus, aber die Live-Version bringt es knallhart. Zwar wirkte „Welfare Mothers" mal irrsinnig blöde, aber jetzt ist es ein wilder Überfall – schwarzer Humor aus dem ökonomischen Unterbauch. Auf über dreizehn Minuten erweitert wirbelt sich „Like a Hurricane" zu einer Stärke auf, die zu einer anderen Welt gehören mag. (Wollt ihr noch mehr davon haben? Das Album ist auch als limitierte Edition erhältlich, als das *Arc-Weld*-Set mit drei CD's, wobei die *Arc*-Scheibe aus einer fünfunddreißig-minütigen, feedbackbeladenen Soundkollage besteht).

Mehr als das Weltflucht-Angebot so vieler Konzertspektakel bietet *Weld* toughe Musik für toughe Zeiten. „Blowin' in the Wind" ruft die Erinnerung an den Niedergang von Desert Storm wach, der während Youngs Tour wütete, und „Rockin' in the Free World" klingt noch prophetischer als auf *Freedom*. Crazy Horse war früher mal für Youngs brutale Rudimentmusik reserviert, jedoch bei „Mansion on the Hill" erweist sich die Band als das passende Pendant zu einem seiner durchdachtesten Gesangsstücke. Das klangliche Klingenkreuzen von Young und dem Zweitgitarristen Frank Sampedro über dem rhythmischen Grundgestein des Drummers Ralph Molina und des Bassisten billy Talbot bieten solch eine pulverisierende

Reinheit, eine Katharsis, die die schwermütige Stimmung von „Love and Only Love" noch umso empfindsamer erscheinen läßt.

Nicht das ganze Material wird in dem Konzert aufgefrischt. Auf über acht Minuten ausgedehnt, wandelt sich „Tonight's the Night" von einer einstmals bündigen Tragödie zu einem überladenen Melodram. Und obwohl „Cinnamon Girl" auch weiterhin eine Live-Spezialität bleibt, ist in diesem Fall der Song bei weitem zu vertraut, als daß er einen richtig packen und ergreifen könnte. Da *Weld* die Re-Kreation eines Neil Young-Konzerterlebnisses ist, wird es durch den Mangel an jener Art von Überraschungen etwas abgeschwächt, die unausweichlich die Touren vor *Ragged Glory* kennzeichneten.

Trotzdem: Young ist dem Ausschlag des Pendels in diese Richtung dermaßen weit gefolgt, wie es nur irgend ging. Daher läßt sich vermuten, daß die Überraschungen wohl beim nächsten Mal kommen werden.

16. APRIL 1992

ALAN LIGHT

NEIL YOUNG

(Konzertkritik)

Beacon Theater, New York City, 15. Februar 1992

WIE KONNTE EINE NEIL YOUNG KONZERTREIHE, die als akustische Soloabendreihe angekündigt worden war, so viele Leute in Hendrix- und Skynyrd-T-Shirts dazu treiben, nach „Southern Man" und anderen solcherart unpassenden Young-Raveups zu brüllen?

Das mag einem etwas absurd vorkommen, aber wahrscheinlich hat Neil Young in den beiden zurückliegenden Jahrzehnten so oft die Erwartungen seiner Zuhörer durcheinandergerüttelt, daß diese unverbrüchlichen Klassik-Rock-Anhänger niemals die Hoffnung aufgeben werden, daß Young mal die Gangart wechselt, selbst wenn die Show schon halb gelaufen ist.

Und tatsächlich, in diesem traditionellsten aller Settings gelang es Young wieder einmal aufs Neue, das Publikum zu überraschen. Fast auf den Monat genau zwanzig Jahre nach dem Erscheinen von *Harvest* bedient er sich dieser Shows (und in einigen anderen Städten hält er es genauso) als einer Gelegenheit, um die bisher unveröffentlichten Songs auszutesten, aus denen sich vermutlich seine langversprochene LP *Harvest Moon* zusammensetzen wird.

Zwei Drittel des Sets, das an diesem Abend fünfzehn Songtitel umfaßte, bestanden aus neuem Material. Young, in einer Armada aus fünfzehn Gitarren sitzend, war ausgezeichnet bei Stimme. Alternde Liebe und die Umwelt waren die Themen des Abends, und viele der Melodien fingen die anmutige Schönheit von *Harvest* wieder ein. Unglücklicherweise wirkten die neuen Songs leider zumeist gefühlsduselig und flach. Eine etwas langatmige Ballade mit dem Titel „Unknown Legend" hob sich ab, aber was sie an Wirkung erzeugte, wurde gleich wieder zunichtegemacht, als ihr ein Loblied folgte, die Baby-Kreaturen zu retten, und ein läppischer Song über Youngs Hund.

Die schleppenden, introvertierten Vorträge, die Young zu den weniger bekannten Songs abgab, (einschließlich einer Eröffnung über „Long May

You Run" und den *Harvest*-Hit „Heart of Gold") verstärkten den eindimensionalen Eindruck, den die neuen Nummern hinterließen. „Es ist hier wirklich eine coole Atmosphäre, so etwa wie in einem Club", sagte Young an einer Stelle. „Jedenfalls von hier aus gesehen".

Aus der Sicht der Dreißig-Dollar Logenplätze jedoch fühlte es sich eher nach einer Zielgruppe an, nach einem Test-Markt für einen wieder einmal ganz neuen Neil.

26. NOVEMBER 1992

GREG KOT

HARVEST MOON

(Album-Kritik)

* * * *

NEIL YOUNG HAT DIE LETZTEN 20 Jahre damit zugebracht, von einer Stilart zur anderen zu flippen wie eine Motte, die in einem Kaufhaus voller Glühbirnen eingesperrt worden ist. Daher darf es nicht verwundern, daß nach einer Reihe von Alben, in welchen er die äußersten Grenzen von Gitarrengetöse ausgelotet hatte, Young schließlich den Stecker aus der Dose zog, sich seine Akustikgitarre umhängte und das Pedal Steel hereinrollen ließ für *Harvest Moon*.

Im Titel klingt *Harvest* an, Youngs countrymäßig angehauchtes Album von vor zwei Jahrzehnten; und die Musik weckt die Erinnerung an deren milden Beigeschmack. *Harvest* war ein sanftvoll ausgeglichener Bestseller, ein eher uncharakteristisch unverfänglicher Zwischenstopp in einem ganzen Jahrzehnt voll von sehr persönlichen und bisweilen höchst egozentrischen musikalischen Ausbrüchen. *Harvest Moon* hört sich an, als wäre es für beschauliche Nachmittage gemacht, an denen man sich nur behaglich in der Hängematte ausbaumeln läßt.

Jedoch, verborgen unter seiner betulichen Oberfläche finden sich die Narben des mittleren Alters, in welchem es für viele schwerer ist, zur Liebe zu stehen und sie aufrechtzuerhalten, denn sie zu finden.

Als Young letzthin im Jahre 1990 auf *Ragged Glory* wieder mal dasselbe Thema bearbeitete, erntete er großes Feedback von allen Seiten. *Harvest Moon* hört sich an wie die Stille nach dem Sturm, mit einer gedämpften musikalischen Landschaft, die bisweilen nur von einer geisterhaften Harmonika, ein paar wenigen gespenstischen Baßzeilen und Youngs brüchigem einsamen Tenor bevölkert wird.

Die einleitende Songreihe bewegt sich auf dem Pfad zwischen Rastlosigkeit und Selbstbestätigung, in welcher schließlich die unverwurzelte „Unknown Legend" und der zweiflerische Erzähler von „From Hank to Hendrix" zuletzt unter dem *Harvest Moon* ihre Ruhe finden.

So als wolle er zeigen, daß sich seine Perspektive gewandelt hat, setzt

Young bei „Such a Woman" eine ähnliche Orchestration wie bei „A Man Needs a Maid" von *Harvest* ein, jedoch hat sich die überholte Perspektive des früheren Songs jetzt in eine Huldigung verwandelt. „One of These Days", das sehnsüchtig verlorenen Freunden nachblickt (Haben diese vielleicht die Initialen C, S und N?), und mit dem knorrigen „Old King" macht Young einen kurzen Abstecher zum gefühlsduseligen und belanglosen. Aber der „War of Man" und der überragende Song „Natural Beauty" schnauben vor lauter elterlichem Zorn desjenigen, der sich bewußt ist, wie zerbrechlich alles auf diesem Planeten ist, ebenso wie der Planet selber.

Die Stray Gators und eine ganze Schar von Sängern, darunter Linda Ronstadt und Nicolette Larson, geben diesen Melodien haargenau die richtige Dosis an Massagewirkung. Und zwischen diesen sparsam gesetzten Arrangements ertönt, einem Herzschlag gleich, Youngs Suche nach Geborgenheit vor dem Sturm.

21. JANUAR 1993

ALAN LIGHT

FOREVER YOUNG

Neil Young ist so anachronistisch, daß er in den Neunziger Jahren schon wieder supermodern wirkt

„HAST DU *DRACULA* GESEHEN?" Neil Youngs Gesicht verzieht sich über einer Schale mit Obstsalat, die er sich nach dem Konzert reintut zu einem wüsten Grinsen. „Hey Mann, die machen da einigen Wind in *Dracula*, das ist echt zum Fürchten", sagt er. „Das ist einfach schön!"

Später an diesem Abend, in seinem Oldtimer-Tourneebus aus dem Jahr 1970, der vor einem Chicagoer Hotel parkt, führt das Gespräch über seine Jugendzeit in Kanada irgendwie recht bald zu Gedanken an Transsylvanien. „Ich kann es einfach nicht vergessen!"– ruft Young aus und schüttelt sein zotteliges Haupt. „Ich muß einfach wieder mal dorthin und es wiedersehen".

Obwohl sein Haar und die schweren Backen wohl eher eine Verwandtschaft zum Werwolf nahelegen, haben in der Tat Neil Young und Graf Dracula erstaunlich viel gemeinsam. Beide verbrachten viel Zeit im Untergrund und erzielten bei ihrem gelegentlichen Auftauchen über Tage gleichermaßen schockierende Ergebnisse. Beide sind sie in der Lage, ihren Stil und ihre Persönlichkeit zu verändern, wenn es darum geht, ihr Werk zu verrichten. Und – am auffälligsten – beide sind im Lauf der Jahre scheinbar nicht älter geworden.

Mit Siebenundvierzig hat Young mit seinem neuen Album, *Harvest Moon* die Uhr um zwanzig Jahre zurückgestellt. Mit der Wiederaufnahme der schwungvollen Melodien und üppigen Harmonien der 1972er *Harvest*, die immer noch seine populärste Veröffentlichung ist, stellt *Harvest Moon* Youngs ersten Aufstieg in die Top Twenty seit zehn Jahren dar.

Gleichwohl ist *Harvest Moon* komplizierter als ein schlichter Nostalgietrip oder ein Remake. Unter den Pedal Steels und wohlklingenden Klängen von *Harvest* klang der sechsundzwanzigjährige Young über sein Alter hinaus weise geworden, als er sich zum ersten Mal dem Thema Alter & Sterblichkeit stellte. „As the days fly past, will we lose our grasp?" („Wie so die Tage vorbeifliegen, wird unser Verstand davonsausen?"), fragte er mit seiner schaurig gepressten Stimme auf dem Titel-Track; bei „Are You Ready for the Country?" sang er, „I ran into the hangman, and he said, „It's time to die" („Ich begegnete dem Henker und er sagte, „Deine Zeit zum Sterben ist gekommen"). Sogar „Heart of Gold", Youngs Nummer-Eins Titel, endete bei jeder Strophe mit dem Refrain „and I'm getting old" („und ich werde alt"). *Harvest Moon* dagegen ist eine Chronik des Überlebens, befaßt sich mit Verlust und Kompromissen und dem Triumph, letzthin ein verheirateter Vater zu sein, der auf die Fünfzig zugeht. Es steckt voller bittersüßer Tribute an verlorene Freunde, verstorbene Hunde und alt gewordener Liebe. „Wovon dieses Album handelt, ist dieses Feeling, diese Fähigkeit zu überleben und weiterzumachen, zu wachsen und höher zu gelangen, als man es früher war", sagt Young. „Nicht nur Erhaltung, nicht nur Sich-gut-fühlen, nicht nur „Ich lebe noch mit Fünfundvierzig". Man kann lebendiger sein."

Diese zwei Jahrzehnte waren für Young kein Spaziergang gewesen. Er mußte den Tod vieler ihm nahestehender Musiker verschmerzen, angefangen von Danny Whitten (Gitarrist bei Crazy Horse und Youngs häufiger Garagen-Rock Mitarbeiter) im Jahr 1972 bis zum Ableben von Steve Lawrence 1991, dem Saxophonisten in seinem bluesigen Big Band-Projekt, den Bluenotes. Young durchlebte in den gesamten Achzigern eine kontroverse, streitbare Periode, die in einer surrealen, gerichtlichen Auseinandersetzung mit Geffen Records, seinem damaligen Label gipfelte, bei der es darum ging, daß ihm die Gesellschaft vorwarf, er mache „nicht-repräsentative" Alben – Alben, die sich nicht nach Neil Young anhörten, was immer das auch möglicherweise heißen könnte. Am erschütterndsten ist, daß er zwei Söhne von zwei verschiedenen Frauen hat, die beide mit zerebraler Kinderlähmung auf die Welt kamen (er hat außerdem noch eine achtjährige Tochter, die diese Behinderung nicht hat).

Und doch hat es Young geschafft, das durchwegs überzeugendste Werk eines Musikers seiner Generation zu schaffen. Wer sonst ist in so vielen musikalischen Genres so relevant, so vital, so einflußreich geblieben? Insbesondere die letzten paar Jahre – beginnend mit *Freedom* im Jahr 1989, durch die katazyklische *Ragged Glory* (1990) und seine anschließende Tournee mit Crazy Horse und weiterhin mit seiner sich erhebenden schaustehlerischen Performance beim Bob Dylan-Tribute im letzten Oktober und der Veröffentlichung von *Harvest Moon* – haben Young an einem künstlerischen Höhepunkt gesehen, wobei er wie stets seiner eigenen Muse folgte und sich standhaft weigerte, in die „Oldies Act"-Kategorie zu verfallen, die praktisch alle seiner Altersgenossen ergriffen hat.

„Wenn du aufgeladen bist und all diese Erfahrung hast, was willst du mehr?" sagt Young über seine erstaunlich gefällige Rock'n'Roll-Reifung: „Wenn du jung bist, hast du noch überaupt keine Erfahrung, du bist aufgeladen, aber du kannst das noch nicht steuern. Und wenn du alt bist und du bist nicht aufgeladen, dann sind die Erinnerungen das einzige, was dir bleibt. Aber wenn du aufgeladen bist und deine Umwelt dich stimuliert, und du hast außerdem auch Erfahrungen, dann weißt du, was du beachten und was du weglassen mußt. Und dann bist du wirklich in Fahrt".

DER CHEF DER MARKETING FIRMA des Fernsehkanals WTTW-TV, der öffentlich-rechtlichen PBS-Schwester in Chicago, schreitet zur vorderen Seite des Raumes in den Studios des Senders. Neil Young macht sich gerade daran, die erste Einspielung von *Center Stage* einzuspielen, einer neuen Serie, die von WTTW und VH-1 gemeinsam produziert wird. Der Radioreporter heißt die kleine Menschenansammlung willkommen, die mit Industrie-Wieseln und lokalen Musikbusiness-Typen gespickt ist, und trägt einen Musikwunsch der etwa 200 geladenen Gäste vor.

„Ist da jemand, der einen Schlips dran hat oder zu offiziell aussieht", fragt er, „könnten Sie den bitte abnehmen? Es ist wichtig, daß das hier nach einer Neil Young-Menge aussieht".

Am folgenden Abend jedoch, bei einem wirklichen Neil Young-Konzert vor wirklichen Neil Young Fans, gibt es doch etliche Krawatten im Haus. Deren Besitzer sitzen neben Kindern in abgewetzten Flanellhemden, neben jungen College-Typen in Hafenarbeiterkleidung, neben Rockern in Lederjacken. Garth Brooks-Zuhörer mengen sich mit Nirvanaköpfen. Woodstock trifft Lollapalooza. Ein alternder Hipster in einem Leinenjackett teilt sich auf der Herrentoilette einen Joint mit einem frischgeputzten Teen.

„Können wir es noch miteinander, können wir noch Seite an Seite stehen?" singt Young in *Harvest Moon's* „From Hank to Hendrix". Mit der fortschreitenden Zersplitterung der Popmusik-Zuhörerschaft ist ein Neil Young-Solokonzert so nahe an einem Rock'n'Roll-Konsens wie man es sich nur vorstellen kann.

„Sie kommen von überall her, um dieses akustische Dingzu sehen" sagt Young. „Anderswo kommen sie nicht mehr zusammen. Aber wenn ich das mal mit einer Band definieren wollte, würde ich die Hälfte von ihnen verlieren und dafür einen Haufen weiterer Extremisten vom einen oder anderen Ort einbringen".

Das akustische Ding. Young ist das vergangene Jahr über getourt mit nur einer Armada von Gitarren, ein paar Pianos und einem oder zwei Banjos, besuchte bei jedem Mal zwei oder drei Städte und zog sich dann

– nach Vampirart – für einige Wochen auf seine Ranch in Kalifornien zurück. Das einzig beständige Element bei diesen Shows ist seine Weigerung, jemals eine Liste seines Sets herzugeben, zum großen Leidwesen der Center Stage Film-Crew, die danach drängt, Young auf jedes Filmmeterchen zu bannen, wie er von Instrument zu Instrument tappert, sich am Kopf kratzt und darüber nachgrübelt, was er als nächstes spielen will.

„Es gibt eine Menge Zeug, das ich aus dieser akustischen Sache heraushole, wo ich anders gar nicht drankäme", bemerkt Young. „Es öffnet die Musik und die Songs und das, wovon sie handeln. Man kann Sachen herauspicken und austauschen. Eine Band kann dieses Zeugs nicht nachspielen. Es gibt nichts schlimmeres, als in den Ring hinauszutreten und genau zu wissen, was man zu tun hat. Da wo ich in meinem Leben jetzt hingekommen bin, kann ich sowas nicht gebrauchen".

Die Kehrseite dessen freilich ist es, nicht zu wissen, was das Publikum aus einer beliebigen gegebenen Neil Young-Show macht. Die *Center Stage*-Aufzeichnung ist da spektakulär, wo Young sich aus lauter Sorgen wegen der hellen TV-Scheinwerfer noch umso tiefer in die Songs hineinkniet. Schließlich und endlich spielt er zwanzig Songs, fast zwei Stunden, für eine Show, die nur eine halbe Stunde lang dauert. (Eine einstündige Version erscheint nächstes Jahr bei PBS). Eine schmerzhaft intensive Übertragung von „Like a Hurricane" auf der Orgel ist dabei der Höhepunkt – Young wird sie später als „die Transsylvanische Version" bezeichnen, obwohl sie einem eher wie das *Phantom der Oper* vorkommt. (Offensichtlich zu bekloppt für VH-1: Der Song schaffte den Cut für die Show nicht).

Der folgende Abend im prächtig renovierten Chicagoer Theater aus der Zeit der Jahrhundertwende ist jedoch kein so schöner Anblick. Die Menge ist von den ersten Minuten an aufgekratzt und laut. Mehrmals fängt Young bloß einen Song zu spielen an und bricht ihn bald wieder ab, um die Unruhe abzustellen, und behauptet, er könne seine eigene Stimme nicht mehr hören. „Glaubt nicht, daß ich Euch verarschen will, okay?" bekennt er von der Bühne aus. „Aber einige von Euch Leuten, die viel Bier trinken, ihr wißt, wie laut ihr im Vergleich zu dem hier sein könnt."

Schließlich bringt Young einen kurzen, gutmütigen, Greatest Hits-Set und bricht nach etwa 75 Minuten ab. „Der heutige Abend war das Gegenteil von dem, was ich gerne auf musikalischem Niveau machen möchte – heute abend, das war Überleben", sagt er nach der Show. „Aber damit muß man halt leben, die Zeichen erkennen und vorher abwinken. Ich brauche kein zartfühliges Lied zu singen, während die Leute da unten herumbrüllen. Ich spiele den Song für mich selbst, und wenn ich von den Zuhörern gestört werde, dann höre ich einfach auf."

Young hegt keinen Groll gegen diese Gruppe seiner Anhänger, die mit Bier abgefüllten Typen in ALLMAN BROTHERS T-Shirts, die die Aufführungen im New Yorker Beacon's Theater im letzten Winter in eine scheußliche, hitzige Schlacht zwischen seinem Wunsch, unveröffentlichte neue Songs zu spielen und deren Verlangen nach seinen bekannten Rock'n'Roll-Raveups verwandelten. „Hast du nicht viele solcher Freunde?", fragt er. „Große extrovertierte Natur-Burschen, die sich ein paar Drinks genehmigen und dann abdrehen, aber wenn sie nicht trinken, dann kommt ihre seelenvolle Seite zum Vorschein und sie sind wirklich sehr sensibel? Sie sind einfach so high, sie empfinden es so stark, daß sie denken, sie sind alleine in ihrem Auto und hören den Songs zu."

Harvest Moon mag wie die letzte Konzession an Youngs alte Fans wirken, aber er sieht es als ein gültiges, sogar experimentelles Unterfangen an. „Seit zwanzig Jahren haben mich die Leute gelöchert, es zu machen, und ich konnte mir nicht klar darüber werden, was es sein sollte", sagt er. Aber als er vorigen Sommer in Colorado einen Stoß neuer Songs geschrieben und einige alte fertiggebracht hatte, war es der *Harvest*-Sound, den er im Schädel hatte. „Da habe ich erst gemerkt, was ich verdammtnochmal die ganze Zeit über gemacht hatte, aber das kam, weil mich die Songs dazu getrieben hatten", stellt er fest. „Alles was sich damals ereignet hatte, passierte einfach wieder".

Der Track „You and Me", eine friedliche Huldigung an das häusliche Leben, die aus dem *Harvest*-Hit „Old Man" zitiert ist, laut Young das musikalische Bindeglied zwischen den beiden Alben: „Dieser Song entstand zunächst 1975, aber ich habe ihn nie zuende gebracht. Im Jahr 1976 hörte ich Tim Drummond und sagte: „Den mußt du fertig schreiben, Mann. Das ist sowas wie bei *Harvest*, laß uns das mal machen". Und das hat mich dermaßen draufgebracht, mir hat das Horror gemacht, denn das war so, als ob jemand sagen würde, was es ist, bevor wir das überhaupt gemacht haben. Ich möchte ungern das Gefühl haben, daß ich bloß irgendwo die Zahlen einsetze." Aber mit dem neuen Stoß von Kompositionen ergab sich auch ein neuer Vorspann und eine neue letzte Strophe, und der zwanzig Jahre anhaltende Sprung wurde vollbracht.

In den Anmerkungen zu seiner 1978er Anthologie *Decade* schrieb Young: „Mit ‚Heart of Gold' geriet ich auf die mittlere Fahrspur. Dort unterwegs zu sein fing bald an, mich zu langweilen, daher steuerte ich auf den Straßengraben zu." Er äußert sich immer noch zwiespältig über *Harvest*: „Wenn die Leute anfangen, dich immer wieder zu demselben Trott zu treiben, dann merkst du, daß du viel zu nahe an einer Sache dran bist, von der du dich eigentlich fernhalten wolltest. Ich kann *Harvest* nicht anlasten, was ich getan habe; ohne Zweifel hat sie dieselbe Tiefe wie die anderen Platten auch. Aber es hat eine Weile gedauert, bis ich da dahinter gestiegen bin. Ich habe mich gesträubt, das Selbstverständliche zu tun, weil es mir nicht richtig vorkam".

Selbstverständlichkeit oder Vorhersagbarkeit wären wirklich die letzten Vorwürfe, die man gegen Neil Young vorbringen könnte. Young versichert, daß alle die disparaten Stile, die er erprobt hat – von seiner Arbeit in den Sechzigern mit dem Folk-Rock-Pionier Buffalo Springfield zu den veränderten Elektro-Vocals von *Trans* (1982) zum Rockabilly bei *Everybody's Rockin'* (1983) – miteinander in Verbindung stehen, daß der Bezug, den seine Zuhörer in den zugänglicheren Aufnahmen finden, eins ist mit dem verworreneren, bisweilen praktisch unverständlichen Zeug. „Tief im Innern der Shocking Pinks (der Rockin' Band) oder *Trans* steckt dasselbe Zeug, wie es die Leute jetzt auch hören", bemerkt er. „Es ist bloß etwas vergraben; liegt nicht an der Oberfläche. Und manches davon ist intensiver als das, was die Leute heutzutage hören".

Auch hat Young sich niemals von irgendeinem Teil seiner musikalischen Vergangenheit distanziert. Immerhin hat sein Tourneebus immer noch groß Buffalo Springfield an seiner Rückseite stehen (Wodurch es etwas erschwert wird, übersehen zu werden, wenn man nach einer Show vor dem Bühnenausgang parkt). Er schließt noch nicht einmal einen neuen Versuch mit Crosby, Stills und Nash aus. „Ich bin mit denen allen gut befreundet, und wir könnten buchstäblich jeden Augenblick miteinander Musik machen", sagt Young. „Wenn wir die Songs hätten und die Umstände passen würden, dann könnten wir Großes erreichen. Ich bin überzeugt, das Potential ist immer noch da".

Getrieben, offen, rastlos (Er nannte sogar die Band, die er nach *Freedom* mit nach Europa nahm, Young and the Restless (Young und die Rastlosen)), Youngs primitives Gitarrengekreische und seine Heulstimme haben inzwischen ganzen Generationen von Wandernaturen und Aussteigern als bleibende Inspiration gedient. In den Neunzigern ist Young einfach so anachronistisch, daß er schon wieder supermodern wirkt.

„Ich gehe gern spazieren", antwortet er auf die Frage, was er an einem typischen Tag auf Tour, nach einem Leben im Rock'n'Roll-Business macht. „Oft lasse ich den Bus anhalten und gehe drei oder vier Meilen zu Fuß weiter, und dann lasse ich den Bus auf der Landstraße nachkommen".

NEIL YOUNG HÖRT KEINE Schallplatten. „Mich interessiert mehr, was im Augenblick für Musik gemacht wird", erklärt er dazu bei Saft und Kaffee im Café seines Chicagoer Hotels, immer noch im CHICAGO BLACKHAWKS T-Shirt, das er sich nach der Show am Vorabend angezogen hat. „Wenn sie im Radio kommt, oder sonstjemand ein Tape ablaufen läßt, dann höre ich sie mir an. Das ist es, was ich mir draußen anhöre". „Er muß allerdings viel draußen unterwegs sein, denn gelegentlich erwähnt er Künstler, die von Trisha Yearwood bis Pearl Jam und von R.E.M. zu Patty Smith reichen.

Young diskutiert über Musik – jede Musik – mit ungenierter Inbrunst; es ist nicht zu glauben, jemand ohne eine Spur von Hoch- oder Geringschätzung über Bands sprechen zu hören. Als einer, der dazu beigetragen hat, in den Siebzigern den Country Rock populär zu machen, behauptet er, daß der gegenwärtige Country-Boom daher kommt, daß die Zuhörer das Interesse an Sängern und Songschreibern wie ihm selbst verloren hätten.

„Ich habe viele Leute durch meine laute und rauhe Singerei vertrieben und durch die Feedbacks und das alles, und ich war auch nicht der Einzige", gesteht Young ein. „Viele Leute haben sich dem Country zugewandt, weil er wie der Rock'n'Roll der Siebziger ist. Pop und Rock haben praktisch ihren Namen in Country umgeändert. Garth Brooks – das ist ein Pop Star wie – wie heißt er gleich – Bryan Adams. Aber er besingt ländliche, mehr countrymäßige Werte. Die Leute hören lieber was, womit sie etwas anfangen können, nicht bloß irgendeine Art gezierten Alternativismus oder sonstwas."

Was den Rap anbelangt, das existenzielle Unheil für viele seinesgleichen, so springt Young praktisch mit Begeisterung aus seinem Stuhl. „Ich mag Rap!", erklärt er mit einem Funkeln in den vertrauten durchdringenden Augen und gesteht eine besondere Schwäche für Ice-T ein. „Er spricht die Leute auf der Straße an. Er ist eine völlig neue Art der Kommunikation, die so offen ist, daß sie genau imstande ist zu sagen, was die Leute verdammt noch mal beschäftigt, und das auf eine clevere Art, der man zuhören kann und zu der man seinen Body bewegen kann. Ähnlich wie zum Beispiel „Subterranean Homesick Blues". Dylan ist früher Rap. „Wo zum Teufel ist da ein Unterschied?" Zu denjenigen, die dem Charme des Rap wiederstehen, fügt er hinzu, „Das ist der Fäkaldünger, der die Musik lebendig erhalten wird – sperrt ihn nicht aus, bloß weil ihr ihn nicht versteht."

Die neue Musik mit den eindeutigsten Verbindungen zu Youngs Werk ist der grungige Guitar-Rock. Seine turbulenten Instrumentalgewitter und Crazy Horses donnerndes Backing – ganz zu schweigen von seiner flanellmanischen Garderobe – hallen durch das Werk aufsteigender Sterne in Seattle und einer Reihe alternativer Künstler von Dinosaur Jr. zu den Jayhawks bis zu Matthew Sweet. Manche derzeitige post-punkige College-Guitar-Band mag ihn als geistigen Paten in Anspruch nehmen; einige von ihnen – darunter auch Soul Asylum und die Pixies – coverten Youngs Song auf *The Bridge*, einem Tribute-Album von 1989.

Young ist es aber leid, das Verdienst angerechnet zu bekommen, er hätte Einfluß auf irgendjemand gehabt. „Das bin nicht ich, es ist bloß die Musik", sagt er matt. „Ich spiele sie, und sie spielen sie. Link Wray hat es vor langer Zeit getan. Dann Hendrix, und jetzt haben wir alle die Grungers und das Ding mit der Verzerrerei. Es entwickelt sich lediglich weiter und weiter, so muß es sein. Es ist weiterentwickelt worden".

Aber seit Young Johnny Rotten und Elvis 1979 im selben Song auf *Rust Never Sleeps* zusammenbrachte, nahm er sich der folgenden Welle nicht mehr an als damals, als er Sonic Youth zusammen mit Crazy Horse 1991 mit auf die Tournee nahm. „Bei ihnen vollzieht sich dieses gewisse etwas, das mir so gut gefällt", urteilt er über die Art Punk-Superhelden. „Es ist besänftigend für mich; es war sehr besänftigend, dieses dröhnende Feedback durch die Zementwände zu hören, bevor ich selber auf die Bühne ging".

Der Gipfel von lärmenden Ikonen zweier Generationen forderte von Young jedoch seinen Tribut. Das Spielen inmitten eines verstärkten Gitarrenkriegsgetümmels, sechs Monate lang, ruinierte sein Gehör. „Ich bekam Hyperakustis", berichtet er. „Ich hörte alles sehr laut. Inzwischen hat sich das normalisiert, aber ich mag noch immer nicht in laute Veranstaltungen gehen. Ich mußte längere Zeit pausieren und erst mal wieder auf den Teppich kommen."

„Diese Shows waren wirklich abartig laut", fährt Young fort. „Laut wie ein abstürzendes Flugzeug, verstärkt für dieses Schlachtengetöse, diese spezielle Sache. Das war das, worauf wir standen."

Die ganze Tournee war durchzogen von dem Kriegsgeist, der bei den Proben von Young und Crazy Horse aufgekommen war. Höchst unverblümt zerrte Young einen riesigen Mikrofonständer, der mit einem gelben Band umwunden war, mitten auf die Bühne und schickte dem Set noch eine rotglühende Version von „Blowin' in the Wind" hinterher. „Dieser Krieg hat echt seine Spuren an mir hinterlassen", lispelt er, als er wieder im Bus ist. „Wir haben so rauh, so gewalttätig gespielt, wirklich wie ein Angriffssturm. Es schien fast so, als wären wir am Kriegsschauplatz. Es klang bisweilen sehr militaristisch – großes Gerät, unglaubliche Schlagkraft und Zerstörung. Das war unser Sound."

Youngs Verbitterung über den Golfkrieg, die in einem Track auf *Harvest Moon* mit dem Titel „War of Man" zum Ausdruck kommt, hat zu mit Skepsis unterlegter Aufregung gegen die Regierung in Washington geführt. „Es hat eine komödiantische Seite", urteilt er über das Clinton-Regime, „aber es ist cool, daß man zu Veranstaltungen geht und viele arbeitende Menschen glücklich sind. Sie denken, daß, wenn sich die Dinge auch nicht gleich ändern, sie immerhin jemand haben, der weiß, daß es sie auch noch gibt."

„Aber", fügt Young hinzu, „ich versuche immer hinter den Typ zu kommen, der das Schiff steuert. So bin ich nun mal".

Es war eine ähnliche Einstellung gewesen, die zu Youngs höchst berüchtigten politischen Stellungnahmen führten, als er sich in den frühen Achtzigern für die Unterstützung Ronald Reagan's aussprach. Trotz seiner letztendlichen Unzufriedenheit mit den letzten zwölf Jahren republikanischer Herrschaft hat er nicht die Absicht, diese Meinungen zu widerrufen.

„Ich empfinde genau dasselbe wie damals als das runterging", beharrt Young, während er seine ehrfurchtsgebietenden Augenbrauen zusammenzieht. „Reagan mochte einige Sachen, die ich auch mochte. Die hauptsächlichste davon war, daß die Menschen miteinander sprechen müssen und sich selber helfen, und daß die Regierung sich nicht vollständig um sie kümmern kann, indem sie ein Bündel von Versprechungen und Maßnahmen schnürt. Auf diese Weise können die Probleme nicht bewältigt werden, höchstens mit der Ausnahme, daß man bei Projekten wie der Kinderhilfe zusammenarbeitet. Das war seine Lösung – schließt euch zusammen Leute. Organisiert eure Gemeinden".

„Ich fand das in Ordnung", sagt Young. „Aber weil ich in dieser Frage und noch einigen ähnlichen Punkten derselben Meinung war, sah man mich gleich als einen Reagan-Anhänger an. Für manche Leute war es ein Schock, daß ich überhaupt mit irgendetwas einverstanden sein könnte, was dieser Mann von sich gab. Aber ich fahre nicht auf dieser urteilsprechenden, religionsrechtartigen Schiene. Meine Ideale bewegen sich nicht in diesen Bahnen".

Auf der Bühne mag er wohl einem umgänglichen Tankstellenmann oder einem psychopathischen Holzfäller ähneln, im Gespräch aber wirkt er eher wie dein ausgebrannter Ex-Hippie-Onkel. Doch irgendwo auf dem Weg ist Neil Young ein Muster für alles das geworden, was familiäre Werte wirklich beinhalten sollten. „Meine Familie ist eine Einheit, die hinter meiner Musik steht und sie nicht behindert" erklärt er. „Das Schönste an meiner Frau Pegi ist, daß sie niemals in meine Art Musik zu machen hineinredet. Sie hat keine Neigung zu bestimmten Musikarten. Hätte sie einen Standpunkt zu diesem oder jenem, und ich würde mich dann mit dieser Art von Musik befassen, dann würde ich denken „Ausgerechnet hier im Haus gibt es jemand, dem das überhaupt nicht gefällt". Mit ihr passiert mir das nicht; auf diese Weise gibt es keine Einschränkungen."

Seine Heirat, sein Leben auf der Ranch mit den Kindern und die Oldtimer-Autos und Spielzeugeisenbahnen, die er sammelt, dienen als die echteste Metapher für Youngs Werk. „Die wahre Musik meines Lebens ist meine Familie", beteuert er. „Ich hätte diese Ehe nicht aufrecht erhalten können, wenn ich nicht dasselbe weitergemacht hätte, das ich tat, als ich mich verheiratete. Ich habe mich nicht in eine Kategorie eingeordnet, um dann nur noch eine einzige Persönlichkeit zu besitzen, wie es viele Leute tun. Die werden dann zu jemand, der sie nicht wirklich sind, und wenn du erst so weit bist, dann hast du's gesehen, dann ist es vorbei".

Auf „Unknown Legend", dem Eröffnungstrack von *Harvest Moon*, singt Young „You know it ain't easy / You got to hold on" („Du weißt, es ist nicht leicht / Du mußt bei der Sache bleiben"), und der Lohn der Ausdauer in schwierigen, bisweilen sogar tragischen Zeiten, zeigt sich, wenn er von seinem Leben zu Hause berichtet. In den achtziger Jahren brachte er viel Zeit damit zu, mit den Behinderungen seiner Söhne klarzukommen, und er sagte, daß sein Zorn und seine Frustration und die Erfahrungen seiner Familie mit vielen verschiedenen Rehabilitationsprogrammen sein undurchdringliches, gequältes Werk der damaligen Ära inspiriert haben. Jetzt aber sieht sein zerfurchtes Gesicht so weise und friedfertig aus, wie sich auch seine Stimme auf seinem neuen Album anhört. Nachdem er geholfen hat, die Bridge School, eine Einrichtung für körperlich behinderte Kinder außerhalb von San Francisco zu gründen, veranstaltet er jedes Jahr ein All-Star Benefizkonzert, um für diese Schule Gelder aufzubringen. Es scheint, als würde diese Beschäftigung mit seinen Kindern Young glücklicher und frischer erhalten als alles andere.

„Zu meiner Geburtstagsparty veranstalten wir jetzt jedes Jahr dasselbe" strahlt Young. „Ich mache ein Lagerfeuer, schlichte die ganzen Holzklötze auf und mache alles selbst. Wenn es dunkel ist, kommt Pegi heraus und zündet das Feuer an. Dann kommen die Kinder von der Schule heim, und wir behalten ihre kleinen Schulfreunde und deren Eltern über Nacht zu Besuch. Die Leute, die zu Besuch kommen, sind ausgesucht, denn sie sind die Eltern der Freunde meiner Kinder. Sie kommen alle runter ans Lagerfeuer und wir rösten Hamburger und Hot Dogs und Zeugs und sitzen ums Feuer herum. Nach dem Abendessen gehen sie wieder zum Feuer hinaus, und alle rösten Marshmallows. Und so kommen jedes Jahr all die Kinder zu meiner Party. Sie können es kaum erwarten; es ist wie ein großer Festtag für sie. Ich weiß nicht, wie ich das erklären soll, aber wir sind halt so".

DIE SOLO-AKUSTIK-SHOWS, die einsetzten, als er die Songs für *Harvest Moon* schrieb, sind jetzt Vergangenheit, wenigstens momentan, oder so, sagt Young. „*Harvest Moon* ist jetzt fast ein Jahr alt", sagt er weiter. „Ich bin fast fix und fertig von diesen Shows". Na freilich, im Jahr 1988 sagte er auch, er werde wahrscheinlich nicht mehr mit Crazy Horse zusammenarbeiten und nannte ihren Sound „eine jüngere Art von Musik" – nur um im folgenden Jahr mit ihnen die majestätische *Ragged Glory* aufzunehmen.

„Tscha nun, das ist eben typisch", sagt er zu diesem dauernden Wandel der Ansichten. Inzwischen setzt er gerade die Arbeit an einer langangekündigten mehrbändigen Retrospektive seiner Karriere – (die Pläne erfordern jetzt eine andere Anordnung „je nach dem, wie tief man in die Materie eindringen will") – und an einer Autobiografie fort.

Aber noch vor all diesen fängt Young gerade an, den nächsten Sound in seinem Kopf zu hören. Noch weiß er nicht, wie er sein wird. Gewiß hat es ihm viel Spaß gemacht, beim Dylan Tribute Konzert wieder mal die E-Gitarre zu spielen, aber vielleicht gibt es da eine andere Band, ob alt oder neu, um mit ihr zusammenzuspielen? Nur eines ist sicher, es ist Zeit, weiterzumachen.

„Wir sind ganz nah dran" sagt Young mit verträumtem Kopfnicken. „Ich fühle es schon kommen. Es wird nicht mehr lange dauern".

29. APRIL 1993

JAMES HUNTER

LUCKY THIRTEEN

(Album-Kritik)

* * * *

DIE STÜCKE, REMIXES und Liveaufnahmen auf *Lucky Thirteen* stammen von Neil Youngs Versuch während der Achtziger Jahre, sich mit den Geffen Records zusammenzutun. Das war eine Phase, in der er eher abgeschlagen anstatt hochgefeiert war. Aber letztlich hat dieser Zeitabschnitt klärend zu Neil Youngs leidenschaftlichem Engagement für die Emotionalität beigetragen, der er seit Anfang seiner Karriere den Vorrang vor der Stilart gab. Heraus kamen die Genre-Experimente eines Künstlers, der gegen den Pop der Eagles der frühen Siebziger ankämpfte, und das mit einer Musik, die sich anhörte, als ob Sonic Youth Country Rock spielen würde. *Lucky Thirteen* läßt das unvollkommene, aber notwendige Werk eines Künstlers wiederentstehen und überdenkt es dabei gleichzeitig – eines Künstlers, der kürzlich eingestand, daß im „tiefsten Inneren" seinen akustischen Spielereien, seinen verzerrten Tobereien, seinem kummerbeladenen Techno und seinen symphonischen Höhenflüge „dasselbe Zeugs" zugrundeläge. Dieser Standpunkt ist schon außergewöhnlich für einen Rockmusiker, der mit seinen Wurzeln noch aus den Sechziger Jahren stammt – eine Weigerung, sich über Genres moralisch zu entrüsten – und bei dieser Zusammenstellung fängt Young damit an, seinen künstlerischen Weg klar darzustellen. *Lucky Thirteen*, das von Young selber zusammengestellt wurde, befaßt sich mehr mit dem Wert des Eklektizismus als mit der Vorführung von Youngs besten Copyrights bei Geffen; viele beachtliche Songs sind nicht drauf. Stattdessen legt sich Young ins Zeug, um zu zeigen, daß bei allem Wechsel der Stilarten der emotionale Impuls hinter seinen Songs, Aufführungen und Aufnahmemethoden konstant bleibt. Beginnend mit einem spektakulären, gefestigten und volltönenden Remix von „Sample and Hold" (*Trans*, 1982), gefolgt von einer Mischung aus romantischem Eifer und technischer Ernsthaftigkeit im Stück „Transformer Man" desselben Albums, vollzieht Young den kühnen Übergang zum analogen Gitarren- und Harmonika-Klang des zuvor unveröffentlich gebliebenen „Depression Blues". Im Zusammenhang kann der dramatische Effekt eines erzählerischen Überblicks samt Sorgen und Hoffnungen, die den Verlust von „Zauber" in der heutigen Welt betrauern, gar nicht hoch genug eingeschätzt werden. Allein diese Songs unterstreichen schon Youngs Einstellung, daß man, wenn man nicht mit ein und dem selben Stil verheiratet ist, die Musik, die man macht, völlig frei entwickeln kann, ohne allzuviel darauf Rücksicht nehmen zu müssen, was Young die „Oberfläche" nennt. Auf dem Rest von *Lucky Thirteen* macht Young seine Punkte nicht mit der Theorie, sondern mit seiner Musik. In einer knorrigen, bisher unveröffentlichten Liveversion von „Don't Take Your Love Away From Me", dehnt er die Worte nach der Art von George Jones. Bei „Hippie Dream" und „Pressure" (*Landing on Water*, 1986) bringt er Countryschmerzen in Songs hinein, die von involviertem, grobkörnigem E-Gitarrenspiel beherrscht werden.

Und in einer Unterbrechung seiner bekannten Unverdaulichkeit erzählt er die Geschichte von „Mideast Vacation" (*Life*, 1987). Dabei fährt er sein metallisiertes „Like a Hurricane"-Floß aus, welches letzten Endes Youngs größte musikalische Leistung sein könnte.

Irgendwann einmal soll auf *Lucky Thirteen* eine längere Retrospektive mit dem Namen *Neil Young Archives* folgen. Einstweilen gibt es dieses außergewöhnliche Album, das die entscheidenden Gründe darlegt, warum Neil Young überlebt und triumphiert.

19. AUGUST 1993

BURL GILYARD

UNPLUGGED

(Album-Kritik)

* * *

NEIL YOUNG UND Warren Zevon verbindet eine tiefere Verwandschaft, als auf den ersten Blick offensichtlich sein mag. Obwohl beide Männer auf die fünfzig zugehen, bleiben sie doch widerständlerische Originale, Exilierte des Mainstreams, liebenswürdige Zyniker. Nachdem sie jetzt während des größten Teils der Achtziger abgedriftet (Young) oder abgetaucht (Zevon) waren, schwelgen beide nun in Lebensmitte-Renaissancen. Aber wenn man neue Versionen von Songs verhökern will, die die Fans schon besitzen, sollte man doch versuchen, sich über den zusehends faden und leeren „Unplugged"-Trend zu erheben.

Sogar noch innerhalb des sparsamen Kontexts seines Auftritts bei *Unplugged* schaffte es Young, die beiden Seiten seiner musikalischen Persönlichkeit auszubreiten, den ernsten Folkie und den unbequemen Ketzer. Youngs Set ist säuberlich in zwei Hälften geteilt: Die ersten sieben Melodien sind strikt solo gehalten und zapfen dunkleres Material an, wie etwa seinen Buffalo Springfield-Prüfstein „Mr. Soul" und das klagevolle „Stringman", ein zuvor unveröffentlichtes Kleinod. Bei den letzten sieben Songs wird er unterstützt von der gegenwärtigen Inkarnation der Stray Gators (zusätzlich abgepolstert durch Nils Lofgren) und lehnt sich an einen weicheren Folk an, der den Spagat von „Helpless" bis hinüber zu drei Wiederholungen aus *Harvest Moon* mühelos schafft. Eine bezaubernde akustische Umarbeitung von „Transformer Man" und eine Harmoniumgestützte Version von „Like a Hurricane" sind beides Offenbarungen. Und doch, insgesamt wirkt es, als sei Young nicht ganz bei der Sache. Die Musik hat die abgeschlaffte Aura eines freundlichen Gesangsabends am Lagerfeuer, dem ein Schuß der abgefetzten Herrlichkeit von *Ragged Glory* nicht schlecht bekommen wäre.

Zevons Set, zusammengestellt aus seiner 1992er Tour, trägt einen besseren Sinn für Humor zur Schau und ein besseres Gefühl für Ironie, verströmt aber immer noch den Geruch einer bloß imagemäßigen Rundumerneuerung. Zwischen Keyboards und knackig-frischen 12-Saiten-Gitarre abwechselnd, bringt Zevon einen akustische Reigen von Klugscheißer-Hymnen wie „Lawyers, Guns and Money" bis hin zu dem verstörenden „Boom Boom Mancini". Obgleich die meisten der frischen Instrumental-Girlanden durchaus passend einklicken, sind dreizehn Minuten mit „Roland the Headless Thompson Gunner" schlechthin nervtötend. Von drei neuen Songs, nähert sich einzig „The Indifference of Heaven" seinen besten Momenten. Obwohl *Learning to Flinch* leicht Zevons Scharfgeschnittenstes seit seiner *Sentimental Hygiene* (1987) ist, basieren die besten Momente hier auf seinem ältesten Material.

Während Youngs *Unplugged* im Grunde nur eine weitere Episode von „Neil, der rätselhafte Folkie" darstellt, funktioniert Zevons Sammlung eher als purer Karriere-überblick. Beide Alben ergebn nette Andenken für die Fans, aber sie sind das klangliche Äquivalent zum Souvenir T-Shirt: angenehm zu tragen, aber mit Sicherheit bald ausgebleicht.

■ DIE 100 TOP MUSIKVIDEOS (14. Oktober 1993)

#4 „This Note's for You", Neil Young

Die *Rolling Stone*-Redakteure suchten die 100 besten Rock-Videos aller Zeiten für eine Sonderausgabe zusammen. Neil Youngs „This Note's for You" rangierte auf dem vierten Platz. Wer schaffte es wohl sonst noch, Budweiser, Pepsi, Michael Jackson, Calvin Klein, die insgesamte Plattenindustrie und MTV alle zusammen in einem Video zu verunglimpfen? „This Note's for You" ist Neil Youngs feinstes „Fuck you". Geächtet von MTV machte es sich auf den Weg, um bei den MTV Video Music Awards den großen Preis davonzutragen. Empfindet irgendjemand Ironie? Youngs zugegebenermaßen leichte Zielscheibe sind große Stars, die ihre musikalische Seele verkaufen, um irgendwelche laschen Limonaden und billige Brühen an den Mann und an die Frau zu bringen. Director Julien Temple simuliert die perfekte Bier- und Barszenerie, dann läßt er den Schweinehund herausschauen. Eine Michael Jackson Kopie explodiert spontan auf der Bühne. Ein Hund, der Spud MacKenzie ähnlich sieht, schlabbert eine Bikini-bekleidete Brust ab. Eine Whitney Houston Ersatz-Perücke wird heruntergerissen. Temple erinnert sich an diese Erfahrung gerne: „Du kannst mit Neil alles machen. Er überwindet alle möglichen Hindernisse. Logisch, daß die (MTV & Co.) dabei ausrasteten. Dieses Video ging an die Geldbörse – eher als Sex oder Gewalt - und das ist für sie noch viel furchterregender".

25. AUGUST 1994

DAVID FRICKE

SLEEPS WITH ANGELS

(Album-Kritik)

*****

OFFENBAR VERPASSTEN SIE sich nur um Tage. Anfang April letzten Jahres hatte Neil Young durch die üblichen Management-Kanäle versucht, mit Kurt Cobain Kontakt aufzunehmen. Es war eine Geste der Besorgnis und der Unterstützung gewesen, nachdem der Nirvana-Gitarrist im Monat zuvor in Rom beinahe an einer Drogen-Überdosis gestorben wäre. Aber Cobain erhielt die Message nie. Stattdessen hinterließ er eine eigene, eine Abschiedsnotiz voll krassem Schmerz und verzerrter Logik, die bezeichnenderweise eine der bekanntesten Textstellen Youngs zitierte: „It's better to burn out / Than to fade away" („Es ist besser auszubrennen / Als langsam dahinzuschwinden.")

Young – der reichlich Erfahrung darin hatte, Hymnen für die Toten und Sterbenden zu schreiben („Ohio", „The Needle and the Damage Done", „Tonight's the Night") – hatte sicher nie beabsichtigt, daß seine Worte so wörtlich genommen würden. Aber „Sleeps With Angels", von Young als rasche Antwort auf Cobains grauenhafte Fehlinterpretation geschrieben und das Herzstück seines außergewöhnlichen neuen Albums, ist weder ein Song voller schmerzgetriebener Wut noch irgendwelcher stechender Selbstvorwürfe. Oberflächlich besehen ist er verblüffend nüchtern, ein kurzes, einfaches Totem, das den Verlust mit fast väterlicher Delikatesse markiert: „She was a teen queen / She saw the dark side of life / She made made things happen / But when he did it that night / She ran up phone bills / She moved around from town to town (too late) / He sleeps with angels (too soon)". („Sie war eine Teen-Königin / Sie sah die dunkle Seite des Lebens / Sie brachte die Dinge zum Tanzen / Aber als er es tat in jener Nacht / Ließ sie die Telefonrechnungen in die Höhe schnellen / Sie zog von Stadt zu Stadt (zu spät) / Er schläft bei den Engeln (zu früh)."

Die beunruhigende Schönheit von „Sleeps With Angels" steckt in der gekonnten und liebevollen Art, mit der Young und Crazy Horse, die seit

20 Jahren als erster Name des amerikanischen Garagen-Rocks gelten, es geschafft haben, den tatsächlichen *Sound* von Cobain und Nirvana lebendig nachzuschaffen. Es ist alles da, etwa bei „About a Girl" oder „All Apologies", die eine dröhnend *Re-ac-tor*-artige Überarbeitung abkriegen – das rauhe, ungeduldige Brummen der Billy Talbot / Ralph Molina Rhythmussektion, das dämmervolle, poppige Glimmern der Melodieführung, Youngs und Frank Sampedros wuchtig verzerrte Gitarren, die schneidende Narben kreuz und quer und die andachtsvollen, gebetsartigen Vocals schlagen. Mit einem Wagemut und einer Sensibilität, die weit über jede Nachahmung hinausgehen – was ja bekanntlich als ehrlichste Form von Schmeichelei gilt – hat Young hier einen zu Herzen gehenden Tribut dargebracht – an Cobain, sein Leben, seine Trauer, seine Leistungen und alles was er ungesagt und ungetan bleiben lassen mußte – indem er dies alles, für einen kurzen Moment, wieder zum Leben erweckt.

Ironischerweise ist *Sleeps With Angels* ein Album, das Cobain einigen Trost hätte bieten können, wenn er es noch zu Lebzeiten gehört hätte. Denn trotz des scheiterhaufenartigen Geknackes auf dem Titelsong steckt *Sleeps With Angels* ebensosehr voller Kampfgeist und einem romantischen Optimismus, wie es zugleich mit einem kriegsangeschlagenen Schützengraben-Trauma und der Angst vor dem Totenbett erfüllt ist. Manchmal läßt Young all diese Stränge in einem einzigen Song zusammenlaufen, wie in „Prime of Life", einem frappierenden Rückwurf auf den trauervollen Dröhn-Pop seiner frühesten Solo-Arbeiten („The Loner", „I've Been Waiting for You") – ein Song, der den Punkt im Leben markiert, an dem einem die Zeit davonläuft, die man gebraucht hätte, um alles Erträumte noch zu erreichen.

Zur planlos daherkriechenden Piano-Begleitung von „Drive by" stellt Young mit quälender Eiseskälte seine Betrachtungen über die zufällige, ja fast beliebige Art wie das Schicksal seine Opfer ins Visier nimmt an –:"Well, you feel invincible / It's just a part of life / There's a feud going on, and you don't know." („Ja, du fühlst dich unbesiegbar / Das gehört einfach zum Leben dazu / Doch da draußen läuft ein Kampf ab, und du weißt nichts davon.") Der Refrain ist auf brutale Weise direkt, der Spruch „drive by" („fahr weiter") wird jeweils viermal langsam wiederholt, in einer Art betäubtem Singsang.

Und doch, für jeden Elektroschock des grimmigsten Realismus, wie in dem Weltuntergangs-Stehkader, „Safe Cart" mit seinem aaligen Glissando-Bass und seiner Harmonika im Ton einer gedämpften Flugangriffs-Sirene, gibt es umgekehrt auch die kampferprobte Zuversicht und den heilsamen Glauben eines „Train of Love", ein Treuegelübde an den alten, verläßlichen Balladen-Stil von *Harvest* („To love and honor ,til death do us part / Repeat after me / This train is never going back") („Einander zu lieben und in Ehren zu halten, bis daß der Tod uns scheide / Sprich es mir nach / Dieser Zug fährt niemals mehr zurück.") Tatsache ist, daß die ganze Platte mit einem Rhythmus und einer Schärfe als wär's ein guter, leidenschaftlicher Streit in einer Bar vorwärts und zurück rollt. Gesangsmelodien und Textfragmente von manchen Songs werden in beliebiger Reihenfolge und mit poetischem Effekt wieder in anderen aufgegriffen. Auf den beiden zueinander gehörigen Wiegenlieder, die das Album eröffnen und schließen, „The Heart" und „A Dream That Can Last", klimpert sogar eigens ein Klavier im alten Saloon-Stil auf vorgeschobenem Posten mit. „Change Your Mind" und „Blue Eden", zwei voll ausgereizte, teils kreischend-knarrende Gitarrenträumereien, die sich zu insgesamt mehr als zwanzig Minuten aufaddieren, formieren sich zu einem rauhen, ausgedehnten Selbstgespräch über die Achterbahnfahrt der Liebe – „Destroying you / Embracing you / Protecting you / Confining you / Distracting you / Supporting you / Distorting you / Controlling you" („Ich zerstöre dich / Umarme dich / Beschütze dich / Beenge dich / Beunruhige dich / Versorge dich / Verzerre dich / Beherrsche dich.") – und über die „zauberhafte Berührung", die einem vielleicht gerade eben noch dabei helfen kann, bis zum Schluß durchzuhalten.

Sleeps With Angels ist nicht das erste Album, das Young gemacht hat, auf dem er die stets weiter auseinanderklaffenden Risse im amerikanischen Traum thematisiert, oder was für die Teenager davon übrig geblieben ist, die vor den niegehaltenen Versprechen der 60er Jahre und den fragwürdigen Übereinkünften der Reagan-Bush-Ära die Flucht ergriffen. Aber dieses Album gehört zu seinen besten: ein dramatischer Ringkampf zwischen Song und Gewissen, der suggeriert – nein, darauf *besteht* – daß man beim Sprung durchs Feuer nicht unbedingt in Flammen aufgehen muß. Wenn das von irgendeinem anderen Schnarchsack der Rock-Aristokratie aus den 60er oder 70er Jahren gekommen wäre, hätte es nur wie ein hohler Witz geklungen. Hier aber, umpulst von den wirbelnden Gitarren und den transportativen Wellen jener Wild-West-Pianos, ist das Ganze nicht nur glaubhaft, sondern geradezu inspirierend.

Sleeps With Angels ist außerdem auch reich bestückt mit Anklängen an Youngs eigenes, langes, kompromißloses Leben in der Musik. Er ist selten allzuweit von seiner grundlegenden Schematik aus country-gefärbtem Folk-Pop und null-scheiß Scherbel-Rock abgewichen. Aber hier betritt er diese Echos an seine Frühzeit mit der selben Würde und dem selben Drive, die er dem Nirvana-Sound auf „Sleeps With Angels" entgegenbringt. Die tiefe, flackernde Bedrohlichkeit seiner Gitarren-Breaks auf „Change Your Mind" erinnern stark an das meditative Knistern jener langen, dunklen Solos, die er auf *Everybody Knows This Is Nowhere* einfließen ließ. „Trans Am", eine

Lagerfeuerstory über einen mythischen heißen Ofen auf Rädern, ist ein elektrisches „Last Trip to Tulsa", das, auf dem Umweg über *Mad Max*, in einer atomaren Landschaft angesiedelt ist – eine lange, phantastische Story, abgefüllt mit vibrierenden Bässen und Unmengen von glucksenden Wah-Wah-Gitarren.

Und dann ist da noch „Piece of Crap", eine wüste Breitseite gegen den allerorts überhandnehmenden Materialismus und den medialen Buschbrand des Bestellens per TV – („Saw it on the tube / Bought it on the phone / Now you're home alone / It's a piece of crap") („Gesehen hast du's in der Glotze / Bestellt mit dem Telefon / Jetzt sitzt du allein zu Hause / Mit 'nem Stück Scheiße in der Hand"). Das raucht, als hätte sich „This Note's for You" bei voller *Weld*-Lautstärke mit „Opera Star" in die Wolle gekriegt. Es ist ein großer, frecher Klumpen Rock'n'Roll-Rotz, und er scheint hier so gar nicht dazu zu passen – zunächst mal. Aber ich wette 20 Mäuse, daß das bis zum Jahresende die Coverversion sein wird, die geschmacksverstärkte junge Punk-Bands allerorts als ihre Zugabe eigener Wahl verabreichen werden. Und außerdem drückt der Song so ziemlich das Gleiche aus wie der Rest des Albums: daß man, bloß weil in der Welt eine Menge Scheiße läuft, sich damit noch lange nicht abfinden muß.

Kurt Cobain fand, traurigerweise einen Weg, wie man mit dem Problem umgehen kann. Neil Young arbeitet zum Glück noch an seiner Lösung.

13.-27. JULI 1995

J. D. CONSIDINE

MIRROR BALL

(Album-Kritik)

****

ES IST KAUM EIN GEHEIMNIS, daß Neil Young auf Pearl Jam steht, und umgekehrt. Als die Band 1993 für ihn im Vorprogramm spielte, brachte er sie oft für die Zugabe „Rockin'n the Free World" wieder auf die Bühne; als Young in die Rock & Roll Hall of Fame aufgenommen wurde, war es Pearl Jams Eddie Vedder, der die Honeurs machte und den Sänger „als einen großen Liederschreiber, großen Künstler und großen Kanadier" bezeichnete.

Daß diese gegenseitige Bewunderungsgesellschaft irgendwann mal mit einem gemeinsamen Album reussieren würde, war wohl unvermeidlich, aber selbst dann ist es noch schwer, nicht von dem extra Drehmoment, das *Mirrorball* in diese Beziehung hineingetragen hat überrascht zu sein. Obwohl Young dabei klar der dominante Partner ist – es handelt sich schließlich um sein Konzept, seine Songs und sein Album – sind es Pearl Jam die letztlich die Form und das Feeling der Musik bestimmen, und einen Grad an Input und Energie aufbringen, die weit über den üblichen Zuständigkeitsbereich einer Begleitband hinausgehen.

Wieviel Pearl Jam in diese Songs einbringen, läßt sich im Vergleich zwischen dem hier gebotenen „Act of Love" und den Versionen, die Young mit Crazy Horse auf Konzerten zu Beginn dieses Jahres offerierte, abkalibrieren. Sowohl beim Dinner in der Rock & Roll Hall of Fame in New York und beim „Wähler für Wahlfreiheit"-Konzert in Washington war Crazy Horses „Act of Love" ein tönerner Koloß, ein schwerfälliger Marathon sich zähflüssig auftürmender Akkordwellen und endlos umherschlingernder Solos. Hier sind es nicht nur die abgekürzte Länge und die vergleichsweise mangelnden Gitarrensolos, die die Pearl Jam-Version abheben, sondern auch die rhythmische Vitalität. Wo den muskelbepackten Düsterlingen von Crazy Horse der eigene Körperbau im Weg steht, haben Pearl Jam die sehnige, schlanke Kraft von Weltergewicht-Champions und teilen zwischen den Power-Akkorden des Refrains leichtfüßig flinke Schläge aufs Ohr aus.

Das ist nicht bloß eine Angelegenheit des musikalischen Stils, hier ist fast ein generationeller Unterschied am Werk. Crazy Horse suhlen sich genüßlich in der uberamplifizierten Grandezza ihrer Acid Rock-Exzesse Pearl Jam bevorzugen die stumpfe Schönheit des amphetaminisierten Minimalismus Marke Punk. Young allerdings ist von beidem angetan. Und nachdem er ein Gutteil von *Sleeps With Angels* damit zugebracht hatte, die Alternate-Rock-Generation durch den Nebel von Crazy Horse zu betrachten, wirft er hier das Teleskop herum, um zu sehen, wie das Hippietum durch die Linse der Pearl Jam betrachtet wirkt.

Ehrlich gesagt, der Anblick kann ziemlich erheiternd sein. „Downtown" beispielsweise mockiert sich über die Vorstellung der 60er Jahre bezüglich Coolheit mit Trickfilm-Hippies, die auf der Suche nach einem Treff abziehen wo „they dance the Charleston / And they do the limbo" („man den Charleston danzt / und den Limbo hinlegt"). Aber soviel Spaß Young und die Band auch mit dem Bild haben (und dito mit der tschuggeligen drei Akkorde-Groove des Liedchens), so übersehen sie doch nicht die dauerhafteste Stärke der Ära: ihre Musik. „Jimi's playing in the back room", singt Young, „Led Zeppelin's onstage" („Jimi spielt gerade hinten in der Garderobe, Led Zeppelin stehen auf der Bühne"). Und obgleich die Musik nicht versucht, diesen Sound wiederzubeleben, so vermittelt sie doch viel von seinem Geist.

Doch dabei wird die Sache nicht belassen. Mit „Peace and Love" wagen Young und Pearl Jam den Schnitt bis zum Herzen der Sixties/Nineties-Kluft. Nachdem Young das Bild des mystischen Ideals entwirft, daß man „love in the people / Living in a Sacred Land" („Liebe bei den Menschen / Die in in einem geheiligten Land leben") finden möge, bietet Eddie Vedder dazu gewissermaßen einen generationsbedingten Kontrapunkt. „Found love, found hate, saw my mistake" („Fand Liebe / Fand Hass / Sah meinen Fehler ein") singt er neusachlich: „Broke walls of pain to walk again" („Zerbrach Wände aus Schmerz, laufe jetzt wieder"). Zwei unterschiedliche Arten von Transzendenz, gewiß, aber wie das aufschwellende anthemische Finale suggeriert, sind sie sich doch weit näher als beide Generationen meinen.

Nicht jedes Problem, das auf *Mirrorball* angeschnitten wird, läßt sich ähnlich leicht lösen. „Act of Love" beispielsweise nimmt sich das Thema Abtreibung vor ohne eine klare politische Lösung anzubieten. Stattdessen spielt Young in seinem Text mit der Ironie, daß so viel Haßund Abscheu einem Akt der Liebe folgen können. Er malt die Anti-Abtreibungs-Bewegung als einen „heiligen Krieg" hin, der „langsam zum Zug kommt", und stellt sich dann einen unwilligen Papa in spe vor, der seine Geliebte zu einem Schwangerschaftsabbruch zwingt: „Here's my wallet / Call me sometime" („Hier hast du mein Portemonnaie / Ruf mich halt mal irgendwann wieder an"). Es ist eine häßliche Ansammlung von Bildern, und die Band nimmt die Musik dazu so unnachgiebig in Angriff wie die Nachrichten, die dem Song seine Aktualität geben.

Lieber als gegen den Kurs der Ereignisse anzustrampeln, surfen Young und Pearl Jam hier stattdessen auf dem Wellenkamm, wie bei der bevorstehenden Karambolage, die Young zu Beginn von „I'm the Ocean" beschreibt, wo der Protagonist beschließt, „dem Moment seinen Lauf zu lassen" statt aufs Bremspedal zu treten. Und dort, wo *Mirrorball* zur Höchstform aufläuft, läßt es dann auch diesen Moment voller Aufregung und Gegensätze voll ausrollen – von dem utopischen Hochgefühl des ohrwurmhaften, insistierenden „Throw Your Hatred Down" über die telegene Großartigkeit des „Krebs-Cowboys" in „Big Green Country", bis hin zur trauervollen Resignation des weltmüden „Truth Be Known".

DISKOGRAPHIE

BUFFALO SPRINGFIELD Atco, Januar 1967
„For What It's Worth", „Go and Say Goodbye", „Sit Down I Think I Love You", „Nowadays Clancy Can't Even Sing", „Hot Dusty Roads", „Everybody's Wrong", „Flying on the Ground Is Wrong", „Burned", „Do I Have to Come Right Out and Say It", „Leave", „Out of My Mind", „Pay the Price"
(Auf der ursprünglichen Version fand sich noch „Baby Don't Scold Me" anstelle von „For What It's Worth")

BUFFALO SPRINGFIELD AGAIN Atco, November 1967
„Mr Soul", „A Child's Claim to Fame", „Everydays", „Expecting to Fly", „Bluebird", „Hung Upside Down", „Sad Memory", „Good Time Boy", „Rock & Roll Woman", „Broken Arrow"

LAST TIME AROUND Atco, August 1968
„On the Way Home", „It's So Hard to Wait", „Pretty Girl Why", „Four Days Gone", „Carefree Country Day", „Special Care", „In the Hour of Not Quite Rain", „Questions", „I Am a Child", „Merry-Go-Round", „Uno Mundo", „Kind Woman"

RETROSPECTIVE Atco, Februar 1969
„For What It's Worth", „Mr Soul", „Sit Down I Think I Love You", „Kind Woman", „Bluebird", „On the Way Home", „Nowadays Clancy Can't Even Sing", „Broken Arrow", „Rock ,n' Roll Woman", „I Am a Child", „Go And Say Goodbye", „Expecting to Fly"
(US-Compilation mit zuvor erschienenen Tracks)

EXPECTING TO FLY Atlantic, Oktober 1970
„For What It's Worth", „Expecting to Fly", „Special Care", „Hot Dusty Roads", „Everybody's Wrong", „Pay the Price", „Flying on the Ground Is Wrong",

„Burned", „Do I Have to Come Right Out And Say It", „Leave", „Out of My Mind", „Merry-Go-Round"
(Britische Compilation mit zuvor erschienenen Tracks)

BUFFALO SPRINGFIELD Atco, November 1973
„For What It's Worth", „Sit Down I Think I Love You", „Nowadays Clany Can't Even Sing", „Go And Say Goodbye", „Pay the Price", „Burned", „Out of My Mind", „Mr Soul", „Bluebird", „Broken Arrow", „Rock & Roll Woman", „Expecting to Fly", „Hung Upside Down", „A Child's Claim to Fame", „Kind Woman", „On the Way Home", „I Am a Child", „Pretty Girl Why", „Special Care", „Uno Mundo", „In the Hour of Not Quite Rain", „Four Days Gone", „Questions"
(Doppel-LP Compilation inkl. des vorher unveröffentlichten „Bluebird")

CROSBY, STILLS, NASH AND YOUNG – DEJA VU Atlantic, März 1970
„Deja Vu", „Teach Your Children", „Almost Cut My Hair", „Helpless", „Woodstock", „Deja Vu", „Our House", „4 + 20", „Country Girl", „Everybody I Love You"

FOUR WAY STREET Atlantic, April 1971
„Suite: Judy Blue Eyes", „On the Way Home", „Teach Your Children", „Triad", „The Lee Shore", „Chicago", „Right Between the Eyes", „Cowgirl in the Sand", „Don't Let It Bring You Down", „49 Bye Byes / America's Children", „Love the One You're With", „Pre-Road Downs", „Long Time Gone", „Southern Man", „Ohio", „Carry On", „Find the Cost of Freedom"
Doppel-Live-LP; auf der späteren CD-Ausgabe kamen vier Bonus Tracks dazu: „King Midas in Reverse", „Laughing", „Black Queen", „The Loner / Cinnamon Girl / Down by the River (Medley)"

SO FAR Atlantic, Juli 1974
„Deja Vu", „Helplessly Hoping", „Wooden Ships", „Teach Your Children", „Ohio", „Find the Cost of Freedom", „Woodstock", „Our House", „Helpless", „Guinnevere", „Suite: Judy Blue Eyes"
(Compilation aus zuvor erschienenen Tracks)

AMERICAN DREAM Atlantic, November 1988
„American Dream", „Got It Made", „Name of Love", „Don't Say Goodbye", „This Old House", „Nighttime for the Generals", „Shadowland", „Drivin' Thunder", „Clear Blue Skies", „That Girl", „Compass", „Soldiers of Peace", „Feel Your Love", „Night Song"

NEIL YOUNG　　　　　　　　　　　　　　　Reprise, December 1968

„The Emperor of Wyoming", „The Loner", „If I Could Have Her Tonight", „I've Been Waiting for You", „The Old Laughing Lady", „String Quartet from Whiskey Boot Hill", „Here We Are in the Years", „What Did You Do to My Life", „I've Loved Her So Long", „The Last Trip to Tulsa"
(Die LP wurde in den USA Ende 1969 mit anderer Abmischung einiger Songs noch einmal neu herausgebracht)

EVERYBODY KNOWS THIS IS NOWHERE (Mit Crazy Horse)
Reprise, Mai 1969
„Cinnamon Girl", „Everybody Knows This Is Nowhere", „Round & Round", „Down by the River", „The Losing End", „Running Dry", „Cowgirl in the Sand"

AFTER THE GOLD RUSH (Mit Crazy Horse)　　　Reprise, September 1970
„Tell Me Why", „After the Gold Rush", „Only Love Can Break Your Heart", „Southern Man", „Till the Morning Comes", „Oh Lonesome Me", „Don't Let it Bring You Down", „Birds", „When You Dance I Can Really Love", „I Believe in You", „Cripple Creek Ferry"

HARVEST　　　　　　　　　　　　　　　　Reprise, Februar 1972
„Out on the Weekend", „Harvest", „A Man Needs a Maid", „Heart of Gold", „Are You Ready for the Country", „Old Man", „There's a World", „Alabama", „The Needle and the Damage Done", „Words"

JOURNEY THROUGH THE PAST　　　　　　Reprise, November 1972
„For What it's Worth", „Mr Soul", „Rock & Roll Woman" (alle von Buffalo Springfield), „Find the Cost of Freedom", „Ohio" (beide von CSNY), „Southern Man", „Are you Ready for the Country", „Let Me Call You Sweetheart", „Alabama", „Words", „God Bless America", „Relativity", „Invitation", „Handel's Messiah", „King of Kings" (beide vom Tony & Susan Alamo Christian Foundation Orchestra & Chorus), „Soldiers", „Let's Go Away for a While" (von den Beach Boys)

TIME FADES AWAY　　　　　　　　　　　Reprise, September 1973
„Time Fades Away", „Journey Through the Past", „Yonder Stands the Sinner", „L. A.", „Love in Mind", „Don't Be Denied", „The Bridge", „Last Dance" (Live Album)

ON THE BEACH Reprise, Juli 1974
„Walk On", „See the Sky About to Rain", „Revolution Blues", „For the Turnstiles", „Vampire Blues", „On the Beach", „Motion Pictures", „Ambulance Blues"

TONIGHT'S THE NIGHT (Mit Crazy Horse) Reprise, Juni 1975
„Tonight's the Night", „Speakin' Out", „World on a String", „Borrowed Tune", „Come on Baby Let's Go Downtown", „Mellow My Mind", „Roll Another Number for the Road", „Albuquerque", „New Mama", „Lookout Joe", „Tired Eyes", „Tonight's the Night"

ZUMA (Mit Crazy Horse) Reprise, November 1975
„Don't Cry No Tears", „Danger Bird", „Pardon My Heart", „Lookin' for a Love", „Barstool Blues", „Stupid Girl", „Drive Back", „Cortez the Killer", „Through My Sails"

LONG MAY YOU RUN (Mit der Stills/Young Band)
Reprise, September 1976
„Long May You Run", „Make Love to You", „Midnight on the Bay", „Black Coral", „Ocean Girl", „Let It Shine", „12/8 Blues", „Fontainebleau", „Guardian Angel"

AMERICAN STARS'N BARS Reprise, Juni 1977
„The Old Country Waltz", „Saddle Up the Palomino", „Hey Babe!", „Hold Back the Tears", „Bite the Bullet", „Star of Bethlehem", „Will to Love", „Like a Hurricane", „Homegrown"

DECADE Reprise, November 1977
„Down to the Wire", „Burned", „Mr Soul", „Broken Arrow", „Expecting to Fly" (alle mit Buffalo Springfield), „Sugar Mountain", „I Am a Child", „The Loner", „The Old Laughing Lady", „Cinnamon Girl", „Down By the River", „Cowgirl in the Sand", „I Believe In You", „After the Gold Rush", „Southern Man", „Helpless" (mit CSNY), „Ohio" (mit CSNY), „Soldier", „Old Man", „A Man Needs a Maid", „Harvest", „Heart of Gold", „Star of Bethlehem", „The Needle and the Damage Done", „Tonight's the Night", „"Tired Eyes", „Walk On", „For the Turnstiles", „Winterlong", „Deep Forbidden Lake", „Like a Hurricane", „Love Is a Rose", „Cortez the Killer", „Campaigner", „Long May You Run" (mit der Stills/Young Band)

COMES A TIME Reprise, Oktober
„Goin' Back", „Comes a Time", „Lookout for my Love", „Lotta Love", „Peace

of Mind", „Human Highway", „Already One", „Field of Opportunity", „Motorcycle Mama", „Four Strong Winds"

RUST NEVER SLEEPS (Mit Crazy Horse) Reprise, Juli 1979
„My My Hey Hey (Out of the Blue)", „Thrasher", „Ride My Llama", „Pocahontas", „Sail Away", „Powderfinger", „Welfare Mothers", „Sedan Delivery", „Hey Hey My My (Into the Black)"

LIVE RUST Reprise, November 1979
„Sugar Mountain", „I Am a Child", „Comes a Time", „After the Gold Rush", „My My Hey Hey (Out of the Blue)", „When You Dance I Can Really Love", „The Loner", „The Needle and the Damage Done", „Lotta Love", „Sedan Delivery", „Powderfinger", „Cortez the Killer", „Cinnamon Girl", „Like a Hurricane", „Hey Hey My My (Into the Black)", „Tonight's the Night" (Doppel-LP Live-Album)

HAWKS & DOVES Reprise, November 1980
„Little Wing", „The Old Homestead", „Lost in Space", „Captain Kennedy", „Stayin' Power", „Coastline", „Union Man", „Comin' Apart at Every Nail", „Hawks & Doves"

RE-AC-TOR (Mit Crazy Horse) Reprise, November 1981
„Opera Star", „Surfer Joe and Moe the Sleeze", „T-Bone", „Get Back on It", „Southern Pacific", „Motor City", „Rapid Transit", „Shots"

TRANS Geffen, Januar 1983
„Little Thing Called Love", „Computer Age", „We R in Control", „Transformer Man", „Computer Cowboy", „Hold on to Your Love", „Sample and Hold", „Mr Soul", „Like an Inca"

EVERYBODY'S ROCKIN' (Mit den Shocking Pinks)
Geffen, August 1983
„Betty Lou's Got a New Pair of Shoes", „Rainin' In My Heart", „Payola Blues", „Wonderin' ", „Kinda Fonda Wanda", „Jellyroll Man", „Bright Lights, Big City", „Mystery Train", „Everybody's Rockin'"

GREATEST HITS Reprise, Februar 1985
„Cinnamon Girl", „Old Man", „Comes a Time", „Walk On", „The Loner", „Like a Hurricane", „Heart of Gold", „Southern Man", „Down by the River", „Southern Pacific", „Hey Hey My My (Into the Black)"
(Erschien nur in Neuseeland)

OLD WAYS Geffen, August 1985
„Wayward Wind", „Get Back to the Country", „Are There Any More Real Cowboys", „Once an Angel", „Misfits", „California Sunset", „Old Ways", „My Boy", „Bound for Glory", „Where Is the Highway Tonight?"

LANDING ON WATER Geffen, Juli 1986
„Weight of the World", „Violent Side", „Hippie Dream", „Bad News Beat", „Touch the Night", „People on the Street", „"Hard Luck Stories", „I Got a Problem", „Pressure", „Drifter"

LIFE (Mit Crazy Horse) Geffen, Juni 1987
„Mideast Vacation", „Long Walk Home", „Around the World", „Inca Queen", „Too Lonely", „Prisoners of Rock'n'Roll", „Crying Eyes", „When Your Lonely Heart Breaks", „We Never Danced"

THIS NOTE'S FOR YOU (Mit den Bluenotes) Reprise, April 1988
„Ten Men Working", „This Notes for You", „Coupe de Ville", „Life in the City", „Twilight", „Married Man", „Sunny Inside", „Can't Believe Your Lyin' ", „Hey Hey", „One Thing"

ELDORADO (EP) Reprise, März 1989
„Cocaine Eyes", „Don't Cry", „Heavy Love", „On Broadway", „Eldorado" (Erschien in verschiedenen Formaten nur in Japan (CD), Australien und Neuseeland (MC))

FREEDOM Reprise, Oktober 1989
„Rockin' in the Free World", „Crime in the City", „Don't Cry", „Hangin' on a Limb", „Eldorado", „The Ways of Love", „Someday", „On Broadway", „Wrecking Ball", „No More", „Too Far Gone", „Rockin' in the Free World"

RAGGED GLORY (Mit Crazy Horse) Reprise, September 1990
„Country Home", „White Line", „Fuckin' Up", „Over and Over", „Love to Burn", „Farmer John", „Mansion on the Hill", „Days that Used to Be", „Love and Only Love", „Mother Earth (Natural Anthem)"

WELD (Mit Crazy Horse) Reprise, Oktober 1991
„Hey Hey My My (Into the Black)", „Crime in the City", „Blowin' in the Wind", „Welfare Mothers", „Love to Burn", „Cinnamon Girl", „Mansion on the Hill", „Fuckin' Up", „Cortez the Killer", „Powderfinger", „Love and Only Love", „Rockin' in the Free World", „Like a Hurricane", „Farmer John", „Tonight's the Night", „Roll Another Number"
(Doppel-CD Live Album, auch erhältlich als Arc/Weld, ein 3-CD-Set)

ARC   Reprise, Oktober 1991
(Eine 37-minütige Klang-Collage, als separate CD nur in den USA erhältlich)

HARVEST MOON   Reprise, November 1992
„Unknown Legend", „From Hank to Hendrix", „You and Me", „Harvest Moon", „War of Man", „One of These Days", „Such a Woman", „Old King", „Dreamin' Man", „Natural Beauty"

LUCKY THIRTEEN: EXCURSIONS INTO ALIEN TERRITORY
Geffen, Januar 1993
„Sample and Hold", „Transformer Man", „Depression Blues", „Get Gone", „Don't Take Your Love Away from Me", „Once an Angel", „Where Is the Highway Tonight?", „Hippie Dream", „Pressure", „Around the World", „Mideast Vacation", „Ain't it the Truth", „This Note's for You"
(Zusammenstellung mit einigen zuvor unveröffentlichten Titeln)

UNPLUGGED   Reprise, Juni 1993
„The Old Laughing Lady", „Mr Soul", „World on a String", „Pocahontas", „Stringman", „Like a Hurricane", „The Needle and the Damage Done", „Helpless", „Harvest Moon", „Transformer Man", „Unknown Legend", „Look Out for my Love", „Long May You Run", „From Hank to Hendrix"
(Live-Album einer „MTV-Unplugged" Fernsehsendung)

SLEEPS WITH ANGELS (Mit Crazy Horse)   Reprise, August 1994
„My Heart", „Prime of Life", „Drive By", „Sleeps With Angels", „Western Hero", „Change Your Mind", „Blue Eden", „Safeway Cart", „Train of Love", „Trans Am", „Piece of Crap", „A Dream That Can Last"
(Doppel-Album)

MIRRORBALL (Mit Pearl Jam)   Reprise, Juni 1995
„Song X", „Act of Love", „I'm the Ocean", „Big Green Country", „Truth Be Known", „Downtown", „What Happened Yesterday", „Peace and Love", „Throw Your Hatred Down", „Scenery", „Fallen Angel"

AUTORENVERZEICHNIS

David Browne ist Musikkritiker des *Entertainment Weekly*. Er hat unter anderem Beiträge für die *New York Times*, *Rolling Stone* und *Musician* geschrieben und war Pop-Kritiker bei der New Yorker *Daily News*. Seine einzige Erfahrung in einer „Band" bestand darin, mit Zimmerkollegen im Studentenheim eine Zwanzig-Minuten-Version von „Down by the River" hinzuschrammeln.

Tim Cahill ist Verfasser von fünf Büchern, wovon sein neuestes Werk „Pecked to Death by Ducks" („Von Enten zu Tode gebissen") heißt. Er ist freier Mitarbeiter des *Rolling Stone* und Redakteur für sämtliche Zuständigkeitsbereiche des *Outside*-Magazins.

Tom Carson hat unter anderem Beiträge für *L. A. Weekly*, die *Village Voice*, *Rolling Stone* und andere Publikationen geschrieben

Michael Corcoran ist Kunst-und Unterhaltungskritiker der *Dallas Morning News*.

Cameron Crowe, der seit seinem fünfzehnten Lebensjahr für *Rolling Stone* schreibt, ist Verfasser/Regisseur solcher Filme wie *Say Anything* und *Singles*. Seine in Zusammenarbeit mit dem Fotografen Joel Hernstein zusammengestellte Biographie von Neil Young soll planungsgemäß „irgendwann in den Neunzigern" erscheinen.

Anthony deCurtis ist Autor und Redakteur bei *Rolling Stone*, wo er für die Abteilung Plattenrezensionen verantwortlich zeichnet. Er ist außerdem Herausgeber von *Present Tense: Rock & Roll and Culture* und Mitherausgeber von The *Rolling Stone* Illustrated History of Rock & Roll und The *Rolling Stone* Album Guide. Er erhielt den Grammy für seine

Klappentexte zur Eric Clapton Retrospektive „*Crossroads*" und gewann zweimal den ASCAP Deems Taylor Award für ausgezeichnete Musikberichte. Er besitzt einen Doktortitel in amerikanischer Literatur von der Universität Indiana und hält häufig Vorlesungen über kulturelle Angelegenheiten.

Janelle Ellis hat mit dem Beitrag über die Premiere von *Journey Through the Past* von Neil Young ihr Jungfernstück für *Rolling Stone* geschrieben. Sie ist heute eine Professorin für Englisch am El Centro College.

Jim Farber ist Pop-Musik-Kritiker der New Yorker Daily News. Arbeiten von ihm sind im *Rolling Stone*, der *Village Voice*, dem *Entertainment Weekly*, im *New York*-Magazin und in vielen anderen Zeitschriften erschienen.

Ben Fong-Torres begann 1968 für *Rolling Stone* zu schreiben und diente dort bis 1981 als Senior Editor. Er hat für zahlreiche Zeitschriften Beiträge verfaßt, unter anderem für *Esquire*, *GQ*, *Playboy* und *American Film* und seine wichtigsten Bücher sind: *The Motown Album: The Sound of Young America*, *Hickory Wind: The Life and Times of Gram Parsons*, sowie seine Erinnerungen, *The Rice Room* (Hyperion Verlag, 1994).

David Fricke ist Chef des Musik-Ressorts bei *Rolling Stone*. Er stieg 1985 als ein Senior Writer ein. Er ist außerdem der amerikanische Korrespondent des englischen Wochenmagazins *Melody Maker* und hat für *Musician*, *People* und die *New York Times* über Musik geschrieben. Er ist der Autor von *Animal Instinct*, der Biographie von Def Leppard, und schrieb die Klappentexte für das 1990 erschienene Box-Set „*The Byrds*".

Holly George-Warren ist Co-Autorin von *Musicians in Time*, Mitredakteurin und Herausgeberin von The *Rolling Stone* Album Guide und der dritten Auflage von The *Rolling Stone* Illustrated History of Rock & Roll, und Mitverfasserin von *Country on Compact Disc*. Sie hat außerdem für diverse Zeitschriften Beiträge geliefert, darunter *Rolling Stone*, *Option*, *Men's Journal* und die *New York Times*, und ist derzeit Cheflektorin der Rolling Stone Press.

Barry Gifford ist ein Schriftsteller, Film-Autor, Lyriker und Librettist. Zu seinen wichtigsten Romanen zählen *Arise and Walk*, *Night People*, *Sailor's Holiday* und *Wild at Heart*, das von David Lynch als Vorlage zu einem preisgekrönten Film verwendet wurde. Gifford arbeitet derzeit am Libretto für eine Oper von Toru Takemitsu.

Burl Gilyard lebt und schreibt in Minneapolis, Minnesota, seiner Heimatstadt, in der er sich nun auch endgültig wieder niedergelassen hat. 1991 erhielt er den ersten Preis des *Rolling Stone* Hochschul-Journalismus-Wettbewerbs in der Rubrik Unterhaltungsreportage. Zur Zeit schreibt er Reportagen und versucht andere Bereiche (Nachrichten, die Künste) für eine alternative Wochenzeitung, den *Twin Cities Reader*, aufzumischen. Er haust in trauter Zweisamkeit mit seiner frischvermählten Braut, Nicole Cina und zwei Katzen aus erster Ehe.

Michael Goldberg ist freier Mitarbeiter bei *Rolling Stone*. Er hat außerdem über Rock'n'Roll, das Musik-Business und neue Technologien für Zeitschriften wie unter anderem *Esquire, Wired, Mirabella, Musician* geschrieben.

Fred Goodman ist freier Mitarbeiter des *Rolling Stone*, und Verfasser einer demnächst bei Times Books erscheinenden Geschichte des Rock'n'Roll-Business.

Jimmy Guterman hat fünf Bücher geschrieben, viele CD-Neuauflagen betreut und das Amt des Chefredakteurs *bei CD Review* bekleidet. Heute arbeitet er als Redakteur bei Delphi Internet Services.

James Henke gehörte von 1977 bis 1992 zum redaktionellen Mitarbeiterstab von *Rolling Stone*. In dieser Zeit war er unter anderem Chef vom Dienst, Chef des Musik-Ressorts und Chef des Büros in Los Angeles. Er war Mitherausgeber der dritten Ausgabe von The *Rolling Stone* Illustrated History of Rock & Roll und *The Rolling Stone* Album Guide, und ist heute leitender Direktor der Rock & Roll Hall of Fame und des dazugehörigen Museums.

Steve Hochman schreibt über Pop-Musik für die Los Angeles Times, *Rolling Stone*, und eine Reihe anderer Publikationen. Seine Gehörgänge summen heute immer noch nach seinem Besuch von Neil Youngs 1978er *Rust Never Sleeps*-Konzert im L. A. Forum.

Stephen Holden ist ein Musik-, Theater- und Filmkritiker der *New York Times*.

James Hunter schreibt über Musik für *Rolling Stone*, die *Village Voice*, die *New York Times, Musician* und andere Publikationen.

Marshall Kilduff ist ein fester Mitarbeiter des San Francisco Chronicle, für die er seit über zwanzig Jahren Beiträge geschrieben hat. Darüber hinaus erschienen seine Artikel in den Magazinen *Rolling Stone*, *California*, und *New West*. Er zeichnet außerdem verantwortlich als Mitverfaser von *Suicide Cult*, einem Buch über Jim Jones und den People's Temple, das 1979 erschien.

George Kimball ist ein Sport-Kolumnist für den *Boston Herald* und hat in dieser Funktion zahlreiche Preise gewonnen.

Greg Kot ist der Rock-Kritiker der *Chicago Tribune*.

Jon Landau ist der Verfasser von *It's Too Late to Stop Now*. Er hat ausgiebig über Rock-Musik im *Boston Phoenix*, *Crawdaddy* und *Rolling Stone* geschrieben, bei dem er viele Jahre lang freier Mitarbeiter war. In jüngster Zeit ist er als Plattenproduzent und Künstler-Manager tätig geworden.

Alan Light ist Chefredakteur des *Vibe*-Magazins und ein früherer Senior Writer bei *Rolling Stone*. Seine Beiträge finden sich in *The Rolling Stone Illustrated History of Rock & Roll*, dritte Ausgabe, und in *Present Tense: Rock & Roll Culture*. Darüberhinaus hat er auch für *Vogue*, das *South Atlantic Quarterly*, die *World Book Encyclopedia* und andere Publikationen Artikel verfaßt.

Kurt Loder war Redakteur bei *Rolling Stone* von 1979 bis 1988 und ist nach wie vor ein freier Mitarbeiter. Er ist der Verfasser von *I, Tina*, einer Bestseller-Biographie über Tina Turner. Gegenwärtig ist er als Moderator bei MTV-News tätig.

Greil Marcus ist ein freier Mitarbeiter von *Rolling Stone*. Zu seinen Büchern gehören *Mystery Train, Lipstick Traces, Dead Elvis* und *Ranters & Crowd Pleasers*. Sein Lieblingssong von Neil Young ist „Surfer Joe and Moe the Sleaze".

Dave Marsh ist Chefredakteur von *Rock & Roll Confidential* und hat viele Bücher über populäre Musik geschrieben, darunter *Louie, Louie* und Bestseller-Biographien über Bruce Springsteen und die Who. Der Musik-Kritiker des *Playboy* hält auch oft Vorträge und schreibt über die Beziehung zwischen Musik, Politik und Zensur.

Don McLeese ist der Pop-Musik-Kritiker des *American-Statesman* in Austin und schreibt häufig für *Rolling Stone* und andere Musik-Publikationen. Im *Rolling Stone* Illustrated History of Rock & Roll enthält stammt das Kapitel über Neil Young von ihm.

John Mendelssohns Rezension von *Harvest* war Grund genug für Neil Young, das Debut von John Mendelssohns eigener Gruppe im Whisky-A-Go-Go in Hollywood mit der spezifischen Absicht zu besuchen, John Mendelssohn eins auszuwischen. Wenn John Mendelssohns Gruppe jedoch eines war, so war sie laut, und John Mendelsohn wurde sich der naserümpfenden Anwesenheit des großen Künstlers erst im Nachhinein bewußt.

Jim Miller war der Herausgeber der beiden ersten Ausgaben von The *Rolling Stone* Illustrated History of Rock & Roll und ist der Verfasser von *Democracy Is in the Streets: From Port Huron to the Siege of Chicago* (Simon & Schuster, 1987)

John Morthland ist ein freier Journalist und lebt in Austin, Texas. Er ist der Verfasser des Buches *The Best of Country Music* (Doubleday, 1984).

Paul Nelson hat über Musik für *Rolling Stone* geschrieben, und außerdem für die *Village Voice*, die *New York Times, Circus, Penthouse, Creem*, das *Real Paper* und den *Little Sandy Review*, den er 1961 mitbegründete.

Steve Pond ist ein freier Mitarbeiter des *Rolling Stone*. Seine Artikel erscheinen auch in der *New York Times, Premiere, Playboy, GQ* und in der *Washington Post*.

Parke Puterbaugh ist seit vielen Jahren ein freier Mitarbeiter und früherer Senior Editor bei *Rolling Stone*. Er schreibt über Musik, Reisen und die Umwelt für eine Reihe anderer Publikationen und ist Co-Autor einer Serie von Reisebüchern. Er lebt in Greensboro, Nord Carolina

Jeffrey Ressner schreibt über das Unterhaltungs-Business als Korrespondentin des *Time*-Magazins in Los Angeles. Er arbeitete vordem als Senior Writer bei *Rolling Stone* und als Chef des Büros an der Westküste für das Magazin *Us*. Seine Arbeiten erschienen auch in der *New York Times, Empire, Men's Journal* und *Spy*.

John Rockwell ist ein Kulturkorrespondent, allgemeiner Kritiker und Hauptrezensent für klassische Musik bei der *New York Times*; zwischen

1974 und 1980 war er auch der Haupt-Rock-Kritiker. Zwischen Anfang 1992 und Mitte 1994 war er als europäischer Kulturkorrespondent in Paris stationiert. Er hat zwei Bücher veröffentlicht, *All American Music*, eine Studie über amerikanische Komposition, von der klassischen zur experimentellen Musik, vom Broadway zum Jazz und Rock, und *Sinatra: An American Classic*, und hat umfassend Beiträge für Magazine, Anthologien und Enzyklopädien verfaßt. *All American Music* enthält auch ein Kapitel über Neil Young.

Sheila Rogers ist eine frühere Senior Writer des *Rolling Stone*. Heute bucht sie die Musik für die *Late Show with David Letterman* und arbeitet als freie Journalistin in New York.

Bud Scoppa schaffte 1969 den Sprung vom Englischlehrer zum Rock-Kritiker. In den Siebzigern und frühen Achtzigern enthusiasmisierte er sich im Druck über Gram Parsons, Big Star und Brinsley Schwarz, während er zugleich als Talent-Scout bei solchen Labels wie Mercury, A&M und Arista jeweils mit solchen Favoriten wie den N. Y. Dolls, den Tubes und den Bus Boys arbeitete. Heute ist er zweiter Hauptverantwortlicher für Künstler- und Repertoirefragen bei Zoo Entertainment in Los Angeles, wo er sich mit den Odds und Matthew Sweet amüsiert.

Judith Sims ist eine Redakteurin beim *Los Angeles Times Magazine*. Zur Zeit schreibt sie gerade an einem Krimi, der in Los Angeles spielt.

Ken Tucker ist oberster Kritiker beim *Entertainment Weekly*. Er ist Mitverfasser von *Rock of Ages: The Rolling Stone History of Rock & Roll* (Summit) und hat über Musik für *Rolling Stone,* die *New York Times*, die *Village Voice*, den *Philadelphia Inquirer* und *Vogue* geschrieben. Seine wöchentlichen Musikbesprechungen sind auf *Fresh Air*, einem Programm des National Public Radio zu hören.

Ed Ward war *Rolling Stone*-Verantwortlicher für Plattenkritiken im Jahr 1970. Gegenwärtig schreibt er Kolumnen über Musik und Essen für *Checkpoint*, eine englischsprachige Publikation in Berlin.

Langdon Winner ist ein politischer Theoretiker, der sich auf soziale und politische Themen spezialisiert hat, die durch den modernen technologischen Wandel bedingt sind. Er ist der Verfasser von *Autonomous Technology* und hat Rock-Kritiken für *Atlantic Monthly*, *Rolling Stone* und andere Publikationen geschrieben.

Im Hannibal-Verlag sind folgende Musikbücher erschienen:

IN DER REIHE: ROCKBIOGRAPHIEN – ROCKGESCHICHTE

ELVIS PRESLEY – I WAS THE ONE, von Larry Geller, Joel Spector und Patricia Romanowski – Broschur, 302 Seiten + 16 Seiten s/w Photos

THE DOORS – RIDERS ON THE STORM, von John Densmore – Broschur, 304 Seiten + 32 Seiten s/w Photos

JIMI HENDRIX – PURPLE HAZE, von Charles Shaar Murray – Broschur, 289 Seiten + 8 Seiten s/w Photos

JOE COCKER – WITH A LITTLE HELP FROM MY FRIENDS, von J. P. Bean – Broschur, 207 Seiten + 16 Seiten s/w Photos

JOHN BELUSHI – ÜBERDOSIS, von Bob Woodward – Broschur, 464 Seiten + 16 Seiten s/w Photos

DRUGS & ROCK'n'ROLL, Rauschgift und Popmusik, von Harry Shapiro – Broschur, 271 Seiten + 16 Seiten s/w Photos

GUNS N' ROSES – SHOT GUN BLUES, von Mick Wall – Broschur, 200 Seiten incl. 8 Seiten mit 20 s/w Photos

JANIS JOPLIN – BURIED ALIVE, von Myra Friedman – Broschur, 329 Seiten incl. 16 s/w Photos

PINK FLOYD – SAUCERFUL OF SECRETS, von Nicholas Schaffner – Broschur, 296 Seiten + 16 Seiten s/w Photos

RAP ATTACK – African Jive bis Global HipHop, von David Toop – Broschur, 256 Seiten, durchgehend über 200 s/w Abbildungen

MADONNA – WHO'S THAT GIRL? – Die Madonna-Story von Mark Bego – Broschur, 286 Seiten + 32 Seiten s/w Photos

BOB MARLEY – CATCH A FIRE, von Timothy White – Broschur, 422 Seiten + 24 Seiten s/w Photos

SCORPIONS – WIND OF CHANGE, von R. M. Schröder und E. Klüsener – Broschur, 276 Seiten incl. 85 s/w Photos

ERIC CLAPTON – SLOWHAND, von Harry Shapiro – Broschur, 204 Seiten + 32 Seiten s/w Photos, mit CD

METALLICA – NOTHING ELSE MATTERS, von Ch. Crocker – Broschur, 200 Seiten incl. 8 s/w Abbildungen

LED ZEPPELIN – STAIRWAY TO HEAVEN, von Richard Cole und R. Trubo – Broschur, 291 Seiten incl. 16 Seiten s/w Photos

JAMES BROWN – GODFATHER OF SOUL, von James Brown und Bruce Tucker, Broschur, 304 Seiten incl. 16 Seiten s/w Photos

DIE STORY DES ROCK'N'ROLL, von Arnold Shaw – Broschur, 328 Seiten incl. 16 Seiten s/w Photos

ROD STEWART – FOREVER YOUNG, von Tim Ewbank und Stafford Hildred – Broschur, 216 Seiten incl. 32 Seiten s/w Photos

THE BEATLES – A HARD DAY'S NIGHT, von Hunter Davies – Broschur, 435 Seiten incl. 40 Seiten s/w Photos

ELTON JOHN – ROCKET MAN, von Susan Crimp und Patricia Burstein – Hardcover, 270 Seiten incl. 12 Seiten s/w Photos

ALL YOU NEED IS LOVE – Die großen Musikstile von Ragtime bis Rock – Broschur, 318 Seiten incl. 16 Seiten s/w Photos

NIRVANA – COME AS YOU ARE, von Michael Azerrad – Broschur, 381 Seiten incl. 90 s/w Photos

JOHNNY ROTTEN – NO IRISH, NO BLACKS, NO DOGS, von John Lydon – Gebunden, 272 Seiten incl. 28 s/w Photos

THE ROLLING STONES – LET IT BLEED, von Stanley Booth – Gebunden, 368 Seiten incl. 16 s/w Photos

PEARL JAM – ALIVE, von Mick Wall – Broschur, 192 Seiten, incl. 16 Seiten s/w Photos

R.E.M. – DIE ROLLING STONE-FAKTEN – Broschur, 224 Seiten

BOB DYLAN – TARANTULA – Broschur, 224 Seiten, zweisprachig deutsch/englisch

NEIL YOUNG – DIE ROLLING STONE-FAKTEN – Broschur, 380 Seiten

LOU REED – WALK ON THE WILD SIDE, von Victor Bockris – Gebunden, 400 Seiten, 50 s/w Photos, mit CD

SCREAMING LIFE – von C. Peterson & M. Azerrad – Gebunden, Großformat 24 x 32 cm, 128 Seiten mit ca. 110 Farb- und s/w Abb., mit CD